Martin Sabrow

Der Rathenaumord und die
deutsche Gegenrevolution

Martin Sabrow

Der Rathenaumord und die deutsche Gegenrevolution

WALLSTEIN VERLAG

Bibliografische Information der Deutschen Nationalbibliothek
Die Deutsche Nationalbibliothek verzeichnet
diese Publikation in der Deutschen Nationalbibliografie;
detaillierte bibliografische Daten sind im Internet
über http://dnb.d-nb.de abrufbar.

3., durchgesehene Auflage 2022
© Wallstein Verlag, Göttingen 2022
www.wallstein-verlag.de
Vom Verlag gesetzt aus der Aldus
Umschlagabbildungen: Der Tatort des Anschlags auf Walther Rathenau
an der Koenigsallee, Berlin-Grunewald, ullstein bild; Minister Rathenau
ermordet. Vossische Zeitung, 24.6.1922, ullstein bild;
Portrait Walther Rathenau, 1922.
Druck und Verarbeitung: Hubert & Co, Göttingen
ISBN 978-3-8353-5174-5

Inhalt

Einleitung 7

I. Die Attentatsserie

1. Walther Rathenaus Weg in die Öffentlichkeit 11
2. Die missachteten Warnsignale 28
3. Die Geheimorganisation »Consul« (O.C.) 44
4. Das erste Mordopfer: Matthias Erzberger 71
5. Der Anschlag auf Walther Rathenau 87
6. Das Echo auf die Attentate in der Öffentlichkeit 98
7. Die Ermittlung der Täter 117
8. Der Überfall auf Maximilian Harden 126
9. Die Jagd nach den Rathenaumördern 133

II. Die verdrängte Verschwörung

1. Die Attentate vor dem Leipziger Staatsgerichtshof 143
2. Der Prozess gegen die Harden-Attentäter 162
3. Das Gerichtsverfahren gegen die O.C. 172
4. Die Legende vom aufgelösten Geheimbund 183
5. Die zentrale Attentatsregie 198

6. Das verwehte Putschfanal 220

7. Die O.C. als Fluchthilfeunternehmen 234

8. Der nationale Schweigekonsens 255

Der Kopf des Komplotts. Nachwort zur Neuausgabe 266

Abkürzungen 299

Zitatnachweise 300

Literaturhinweise 307

Abbildungsnachweis 312

Anmerkungen 313

Personenregister 330

Einleitung

Jede Generation hat ihre Ereignisse, die sich unauslöschlich in ihrem Gedächtnis eingraben und die kein Zeitgenosse mehr vergisst. Ein solches Ereignis war das Attentat, dem der deutsche Reichsaußenminister Walther Rathenau am 24. Juni 1922 in Berlin erlag. Nie vorher und nie nachher stand die erste deutsche Republik leidenschaftlicher gegen ihre Feinde von rechts auf, und mit angehaltenem Atem verfolgte die Nation die Wochen während Jagd nach den quer durch Deutschland flüchtenden Ministermördern. Die entscheidende Frage aber blieb offen: War Rathenau dem Verbrechen verhetzter Einzeltäter zum Opfer gefallen – oder dem umfassenden Mordkomplott eines paramilitärischen Geheimbundes? Steckte womöglich gar ein einheitliches Ziel hinter der nachgerade unheimlichen Anschlagserie, die binnen elf Monaten erst den früheren Reichsfinanzminister Matthias Erzberger, dann den ersten deutschen Ministerpräsidenten Philipp Scheidemann und nur Tage nach dem Rathenaumord auch den Publizisten Maximilian Harden traf? Der Verdacht vieler richtete sich gegen die Organisation Consul des 1920 untergetauchten Freikorpsführers Hermann Ehrhardt. Doch in keinem der vielen Attentatsprozesse zeigte sich die deutsche Justiz fähig und willens, den geheimnisvollen Schleier zu lüften, der über dieser rätselhaften Attentatswelle der frühen Weimarer Republik lag. Weil die Beteiligten schweigen, blieb der Mitwelt verborgen, was der Nachwelt heute die Akten enthüllen: Hinter dem Ministermord stand eine kaltblütige Strategie der deutschen Gegenrevolution – der Plan zum Ehrhardt-Putsch.

Die folgende Darstellung stützt sich auf das Material, das ich 1994 in meiner Dissertation veröffentlicht habe.[1] Es sind dies vor allem Vernehmungs- und Prozessakten, Tagebuchaufzeichnungen, Autobiographien, Presseberichte und private Korrespondenzen. Zusammen ergeben sie das Bild einer republikfeindlichen Verschwörung von 1921/22, die die erste deutsche Demokratie schließlich weniger aus abwehrentschlossener Stärke denn aus ahnungsloser Schwäche überlebte.

I. Die Attentatsserie

1. Walther Rathenaus Weg in die Öffentlichkeit

Der 24. Juni 1922 war ein regenverhangener Sonnabend. Berlin litt unter den Folgen eines ausgedehnten Tiefdrucksystems, das das Wetter seit Tagen beherrschte und auch an diesem Johannistag noch keinen Gedanken an den nahenden Sommer aufkommen lassen mochte. Um halb elf Uhr morgens kam von Halensee her ein dunkelgraues, viersitziges Kabriolett der Marke NAG die regennasse Koenigsallee heruntergefahren, nur mit einem Chauffeur besetzt und ungeachtet der ungünstigen Witterung ohne Verdeck. Der Wagen hielt vor dem letzten bebauten Grundstück der Villenkolonie Grunewald, dort, wo die Straße schon zur eiszeitlichen Senke des Grunewaldsees und der Krummen Lanke hin abfällt und in dunkle Kieferwälder übergeht. Hier, in der Koenigsallee 65, wohnte seit über zehn Jahren der Industrielle, Schriftsteller und Politiker Walther Rathenau in einem von ihm selbst erbauten Haus, das zu betrachten Josef Prozeller, Berufskraftfahrer in Diensten der AEG und Rathenaus langjähriger Chauffeur, genügend Muße hatte, bevor der Minister zu ihm in den Wagen steigen würde.

Rathenaus von der Straße etwas zurückgesetzte Villa war – obwohl erst wenige Jahre vor dem Ersten Weltkrieg erbaut – frei von jeder Anleihe an den Zeitgeschmack und ganz in der Formensprache des preußischen Frühklassizismus gehalten. So dokumentierte sie gleichsam einen steinernen Protest gegen die hohle Pathetik der wilhelminischen Stilepoche und drückte wie auch in ihrer Lage am Rande der exklusiven Villenkolonie zugleich die Zugehörigkeit und die Distanz seines Erbauers zur Gesellschaft des deutschen Kaiserreichs aus. Das Anwesen gehörte einem Mann, der als *homo publicus* zu den bekanntesten und einflussreichsten Deutschen seiner Zeit zählte und der doch hinter der auffallend schmalen Eingangstür seines Hauses in privater Einsamkeit lebte.

In Rathenaus Wesen verbarg sich ein ungewöhnlicher Reichtum ganz unterschiedlicher Begabungen, in deren Zusammentreffen sich gleichsam Deutschlands besonderer Weg in die Moderne spiegelte. Der 1867 in Berlin geborene Rathenau stammte aus einer verarmten jüdischen Bankiers- und Industriellenfamilie, die mütterlicherseits in Frankfurt am Main und Mainz beheimatet und väterlicherseits schon seit dem 18. Jahrhundert in Berlin ansässig war. Sein Vater Emil Rathenau war Ingenieur und hatte sich mit einer für 75 000 Taler erworbenen Eisengießerei im Norden Berlins selbstständig gemacht. Rathenaus Kindheit wurde von dem Lärm der Gießerei begleitet, bis der Vater das mäßig einträgliche Geschäft wieder veräußerte und als Rentier mit seiner Familie in bescheidenen Verhältnissen lebte. Im Jahr 1881 jedoch erwarb Emil Rathenau die Edison-Patente und gründete die Deutsche-Edison-Gesellschaft, die zwei Jahre später den Namen erhielt, unter dem sie kurze Zeit später weltbekannt sein sollte: Allgemeine Elektricitäts-Gesellschaft, kurz AEG. Mit ihr begann auch der wirtschaftliche und soziale Aufstieg der Rathenaus. Walther zog mit seinen Eltern vom Berliner Wedding in das noble Tiergartenviertel und besuchte das »Königliche Wilhelms-Gymnasium«, das seinen Ruf vor allem der großteils adeligen und großbürgerlichen Schülerschaft verdankte.

Der Sohn des AEG-Gründers durchlief eine Ausbildung, die ihn auf eine führende Stellung im Unternehmen seines Vaters vorbereitete. Nach dem Abitur absolvierte Rathenau ein ausgedehntes naturwissenschaftliches Studium in Straßburg, das er mit der Promotion zum Doktor der Philosophie abschloss. Bevor er dann seine fachlichen Kenntnisse an der Technischen Hochschule München mit einem zweijährigen Zusatzstudium in Chemie und Maschinenbau vertiefte, leistete Rathenau seinen Militärdienst als Einjährig-Freiwilliger bei den Berliner Gardekürassieren ab. Eine Fotografie aus jener Zeit zeigt ihn im silbernen Kürass seines Regiments, die Haltung gestrafft, den Kopf herrisch zur Seite gewendet und voller Stolz auf seine Zugehörigkeit zu der Kriegerkaste, die in der gesellschaftlichen Wertehierarchie des deutschen Kaiserreichs einen so herausragenden Platz einnahm. Doch der Eindruck trog. Anders als Rathenau es sich erhofft hatte, blieb ihm die Beförderung zum Reserveoffizier verwehrt – weil er Jude war. »In den Jugendjahren eines jeden deutschen Juden«, schrieb Rathenau rückblickend, »gibt es einen schmerzlichen Augenblick, an den er sich zeitlebens erinnert: wenn ihm zum ersten Male voll bewußt wird, daß er als Bürger zweiter Klasse in die Welt getreten ist und keine Tüchtigkeit und kein Verdienst ihn aus dieser Lage befreien kann.«[1] Die traumatisch erlebte Kluft zwischen wirtschaftlicher Elitenzugehörigkeit und sozialer Diskriminierung als Jude begleitete Rathenaus weiteres Leben; das Streben nach ihrer Überwindung prägte sein Handeln und Denken als Unternehmer, als Politiker, als Philosoph, als Kunstfreund. Wenn er den Übertritt zum Christentum auch lediglich ablehnte, weil er »sich als einen Menschen zu empfinden [weigerte], der von der Ablehnung seines Väterglaubens geschäftlich oder sozial profitiert«, so teilte er doch die optimistische Auffassung seiner Zeitgenossen, dass ein Jude in Deutschland durch das Bekenntnis zum Christentum »seine Abstammung zu verdunkeln, seinen Makel zu tilgen, seine bürgerlichen Nachteile zu beseitigen« vermöge.[2] Anders als etwa sein Vetter Max Liebermann, der sich kurz vor seinem Tod 1934 von seinem Glauben an Deutschland lossagte, hat Rathenau nicht einsehen müssen, was dann sein Tod bezeugte: dass diese Hoffnung auf Täuschung beruhte. Seine Lebensspanne umschloss ebenjene Jahrzehnte, in denen die Emanzipation und Integration der jüdisch-deutschen Minderheit so rasant voranschritt, dass ihre völlige Verschmelzung mit der christlich-deutschen Bevölkerungsmehrheit absehbar schien, und gleichzeitig eine erneuerte Judenfeindschaft an Boden gewann, die die fast vollendete Assimilation radikal rückgängig zu machen forderte. Die Gleichzeitigkeit beider Strömungen untergrub die Identität aller Deutschen jüdischer Herkunft, die einerseits die Früchte ihrer erfolgreichen Akkulturation zu ernten begannen und andererseits erfahren mussten, wie wenig die mentale Angleichung und Traditionsaufgabe vor der Blutideologie eines rassistischen Antisemitismus schützte. Die hieraus resultierende Koppelung von Erfolg und Verfolgung, von Anerkennung und Abwertung, von Macht und Ohnmacht erlebte Rathenau stärker und unmittelbarer als andere Juden seiner Generation. Dies war nicht zuletzt darauf zurückzuführen, dass er sich anders als sein Vater nicht mit der Rolle des Unternehmers begnügen sollte, sondern sich bald weit darüber hinaus in Politik und Kultur engagierte.

Vorerst deutete freilich noch wenig auf Rathenaus spätere Karriere hin. Der promovierte Ingenieur spezialisierte sich auf die

Elektrochemie und damit auf den, wie er selbst sagte, einzigen Zweig der Elektrizitätsanwendung, »auf den die Unternehmungen meines Vaters noch nicht die Hand gelegt hatten«.[3] Nach einer Lehrzeit als technischer Beamter in einem Unternehmen der Aluminium-Industrie konnte er seine Erfahrungen mit sechsundzwanzig Jahren als Leiter der Elektrochemischen Werke Bitterfeld umsetzen. Dieser Versuch Rathenaus, aus dem Schatten seines Vaters zu treten, endete allerdings mit einem Fehlschlag. Nachdem sich das von ihm favorisierte Verfahren der elektrolytischen Chlor- und Alkaligewinnung als unprofitabel erwiesen hatte, mussten die Bitterfelder Werke 1898 an die Konkurrenz verpachtet werden, um einen Konkurs zu vermeiden.

Sein unternehmerisches Scheitern ließ in Rathenau einen zweiten Zwiespalt zum Vorschein treten, der gleichfalls für sein Leben bestimmend werden sollte: den Gegensatz zwischen *homo faber* und Ästhet, zwischen Brotberuf und künstlerischer Berufung oder – in seinen Worten – zwischen Zweck- und Mutmensch. Schon als Abiturient habe er hinsichtlich seiner Berufswahl zwischen Naturwissenschaft und Malerei oder Literatur geschwankt, behauptete Rathenau später und beschloss wieder nach seinem Scheitern in Bitterfeld, sich von der Industrie zurückzuziehen, um literarisch zu arbeiten. In diesen Ambitionen steckte mehr als die eskapistische Laune eines beruflich Enttäuschten. Zwei Jahre zuvor hatte er bereits anonym in der regimekritischen Wochenzeitschrift *Die Zukunft* mit einem Aufsatz »Höre, Israel!« debütiert, dessen aggressiv vorgetragenes Plädoyer für eine vorbehaltlose »Anartung« der deutschen Juden an die »Stammeseigenschaften des Gastlandes«[4] nicht nur wegen seiner fast antisemitisch wirkenden Färbung erhebliches Aufsehen erregt hatte. Mit dem Herausgeber der *Zukunft*, Maximilian Harden, jedoch war er seither in enger Freundschaft verbunden und wusste sich von ihm als interessanter Autor und anregender Gesprächspartner anerkannt. In der *Zukunft* erschienen von nun an häufig feuilletonistische Betrachtungen zu den verschiedensten Gegenständen aus Rathenaus Feder, die ihr Verfasser 1902 unter dem Titel »Impressionen« geschlossen nochmals herausgab.

In der Zwischenzeit hatte Rathenau aber auch in seinem »Brotberuf« erste Erfolge verzeichnet: 1899 war er in das Direktorium der AEG berufen worden und dort als Anwalt einer energischen Fusions- und Kartellpolitik hervorgetreten, bevor er 1902 in den Vorstand der Berliner Handels-Gesellschaft, der Hausbank der AEG, wechselte. Dort setzte er seine wirtschaftlichen Konzentrationsbemühungen zugunsten der AEG fort und arbeitete auf eine Verschmelzung von Industrie- und Bankkapital hin, die ganz im Zeichen eines organisierten Kapitalismus stand. Besonders nachdem sein jüngerer Bruder Erich – in dem der Vater seinen eigentlichen Nachfolger gesehen hatte – 1903 gestorben war, wuchs Rathenau mehr und mehr in die Rolle eines Kronprinzen der AEG hinein und kehrte 1912 – nunmehr als Aufsichtsratspräsident – auch offiziell wieder zur AEG zurück. Bald vereinigte er über achtzig weitere Aufsichtsratsmandate im In- und Ausland auf sich und trug maßgeblich dazu bei, dass die AEG und Siemens bis zum Beginn des Ersten Weltkriegs die deutsche Elektrizitätsindustrie als Duopol beherrschten.

Rathenaus »Doppelheit«[5] dämpfte dieser geschäftliche Aufstieg indes nicht; sie wurde durch ihn eher noch verstärkt und sollte von ihm später in der Unterscheidung von »Zweck« und »Seele« ontologisch verallgemeinert werden. In mehreren Aufsätzen korrigierte er seinen früheren Appell an die sogenannte borussische Assimilation der Juden, indem er nun die staatliche Zurücksetzung des Judentums und des Bürgertums in Deutschland zu einem Unrecht erklärte, das als Schwäche auf den Staat selbst zurückfalle: »Ich kämpfe gegen das Unrecht, das in Deutschland geschieht, denn ich sehe Schatten aufsteigen, wohin ich mich wende.«[6] In den Jahren vor dem Ersten Weltkrieg wurde Rathenau zu einem bekannten Schriftsteller und Hausautor des S.Fischer Verlages, dessen pointierte Zeitdiagnosen insbesondere in der Deutung der Gegenwart als Zeitalter der Mechanisierung breite Aufmerksamkeit erzielten. An der Oder fand der Schriftsteller und Unternehmer in Schloss Freienwalde einen Sommersitz, der in besonderer Weise geeignet war, persönliche Lebensbedürfnisse und öffentliche Wirkungshoffnungen miteinander zu verbinden. Er kaufte das heruntergekommene Anwesen der preußischen Krone ab, um es mit viel Aufwand im Äußern wie im Innern als »Zeugnis altpreußischer Baukunst« im Stile des Frühklassizismus herzurichten, der ihm auch hier als künstlerisches Ideal und politische Aussage zugleich diente. Obgleich mehr Museum als Wohnhaus, wurde Schloss Freienwalde Rathenaus Refugium *in musis*. Hier ging er seinen Neigungen als Pastellmaler nach, hier entstanden seine wichtigsten Zeitreflexionen, hier fand seine innere Zerrissenheit den räumlichen Gegenpol zu der mit Berlin verbundenen Zweckexistenz.

Die Politik hingegen nahm in dieser vielschichtigen Biographie vor dem Weltkrieg nur einen untergeordneten Platz ein. Im Lager des Nationalliberalismus stehend, hatte Rathenau zwar schon mit wohlwollender Unterstützung des Reichskanzlers Bernhard von Bülow tastende Versuche zu einem politischen Aufstieg unternommen und 1907 und 1908 den neuernannten Staatssekretär des Reichskolonialamtes auf zwei längeren Afrikareisen begleitet, die ihm den Ruf eintrugen, ein »kommender Mann« zu sein. Aber Bülows Sturz 1909 zerstörte seine Aussichten, und auch Rathenaus Bemühungen, bei den Reichstagswahlen 1912 als Kandidat der Nationalliberalen aufgestellt zu werden, schlugen fehl. So galt der Mittvierziger am Vorabend des Kriegsausbruchs 1914 denen, die ihn kannten, als so interessant wie unstet. Für viele seiner Kritiker war Rathenau ein »eitler Mensch – und ein sehr innerlicher Mensch«.[7] Andere sahen ihn als »Übergangstyp« aus Naturwissenschaftler, Weltreisendem, Volkswirt und Direktor, seine Bücher »parfümiert voller Bonmots und von der Melancholie des Satten durchweht«[8], und selten waren Stimmen, die Rathenau in seiner Vielseitigkeit anerkannten und mit Stefan Zweig als »ein amphibisches Wesen zwischen Kaufmann und Künstler, Tatmenschen und Denker«[9] würdigten – im Urteil seiner Zeit stellte er nach Musils boshaftem Bonmot vor allem die »Vereinigung von Kohlenpreis und Seele« vor.

Auch in dieser Hinsicht bedeutete der Kriegsbeginn 1914 eine Zäsur. Durch ihn erhielt Rathenau endlich eine nationale Aufgabe zugewiesen, gerade weil er von dem nationalen Kriegstaumel der Augusttage nicht angesteckt worden war, sondern seinem Tagebuch »tiefe Bedrückung über das Willkürliche der Ursachen, gedämpfte Hoffnung« anvertraut hatte.[10] Von Denken und Berufserfahrung her war er dazu prädestiniert, schneller als andere eine entscheidende Schwäche der deutschen Kriegsvorbereitung zu erkennen und der militärischen Führung vor Augen zu stellen: Wenn wider Erwarten der schnelle Sieg der Mittelmächte gegen die englisch-französisch-russische Allianz ausbleiben sollte, war Deutschland von der Zufuhr kriegswichtiger Rohstoffe abgeschnitten. In einer Denkschrift an den preußischen Kriegsminister von Falkenhayn schlug Rathenau eilends die Errichtung eines »Rohmaterialamtes« zur zentralen Bewirtschaft kriegswichtiger Güter vor und erreichte, dass im preußischen Kriegsministerium eine eigene Kriegsrohstoffabteilung errichtet wurde. An ihre Spitze wurde Rathenau selbst berufen. Von einem Moment zum anderen schienen Rathenaus vielfältige Begabungen in einer einzigen Berufung zum Dienst an der Nation zusammenzufließen, erlebte der zwischen »Brotberuf« und Künstlertum, zwischen borussischem Ideal und jüdischer Herkunft Zerrissene die Versöhnung seiner gespaltenen »Doppelnatur«.

Als Rathenau das Amt acht Monate später seinem Nachfolger übergab, hatte er eine in verschiedene Referate und Außenstellen gegliederte Behörde geschaffen, die schon kurz nach ihrer Gründung mehr als einhundert Mitarbeiter besaß und über die Errichtung von Kriegswirtschaftsgesellschaften zur Beschaffung und einzelner Rohstoffe tief in den deutschen Wirtschaftskreislauf eingriff. Der Umstand, dass es ein jüdischer Zivilist und zudem der höchste Repräsentant eines der führenden deutschen Unternehmen war, der mit der staatlichen Beaufsichtigung der privaten Industrie ein gemischtwirtschaftliches Element in die Volkswirtschaft eingeführt hatte, schuf Rathenau neue Gegner. Wohl gab es anerkennende Stellungnahmen des Reichskanzlers wie der liberalen Publizistik, die Rathenaus Leistung in der Schaffung eines »wirtschaftlichen Generalstabes« hervorhoben. Doch sie konnten nicht darüber hinwegtäuschen, dass das Misstrauen gegen ihn wuchs, je länger der Krieg dauerte und je ferner der Sieg rückte. Dass er als Privatmann und als Jude unaufgefordert dem Staat einen Dienst geleistet habe, werde ihm in Deutschland nicht verziehen, schrieb Rathenau selbst[11] und fühlte sich »aus der bürgerlichen Gemeinschaft so gut wie ausgestoßen, von allen Behörden geächtet«.[12] Zu seiner Verbitterung mochte beigetragen haben, dass nach dem Ausscheiden aus der Kriegsrohstoffabteilung das frei gewordene Amt des Staatssekretärs im Reichsschatzamt nicht ihm, sondern Karl Helfferich angeboten wurde. Rathenau hingegen, nach dem Tod seines Vaters im selben Jahr mit dem schmückenden, aber für die interne Machtverteilung bedeutungslosen Titel eines Präsidenten der AEG geehrt, erhielt im kaiserlichen Deutschland kein politisches Amt mehr. Stattdessen bot er zeitweilig Erich Ludendorff seinen Rat an, der bis 1916 Generalstabschef an der Ostfront war und Interesse an einer Denkschrift des AEG-Präsidenten über die deutschen Kriegsziele gezeigt hatte. Rathenau erblickte in Ludendorff die Verkörperung eines Mannes, »der uns, wo nicht zum Siege, so doch zu einem ehrenvollen Frieden führen konnte«[13], und diente ihm nach dessen Aufstieg in die Oberste Heeresleitung mit Vorschlägen zu einer rücksichtslosen Kräftemobilisierung im Sinne des »Hindenburg-Programms«, die auch den Masseneinsatz belgischer und polnischer Zwangsarbeiter in der deutschen Rüstungsindustrie anregten. Als Rathenau sich gegen Ludendorffs Plan zur Wiederaufnahme des unbeschränkten U-Boot-Krieges aussprach, zerbrach die Verbindung allerdings wieder.

Damit waren Rathenaus Fäden zur politischen Macht bis zum Kriegsende abgeschnitten. Außer mit gelegentlichen Auftritten in Berliner Vereinigungen wie der Deutschen Gesellschaft 1914 und der Mittwoch-Gesellschaft konnte er fortan nur im Amt des politischen Schriftstellers öffentlichen Einfluss geltend machen. Hellsichtig standen ihm in seiner Zurückgezogenheit die Menetekel der kommenden Katastrophe vor Augen, die er nach eigener Aussage schon bei Beginn des wahnwitzigen Völkerringens vorausgesehen und Gleichgesinnten wie Bülow anvertraut hatte: »Nie wird der Augenblick kommen, wo der Kaiser, als Sieger der Welt, mit seinen Paladinen auf weißen Rossen durchs Brandenburger Tor zieht. An diesem Tage hätte die Weltgeschichte ihren Sinn verloren.«[14] Seine Veröffentlichungen und Denkschriften versuchten nun hinter dem ihm sicher scheinenden Zusammenbruch der Mittelmächte erste Konturen eines Neuaufbaus auf wirtschaftlichem und sozialem Gebiet zu ziehen. Er propagierte – wenngleich nicht sehr deutlich – einen »Volksstaat« als »die Verkörperung des sittlichen und tätigen Gemeinschaftswillens«, der einer sinnlosen Ressourcenvergeudung infolge des unternehmerischen Konkurrenzkampfes und der Verschwendungssucht von Verbrauchern ein Ende machen würde. Ihm schwebte eine Organisation der Volkswirtschaft nach Berufs- und Gewerbeverbänden unter radikaler Beschneidung des Erbrechts vor, in die seine Erfahrungen bei der Kriegsrohstofforganisierung einflossen. Diese Überlegungen trugen ihm nun den zusätzlichen Verdacht ein, Großkapitalist und Sozialist zugleich zu sein und den gewerblichen Mittelstand dem Ruin zu überantworten. Den Tiefpunkt seines öffentlichen Ansehens erreichte Rathenau, als er Anfang Oktober 1918 das auf Ludendorffs Betreiben an die Alliierten abgesandte Waffenstillstandsersuchen öffentlich als überstürzt kritisierte, weil es Deutschland seinen Gegnern in den kommenden Friedensverhandlungen auf Gnade oder Ungnade ausliefere: »Der Schritt war übereilt. Wir alle wollen Frieden [...]. Nun hat man sich hinreißen lassen, im unreifen Augenblick, im unreifen Entschluß. Nicht im Weichen muß man die Verhandlungen beginnen, sondern zuerst die Front befestigen. [...] Die Antwort wird kommen. Sie wird unbefriedigend sein; mehr als das: zurückweisend, demütigend, überfordernd. [...] Die nationale Verteidigung, die Erhebung des Volkes muß eingeleitet, ein Verteidigungsamt errichtet werden. [...] Einer erneuten Front werden andere Bedingungen geboten als einer ermüdeten. Wir wollen nicht Krieg, sondern Frieden. Doch nicht den Frieden der Unterwerfung.«[15] Es war eine vielleicht richtige Überlegung, aber vom falschen Mann und zur falschen Zeit. Wohl sagte Rathenau die Reaktion der Alliierten exakt voraus, doch Deutschland war kriegsmüde. Es ertrug keine Durchhalteappelle mehr, sondern wollte ein Ende. Im Reichskabinett erntete Rathenau, obwohl sein Vorstoß sich mit den Intentionen des neuen Reichskanzlers Max von Baden deckte, einmütige Ablehnung. Selbst Ludendorff fand, eine *levée en masse* würde mehr zerstören, als man vertragen könne.[16] Für Rathenau selbst wirkte sich der Aufruf verheerend aus. Statt in entscheidender Stunde vielleicht selbst an die Spitze der nationalen Verteidigung berufen zu werden, galt er, der zu Beginn nicht die nationale Kriegsbegeisterung geteilt hatte, nun am Ende als Kriegsverlängerer, den die Not und Friedenssehnsucht des Volkes unempfindlich lasse. Die *Weltbühne* verwahrte sich dagegen, »daß aus einer Grunewald-Villa heraus einem Volk, das fünfzig Monate lang diese ungeheuern Opfer gebracht hat, mit künstlich hären gemachter Stimme die billige Mahnung zugeschleudert wird, zum Schutze der Kriegsgewinnler immer weiter sein Blut zu vergießen«[17]. In anderem Licht erschien jetzt auch Rathenaus – durch den Kriegsausgang ohnedies entwertete – Sorge um die Kriegsrohstoffversorgung.

Die inneren und äußeren Widersprüche seines Lebens waren nur mehr dazu angetan, ihn weiter zu isolieren. In der von ihm prognostizierten und publizistisch vorgedachten Umwälzung vom November 1918 spielte Rathenau keine Rolle; nicht einmal in dem am 9. November begründeten »Politischen Rat der Geistigen Arbeiter«, in dem sich die Demokraten und Pazifisten unter Berlins intellektueller Elite zusammenfanden, war seine Mitgliedschaft noch erwünscht. Entmutigt notierte er im Dezember 1918, »eine öffentliche Wirkung muß ich mir versagen, denn das gesättigte Bürgertum verfolgt mich nach wie vor mit seinem Haß wegen vermeintlicher Geschäftsstörung, und die Revolution steht mir als angeblichem Kapitalisten und tatsächlichem Industriellen mit Mißtrauen gegenüber. Die Menschen, die mir vertrauen, sind gering an Zahl und im Lande verstreut.«[18]

Wie sehr sein Ansehen gesunken war, konnte Rathenau in denselben Tagen der republikanischen Presse entnehmen, die ihn zum Jahreswechsel 1918/19 als »Jesus im Frack« verspottete, als »Inhaber von 39 bis 43 Aufsichtsratstellen und Philosoph von Kommenden Dingen, Schloßbesitzer und Mehrheitssozialist, erster Ausrufer [...] für die nationale Verteidigung und beinahiges Mitglied der revolutionären Sozialisierungskommission, Großkapitalist und Verehrer romantischer Poesie, kurz – der moderne Franziskus v. Assisi, das paradoxeste aller paradoxen Lebewesen des alten Deutschlands«[19]. In die von der revolutionären Regierung gebildete Sozialisierungskommission wurde er, der sich seit vielen Jahren für eine »Neue Wirtschaft« eingesetzt hatte, nicht berufen und forderte gekränkt vom Reichspräsidenten Rechenschaft: »Wenn [...] der neue Volksstaat, für dessen Errichtung ich zeitlebens eintrat, gerade mich aussieht, um mir ein Mißtrauenszeugnis zu geben, indem er mich aus einer Zahl von Männern streicht, die nicht umhin kommen werden, auch meine Lebensarbeit zu erörtern, so hat außer mir, wie ich glaube, auch die Öffentlichkeit, Anspruch, die Gründe zu erfahren.«[20] Die Antwort erhielt er auf anderen Wege: Als der Weimarer Nationalversammlung der Vorschlag eines Auslandsdeutschen zu Gehör gebracht wurde, Rathenau zum Reichspräsidenten zu wählen, erschütterte wieherndes

Gelächter das Hohe Haus, und der Verlachte notierte verbittert, »daß Männlein und Weiblein zum Gruß an einen Deutschen, dessen geistige Arbeit sie kannten oder nicht kannten, sich beseligt auf ihren Sitzen kugelten«.[21]

Wieder zog Rathenau sich auf das Feld der Publizistik zurück, nachdem der von ihm mitgetragene Versuch zur Gründung eines »Demokratischen Volksbundes« missglückt war und auch sein Beitritt zur Deutschen Demokratischen Partei ihm nicht die Rückkehr in das politische Leben geebnet hatte. In rascher Folge erschienen nun Schriften, in denen Rathenau den stecken gebliebenen Novemberumsturz als »Revolution aus Versehen« etikettierte und der jungen Republik den Spiegel der Spießbürgerlichkeit vorhielt. Der Tristesse der republikanischen Realität setzte Rathenau die Idee einer Marktwirtschaft ohne Unternehmer entgegen und entwickelte die Vision einer nationalen Verantwortungsgemeinschaft, in der soziale Klassen, politische Hierarchien und kulturelle Trennlinien gleichermaßen zum Verschwinden gebracht würden. Stärkeres Echo erzielte Rathenau allerdings mit einer historischen Betrachtung über den gestürzten Kaiser, die in psychologisch einfühlsamer Weise Wilhelm II. als Ausdruck einer dem Untergang entgegengehenden Zeit interpretierte. Kritiker hielten ihm freilich vor, dass sich diese Deutung aus dem Munde eines Mannes seltsam ausnehme, der ehedem selbst zur kaiserlichen Umgebung gehört habe, und verbaten sich den »byzantinischen Opportunismus« dieses »immer geölten Diktaphons«: »Neue Anschauungen müssen von neuen Männern vorgetragen werden.«[22]

Rathenau selbst hätte gegen Ende des Jahres 1919 am wenigsten geglaubt, dass er nur gut zwei Jahre später zum Außenminister des Deutschen Reiches berufen werden würde. Vergebens griff er in einer »Apologie« betitelten Rechtfertigungsschrift die gegen ihn kursierenden Vorwürfe auf, »ein entlaufener Banklehrling, ein halbgebildeter Autodidakt« und Dilettant auf 16 Gebieten zu sein.[23] Mit dem Bemühen, die Kluft zwischen Leben und Lehre zu überspielen, die ihn in den Augen seiner Zeitgenossen so unglaubwürdig gemacht hatte, und sich in seinem persönlichen Lebenszuschnitt als anspruchslosen Durchschnittsmenschen hinzustellen, lieferte er seinen Gegnern von links bis rechts nur neue Munition.

Nicht Rathenaus Rechtfertigungsversuche leiteten den Umschwung ein, sondern der Vormarsch der Gegenrevolution und der Zwang der bedrohten Republik, ihre Kräfte zu sammeln. Nach dem gescheiterten Kapp-Lüttwitz-Putsch im März 1920, mit dem sich die wilhelminischen Eliten mit Ludendorff an der Spitze wieder in den Besitz der 1918 verlorenen Macht hatten setzen wollen, begann sich das öffentliche Urteil über Rathenau allmählich in zwei unterschiedliche Lager zu spalten. In deutschnationalen und antisemitischen Kreisen wurde er von Monat zu Monat stärker zur Inkarnation einer internationalen jüdisch-kapitalistischen Verschwörung gegen Deutschland, wie sich etwa an den Kampagnen von massenwirksamen Gruppierungen wie dem Deutschvölkischen Schutz- und Trutzbund gegen den »Fremdling aus Judaan« und »Gerichtsvollzieher der Entente«[24] ablesen ließ.

Ebendiese hasserfüllte Agitation von rechts ließ indes Rathenaus Ansehen in republikanischen Kreisen wieder steigen. Im Juni 1920 wurde er – nicht zuletzt auf Drängen der liberalen Presse – in den »Vorläufigen Reichswirtschaftsrat« und in die zweite Sozialisierungskommission berufen. Einen Monat später begleitete Rathenau zusammen mit Hugo Stinnes als Sachverständiger die deutsche Delegation zur Konferenz von Spa, auf der die Höhe der deutschen Reparationsschuld festgelegt werden sollte. Die Konferenz wurde Austragungsort einer folgenreichen Auseinandersetzung um die deutsche Haltung gegenüber den alliierten Siegermächten, in der sich Rathenau und Stinnes gegenüberstanden. Während Stinnes die alliierten Forderungen nach einer Erhöhung der deutschen Kohlelieferungen – selbst um den Preis einer Besetzung oder Bolschewisierung Deutschlands – in schneidender Schärfe ablehnte, empfahl Rathenau die Annahme der Kohleforderungen, um Zeit zu gewinnen und die Brücke für Verhandlungen nicht abzubrechen. »In dieser Stunde wurde die ›Erfüllungspolitik‹ geboren«, äußerte der damalige Reichskanzler Wirth später.[25] In dieser Stunde hatte Rathenau aber auch in Stinnes einen Feind gewonnen, der ihm die Niederlage von Spa nicht verzieh und für seine brüske Haltung gegenüber den Alliierten von der nationalistischen Presse als mannhafter Deutscher gefeiert wurde. Stinnes scheute sich denn auch nicht, Rathenau öffentlich als einen der deutschen Vertreter in Spa anzugreifen, »die aus einer fremdländischen Psyche heraus den deutschen Widerstand gegen unwürdige Zumutungen gebrochen haben«.[26]

Rathenaus politischem Aufstieg taten diese Anwürfe keinen Abbruch mehr. Die von ihm vertretene »Erfüllungspolitik« sah vor, den aus dem Versailler Friedensvertrag erwachsenden Reparationsforderungen der Siegermächte ehrlich nachzukommen, um so mit dem deutschen Wiedergutmachungswillen auch die wirklichkeitsfremde Höhe der alliierten Ansprüche nachzuweisen. Für seine Strategie sprach nicht nur, dass Deutschland im anderen Falle Okkupation und Auflösung drohten. Erste Risse schienen sich auch in der Siegerkoalition abzuzeichnen, in der nur Frankreich darauf setzte, durch völlige Unnachgiebigkeit in der Reparationsfrage Deutschland langfristig als Gegner auszuschalten.

Die Entwicklung der folgenden Monate war freilich dazu angetan, die Verfechter der Erfüllungspolitik ebenso wie ihre Gegner zu entmutigen. Im April 1921 wurde die Reparationsschuld auf 132 Milliarden Goldmark zuzüglich 26 % des jährlichen Exportwertes festgesetzt. Die deutsche Regierung weigerte sich, durch Unterschrift zu akzeptieren, was sie nicht zu leisten vermochte. Daraufhin besetzten die Siegermächte Düsseldorf, Duisburg und Ruhrort und drohten am 5. Mai mit der Besetzung des Ruhrgebietes, sofern Deutschland nicht binnen einer Woche seine Zahlungsbereitschaft erkläre. Angesichts der aussichtslosen Lage trat die Regierung Fehrenbach zurück. Der neue Reichskanzler Joseph Wirth nahm das Ultimatum der Alliierten an und berief Rathenau als Minister für Wiederaufbau in sein Kabinett. Dieser Regierungswechsel war gleichzeitig ein Richtungswechsel hin zur Erfüllungspolitik, die zudem mit dem neuen französischen Ministerpräsidenten Briand auf einen verständigungsbereiten Verhandlungspartner hoffen konnte.

Tatsächlich erzielte Rathenau schon im Herbst 1921 einen ersten außenpolitischen Erfolg mit seinem französischen Ministerkollegen Loucheur in den Wiesbadener Abkommen, die einen privatwirtschaftlichen Direktausgleich für französische Kriegsgeschädigte vorsahen. Eine gegenüber England angestrebte Umwandlung der vertraglichen Goldmarkzahlungen in Sachlieferungen scheiterte jedoch, und der Völkerbundsentscheid über die Teilung Oberschlesiens im Oktober 1921 ließ die Regierung Wirth und mit ihm

Rathenau zurücktreten. Obwohl Rathenau im zweiten Kabinett, das Wirth gleich darauf bildete, nicht vertreten war, verhandelte er bereits Ende des Jahres im Auftrag der Reichsregierung mit den Siegermächten über einen Aufschub für die im Februar fälligen Reparationszahlungen. Auf der Reparationskonferenz von Cannes erreichte er mit britischer Hilfe, dass Deutschland zu einer geplanten Weltwirtschaftskonferenz in Genua als gleichberechtigter Partner eingeladen werden würde. Daraufhin entschloss sich Wirth, das Amt des Außenministers, das er bislang selbst mitübernommen hatte, seinem früheren Wiederaufbauminister als dem Mann anzutragen, der dank seines Ansehens im Ausland am besten die Fäden der internationalen Verständigung unter den 29 nach Genua eingeladenen Staaten zu knüpfen versprach.

Am 31. Januar 1922 wurde Rathenau gegen erheblichen Widerstand aus Politik und Wirtschaft zum Minister des Äußern ernannt. In Frankreich hatte kurz zuvor ein Regierungswechsel den neuen Ministerpräsidenten Poincaré an die Macht gebracht, der die Verständigungsbereitschaft seines Vorgängers für ein Übel hielt. Er setzte gegenüber dem englischen Premier Lloyd George durch, dass die Reparationsfrage in Genua nicht thematisiert werden sollte, woraufhin die USA ihre Teilnahme an der bevorstehenden Konferenz absagten. In Rathenau erweckte diese Entwicklung grundsätzliche Zweifel an einer Fortführung der Erfüllungspolitik, wie er wenige Wochen vor der Abreise nach Genua in einer Kabinettssitzung kundtat. Tatsächlich avancierte das als »Rapallo-Vertrag« in die Geschichte eingegangene Ausgleichsabkommen zwischen Berlin und Moskau zum eigentlichen Hauptereignis von Genua. Es bannte die Gefahr zusätzlicher Reparationsforderungen von russischer Seite und ließ Deutschland mit einem Überraschungscoup als eigenständigen Mitspieler auf die internationale Bühne zurückkehren. Der von Rathenau nur widerstrebend abgeschlossene Vertrag hätte jedoch fast das vorzeitige Ende der Konferenz nach sich gezogen: Er vereiste das so mühsam aufgetaute Verhandlungsklima mit den Alliierten wieder und zerstörte das Fundament der Erfüllungspolitik.

Rathenau hatte zwar auf der letzten Vollsitzung der Genueser Konferenz mit einer großen Rede, die in Petrarcas Ruf »Friede, Friede, Friede« mündete, einen persönlichen Achtungserfolg erzielt

Walther Rathenau auf der internationalen Wirtschaftskonferenz von Genua, 1922

und die Delegierten dazu gebracht, sich von ihren Stühlen zu erheben und dem Vertreter Deutschlands zu applaudieren. Aber zu Hause stieß der Rapallo-Vertrag auf erhebliche Kritik. Am 23. Juni holte Rathenaus deutschnationaler Gegenspieler Karl Helfferich im Reichstag zu einem Rundumschlag gegen die »Leidenswege der Politik der Erfüllung aus«: Sie »hat uns [...] die furchtbare Entwertung des deutschen Geldes gebracht, hat unseren Mittelstand zermalmt, hat zahllose Menschen und Familien in Not und Elend gebracht, hat zahllose Menschen in Verzweiflung und Selbstmord getrieben, sie hat große wertvolle Teile unseres nationalen Produktionskapitals dem Ausland ausgeliefert, sie hat unsre wirtschaftliche und soziale Ordnung in ihren Grundfesten erschüttert!« Die vom Deutschen Reich übernommenen Verpflichtungen gegenüber den Siegern, behauptete Helfferich in seiner von tumultuarischen Reaktionen unterbrochenen Rede, seien ein »Verbrechen«; eine Regierung, die dies verantworte, gehöre vor den Staatsgerichtshof.[27]

Helfferichs Angriff ging an Rathenau nicht spurlos vorbei: Noch am selben Abend, als der Minister der Einladung des amerikanischen Botschafters Houghton folgte, um bei einem Essen den deutschen Standpunkt zur Reparationsfrage – insbesondere in Bezug auf die Kohlelieferungen an Frankreich – zu erläutern, bat Rathenau darum, dass auch Stinnes hinzugezogen würde. Er zeigte sich mit ihm einig, dass die deutschen Zahlungen an die Entente in Kürze eingestellt werden müssten und eine endgültige Lösung des Reparationsproblems in den nächsten Monaten bevorstünde. Dieser Schulterschluss mit einem Exponenten im Kampf gegen die Erfüllungspolitik schien Rathenau offenbar bedeutsam genug, um seinen alten Widersacher Stinnes nach dem Essen noch bis zu dessen Hotel Esplanade im Berliner Tiergarten zu begleiten und die Unterredung, unter weiterer Annäherung ihrer Standpunkte, bis tief in die Nacht fortzusetzen. Erst um ein Uhr, nach anderen Quellen sogar erst um vier Uhr morgens, kehrte Rathenau in dieser Nacht nach Hause zurück.

Die verkürzte Nachtruhe war vermutlich dafür verantwortlich, dass Rathenau an diesem Morgen des 24. Juni später als vereinbart ins Auswärtige Amt aufbrach. Als Rathenau schon in der Tür stand, drehte er noch einmal um und notierte an seinem Schreibtisch auf einem Blatt Papier als Überschrift »Gesamtrahmen d. Pol.« und darunter »Unerfüllbar«.[28] Verbarg sich hinter diesen dürren Worten eine grundsätzliche Abwendung von den Grundlagen seiner bisherigen Außenpolitik? Offenbar sann Rathenau jedenfalls über die Zukunft der Erfüllungspolitik nach, als er um 10 Uhr 45 endgültig das Haus verließ, um sich zu einer Prüfung von Konsularanwärtern in das Auswärtige Amt in der Wilhelmstraße zu begeben.

2. Die missachteten Warnsignale

Wusste Walther Rathenau an diesem Morgen, dass sein Leben bedroht war? Sein Chauffeur sagte später aus, er habe, als Rathenau das Haus verließ, wie auch jeden Tag sonst sorgsam um sich geblickt und sich vergewissert, dass nichts Verdächtiges auf der Koenigsallee zu erkennen war. Auch bewegte sich Rathenau in der Öffentlichkeit durchaus nicht ohne staatlichen Schutz. Schon im Herbst 1921, nach dem Antritt seines ersten Ministeramtes, war er dazu bewogen worden, ständig eine kleine automatische Pistole mit sich zu führen. Durch den Chef der Politischen Abteilung des Berliner Polizeipräsidiums, Bernhard Weiß, wurde Rathenau in dieser Zeit »auf die Notwendigkeit hingewiesen, sich einen besonderen polizeilichen Schutz gefallen lassen zu müssen«;[1] zwei Zivilpolizisten waren zu seiner ständigen Begleitung abgeordnet. Diesen Personenschutz empfand Rathenau aber als solche Einschränkung seines persönlichen Freiraums, dass er sich seiner nach Möglichkeit zu entledigen trachtete. Ein mit Rathenau befreundeter Journalist erlebte bei seinem letzten Besuch in Rathenaus Haus, wie unwillig der Minister sich polizeiliche Prävention gefallen ließ: »An seinem Zaun riefen mich zwei Polizisten in Zivil an und ließen mich dann durch. [...] Ich erzählte ihm [...], daß ich froh sei, ihn bewacht zu sehen. ›Oh! die sind bestimmt nicht mehr lange da‹, sagte er ärgerlich, ging zum Telephon, rief das Innenministerium an und befahl, daß man die Wache entferne.«[2] Mindestens einmal nutzte Rathenau allerdings auch die angebotene Überwachung und meldete fremde Eindringlinge in sein Haus (die sich als harmlos herausstellten) der Polizei.

Am Morgen des 24. Juni 1922 allerdings verzichtete Rathenau auf polizeilichen Schutz und ließ sich von niemandem begleiten, als er die Fahrt ins Auswärtige Amt antrat. In einer Pressekonferenz nach dem Tode des Ministers musste Weiß als Leiter der Berliner Politischen Polizei einräumen, dass Rathenau gegen den ihm angebotenen Schutz ablehnend eingestellt gewesen sei, besonders weil dies seine Mutter erschrecken könnte und seine Behörde infolgedessen ihrem Schutzauftrag nur bedingt habe gerecht werden können: »Trotzdem waren seit vielen Wochen zwei besonders tüchtige Kriminalbeamte mit der Beschützung des Ministers beauftragt worden, einer von ihnen begleitete den Minister fast ständig auf seinen Fahrten, obwohl Dr. Rathenau dies immer wieder ablehnte. [...] Gerade an dem Mordtage fuhr der Minister unglückseligerweise ohne Begleitung.«[3]

Dieselbe nonchalante Leichtigkeit, die ihn fast schutzlos einem Überfall politischer Fanatiker aussetzte, hatte Rathenau andererseits in den zurückliegenden Monaten geholfen, sich gegen die an Aggressivität und Gehässigkeit kontinuierlich zunehmenden Angriffe seiner Gegner von rechts zu immunisieren. Schon während des Krieges hatte Rathenaus jüdische Abstammung in völkischen Kreisen allemal stärker gewogen als seine angeblichen Verdienste um das Vaterland. Denn »selbst, wenn es so wäre, daß er unser Retter ist«, hieß es 1916 in Kreisen der Jugendbewegung, »eine Schande wär es für das deutsche Volk, daß es ein Semit sein muß«.[4] Die sich verschlechternde Kriegslage verschärfte auch hier die Tonlage. Kritiker der radikalen Rechten sahen durch das »System Rathenau« ganze Gegenden veröden, ganze Städte aussterben, weil ihr Erfinder alle produktiven Kräfte im Interesse seiner Wirtschaftsdiktatur an sich zu ziehen gedenke.

Nach Kriegsende dienten aus dem Zusammenhang gerissene oder entstellte Äußerungen Rathenaus im konservativen und gegenrevolutionären Lager als bequemes Vehikel zur eigenen Entlastung von der Verantwortung für Niederlage und Zusammenbruch. Rathenau wurde so zum klassischen Sündenbock der ihrer Großmachtillusionen beraubten Rechten in Deutschland. Niemand bereitete dieser Entwicklung mehr die Bahn als Erich Ludendorff, der Mann, dem sich Rathenau einst als Berater angeboten hatte, weil er als Einziger in der Lage schien, das Kriegsglück doch noch zu zwingen. Vor dem Untersuchungsausschuss des Reichstages berief sich der frühere Generalquartiermeister auf Rathenau, um die Verantwortung für die Kriegsniederlage dem Defätismus der Heimat zuzuschreiben: »Ich muß einen Ausspruch Walther Rathenaus wiedergeben, in dem er etwa sagt, an dem Tage, wo der Kaiser als Sieger mit seinen Paladinen auf weißen Rossen durch das Brandenburger Tor einziehen würde, hätte die Weltgeschichte ihren Sinn verloren. Es waren also Strömungen im Volke vorhanden, die nicht die Ansicht der Obersten Heeresleitung vertraten, daß wir auf den Sieg kämpfen müßten, und diesen Strömungen mußten wir Rechnung tragen.«[5] Vergeblich wehrte Rathenau sich gegen die infame Entstellung seines prophetischen Ausspruchs von 1914, den er selbst kurz zuvor in *Der Kaiser* öffentlich bekanntgemacht hatte. In keiner nationalistischen Schmähschrift sollte fortan die von Ludendorff geprägte Version des »Kaiser-Zitates« fehlen. In der völkischen Verschwörungsagitation amalgamierte sie sich mit einer anderen Äußerung Rathenaus, der vor dem Krieg einmal gesagt hatte, dass »dreihundert Männer, von denen jeder jeden kennt, die wirtschaftlichen Geschicke des Kontinents [leiten]«,[6] zum scheinbaren Nachweis der »überstaatlichen Mächte«, die Deutschland in den Ruin gestürzt hätten.

Die Schmähungen gegen Rathenau steigerten sich zu einer wahren Flut, seitdem er 1921 als Minister in die Reichsregierung aufgerückt war. An jeder Straßenecke verkündeten völkische Klebezettel, dass mit Rathenaus Ernennung das Zeitalter der Judenherrschaft über Deutschland angebrochen sei. Die Berufung Rathenaus zum deutschen Außenminister schließlich mobilisierte nationalistische Gruppierungen und Verbände in kaum gekanntem Maße. In München verabschiedeten gleich mehr als zehn rechtsgerichtete Organisationen eine »Entschließung« gegen die Ernennung Rathenaus, weil »sie ihn nach seiner bisherigen unverantwortlichen Tätigkeit für ungeeignet erachten, die Angelegenheiten des deutschen Volkes nach außen zu vertreten«. In ihre Forderung, »daß auf der Conferenz von Genua [...] das deutsche Volk nicht von Repräsentanten des internationalen Finanzgeistes, sondern von deutschen Männern vertreten werde«,[7] stimmten zahlreiche weitere Protestresolutionen ein, mit denen das Auswärtige Amt im Februar 1922 überzogen wurde.

Wenige Wochen nachdem Rathenau Reichsaußenminister geworden war, erschien in der deutschvölkischen *Mitteldeutschen Presse* ein »Offener Brief an Herrn Dr. Walter Rathenau«, der wie in einem Hohlspiegel alle Hassklischees bündelte, aus denen sich das Feindbild Rathenau in der deutschen Rechten 1922 zusammensetzte: Rathenau sei zum Außenminister nicht von der Mehrheit des deutschen Volkes, sondern von den »Logen der internationaljüdischen Freimaurerbünde« berufen worden, an deren Spitze die von Rathenau selbst erwähnten »dreihundert Männer« stünden. Dass er eine furchtbare Gefahr für das deutsche Volk darstelle, zeige seine Arbeit an der Spitze der Kriegsrohstoffabteilung des Kriegsministeriums gegen einen deutschen Sieg, die er mit seiner defätistischen Prophezeiung von 1914 über das Schicksal des Kaisers selbst eingestanden habe. Niemand anders als Rathenau sei verantwortlich für das Aufkommen der verderblichen Kriegsgesellschaften, mit deren Hilfe das deutsche Volk von jüdischem Kapital ausgeplündert wurde. Unumwunden gab der Autor dieses Pamphlets zu erkennen, dass er nach einem fasslichen Erklärungsmodell für die traumatisierende Kriegsniederlage mit all ihren sozialen und wirtschaftlichen Folgen suchte und Rathenau sich für konspirative Verschwörungstheorien gerade anbot: »Denn die Not meines armen Vaterlandes raubt mir den Schlaf [...]. In mir stieg ein Verdacht auf. Daß nicht alles so ganz von Schicksals wegen über uns hereingebrochen ist und daß Menschen ihre Hand dabei im Spiele hatten. Ich dachte an Sie.« Rathenaus Aufstieg zum Außenminister konnte diesem Denken nur als Bestätigung dieses Verdachts erscheinen. Weit vor der Konferenz von Genua glaubte der Pamphletist so schon die Gefahr einer von Rathenau vermittelten Übereinkunft zwischen Russland und Deutschland erkennen zu können: »Denn in Rußland ruht die öffentliche Macht in jüdischen Händen. Und Deutschland soll ebenfalls jüdischer Herrschaft unterworfen werden.«[8] Wer einem solchen Weltbild anhing, dem musste der spätere Abschluss des Rapallo-Vertrages tatsächlich als letzte Bestätigung seiner Befürchtungen erscheinen.

In den Monaten vor der Ermordung Rathenaus verdichteten sich folgerichtig die Anzeichen einer wachsenden Gewaltbereitschaft gegen den deutschen Außenminister. Am 9.3.1922 machte der Centralverein deutscher Staatsbürger jüdischen Glaubens das Auswärtige Amt brieflich auf eine Nummer des als Amtsblatt der bayerischen Regierung ausgewiesenen *Nabburger Volksboten* vom 11.2.1922 aufmerksam, in der unter der Artikelüberschrift »Nur die allerdümmsten Kälber wählen ihre Metzger selber« Rathenau mit antisemitischen Anwürfen rohester Art konfrontiert wurde.[9] Wenige Tage später sah sich das Auswärtige Amt sogar gezwungen, in einer an alle größeren Berliner Tageszeitungen gerichteten Presseerklärung offiziell zu dementieren, dasss Rathenau geäußert habe,

»aus ihm spreche der Geist des internationalen Kapitals«.[10] Völkische Publikationen verbreiteten darüber hinaus seit Rathenaus Amtantritt als Außenminister sogar kaum verhüllte Morddrohungen. Eine Hetzschrift des deutschvölkischen Verbandsfunktionärs Alfred Roth schloss mit der sibyllinischen Bemerkung: »Wir harren der ›kommenden Dinge‹, erklären aber mit aller Deutlichkeit, daß in Deutschland für einen Trotzky-Rathenau keine Statt ist. Wir sind zum Äußersten entschlossen und bereit.«[11] Wie sehr sich die politische Mordatmosphäre gegen Rathenau nach dem Eindruck publizistischer Beobachter in den wenigen Monaten seiner Zeit als Chef des Auswärtigen Amtes verdichtet hatte, brachte Kurt Tucholsky in der *Weltbühne* zum Ausdruck. Zwei Tage vor dem tödlichen Anschlag ließ er in einer »Was wäre, wenn …?« überschriebenen Vision nahenden Unheils einen Minister Opfer eines Umsturzes von rechts werden.[12]

Rathenau täuschte sich über das Risiko, dem er ausgesetzt war, nicht hinweg. Dem Hamburger Bankier Max Warburg teilte er vier Wochen vor seiner Ermordung ungerührt mit, dass er ständig Drohbriefe bekomme.[13] Als er der Witwe des im August 1921 ermordeten Zentrumspolitikers Matthias Erzberger kondolierte, tat er es mit den Worten, dass er selbst das nächste Opfer sein werde.[14] Ganz offensichtlich nahm er gegenüber seiner persönlichen Gefährung eine Haltung ein, in der sich Realismus und Fatalismus in eigentümlicher Mischung paarten. Alfred Kerr, der Nachbar in Grunewald, spazierte nach eigener Erinnerung mit Rathenau wenige Tage vor dem Mord durch die Koenigsallee und drang auf ihn ein: »›Sie sind bedroht. … Sie nehmen die Gefahr zu leicht. … Wie soll man Sie warnen!‹ … Rathenau hielt jetzt, im Gespräch, meine Warnung nicht für falsch. Ich seh' ihn vor mir: er hob die Hand vom Griff des Kinderwagens und sprach (mit einer Art von lächelnder Unschlüssigkeit in dem sonst wachen Antlitz): ›Vorsicht wäre zwecklos. Das sind Dinge des Schicksals. Ich habe vorhin die drei Kerls nach Hause geschickt, die mich begleiten sollten.‹«[15] Eine duldende Ergebenheit in die Fügungen der Zukunft, ein an Hegel erinnerndes Vertrauen in den Willen der Geschichte stellten auch andere Beobachter an dem Mann fest, der Deutschlands Katastrophe meinte vorausgesehen zu haben und nun der eigenen nicht feige ausweichen wollte, wenn sie ihm denn bestimmt war. Der

Bitte eines Freundes, sich vorzusehen, entgegnete er: »Was sein wird, wird sein. Ich habe eine Aufgabe zu erfüllen – vielleicht nicht zu vollenden. Wenn meine Stunde geschlagen hat – und nicht früher –, werde ich genommen werden.«[16] Dieselbe Haltung wahrte Rathenau auch im politischen Rahmen und versicherte nach der Überlieferung von Ernst Lemmer einer Gruppe junger Parteifreunde von der DDP noch kurz vor seinem Tod: Ein Staatsmann »muß – wenn das Schicksal es will – auch zum Märtyrer bereit sein.«[17]

So ist zu erklären, dasss Rathenau selbst konkreten Anschlagswarnungen, die ihn erreichten, keine Rechnung trug und die Fahrt zu seinem Dienstsitz auch an seinem Todestag unter Außerachtlassung von besonderen Vorsichtsregeln antrat. Einen ernst zu nehmenden Hinweis, dass der Minister mit einem Überfall zu rechnen habe, übermittelte beispielsweise der pazifistische Schriftsteller Hellmut von Gerlach. Ihm hatte ein Informant mitgeteilt, dass der Heidelberger Privatdozent Arnold Ruge nach Berlin gekommen sei und »die feste Absicht [habe], Rathenau zu erschießen. Die Waffe dafür hat er bei sich«[18]. Der völkische Fanatiker Ruge, der seine radikalantisemitischen Auffassungen so nachdrücklich propagierte, dass ihm in der Weimarer Republik als einzigem Hochschullehrer aufseiten der Rechten die *venia legendi* aus politischen Gründen entzogen worden war, hatte tatsächlich den Plan gefasst, sich bei Rathenau als Hausierer einzuschleichen, um den Minister zu erschießen. Trotz eines gegen ihn bestehenden Haftbefehls war er Ende Februar 1922 nach Berlin gekommen. Es gelang ihm nicht, seine Absichten zu verbergen, so dass der Reichskommissar für Überwachung der öffentlichen Ordnung Kenntnis erhielt und auf die von Ruge ausgehende Gefahr aufmerksam machen konnte. Umgehend wurden die Pförtner im Außenministerium und in Rathenaus Haus benachrichtigt und mit Steckbrieffotos von Ruge versehen, um dessen Vordringen zu Rathenau nach Möglichkeit zu verhindern. Dennoch vermochte Ruge wenige Wochen später, als Hausierer verkleidet, der dem Minister einen japanischen Leuchter verkaufen wolle, Zutritt zur Villa in der Koenigsallee zu erlangen. Sein dilettantischer Plan scheiterte jedoch schon daran, dass Rathenau gar nicht daheim war: Die Frau seines Dieners drängte den vorgeblichen Händler resolut aus dem Haus und bedeutete ihm,

»daß er sich in solchen Angelegenheiten schriftlich an Herrn Dr. wenden solle«.[19]

Daß Rathenau nach seiner Rückkehr aus Genua noch einen anderen Hinweis auf ein geplantes Verbrechen gegen ihn erhalten hatte, erfuhr die Öffentlichkeit erst Jahre später. 1928 schilderte der frühere Reichskanzler Wirth, dass »ein katholischer Priester in das Reichskanzlerhaus kam und mir [...] in ernster Form eröffnete, daß das Leben des Ministers Rathenau bedroht sei«.[20] Ein Mann habe ihm gestanden, dass er ausgelost sei, Rathenau zu ermorden. Wirth gab die Warnung seinem Außenminister in einem Gespräch unter vier Augen weiter. »Meine Mitteilung«, so erzählte Wirth, »machte auf Minister Rathenau einen tiefen Eindruck. Bleich und regungslos stand er wohl zwei Minuten vor mir. [...] Er kämpfte sichtlich lange mit sich. Plötzlich nahmen sein Gesicht und seine Augen den Ausdruck unendlicher Güte und Milde an. Mit einer Seelenruhe, wie ich sie nie an ihm gesehen hatte [...], näherte er sich mir, legte beide Hände auf meine Schultern und sagte: ›Lieber Freund, es ist nichts. Wer sollte mir denn etwas tun?‹ [...] Nach einem nochmaligen Betonen der Ernsthaftigkeit der gemachten Mitteilung und der absoluten Notwendigkeit polizeilichen Schutzes verließ er ruhig und gelassen, mit dem Ausdruck eines mir unverständlichen Sichgeborgenfühlens, die Reichskanzlei.«[21] Immerhin musste dieser direkte Hinweis auf eine im Gang befindliche Anschlagsplanung Rathenau so beschäftigt haben, dass er sich mit Nahestehenden darüber aussprach. Lili Deutsch, seine langjährige Vertraute, erinnerte sich später, dass Rathenau ihr gestanden habe, Wirth sei zähneschlotternd zu ihm gekommen und habe ihm von dem Besuch eines katholischen Priesters erzählt, der in der Beichte von einem geplanten Anschlag auf Rathenau erfahren hatte.[22] Doch konnte auch die Attentatswarnung eines katholischen Priesters nicht verhindern, dass Rathenau seine Gefährdung als Minister in einer Republik ignorierte, in der die Gegenrevolution auf dem Vormarsch war und Freikorpssoldaten im Takt der Verse marschierten: »Knallt ab den Walther Rathenau, die gottverdammte Judensau!«

Ernster aber hätte Rathenau wohl einen anderen Hinweis über eine terroristische Verschwörung gegen seine Person genommen, die bereits einige Tage vor dem Anschlag bei der Staatsanwaltschaft aktenkundig geworden war – wenn diese Nachricht den Außenminister noch erreicht hätte. Sie kam aus Kassel und stand in unmittelbarer Verbindung mit einem politischen Attentat, das dem ersten Ministerpräsidenten der Republik und nachmaligen Oberbürgermeister von Kassel, Philipp Scheidemann, gegolten hatte. Der politische Einfluss des Sozialdemokraten, der am 9. November 1918 die Republik ausgerufen hatte, war nach seinem Rücktritt als Premier und infolge seiner Gegnerschaft zu Ebert erheblich zurückgegangen. Dennoch blieb er eines der hervorragenden Angriffsziele der nationalistischen Rechten und ihrer Propaganda gegen die Republik. Nach seiner flammenden, aber letztlich wirkungslosen Ablehnung der Versailler Friedensbedingungen als »Philipp mit der verdorrten Hand« verspottet und als eitler Vielredner geschmäht, musste der Politiker dulden, dass die Rechtspresse in ihm die verhasste Republik personifizierte, ihm Selbstsucht, Landesverrat und Korruption vorwarf. Über Jahre hinweg war Scheidemann zermürbendsten Angriffen als »Sozialpatriot« und feiger Drückeberger ausgesetzt, bei denen seine Gegner mit gekauften Zeugen, gefälschten Urkunden und Drohbriefkampagnen arbeiteten, sein Haus beschmierten, seine Wohnung vernagelten und ihn öffentlich der widerrechtlichen Aneignung kaiserlicher Möbel bezichtigten.

Am Pfingstsonntag, dem 4. Juni 1922, unternahm Scheidemann in Begleitung von Tochter und Enkelin einen Ausflug nach Kassel-Wilhelmshöhe, ohne zu bemerken, dass er von zwei Männern verfolgt wurde, seitdem er die Wohnung verlassen und eine aus der Stadt hinausführende Straßenbahn bestiegen hatte. Nachdem er mit seiner Familie etwa eine Stunde durch den Wald spaziert war, trennten sich seine Verfolger. Während sich der eine von ihnen auf einem Parallelweg mit entsicherter Schusswaffe eingriffsbereit verborgen hielt, holte der andere eine kleine, ballartige Gummispritze aus dem Rucksack und lief auf Scheidemann zu. Wie Scheidemanns Tochter später zu Protokoll gab, wurde die Familie unversehens von einem sportlich gekleideten Wanderer eingeholt, der in der linken Hand einen Bergstock trug, die rechte Hand aber in der Tasche verborgen hielt. Sobald er sein ahnungsloses Opfer erreicht hatte, »zog er plötzlich mit der rechten Hand einen roten Spritzball aus Gummi aus der Tasche, richtete diesen, indem er auf der linken Seite an Scheidemann vorüberging, wiederholt gegen dessen Ge-

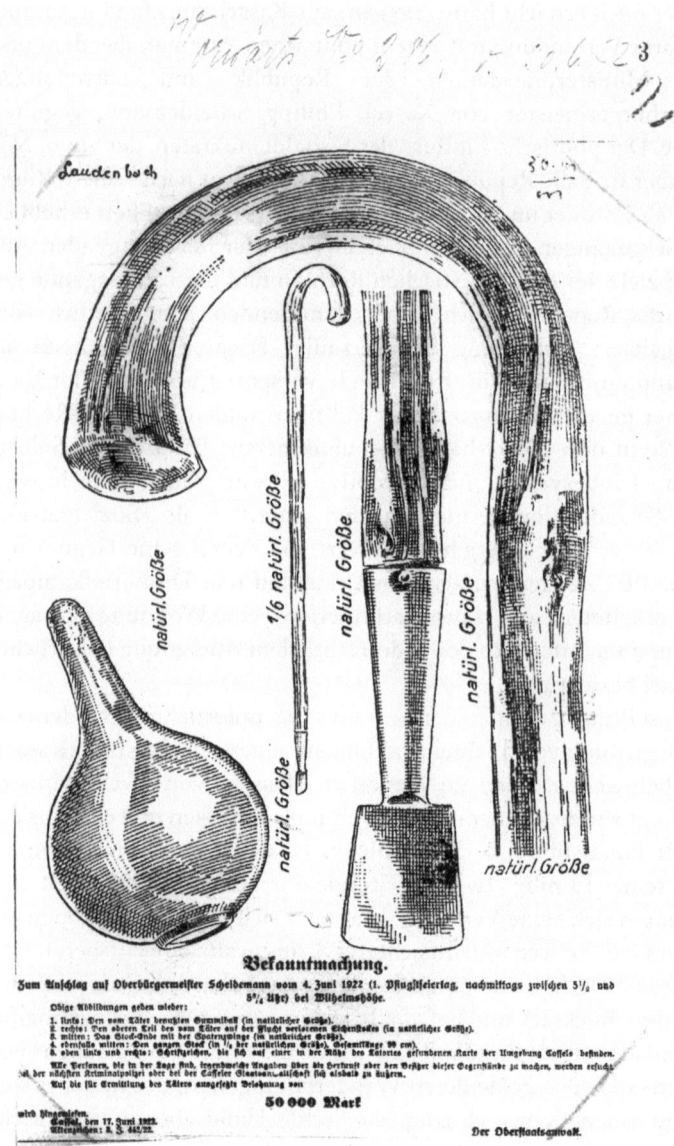

Bekanntmachung zum Anschlag auf Philipp Scheidemann
am 4. Juni 1922

sicht und drückte los«.²³ Scheidemann sank, von einer später als Blausäure identifizierten Flüssigkeit an Unterkiefer und Nase getroffen, mit Verkrampfungen an Oberkörper und Beinen zu Boden, konnte aber noch seinen Revolver ziehen und einen allerdings ungezielten Schuss abgeben, bevor er für fünfzehn Minuten das Bewusstsein verlor. Dennoch verdankte der Oberbürgermeister seiner Geistesgegenwart wohl das Leben, denn die unvermutete Gegenwehr ließ seinen Angreifer eilig die Flucht ergreifen, ohne die tödliche Giftspritze ein zweites Mal auf sein Opfer zu richten. Ein glücklicher Zufall kam Scheidemann zu Hilfe, wie die kriminaltechnische Untersuchung ergab: »Nur dem Umstande, daß die bei der Tat angewandte Blausäure im Freien den Verletzten getroffen hat und an jenem Nachmittag ein starker Luftzug gerade an dem fraglichen Bergabhange herrschte, ist es zu verdanken gewesen, daß eine tödliche Wirkung nicht eingetreten ist.«²⁴

Das Opfer erholte sich bald von den Folgen eines Überfalls, dessen Urheber unerkannt entkommen konnten und dessen Hintergründe wie Ziele vorerst im Dunkeln blieben. So fand der Vorfall auch nur ein vergleichsweise geringes publizistisches Echo in der republikanischen Presse, während rechtsstehende Zeitungen ihn vor allem auszubeuten trachten, um das Ansehen des sozialdemokratischen Politikers weiter herabzusetzen. Ohne schon Näheres über die Tatumstände zu wissen, fand etwa die *Deutsche Tageszeitung*, dass »bei ruhiger Betrachtung die Komik bereits überwiegt«, und stellte den Überfall als »Klistierspritzenattentat« hin, während das Verhalten Scheidemanns, der sofort zur Pistole gegriffen habe, nach Ansicht derselben Zeitung als Totschlagsversuch qualifiziert zu werden verdiente.²⁵ Andere deutschnationale Blätter sprachen von einem harmlosen Unfug, bei dem der ehemalige Ministerpräsident »von einem dummen Jungen mit einer Flüssigkeit, die sich allmählich als Himbeerlimonade zu entpuppen scheint, geringfügig im Nacken gespritzt worden war«.²⁶ Der *Schlesischen Tagespost* zufolge hatte nur ein Zufall verhindert, dass Scheidemann für ein »Blutvergießen« in einer angeblich »vielhundertköpfige[n] Menge von Spaziergängern« verantwortlich wurde, woran das Blatt folgende Betrachtung knüpfte: »Wahrhaftig, die rote deutsche Republik kann stolz sein auf ihre Führer! Tapfer ist ja der wackere Scheidemann nie gewesen, das wissen die, die ihn bei den Spartakusunruhen in Berlin gesehen haben. Aber von der weibischen Angst um das eigene behagliche Leben bis zur Veranstaltung von Schießübungen auf harmlose Bürger ist doch ein weiter Schritt«.[27]

Was der Öffentlichkeit verborgen blieb: Es gab triftige Hinweise für den Verdacht, dass der Angriff auf Scheidemann weit größere Dimensionen gehabt hatte, als sein glimpflicher Ausgang vermuten ließ, und womöglich auf die Existenz einer wohlorganisierten und von langer Hand vorbereiteten Verschwörung gegen die Republik schließen lasse. Am 10. Juni 1922, sechs Tage nach dem Überfall auf Scheidemann, erschien auf dem Kasseler Gewerkschaftshaus ein stellungsloser Gärtner namens Theodor Brüdigam aus Frankfurt am Main, der sich dem überfallenen Oberbürgermeister »zwecks Aufdeckung des Attentats zur Verfügung«[28] stellen wollte und zwei Tage später auf dem Kasseler Rathaus unter Anwesenheit eines eigens entsandten Berliner Kriminalpolizisten zu Protokoll gab, er stehe mit einer rechtsstehenden Geheimorganisation in Verbindung, die sich vorgenommen habe, Scheidemann und Rathenau umzubringen. Was der Informant zu berichten hatte, schien allerdings fast zu abenteuerlich, um glaubhaft zu sein: Im April 1921 sei er, ein durch den Krieg entwurzelter Soldat, der in der Revolutionszeit zwischen der Linken und der Rechten hin und her schwankte, über einen Kontaktmann gebeten worden, Informationen über Linksparteien für deutschvölkische Kreise zu sammeln. Daraufhin habe er sich zwei Redakteuren der sozialdemokratischen *Volksstimme* in Frankfurt gegen entsprechende Bezahlung als Spitzel angeboten und sei mit deren Zustimmung und unter direkter Rückversicherung beim Frankfurter Polizeipräsidenten auf das ihm gemachte Angebot eingegangen. Am 3. Mai 1922 wurde Brüdigam mit einem Empfehlungsschreiben zu einem Mann geschickt, der für einen Drahtzieher in der rechtsradikalen Szene über Frankfurt hinaus galt: Karl Tillessen. Tillessen, dessen Bruder Heinrich als Mörder Matthias Erzbergers steckbrieflich gesucht wurde, behandelte Brüdigam aufgrund der vorgewiesenen Empfehlung gleich vertraulich und deutete seine terroristischen Absichten an, indem er seinem Besucher ein Foto in die Hand gab: »Das ist mein Brüderchen, der hat das erste Schwein gekillt!« Wie Brüdigam erfuhr, gebe es in Deutschland eine von München aus geführte Geheimorganisation, die sich die Befreiung des Vaterlandes von außen- und innenpolitischer Bedrückung zum Ziel gesetzt habe. Karl Tillessen beorderte Brüdigam anschließend nach München zu einem Offizier Alfred Hoffmann, der Stabschef der geheimnisvollen Rechtsorganisation sei. In München angekommen, wurde der von Tillessen geschickte Spitzel in Hoffmanns Wohnung eingeladen, wobei sein Gastgeber beiläufig zu erkennen gab, »daß in diesen Räumen schon allerhand ausgekocht worden sei«.[29] Hoffmann eröffnete dem neuen Mann in knappen Worten, dass die Gruppierung, für die er von nun an arbeite, sich über ganz Deutschland erstrecke und von einem im Verborgenen tätigen Chef geleitet werde, der aus Geheimhaltungsgründen nur »Consul« genannt werde. Nach ihm heiße der geheime Untergrundverband »Organisation Consul« oder kurz »O.C.« und arbeite auf den Sturz der Reichsregierung hin. Er habe sich zu diesem Zweck die Ermordung prominenter Vertreter des Weimarer Systems vorgenommen, »um möglicherweise einen Umsturz von links hervorzurufen, damit es [...] der Organisation C möglich wäre, ihrerseits dann die Militärdiktatur zu errichten«.[30]

Der Verfolgung dieser Strategie diente auch das für Brüdigam vorgesehene Arbeitsfeld, das Hoffmann als die Bespitzelung linksstehender Gruppierungen umschrieb. Tags darauf, am 5. Mai 1922, empfing Brüdigam Geld zur Deckung seiner Unkosten und eine Ansichtskarte des Münchener Marienturms als Erkennungszeichen für eventuell notwendige schriftliche Mitteilungen. Bei dieser Gelegenheit kam Hoffmann auch auf die anstehenden Attentate gegen prominente Politiker zu sprechen und »meinte, nachdem nun Erzberger erledigt sei, kämen vielleicht Walther Rathenau und Scheidemann in Betracht«. Wenn auch Brüdigam aus der Unterhaltung nicht entnehmen konnte, dass schon ein fester Mordplan bestand, meinte er doch aus verschiedenen Beobachtungen der nächsten Tage schließen zu müssen, »daß hier etwas im Werke sei«. Die O.C. schickte ihn in der folgenden Zeit auf Reisen nach Frankfurt und Berlin, wo er kleinere Kurieraufträge erledigte. In Berlin wurde Brüdigam am 27. Mai 1922 befragt, ob er in Kassel das Gewerkschaftshaus kenne und ob ihm Scheidemann bekannt sei. Als er beides bejahte, wurde er beauftragt, einen Berliner Herrn unbekannten Namens nach Kassel »zu begleiten und ihn dort über die Verhältnisse bei den Linksparteien zu orientieren«.[31]

Obwohl immer noch von keinem bestimmten Vorhaben die Rede war, war sich Brüdigam nun sicher, dass ein Anschlag auf Scheidemann unmittelbar bevorstehe, und hielt es für geboten, den Kasseler Oberbürgermeister zu warnen. Er verließ seinen O.C.-Begleiter in Kassel unter einem Vorwand und versuchte noch am selben Tag, vom Gewerkschaftshaus aus mit Scheidemann Verbindung aufzunehmen. Dies aber misslang. Scheidemann erinnerte sich später daran, »daß in der Nacht des 27. Mai aus dem Gewerkschaftshause bei ihm angerufen und er um eine sofortige dringende Unterredung mit einem Fremden gebeten worden sei, daß er aber, da er einen Schabernack seiner Gegner vermutet hätte, den Hörer eingehängt habe«.[32] Obwohl er selbst mit dem Tod rechnen musste, falls sein Verrat in der O.C. bekannt würde, setzte Brüdigam alles daran, um seiner Warnung Gehör zu verschaffen, und benachrichtigte noch am selben Abend das Kasseler Parteisekretariat der SPD sowie am Morgen darauf seine Auftraggeber bei der Frankfurter *Volksstimme*.

Doch seine Angaben wurden zunächst nicht ernst genug genommen, um ihnen weiter nachzugehen. Erst später stellte sich anhand eines bei der Berliner Polizei zu den Akten genommenen Schreibens heraus, dass Brüdigam seine Beobachtungen über die terroristischen Absichten der O.C. mindestens eine Woche vor dem Überfall auf Scheidemann auch an den Frankfurter Polizeipräsidenten Ehrler weitergegeben hatte. Doch umsonst versuchte Brüdigam seine Warnung damit zu untermauern, »daß ihm auf seine Frage, ob Rathenau daran glauben müsse, geantwortet worden sei: ›Gewiß, aber zuerst muß Scheidemann daran glauben.‹«[33] Erst das Pfingstattentat auf Scheidemann führte den hessischen Untersuchungsbehörden mit einem Schlag vor Augen, wie brisant Brüdigams Mitteilungen in Wirklichkeit waren. Nachdem Brüdigam seine Beschuldigungen am 12. Juni wiederholt hatte, äußerte der zunächst über einen politischen Hintergrund des Attentats skeptische Kasseler Oberstaatsanwalt selbst den »Verdacht, daß es sich bei dem zweifellos ernstgemeinten Anschlag nicht um die Tat eines einzelnen Feindes des Überfallenen, sondern um das Komplott eines Geheimbundes [...] handeln könne«[34], und bereitete am 19. Juni 1922 den Antrag auf Haftbefehl gegen drei von Brüdigam des Mordkomplotts beschuldigte O.C.-Funktionäre vor, unter ihnen Alfred Hoffmann und Karl Tillessen.

Diese Maßnahmen hätten geeignet sein können, wenigstens die Ausführung eines neuerlichen Attentats der O.C., diesmal gegen Rathenau, zu verhindern. Aber jetzt schien es der Informant Brüdigam selbst zu sein, der seine eigene Glaubwürdigkeit untergrub – zumindest in den Augen der Strafverfolgungsbehörden. Nachdem er sich nämlich in Kassel hatte vernehmen lassen, kehrte er zwar mit Wissen der Kasseler Staatsanwaltschaft nach Frankfurt zurück und wurde am 14. Juni vorsorglich unter polizeiliche Überwachung gestellt. Schon zwei Tage später erschien er überraschend beim Amtsgericht in Frankfurt, weil er offenbar eine dringende Mitteilung zu machen hatte. Der zuständige Amtsrichter Dr. Thormayer lehnte es jedoch an diesem Freitag wegen Arbeitsüberlastung ab, sich mit Brüdigam näher zu befassen, und bestellte ihn nach einer kurzen Vernehmung für den darauffolgenden Montag wieder zu sich. Vergeblich protestierte der Kasseler Oberstaatsanwalt Dr. Noetzel beim aufsichtführenden Richter am Amtsgericht Frankfurt/Main: »Die Vernehmung und Beeidigung ist von *ausschlaggebender* Bedeutung für die Fortführung des Verfahrens in der Attentatssache [Scheidemann, M.S.]. Brüdigam belastet mehrere genau bekannte Personen so erheblich, daß im Falle seiner Beeidigung die Voruntersuchung gegen diese Personen und ihre alsbaldige Verhaftung geboten sein würde.«[35]

Am 19. Juni wartete der Frankfurter Amtsrichter vergebens, um den Zeugen seine Beschuldigungen beeidigen zu lassen: Offenbar hatte Brüdigam in der Zwischenzeit die Nerven verloren und war untergetaucht. Die unerwartete Wendung machte die Ermittlungsbehörden orientierungslos. War Brüdigam nicht vielleicht doch nur ein berufsmäßiger Schwindler, der sich von zwei Seiten bezahlen ließ und sie beide verriet, oder – schlimmer noch – ein Spitzel der Rechten, der die Arbeitsweise der Polizeibehörde ausspionieren sollte und dafür von einer SPD-Zeitung auch noch beträchtliche Zuwendungen kassierte? Jedenfalls hielt auch der Kasseler Oberstaatsanwalt die Glaubwürdigkeit Brüdigams nun für zu erschüttert, »um auf Grund dieser Aussage die öffentliche Klage gegen die von ihm Beschuldigten zu erheben«. Angesichts der undurchsichtigen Umstände schien Abwarten vorerst das Gebotene; die schon vorbereiteten Haftbefehle gegen Hoffmann, Heinz und Tillessen wurden zurückgehalten, und zwei Tage vor der Ermordung Rathenaus lautete die neue Direktive: »Gegenüber den von Brüdigam beschuldigten Personen muß sich das Ermittelungsverfahren zur Zeit wesentlich auf eine sorgfältige Überwachung beschränken.«[36] Denselben Kenntnisstand wie die hessischen Behörden besaß zu diesem Zeitpunkt auch die Berliner Politische Polizei, die auf ausdrücklichen Wunsch Scheidemanns einen Beamten zur Vernehmung Brüdigams nach Kassel entsandt hatte. Doch da der Kasseler Oberstaatsanwalt, der durch das Handeln oder besser Nichthandeln der Frankfurter Justiz die Zuständigkeit seiner Behörde übergangen sah, sich an den Reichsjustizminister selbst wandte und energisch unterstrich, »daß die Verantwortung für die sachgemäße Leitung des Ermittlungsverfahrens *auf mir allein*«[37] ruhe, blieben den Berliner Ermittlern im Weiteren die Hände gebunden. Sie waren ebenso machtlos, als sich die Kasseler Staatsanwaltschaft nach Brüdigams Untertauchen auf eine abwartende Haltung zurückzog.

Individuelles Versagen und kriminaltaktische Fehlinterpretation waren verantwortlich dafür, daß die Ausführung eines in seinen Grundzügen schon weitgehend aufgedeckten Mordplans gegen den deutschen Außenminister nicht mehr verhindert werden konnte. Was Brüdigam an jenem 16. Juni tatsächlich vor dem Frankfurter Amtsrichter hatte vorbringen wollen, erfuhr auf diese Weise nur der Centralverein deutscher Staatsbürger jüdischen Glaubens. Dessen Darmstädter Leiter war ebenfalls zu Nachrichten über die rechtsradikalen Aktivitäten im Frankfurter und Münchener Raum gelangt, die auf ein Mordkomplott gegen den Außenminister schließen ließen. Am 15. Juni setzte er daraufhin den Vorsitzenden des Centralvereins in Berlin mit der Bitte in Kenntnis, Rathenau streng vertraulich von dem Vorgang zu unterrichten, und beschloss gleichzeitig, eigene Nachforschungen anzustellen. Zu diesem Zweck erhielt Brüdigam auch vom Centralverein ein kleines Honorar, »damit er zunächst noch weiter scheinbar im Dienste der Radikalen der O.C. bleibt«,[38] und wandte sich tags darauf auch tatsächlich wieder an die hessische Leitung des Centralvereins, um aktuelle Erkenntnisse weiterzugeben. Wenn man seinen Ausführungen Glauben schenken durfte, war er am 14. Juni – nur wenige Stunden, bevor er unter polizeiliche Bewachung gestellt wurde – zu einer erneuten Besprechung mit Karl Tillessen und zwei weiteren Frankfurter O.C.-Männern namens Friedrich Wilhelm Heinz und Hartmut Plaas zusammengetroffen, von der weder die Frankfurter Polizei noch die Kasseler Staatsanwaltschaft etwas ahnten. Was er bei dieser Gelegenheit hörte, hätte bei den Strafverfolgungsbehörden ebenso Alarm auslösen müssen, wie es Brüdigam in Aufruhr versetzte – wenn denn der zuständige Amtsrichter ihm am darauffolgenden Tag Gehör geschenkt hätte. Denn der Zuträger war nach dem, was er von den drei Geheimbündlern gehört hatte, jetzt davon überzeugt, dass zumindest Tillessen fest zum Handeln entschlossen sei und Rathenau daher in unmittelbarer Lebensgefahr schwebe: »Für sich [Tillessen, M.S.] sähe er keinen anderen Ausweg mehr, als ›eine Kugel Rathenau durch den Kopf und eine zweite Kugel sich selbst durchs Herz zu schießen‹.«[39]

3. Die Geheimorganisation »Consul« (O. C.)

Es ist nie bekannt geworden, ob die Botschaft des Centralvereins über das Frankfurter Komplott noch bis zu Rathenau vorgedrungen war. Doch als isolierte Information ohne staatliche Autorität hätte sie wohl in keinem Fall die stoische Ruhe des Ministers gegenüber einer ihm drohenden Gefahr zu durchbrechen vermocht. So wird nachvollziehbar, wie eine der auf der Rechten verhasstesten Personen des öffentlichen Lebens Tag um Tag zu festgelegter Stunde den immer gleichen Weg zu seinem Amtssitz nehmen konnte, ohne sich um die Gefahr zu scheren, der er sich damit aussetzte. An diesem 24. Juni 1922 allerdings fuhr Rathenau infolge seiner ausgedehnten Nachtverhandlung mit Stinnes erst los, als im Auswärtigen Amt die leitenden Beamten schon auf den Minister warteten. Schließlich rief Staatssekretär Edgar von Haniel sogar in der Grunewalder Villa an, um sich nach dem Verbleib seines Dienstherrn zu erkundigen, und erhielt die Auskunft, der Minister habe soeben das Haus verlassen und sei abgefahren. Zigarrenrauchend im Fond seines offenen Wagens sitzend, musste der Minister jedem Angreifer ein bequemes Ziel bieten, während sein Chauffeur mit 30 bis 40 Stundenkilometern durch die Koenigsallee auf Berlin zufuhr.

Es ist kaum nachvollziehbar, dass es nicht gelungen war, gegen ein solches Verhalten, das ein mögliches Attentat nachgerade begünstigen musste, Sicherheitsbedenken hinreichend nachdrücklich geltend zu machen. Unabhängig von allen Glaubwürdigkeitsfragen hätte zumindest der Name der hinter dem angeblichen Komplott stehenden Untergrundvereinigung die Ermittlungsbehörden in Hessen und in Berlin in höchste Alarmstufe versetzen müssen. Denn die Organisation Consul, in der sich unter ihrem Führer Hermann Ehrhardt ehemalige Freikorpssoldaten und Offiziere des Kaiserlichen Heeres in straffer militärischer Ausrichtung zusammengefunden hatten, galt seit ihrer Aufdeckung im Herbst 1921 als die vielleicht schlagkräftigste und zugleich geheimnisvollste Vereinigung der politischen Rechten. Und sie war ein gefährlicher Gegner der Republik, wie sie in wandelnder organisatorischer Struktur seit 1920 schon mehrfach bewiesen hatte. Die Geschichte des paramilitärischen Geheimbundes, der seinen Charakter und Aufbau in geheimnisvolles Dunkel tauchte, begann in der Revolutionszeit 1918/19, als die von militärischen Machtmitteln entblößte Revolutionsregierung die Aufstellung von Freiwilligenverbänden begünstigte, die während der ersten Jahreshälfte 1919 in Berlin und im Reich Aufstände von links bekämpften und Räterepubliken niederschlugen. Eines dieser Freikorps war die II. Marinebrigade, die der kaiserliche Korvettenkapitän Hermann Ehrhardt in Wilhelmshaven aus Angehörigen der demobilisierten Kriegsmarine aufstellte. Ehrhardt, ein bei Kriegsende knapp vierzigjähriger Mann, der sich auf See mehrfach durch bemerkenswerte Unerschrockenheit und Kaltblütigkeit ausgezeichnet hatte, war ein Truppenführer von charismatischen Zügen, der bei seinen Leuten fast blindes Vertrauen genoss. Sein bald 2000 Mann starker Verband zeichnete sich durch eine angesichts der Wirren der Nachkriegszeit ungewöhnliche soldatische Disziplin und Durchsetzungskraft aus. Sie wurde dadurch erreicht, dass unter Ehrhardt ausschließlich Offiziere – auch als Mannschaften – dienten und die Truppe von einem einheitlichen antirepublikanischen Geist beseelt war.

Die Brigade Ehrhardt tat sich Anfang 1919 bei der Bekämpfung von kommunistischen Aufständen in Mitteldeutschland hervor, und sie bildete die Kerntruppe bei der Niederschlagung der Münchener Räterepublik im Mai desselben Jahres. Der Ruf besonderer Brutalität und Rücksichtslosigkeit begleitete den Verband über die Geburtswehen der Republik hinaus bis zu seiner schließlichen Demobilisierung, gegen die sich Ehrhardts Truppe auf charakteristische Weise zur Wehr setzte: durch die militärische Absicherung des gegenrevolutionären Kapp-Lüttwitz-Putsches vom März 1920 in Berlin. Nach dessen Scheitern wurde die Brigade noch kurzzeitig zur Bekämpfung von Anschlussaufständen im Ruhrgebiet eingesetzt und dann zur endgültigen Auflösung in die Lüneburger Heide verlegt, während Ehrhardt selbst untertauchte. In der Zeit der Demobilisierung wurde der Gedanke geboren, den Zusammenhalt der Brigadeangehörigen zu wahren, um den Entlassenen bei dem Aufbau einer wirtschaftlichen Existenz behilflich zu sein und sie gleichzeitig als Reservoir für künftige militärische Einsätze zu behalten. Neben einem vor allem der Traditionspflege dienenden »Verein der ehemaligen Angehörigen der 2. und 3. Marinebrigade« entstanden zwei Verbindungen, die direkte Vorläufer der O.C. bildeten: die von dem Ehrhardt-Vertrauten Manfred von Killinger seit Juli 1920 in der »Vereinigung ehemaliger Sturmsoldaten« gesammelten Männer, »die sich im Falle höchster Not zur Verfügung zu stellen« hätten,[1] und ein am Vorabend der endgültigen Auflösung gegründeter »Bund ehemaliger Ehrhardt-Offiziere«, dessen Vorsitz Ehrhardts Stabschef Alfred Hoffmann übernahm.

Nicht weniger bedeutsam sollte für die Geschichte der O.C. werden, daß die Marinedienstfähigen der bisherigen Brigade zu einem großen Teil in die Reichsmarine übernommen wurden und dort die neugeschaffene Schiffsstammdivision Nordsee bildeten. Andere Mannschaften und Offiziere schlossen sich zu sogenannten Arbeitsgemeinschaften zusammen, die gemeinsame Beschäftigung vor allem auf dem Land suchten, um als intakte Zellen der Ehrhardt-Organisation bis zu einem erneuten Ruf ihres Führers zu überwintern. Während sich die Grundbesitzer in Norddeutschland eher reserviert zeigten und nur der Pommersche Landbund Brigadeangehörige in kleineren Gruppen zum Einsatz gegen streikende Landarbeiter auf Güter im Nordosten vermittelte, waren die politischen Verhältnisse in Bayern für die Interessen der Brigade-Angehörigen günstiger. Dort wurde seit Herbst 1920 eine ganze Reihe von Arbeitsgemeinschaften vor allem zur Moorkultivierung und zur Holzrodung eingesetzt. Diese 35 bis 120 Mann umfassenden Arbeitsgemeinschaften bestanden auch nach Gründung der O.C. fort und bildeten eines der Reservoirs, aus denen die O.C.-Führung geeignete Männer für die Arbeit in der nach München gelegten Zentrale des Verbandes oder für besondere Einsätze auswählte.

Von den Entscheidungen und Planungen ihrer Verbandsführung abgeschnitten, taten sich die getarnten Freikorpsmänner immer schwerer, den Sinn ihres Ausharrens einzusehen, wie Tagebuchaufzeichnungen des späteren Ehrhardt-Adjutanten Hartmut Plaas veranschaulichen: »Man sitzt im Dunkeln und kommt immer ins Knobeln, und um weiterzumachen, muß man die Augen schließen und blind hoffen. Nie bekommt man einen Einblick; das war immer so. Ehrhardt läßt uns nur bis zu einem gewissen Punkt schauen, ins Letzte bekommen wir nie Einblick. Man opfert sich und weiß nicht, wie lange noch und ob mit Grund.«[2] Je länger das angekündigte bewaffnete Handeln verschoben wurde, desto perspektivärmer ge-

Die Geheimorganisation »Consul« (O.C.)

Freikorpsführer Hermann Ehrhardt in Berlin bei der Abnahme eines Vorbeimarsches der Brigade Ehrhardt während des Kapp-Lüttwitz-Putsches (13.-17.3.1920)

staltete sich die Situation der Arbeitsgemeinschaften auf dem Land, die zudem noch mit wirtschaftlichen Problemen zu kämpfen hatten und offenbar auch in der Planung Ehrhardts eine immer geringere Rolle spielten, so dass zunehmend Männer absprangen.

Auch die andere Bastion der Ehrhardt-Leute an der Nordsee bröckelte im Jahre 1921 zusehends. Nach den Tätigkeitsberichten des im Untergrund für die Brigademänner in der Reichsmarine zuständigen Korvettenkapitäns Paul Werber bestanden zwar zusätzlich zur Schiffsstammdivision Nordsee auch bei der Küstenwehrabteilung 6 in Borkum, Emden und Wilhelmshaven sowie an der Marineschule Mürwik bei Flensburg Ortsgruppen mit jeweils etwa 50 Mann. Doch drohten sie trotz ihrer Ehrhardt-Begeisterung aus Ungeduld der Autorität ihres Führers zu entgleiten, nachdem sich ihre Hoffnung zerschlagen hatte, im Frühjahr 1921 zur Bekämpfung des polnischen Aufstandes in Oberschlesien gerufen zu werden. In seinem Tätigkeitsbericht vom 9. 5. 1921 hielt Werber fest: »Mannschaften: Stimmung ziemlich gereizt. Wenn nach O.S. [Oberschlesien, M.S.] gerufen wird, wird eine ziemliche Menge einfach abhauen.«[3] Schwerer noch wog, dass es nach Ansicht der Ehrhardt-Offiziere unmöglich schien, den gesamten Verband im Eventualfall geschlossen »nach unten«, also nach Bayern, zu bringen.[4] Besonders bei einem von den Ehrhardt-Offizieren im Mai 1921 erwarteten kommunistischen Aufstand in Mitteldeutschland und Thüringen wäre die im Norden abgeschnittene Marineformation nahezu wertlos gewesen. Damit aber verlor Ehrhardts Stützpunkt im Norden entscheidend an Gewicht; zunehmend wurde München zum einzigen Kristallisationspunkt des ursprünglich aus der Marine entstandenen Freikorps Ehrhardt. Im Frühsommer 1921 löste sich erst die Borkumer und kurz darauf die Wilhelmshavener Ortsgruppe ganz auf, nachdem ein Großteil der Offiziere aus der alten Marinebrigade seinen Abschied genommen hatte.

Diese Aktionen wurden durch einen zentralen Stab in München koordiniert. Er hatte sich schon längere Zeit zuvor konstituiert, nachdem bereits im September 1920 viele Ehrhardt-Offiziere die Reichsmarine nach kurzem Gastspiel wieder verlassen hatten, unter ihnen Alfred Hoffmann und Karl Tillessen. Hoffmann, in Ehrhardts Auftrag die treibende Kraft bei der Gründung der O.C., war noch im selben Monat nach München gegangen, um die organisa-

Die Geheimorganisation »Consul« (O.C.)

```
Bayerische
Holz-Verwertungs-Gesellschaft mb. H.
Bank-Konto: Bank für Handel        MÜNCHEN              Telegrammadresse:
und Industrie Filiale München                              „BAIE"
Postscheck-Konto:              Trautenwolfstr. 8         Telefon 31479

                                MÜNCHEN, den
```

Briefkopf der als Holz-Verwertungs-Gesellschaft getarnten Organisation Consul

torischen Vorbereitungen für die Arbeit des neuen Verbandes zu treffen und geeignete Mitstreiter zu rekrutieren.

Am 1. November 1920 wurde über einen Münchener Kaufmann, der früher als Zahlmeister in der Marinebrigade gestanden hatte, eine Wohnung in der Münchener Trautenwolfstraße gemietet, in die kurz darauf die am 10. Dezember 1920 gegründete »Bayerische Holz-Verwertungs-Gesellschaft mbH« einzog. Die Tarnbezeichnung war geschickt gewählt, da die bisher in der Moorkultivierung eingesetzten Arbeitsgemeinschaften mit Beginn der kalten Jahreszeit tatsächlich bei der Bereitung von Stockholz eingesetzt wurden. In Wirklichkeit aber entfaltete die neue GmbH zu keiner Zeit eine geschäftliche Tätigkeit, wenn auch nach außen hin Ehrhardts Offiziere als sogenannte Prokuristen in Erscheinung traten. Vielmehr hatte der im Auftrag Hoffmanns handelnde Kaufmann bei Abschluß des Mietvertrages durchblicken lassen, dass er die Wohnung für eine politische Organisation benötige und dem Unternehmen nur nominell vorstehe.

Seit dem Spätherbst des Jahres 1920 arbeitete so von München aus eine reichsweit operierende Geheimorganisation, die sich mit einem von Monat zu Monat fester geknüpften Netz über das Reich erstreckte. Die Münchener Zentrale versorgte die in Ortsgruppen zusammengeschlossenen Ehrhardt-Männer mit Richtlinien und beorderte die Vorstände dieser Ortsgruppen in regelmäßigen Abständen nach München, um die weitere Entwicklung des Bundes und besonders die Werbung neuer Mitglieder zu besprechen. Ungeachtet der konspirativen Gründungsumstände wurde denn auch zumindest ein bayerisches Blatt bald auf die getarnte Sammlungsbewegung der Ehrhardt-Brigade aufmerksam. Im Januar 1921 veröffentlichte die Zeitung *Der Kampf* unter der Überschrift »Die Holzhacker der Brigade Ehrhardt« einen Artikel, der die Strohmännergeschäfte eines bayerischen Holzhändlers mit einer von München aus geführten »Marine-Arbeitsgemeinschaft« anprangerte und hellsichtig warnte: »Der eigentliche Zweck der Marine-Arbeitsgemeinschaft und des Vertrages mit dem Holzhändler ist natürlich der, die Ehrhardtleute [...] für die Zwecke eines Rechtsputsches zusammenzuhalten.«[5]

Von dieser Enthüllung unbeeindruckt, erweiterte die Organisation ihr Tätigkeitsgebiet im Januar 1921 noch mit dem Eintritt Manfred von Killingers in die Zentrale. Killinger, dem die militärische Leitung des Bundes unterstellt wurde, baute eine besondere Unterabteilung auf, die für Mobilmachungsvorbereitungen, Alarmierung und Einberufung der von der O.C. erfassten Freiwilligen zuständig war und vor allem die Einsatzbereitschaft des Wehrverbandes für einen künftigen Ernstfall aufrechterhielt. Die erwartete Situation trat ein, nachdem das nicht eindeutige Ergebnis der Volksabstimmung über den Verbleib Oberschlesiens beim Deutschen Reich am 2. Mai 1921 zu einem Einfall polnischer Aufständischer geführt hatte, die nach wenigen Tagen das Gebiet westlich bis zur Oder in ihre Gewalt gebracht hatten. Zu Hunderten eilten Freiwillige aus dem ganzen Reich ins Kampfgebiet, um die schwachen Kräfte des Oberschlesischen Selbstschutzes aufzufüllen. Auch Ehrhardt-Leute machten sich spontan nach Oberschlesien auf; in Breslau stellten zwei frühere Brigade-Angehörige eine kleine Formation als Kristallisationspunkt der hinzukommenden Ehrhardt-Männer auf, die unter dem Namen »Sturmkompanie Koppe« nördlich von Annaberg kämpfte. Killinger, der unterdes in Breslau mit der Führung des Oberschlesischen Selbstschutzes über die Stellung von Truppen verhandelt hatte, übernahm Mitte Mai selbst die Führung der auf etwa 200 Mann angewachsenen Sturmkompanie, die zum Zeichen ihrer Zugehörigkeit zu Ehrhardt ein Wiking-Emblem am Ärmel trugen.

Infolge des Anfang Juni geschlossenen Waffenstillstandes fand der Einsatz der Freikorps sein Ende, ohne dass sich die angestrebte

Gelegenheit zum innenpolitischen Eingreifen geboten hätte. Dennoch hatte die Niederschlagung des Polenaufstandes Ehrhardts Verband erheblich gestärkt und führte ihm auch in der Folge laufend neue Mitglieder zu, die vor allem mit dem Hinweis auf einen drohenden abermaligen Polenaufstand geworben wurden. Nun auch nannte sich der Wehrverband, der bisher die interne Bezeichnung »Früheres Freikorps Ehrhardt« geführt hatte, nach einem der Decknamen ihres untergetauchten Führers Ehrhardt »Organisation Consul« bzw. »O.C.« und gab sich mit der Herausgabe einer eigenen Zeitschrift namens *Wiking* ein betont offenes Erscheinungsbild.

Im Juli kehrte Killinger nach München zurück und nahm seine Tätigkeit als Leiter der militärischen Abteilung der O.C. wieder auf. Ein kleinerer Teil seiner Leute war in Oberschlesien geblieben und sollte als Stamm zur Aufstellung einer Truppe für den erwarteten vierten Polenaufstand dienen. Killinger vereinbarte mit der Leitung des Oberschlesischen Selbstschutzes die Aufstellung einer eigenen, als Regiment »Süd« bezeichneten Formation von nahezu 2000 Mann, die im Bedarfsfalle auf die Stärke einer vollen Division ausgebaut werden sollte, und arbeitete einen Mobilmachungsplan aus: Jede Ortsgruppe hatte 25 Mann zu stellen und die Garantie zu geben, dass die aufgerufene Mannschaft innerhalb von drei Tagen nach Alarmierung in Oberschlesien am Sammelplatz eintreffe. Bewaffnung, Einkleidung und Unterhalt waren vom Oberschlesischen Selbstschutz zu übernehmen. Im Bedarfsfall sollte ein eigener Befehl dafür sorgen, dass die nach Schlesien reisenden O.C.-Männer sich auch tatsächlich dem Regiment »Süd« anschlossen.[6] Die Aufstellung des Regiments war offenbar bereits bis ins kleinste vorbereitet; bei späteren Ermittlungen gegen die O.C. fielen der Polizei auch Befehlsentwürfe und Aufzeichnungen in die Hände, die sich mit der detaillierten Aufteilung neugeworbener Mitglieder auf Waffengattungen und Kompanien befassten.

Tatsächlich wurde Killinger vom Heimatschutz Schlesien auf ein Konto bei einer schlesischen Bank eine erste Zahlung von 300 000 Mark für Verpflegungs- und Marschgelder überwiesen, die ihren Empfänger aber erst erreichte, als dieser sich bereits unter Mordverdacht in Untersuchungshaft befand. Gleichzeitig knüpfte die Leitung Kontakte zu anderen Freikorps, um sie für den Fall eines vierten polnischen Aufstandes zum Anschluss an die O.C. unter der Führung Ehrhardts zu bewegen, und sie schuf eine eigene Wiener Organisation, die eine entsprechende Sammlungstätigkeit in Österreich entfaltete.

Nicht zuletzt dieses rasante Wachstum des Wehrverbandes führte im Sommer 1921 zu einem Ausbau auch der inneren Organisationsstruktur. Der Münchener Stab war schon im Laufe des ersten Halbjahres 1921 auf vier Büroadressen verteilt worden, in denen täglich zu festgesetzten Dienstzeiten »viele junge Leute, die den Eindruck entlassener Offiziere machten [...], regelmäßig ein- und ausgingen«[7]. Die Zentrale beschäftigte »ungefähr 30 bei uns beamtete Offiziere«, wie ihr Leiter Alfred Hoffmann später eingestand[8], der militärische Befehlsgewalt über seine Mitarbeiter besaß und als der eigentliche Stellvertreter Ehrhardts angesehen wurde.

Eher an eine staatliche Militärbehörde als an einen terroristischen Geheimbund erinnerte auch der innere Aufbau der Münchener O.C.-Zentrale: Die von Stabschef Hoffmann selbst geleitete allgemeine Abteilung (A) unterhielt eine Nachrichtensammelstelle und wahrte die politischen Verbindungen zu anderen rechtsgerichteten Organisationen. Killinger als Leiter einer mit den militärischen Aufgaben betrauten Abteilung B war auch für Kontakte zu anderen Wehrverbänden in Deutschland zuständig und hatte die von der allgemeinen Abteilung gesammelten Nachrichten an die Vertrauensleute im Reich weiterzugeben. Eine als politische oder Presse-Abteilung firmierende Abteilung C gab den *Wiking* heraus, sammelte Zeitungsnachrichten und versuchte, auf die Presse Einfluss zu nehmen; von ihr gingen von Zeit zu Zeit verbindliche Richtlinien für die politische Arbeit an die Gefolgsleute im Reich heraus. Schließlich verfügte die O.C. noch über eine Abteilung Z, die die Finanz- und Verwaltungsgeschäfte der O.C. besorgte und aus einem ihr zur Verfügung stehenden Fonds neben den Büro- und Reisekosten auch die Gehälter der von der Zentrale beschäftigten Mitarbeiter bezahlte.

Neben dieser Ressortabgrenzung bestanden für die drei inhaltlich arbeitenden Abteilungen genauere Geschäftsverteilungspläne, die beispielsweise im Falle der militärischen Abteilung B neben dem Ressortchef vier Unterabteilungen mit präzise festgelegten Aufgabengebieten vorsahen. So war der Leiter der Unterabteilung mit dem Stellenzeichen B 2 verantwortlich für Organisation, Taktik, Mobilmachungsvorbereitungen und »Stellenbesetzung nach Rücksprache mit A1 [Ehrhardt, M.S.]«, während der Unterabteilung 3 unter anderem die Arbeitsbereiche »Bekanntgabe von Veränderungen an die B.L. [Bezirksleitungen, M.S.]« und Materialbeschaffung zufielen. Die Aufgabenverteilung einer dritten Unterabteilung verdeutlicht den über den bloßen Freikorpscharakter hinausreichenden Zuschnitt, den sich Ehrhardts Organisation zu geben bestrebt war: Dem Geschäftsbereich B 4 unterstanden neben Aufgaben wie »Befehlsübermittlung«, »Paß- und Kartenwesen« auch die »Sammlung von Nachrichten« sowohl »über die einzelnen Bezirke« als auch »über andere Organisationen und Bünde« und schließlich allgemein »politischer Art«.[9] Die hier verrichtete Arbeit war ganz offenkundig ebenso effizient wie professionell; sie wurde ausschließlich durch besonders bewährte Ehrhardt-Offiziere geleistet, die ihre Stellung als »Einberufung«[10] begriffen, Urlaub nur auf Antrag gewährt erhielten, sich Dienstreisen und jede Entfernung aus München durch den jeweiligen Ressortleiter genehmigen lassen mussten und im Verkehr untereinander einen überkommenen militärischen Verhaltenskodex wahrten, der beispielsweise die Anrede von Vorgesetzten in der dritten Person vorsah.

Als die immer weiter wachsende Ehrhardt-Organisation mehr und mehr Zulauf von Anhängern erhielt, die bislang nicht in Beziehung zur früheren Marinebrigade gestanden hatten, wurde im Frühsommer 1921 die bisherige persönliche Bindung an ihren Führer durch ein politisches Programm ergänzt, auf das sich alle Mitglieder vereidigen lassen mußten. Diese Satzungen definierten den Bund als Geheimorganisation mit dem Namen Organisation C, die allen »nationalgesinnten Deutschen« offenstand, »Juden und überhaupt jeden Fremdrassigen« aber ausschloss.

Entsprechend ihrem konspirativen Charakter verpflichtete die O.C. ihre Angehörigen gegenüber Fremden zu strengstem Stillschweigen über alle Organisationsnachrichten und zu größter Vorsicht im Schriftverkehr. Wie mit Abtrünnigen und Denunzianten zu verfahren sei, bestimmte ein eigener Paragraph so knapp wie eindeutig: »Verräter verfallen der Feme.« Eine Verpflichtungsformel, mit der jedes Mitglied ehrenwörtlich »dem obersten Leiter der Organisation und meinen Vorgesetzten unbedingten Gehorsam

[...] und über alle Angelegenheiten der Organisation strengstes Stillschweigen auch nach etwaigem Austritt« zu geloben hatte, machte die Mitgliederschaft zu einem gefügigen Werkzeug ihrer Führung. Deren Absichten wurden in der Satzung allerdings nur vage umschrieben: In »geistiger« Hinsicht verlangte der Bund die »weiteste Pflege des nationalen Gedankens« und die »Bekämpfung der antinationalen Weimarer Verfassung mit Wort und Schrift«, insbesondere der Sozialdemokratie und des Judentums. Zum »materiellen« Ziel wurde die »Sammlung von entschlossenen nationalen Männern« erklärt, um »die vollständige Revolutionierung Deutschlands zu verhindern« und »bei großen inneren Unruhen deren vollständige Niederwerfung zu erzwingen und durch Einsetzung einer nationalen Regierung die Wiederkehr der heutigen Verhältnisse unmöglich zu machen«.[11]

Auf dem Weg dahin hatte die O.C. im Zuge ihrer militärischen Sammlungsbewegung bis zum Herbst 1921 ein sich über ganz Deutschland erstreckendes Netz von Bezirksorganisationen gespannt, die von der Zentrale kontrolliert und geführt wurden. Die meisten Bezirke waren in Ortsgruppen untergliedert; ihnen standen »Unterführer« oder »Vertrauensleute« vor, die ihre Anweisungen über die ihnen vorgesetzten Bezirksleiter aus München erhielten. Die Vertrauensleute mussten zum 1. und 15. jeden Monats Meldungen über ihre Gruppen nach München erstatten, die neben der Auflistung von Zu- und Abgängen auch einen Tätigkeitsbericht über die geleistete Arbeit enthielten.

Doch war dieses Organisationsschema auf Dauer offenkundig nicht effizient genug, um angesichts der raschen Verbreitung der O.C. ein reibungsloses Zusammenspiel von Bezirken und Leitung zu garantieren. Insbesondere der sich ausweitende Schriftverkehr, mit dem von München aus das einheitliche Handeln der Organisation gesichert werden sollte, führte dazu, dass sich die Führung des Verbandes trotz aller Vorsichtsmaßnahmen in einem Maße exponierte, das auf die Dauer ihre Geheimhaltung gefährden musste: Nach einem von der Zentrale geführten Register, in dem alle ausgehenden Weisungen mit einer »Befehlsbuchnummer« aufgeführt wurden, wurden 1920/21 nicht weniger als fast 1000 Verfügungen von der Zentrale an die einzelnen Bezirke im Reich übermittelt. Mit Hilfe vielfältiger Maßnahmen suchte die O.C. ihre Verratsanfälligkeit zu reduzieren und verständigte sich im August 1921 über eine Änderung der Verbindungsstränge zwischen der Münchener Leitung und den ihr unterstellten Gruppen im Reich. Ein auf den 8. September 1921 datierter Organisationsplan ordnete die insgesamt vierzehn O.C.-Bezirke sieben neuzuschaffenden Oberbezirken zu, über deren Leiter fortan aller Verkehr der Münchener Zentrale mit ihren Gefolgsleuten im Reich abgewickelt werden sollte, um so den Kopf der Organisation wieder besser gegen Enttarnungsgefahr abzuschirmen.

Diese Organisationspläne, die später in die Hände der Polizei fielen, schienen darauf hinzudeuten, dass die O.C. im Grunde nur eine in den Untergrund verlegte Fortsetzung der Marinebrigade Ehrhardt zum Schutz der deutschen Reichsgrenzen bildete, die wie die oberschlesischen Freiwilligenverbände angesichts der von den Alliierten erzwungenen Beschränkung der deutschen Verteidigungsmittel eine »merkwürdige Stellung zwischen Legalität und Illegalität«[12] einnahm – offiziell den deutschen Behörden weder bekannt noch von ihnen geduldet, unter der Hand aber von ihnen durchaus akzeptiert und sogar gefördert. Eine Reihe von Indizien bestärkt diese Vermutung: Viele der Mitglieder einzelner O.C.-Ortsgruppen beharrten nach Aufdeckung ihres Bundes unbeirrt darauf, dass sie sich der Organisation nur für einen außenpolitischen Einsatz zur Verfügung gestellt hätten. Tatsächlich befasste sich ein Drittel aller sichergestellten Befehle der Zentrale allein mit der Erörterung und Vorbereitung eines Einsatzes in Oberschlesien. O.C.-Funktionäre gingen mit Bezug auf die militärische Ohnmacht des Reiches ohne Scheu Industrielle in Nord- und Süddeutschland um Geld für »unsere Bewegung«[13] an, um den ungefähr eine Million Mark betragenden Jahresetat der O.C.-Zentrale aufzubringen; Ehrhardt selbst bekannte brieflich »die Finanzierung meiner Organisation durch die pfälzische Industrie«[14].

Zudem arbeitete die Münchener Zentrale unter dem kaum verhüllten Schutz des örtlichen Polizeipräsidiums, wie der Reichskommissar für Überwachung der öffentlichen Ordnung ermittelte. »Die Münchener C-Kreise haben [...] gute Beziehungen zur bayerischen Polizei. Von Strafverfolgungen gegen C-Angehörige sind sie stets rechtzeitig unterrichtet und werden auch über die Vorgänge bei den Zugkontrollen an der bayerischen Landesgrenze stets unterrichtet. Auch durch die Fremdenkontrolle über die Hotels und Logierhäuser werden sie von der Anwesenheit mißliebiger Personen in Kenntnis gesetzt.«[15] Polizeipräsident Ernst Pöhner nahm überdies keinen Anstoß daran, den steckbrieflich gesuchten Ehrhardt mit falschen Pässen zu versorgen und ihm einen ungefährdeten Aufenthalt in München zu ermöglichen. Dass Ehrhardt auf diese Weise unbehelligt in den Lokalen der bayerischen Landeshauptstadt verkehren konnte, war freilich schon Anfang 1921 publik geworden und hatte zu einem vielsagenden Dementi des Bayerischen Innenministeriums geführt: »Eine Kontrolle der Münchener Kaffeehäuser ist nur dann angezeigt, wenn die Richtigkeit der Zeitungsmeldungen, daß Ehrhardt tagtäglich in einem Kaffee zu sprechen sei, einwandfrei feststeht.« Für ihre Untätigkeit führte dieselbe Behörde darüber hinaus an, dass die Fahndung nach dem flüchtigen Freikorpsführer »wegen gänzlichen Mangels einer Personalbeschreibung« sehr erschwert sei[16], und bestätigte so selbst, dass Ehrhardt seine politischen Absichten in Bayern mit stillschweigender Duldung durch die Staatsregierung verfolgen konnte.

Als nicht ganz abwegig erwies sich auch die nachträgliche Behauptung der O.C.-Führung, dass die Reichsregierung selbst über Ehrhardts Vereinigung durchaus im Bilde gewesen sei. Der preußische Staatskommissar für Überwachung der öffentlichen Ordnung, Robert Weismann, habe sich demzufolge gründlich mit der Organisation Ehrhardts befasst und einen Mittelsmann in die Münchener Zentrale geschickt, der erkunden sollte, ob Ehrhardt einen neuen Putsch plane. Diesen Mittelsmann gab es tatsächlich. Im Zuge der Ermittlungen gegen die O.C. befragt, bezeugte er, Weismann mitgeteilt zu haben, dass Ehrhardt-Leute für Oberschlesien ein Freikorps gegründet hätten, »mit dem die Regierung arbeite, und daß die Organisation der Ehrhardtleute als solche wahrscheinlich auch in Erscheinung treten werde, wenn, ausgehend von linksradikalen Elementen, innere Unruhen entstehen würden, die eine Abwehr durch Nationalgesinnte notwendig machen würden«[17]. Der bei der Bildung des Oberschlesischen Selbstschutzes selbst maßgeblich beteiligte Weismann erfuhr seinerseits, dass Ehrhardt – im Gegensatz etwa zu Ludendorff – ein Engagement von Freikorps gegen reguläre polnische Truppen in Oberschlesien ohne Beistand der Reichswehr für sinnlos halte, und schloss daraus, dass

Die Geheimorganisation »Consul« (O.C.)

Ehrhardt kein Hasardeur sei, sondern »für eine Sache, bei der er einen praktischen Erfolg nicht sieht, seine Organisationen nicht aufzudecken gewillt ist«[18].

Der preußische Staatskommissar war nicht die einzige staatliche Stelle, die Kontakte zur O.C. geknüpft hatte. Im Verlauf der staatsanwaltschaftlichen Ermittlungen stellte sich heraus, dass Killinger in seinen Verhandlungen mit dem Heimatverband Schlesien über die Beteiligung der ehemaligen Ehrhardt-Brigade bei der Abwehr des erwarteten vierten Polenaufstandes indirekt auch von obersten Reichsbehörden unterstützt worden war: Die mit Sperrvermerk ausgezahlten Gelder zur Ausrüstung des Regiments Süd stammten offenkundig vom Auswärtigen Amt selbst, das den Oberschlesischen Selbstschutz verdeckt finanzierte.[19] In einer von Reichsinnenminister Adolf Köster anberaumten Besprechung über das Verhältnis von Regierungsstellen und O.C. bestritt der Vertreter des Auswärtigen Amtes allerdings, dass sein Ministerium von einer Organisation mit dem Namen »O.C.« Kenntnis gehabt habe.[20]

Tatsächlich war in allen Verhandlungen Killingers über die Aufstellung einer eigenen Truppe von der O.C. selbst niemals die Rede gewesen. Ehrhardts Stellvertreter Hoffmann musste später zugeben, »auch der Staatsregierung unser Dasein und den Zweck unseres Daseins nicht mitgeteilt und ihr auch nicht unsere Satzungen vorgelegt«[21] zu haben. Von den Ermittlungsbehörden sichergestellte Unterlagen bestätigen das Bild einer O.C., deren Zentrale in München alle nur erdenkliche Sorgfalt darauf verwandte, Aufbau und Struktur ihrer Untergrundorganisation vor staatlichen Stellen zu verbergen. Schon der Name des Leiters Ehrhardts, der in Briefen als »Fritz«, »Erich« oder »Wolf« zu zeichnen pflegte, sollte soweit als möglich verschwiegen werden; selbst neuaufgenommene Mitglieder durften ihn nicht immer sofort erfahren: »Alle Stellen sind, besonders durch Abt. ›B‹, in sachgemäßer Weise darüber zu instruieren, daß in Telegrammen das Wort ›Consul‹ nie gebraucht wird. Fremd zur Rücksprache hierher kommende Herren brauchen diese Anrede solange nicht zu wissen, als die Besprechungen auf einem der Büros stattfinden. Nur bei Verabredung eines Treffpunktes außerhalb der Büros muß irgend eine Anrede ausgemacht werden. Im Telefongespräch soll künftig nur noch von ›C‹ gesprochen werden.«[22] Andererseits hatte sich Ehrhardt als Chef der O.C. so stark exponiert, dass die O.C.-Zentrale es als untunlich ansah, seine Beteiligung ganz abzustreiten. So suchte die Zentrale im Verlauf des Jahres 1921 nach einer glaubwürdigen Strategie, die weder das Engagement Ehrhardts gänzlich verleugnete noch seine tatsächliche Rolle eingestand. »Es ist erneut geboten, darauf aufmerksam zu machen, daß strengste Geheimhaltung über unsere Tätigkeit und vor Allem über unsere Beziehungen zu andern Persönlichkeiten, Behörden und Verbänden allen Mitarbeitern zur Pflicht gemacht wird. Der Herr ›Consul‹ ist in letzter Zeit so in die Öffentlichkeit gekommen, daß bei einem derartigen Mißbrauch auf die Dauer nicht dafür garantiert werden kann, daß Unbefugte Kenntnisse von Dingen erhalten, die lediglich für die eigenen Reihen bestimmt sind. In welcher Richtung wir arbeiten, wird sich nicht verheimlichen lassen; aber es muß immer wieder betont werden, daß alle Arbeit in Abwesenheit des im Salzburgischen weilenden Chefs geschieht. Die etwaige Ableugnung, daß ein Consul nicht bei uns wäre, ist falsch.«[23]

Um ihren Charakter als Geheimbund zu wahren, führte die O.C. gleichzeitig eine schwarze Liste, auf der die Namen unzuverlässiger und verdächtiger Personen den Bezirksorganisationen mitgeteilt wurden. Die Korrespondenz zwischen Zentrale und Bezirksleitern wurde nach einem so einfachen wie sicheren Chiffriersystem vor unerwünschtem Einblick geschützt: Mit Hilfe eines Liliput-Wörterbuches Deutsch ersetzte der jeweilige Schreiber die für das Verständnis wichtigen Ausdrücke durch eine Ziffernangabe, aus der der Empfänger den genauen Fundort des chiffrierten Ausdrucks in diesem Wörterbuch entnehmen konnte. Waren einzelne Buchstaben zu chiffrieren, wurde nur die entsprechende Seite angegeben. Zum Beweis ihrer Authentizität bedurften wichtige Mitteilungen, wenn sie nicht von Ehrhardt selbst stammten, einer besonderen Unterschrift, die sich aus den – rückwärts gelesenen – beiden ersten und beiden letzten Buchstaben des Schreibens zusammensetzten. Diese immer aus vier Buchstaben bestehenden Unterschriften sollten später den Ermittlungsbehörden erhebliches Kopfzerbrechen bereiten, weil nie einer der vermeintlichen Schreibernamen dem anderen glich.

Dennoch kam es trotz aller Ermahnungen im Schriftverkehr mit den einzelnen Bezirken anfangs zu manchen Pannen, die der Zentrale jeweils Anlass zu neuen Richtlinien gaben, bis endlich im Juli 1921 Ehrhardt alias »Herr Wolf [...] allen Bezirksleitern wegen der guten Geheimhaltung seine Anerkennung« aussprach.[24] Diesen Anweisungen zufolge sollten Postkarten vermieden werden, Zeitungsausschnitte nur in verschlossenen Kuverts und nicht als Drucksachen versandt werden. In bezug auf Telegramme, bei deren Abfassung der sonst verwendete Code zu auffällig gewesen wäre, verlangte die Zentrale, statt einer Umschreibung in geschäftlichem Text – was offenbar zu Haussuchungen durch das Wucheramt wegen Schiebungsverdachts geführt hatte – lieber unverfängliche familiäre Ausweichformulierungen zu suchen. Als Postadresse wurden wechselnde Anschriften in München gewählt, so dass die Arbeit der einzelnen Abteilungen der O. C. nicht über den Postweg ermittelt werden konnten. Eine Verfügung, nach der Anschriften von Mitarbeitern keinesfalls an »nicht ganz einwandfreie Personen« weiterzugeben waren und ebenso »alle Leute, die ohne Ausweis oder Begleitschreiben eines Bezirkes hier vorsprechen, abgewiesen« werden sollten, diente derselben Geheimhaltungsabsicht.[25]

Die Tatsache, dass der Geheimbund Ehrhardts seine Struktur und Ausdehnung auch vor staatlichen Stellen sorgfältig verbarg, bewies angesichts der außenpolitischen Rahmenbedingungen dieser Jahre allerdings noch nicht zwingend, dass seine Absichten wirklich hochverräterisch waren. Die konspirative Struktur des Verbandes ließ sich ohne weiteres aus der Rücksichtnahme auf die Reichsregierung ableiten, die eine militärische Organisation wie die O. C. nach den Bestimmungen des Versailler Vertrages hätte verbieten müssen – wenn sie ihr offiziell bekannt geworden wäre. Eben dies behauptete noch viele Jahre später der Romancier und frühere O. C.-Mann Ernst von Salomon in seiner Beschreibung der von der O. C. erledigten Aufträge, in der er besonders die Errichtung geheimer Waffenlager hervorhob. Ausweislich der Korrespondenz des Ehrhardt-Beauftragten Werber bemühte die Organisation sich in der Tat ausdauernd, Zugang zu deutschen Waffen zu erlangen, die nach den Bestimmungen des Versailler Vertrages zu vernichten waren. Am 20. Februar 1921 meldete Werber beispielsweise, daß er mit dem stellvertretenden Kommandanten der Reichsmarine auf Borkum Einvernehmen über eine Waffenübernahme hergestellt habe und nun über die in Borkum zur Vernich-

Bbn. 351.   R., den 7.VII.1921.

B e r i c h t.

1./ Lage und unser Verhalten zur 363,18 456,29 Frage ist
noch unverändert. Vorbereitungen zur Begegnung eines
neuen 395,17 44,9 sind getroffen. Für uns sind in 363,18
456,29 für 176,12 513,8 324,36 568,23 64,23 gelegt.
Kritische Zeit 176,12 t. bis 599,27 und 599,21 c.VII.21.
Nähere Anweisungen für das Verhalten während dieser Zeit
erfolgen später.

2./ Es ist uns ein 185,21 15,18 502,23 des 492,11 473,8
für innere 369,18, Berlin, in die Hände gekommen, aus
dem hervorgeht, daß die 424,13 422,423,21 über unseren
369,26 nur soviel 575,11, daß sie besteht. Herr Wolf
spricht allen 71,21 310,7 wegen der guten 185,11
213,18 seine Anerkennung aus.

3./ Anschrift des 71,21 310,7 H? Hermann Schaun, 213,3
                                Friedrichstraße 12.
"   "   "   " C: Herrn Walter, 213,21
                                Mühlendamm 45.

I. A.

U n a l
gez. Unterschrift

Verteiler III.

Sz.

Rundschreiben der O.C.-Leitung an die Bezirksleiter, 7.7.1921,
mit Dechiffrierungscode

Bbn.351.   Übersetzung von *Kluth*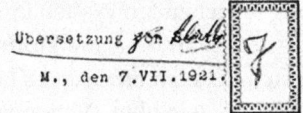
                            M., den 7.VII.1921.

Bericht.

1.) Lage und unser Verhalten zur Oberschles. Frage ist noch unverändert. Vorbereitungen zur Begegnung eines neuen polnischen Aufstandes sind getroffen. Für uns sind in Oberschlesien für 5 Tausend Mann Waffen bereit gelegt. Kritische Zeit 5. bis 22. VII. 21.
Nähere Weisungen für das Verhalten während dieser Zeit erfolgen später.

2.) Es ist uns ein geheimes Aktenstück des Staatssekretäres für innere Ordnung, Berlin, in die Hände gekommen, aus dem hervorgeht, dass die Reichsregierung über unsern Organismus nur soviel weiss, dass sie besteht. Herr Wolf spricht allen Bezirksleitern wegen der guten Geheimhaltung seine Anerkennung aus.

3.) Anschrift des Bezirksleiters H. Hermann Schaum, Halle,
　　　　　　　　　　　　　　　Friedrichstrasse 12,
　　„　　　„　　　„　　C: Herrn Walter, Hambugg,
　　　　　　　　　　　　　　　Mühlendamm 45.

　　　　　　　　　　　　　　J.A.
　　　　　　　　　　　　M m a l
　　　　　　　　　　　　gez. Schulz.

Verteiler III.

Sz.

tung anstehenden Waffen informiert werde. Ende April teilte Werber der Zentrale seine Hoffnung mit, »in Berlin einen größeren Posten Pistolen erfassen zu können«; in weiteren Berichten ist von Maschinenpistolen, Minenwerfern und Munition die Rede, aber auch von Unterseeboot-Empfangsstationen, Ferngläsern und Entfernungsmessgeräten.[26] Es war Werber offenbar gelungen, nicht nur Marineoffiziere mit seinen Plänen zur Hinterziehung eines Teils der zur Vernichtung bestimmten Waffen zu befreunden, sondern auch Vertrauensleute in den entsprechenden Abwicklungsstellen der Reichswehr zu plazieren. Ein Großteil dieser militärischen Geräte war allerdings für die Aktivitäten der O.C. selbst gänzlich unbrauchbar und sollte teils nach Irland und Finnland verkauft, teils in geheimen Depots gelagert werden, was es zunächst nicht abwegig erscheinen lässt, dass der O.C. bei diesen Operationen gegen die Alliierten möglicherweise tatsächlich »vaterländische Interessen« vorschweben mochten, die die Regierung selbst nicht verfolgen konnte.

Die Reichsregierung allerdings hielt offenbar wenig von dieser Taktik, sondern setzte unverzüglich den englischen Botschafter d'Abernon in Kenntnis, nachdem sie von den Waffenschiebungen der Ehrhardt-Organisation erfahren hatte. In Wahrheit betrieb Werber den Waffenschmuggel nach Irland und Finnland primär, um der O.C. Einnahmen zu sichern, und er scheute sich nicht einmal, dem Zugriff der Entente entzogene Waffen ins Ausland zu verkaufen. Offenbar war Ehrhardt auf die erhofften Gewinne dringend angewiesen. Das Waffengeschäft stellte sich jedoch als langwierig und risikoreich heraus. Nicht selten stand am Ende der riskanten Operationen eine Beschlagnahmung der Waffen durch staatliche Behörden, so dass der tatsächliche Umfang der getätigten Unternehmungen weit hinter den ursprünglichen Erwartungen zurückblieb.

Es lässt sich vermuten, dass die O.C. mit ihren Waffenschiebungen sehr viel weitergehende Absichten verband, die sich ganz und gar nicht mit vorgeblichen Regierungsinteressen vereinbaren ließen. Denn auch in Deutschland bemühten sich Ehrhardts Leute um Zugang zu geheimen Waffenlagern, und sie versuchten darüber hinaus, für den Fall einer gemeinsamen Erhebung im Schulterschluss mit anderen Wehrverbänden Zugriff auf deren Waffendepots zu erhalten. Besonders zur Orgesch, einer in Bayern sehr erfolgreichen paramilitärischen Sammlungsbewegung des bayerischen Forstrats Escherich, suchte die O.C. schon zu Jahresbeginn 1921 in Beziehung zu treten, wie Plaas seinem Tagebuch anvertraute: »Heute haben wir mit der Einwohnerwehr Fühlung genommen und hoffen nun, durch die Orgesch Waffen und alles, was wir brauchen, zu bekommen.«[27]

Kriegsgerät, das zur Abwehr eines inneren Aufstandes oder zur militärischen Absicherung eines eigenen Staatsstreichs nützlich sein konnte, gab die O.C.-Führung erst gar nicht aus der Hand, wie etwa eine Reihe von auf M.G.-Wagen fahrbaren Funktelegraphen-Stationen, damit »wir für den Fall eines Aufstandes, wenn wir marschieren würden, gegenseitig eine Verbindung herstellen könnten«.[28] Wie wichtig diese mobile Kommunikationstechnik im Ernstfall sein würde, erläuterte Hoffmann wohlweislich nicht: Nach den ursprünglich ausgearbeiteten Plänen der O.C.-Führung hätten die noch in der Reichsmarine dienenden Ehrhardt-Offiziere bei entsprechendem Alarm von der Nordsee über Hannover durch das Leinetal nach Süden ziehen und die Münchener O.C.-Leute ihnen mit weiteren in Bayern aufgestellten Verbänden zu einem gemeinsamen Sammelort in Mitteldeutschland entgegenkommen sollen.

Mit dem Ausscheiden der meisten seiner Leute aus der Marine wurde diese von Ehrhardt selbst immer mit Skepsis verfolgte Strategie aufgegeben. Dennoch beleuchtet sie die Janusköpfigkeit des von ihm geschaffenen Wehrverbandes, der gleichermaßen zur Unterstützung der Regierung nach außen eingesetzt werden konnte wie zu ihrem Sturz im Inneren. Die militärische Stärke, über die Ehrhardt bis zur Enttarnung seines Bundes im Herbst 1921 gebot, war jedenfalls beachtlich: Die O.C. konnte neben den eigenen Mannschaften, deren Zahl zu dieser Zeit ausweislich der vergebenen Stammnummern mindestens 5000 Mann betrug, nach staatsanwaltlichen Schätzungen sogar um ein Vier- oder Fünffaches höher war, bei einem Einsatz auch die Mitglieder weiterer Freikorps aufbieten, die sich Ehrhardt unterstellt hatten. Mit ihnen und den Angehörigen einer zusätzlich von der O.C.-Führung geschaffenen »Zeitfreiwilligen-Organisation Deutsch-Österreich« wartete eine konspirativ organisierte Truppe auf ihren Marschbefehl, die am Tag

X möglicherweise personell stärker gewesen wäre als die Reichswehr und im äußersten Fall bis zu 120 000 Mann umfassen konnte. Die Vermutung, daß die Befehlshaber dieses militärischen Kampfpotentials ihre Loyalität zur Republik nur vortäuschten, unter der Hand aber entschlossen auf einen Staatsstreich hinarbeiten könnten, waz nicht aus der Luft gegriffen. Nur gegenüber offiziellen Stellen beharrten die O.C.-Mitglieder darauf, dass sie nicht gegen, sondern für die Regierung hätten tätig sein wollen. Interne Äußerungen und Aufzeichnungen der Geheimbündler hingegen verraten eine andere Sprache: In der abgeschiedenen Arbeitsgemeinschaft am Ammersee hoffte Hartmut Plaas Anfang 1921 fast wöchentlich, dass der Putsch endlich stattfinde, auf den seit fast einem Jahr zugestrebt werde, und vertraute die Erwartungen der über Bayern verteilten O.C.-Männer seinem Tagebuch an: »Augenblicklich hält und belebt alle die Hoffnung auf den nahen Putsch. Alles denkt, spricht und träumt davon. Und wenn er nicht kommt, dann ist das Ereignis mal wieder nicht eingetroffen, auf welches wir seit bald einem Jahr hoffen und das die Voraussetzung zu unserem Handeln bildet.«[29] Auch dem preußischen Staatskommissar Weismann waren entsprechende Warnungen zugegangen, die er freilich zu zerstreuen trachtete: »Putschgedanken sind anscheinend auch in den Kreisen um Ehrhardt zurzeit nicht vorhanden. Immerhin bedarf auch diese Bewegung der Beobachtung.«[30]

Später von Staats wegen der Geheimbündelei angeschuldigt, leugneten die vernommenen Ehrhardt-Offiziere denn auch nur vereinzelt, dass ihre Organisation nicht zuletzt innenpolitische Ziele verfolgt habe. Doch weit davon entfernt, selbst einen Putsch zu inszenieren, hätten sie einzig angestrebt, »eine Stütze zu sein für den Fall, daß auf gesetzlichem Wege eine neue rechtsgerichtete Regierung ans Ruder käme«.[31] Nur ein einziger unter den Vernommenen, ein O.C.-Funktionär in Leipzig, machte deutlich, dass der Verband doch nicht nur passiv auf einen Regierungswechsel hatte warten wollen; er gestand ein, dass die O.C.-Zentrale in München sich nicht auf den Aufbau einer erst späteren Rechtsregierungen nützlichen Hilfspolizei, sondern auf einen nahen Bürgerkrieg vorbereitete, in dessen Verlauf sie selbst die Macht zu erobern hoffte: »Die Initiative für einen Rechtsputsch wird verworfen oder aber nur dann ergriffen werden, wenn mit 99 % ein gesicherter Erfolg vorauszusehen ist. Die Führer haben erklärt, einen Mißerfolg wie in den Kapptagen ein zweitesmal nicht erleben zu wollen. Darum soll die Gelegenheit eines Linksputsches abgewartet und ergriffen werden.«[32] Auch Hoffmann als organisatorischer Kopf der O.C. wehrte den Vorwurf, einen Putsch gegen die Regierung vorbereitet zu haben, mit einer Aussage ab, die durchaus nicht ausschloss, dass die O.C. sehr wohl eine gegenrevolutionäre Regierung an die Macht zu bringen plante. Nur ziehe sie es aus taktischen Gründen vor, dazu nicht den ersten Schritt zu tun: »Wir wollen keine Revolution von rechts gegen die Verfassung und Regierung hervorrufen, sondern dann erst eingreifen und eine andere Verfassung herbeiführen [!], wenn die von uns erwartete Revolution von links kommt.«[33] Von hier war es nur noch ein Schritt bis zu der Überlegung, dass die O.C. diesem revolutionären Aufstand der Linken ja keineswegs tatenlos entgegensehen müsse, sondern seine Auslösung durch eigene Aktivitäten beschleunigen könne. Es ist nicht verwunderlich, daß Hoffmann die defensive Hilfestellung *für* die Regierung, die die O.C. angeblich leisten wollte, nur mühsam vom offensiven Kampf *gegen* sie abzugrenzen vermochte: »Die Organisation ist gedacht als eine Sicherheits- und Abwehrorganisation für den von uns noch immer erwarteten großen Aufstand von links; sie sollte in diesem Falle als eine Verstärkung und Unterstützung der Reichswehr und der Sicherheitspolizei eingesetzt werden [...]. Das Bestreben ging dahin, zu dem Zeitpunkt, der durch die Linksbewegung ausgelöst wird, materiell so stark und geistig von solchem Einfluß zu sein, daß dann allerdings mit unserer Hilfe in Verbindung mit anderen Organisationen eine Regierung eingesetzt würde, die für sich das Prädikat ›national‹ in Anspruch nehmen kann.«[34]

Mit dieser Provokationsstrategie zogen die militanten Gegenrevolutionäre um Ehrhardt die Lehre aus dem gescheiterten März-Putsch 1920, der ihnen gezeigt hatte, dass eine erfolgreiche Unternehmung zur Zerschlagung des »Weimarer Systems« ohne den Beistand der Reichswehr oder gar gegen sie aussichtslos sei. Die Reichswehr aber hatte sich in den Märztagen 1920 weitgehend neutral verhalten, auch wenn diese Neutralität in der Mehrheit der Reichswehrkommandos mit wenig verhüllter Sympathie für die Putschisten um Kapp und Lüttwitz einhergegangen war. General von Seeckt, nach dem Kapp-Putsch zum Chef der Heeresleitung berufen, hatte es sich zum erklärten Ziel gesetzt, die Reichswehr auf eine abstrakte Staatsidee zu verpflichten, die zu jeder Regierungsform, also auch zur bestehenden Republik, gleiche Distanz wahrte. Aber er hatte ebenso unmissverständlich klargemacht, dass seine Truppe gegen jede gewaltsame Absetzung der verfassungsmäßigen Regierung vorgehen würde, gleichviel, ob die Herausforderung von links oder rechts komme. Da die Kräfte, über die Ehrhardt verfügte, für einen frontalen Angriff auf die Republik bei weitem zu schwach waren, konnte der gegenrevolutionäre Staatsstreich nur bei indirektem Vorgehen Aussicht auf Erfolg haben, nämlich im Gefolge einer vorgeblichen Verteidigung der Reichsregierung gegen einen gemeinsamen Feind. Es kam daher entscheidend darauf an, das Gewaltpotenzial der Linken in Deutschland zu einem bewaffneten Aufstand zu reizen, um dann unter Zustimmung großer Teile des die Bolschewisierung fürchtenden Bürgertums und zusammen mit der Reichswehr nachzuholen, was während der Freikorpskämpfe von 1919 und 1920 versäumt worden war: die Zerschlagung der Weimarer Republik und die Errichtung der Diktatur von rechts.

Nicht nur in der Münchener Organisationszentrale, sondern bis in die Untergliederungen der einzelnen Bezirke der O.C. wurde die Provokationsstrategie als verbindliches Drehbuch für den kommenden Umsturz angesehen. Wie die Aussage des geständnisfreudigen O.C.-Mannes aus Leipzig illustriert, verführte die eigene Fixierung auf den militärischen Staatsstreich charakteristischerweise zu dem Kurzschluss, dem politischen Gegner auf der Linken dieselbe Absicht zu unterstellen: »Ein Linksputsch solle durch Anhänger der Organisation ›C.‹ agitatorisch und provokatorisch vorbereitet und unterstützt werden. Nach Ausbruch eines Linksputsches sollte sich die Organisation ›C.‹ angeblich in den Dienst der Regierung stellen und staatserhaltend eingreifen. Nach Niederwerfen des Linksputsches war es Aufgabe der Führer der Gruppe C., ihre Macht [zur, M.S.] Erreichung der herrschenden Staatsgewalt einzusetzen und somit die bestehende Regierung wie auch die Verfassung von Weimar umzustoßen.«[35]

Zur Vorbereitung dieser Umsturzstrategie traf die O.C. 1921 eine Vielzahl organisatorischer Maßnahmen. Ein in der Münchener O.C.-Zentrale hergestelltes, auf den 17. April 1921 datiertes und als »ganz geheim« eingestuftes Dokument »Die militärische Organisation«, das nur den Vertrauensleuten der O.C. zugänglich gemacht und nicht kopiert werden durfte, befasste sich mit der »Erhaltung einer zuverlässigen Truppe in Brigadestärke«, die bei Links-Aufständen, lokalen Unruhen und außenpolitischen Verwicklungen einsetzbar war, um so allmählich »ein Machtfaktor [zu] werden, mit dem alles andere zu rechnen hat«.[36] Auf diese Weise hoffte die O.C. sich als militärische Armeereserve der Regierung unentbehrlich zu machen, um zu geeigneter Zeit ihre Macht dann gegen sie ins Feld zu führen. Flankierend planten Ehrhardts Putschtaktiker, innerhalb der Brigade »eine Stoßtruppe aus kühnen sportsfreudigen Elementen« zu schaffen, »die erforderlichen Falles gewagteste Unternehmungen ausführen, unbekümmert um Folgen und eigene Verluste. Deshalb möglichst junge Männer, die keinen Anhang haben und denen niemand nachtrauert.«[37] Diesem Elitekommando oblag im taktischen Konzept der Provokationsstrategie, durch blitzartige Mordüberfälle und terroristische Anschläge das politische Klima fallweise im Sinne der O.C.-Führung zu beeinflussen: »Solche Fälle können z.B. sein: Die Frechheiten der Franzosen gehen ins grenzenlose, alles nachgeben hat keinen Sinn, man ermordet [...] diese Hunde durch Schuß oder Gift, jedes Mittel ist recht. [...] Rote Teilaufstände stehen mit Sicherheit vor der Tür. Stoßgruppen sammeln sich unter irgend einer Maske an bedrohtem Ort, greifen führend ein, sobald die Roten zur Gewalt übergehen, reißen dadurch Ordnungselemente mit sich, stärken Widerstandwillen. Sache dieser Gruppen ist es, den Führern und Hetzern ihr Handwerk für alle Zukunft unauffällig zu legen. Leitung hierbei besonders veranlagte Offiziere, die der Führung jederzeit zur Verfügung stehen. – Eine Reihe weiterer Fälle sind denkbar.«[38]

Doch sah die O.C.-Führung in dieser innenpolitischen Krisenstrategie nicht ihre einzige Trumpfkarte im Spiel um die Macht im Staat. Auch die in O.C.-Kreisen gehegte Hoffnung auf einen Einsatz in Oberschlesien war zumindest zeitweilig mehr als ein bloßes Mittel, um ihrer des Zuwartens müden Anhängerschaft ein konkretes Ziel zu geben. Diese Aussicht förderte die Unterstellung weiterer Freikorps unter Ehrhardts Kommando, was aus Sicht der O.C. im Laufe des Jahres 1921 zu bemerkenswerten Erfolgen führte – so beispielsweise mit der Schaffung einer »Sturmabteilung« in der Nationalsozialistischen Deutschen Arbeiterpartei Adolf Hitlers, deren erster Leiter persönlicher Adjutant Ehrhardts und von seinem Chef dienstlich zu Hitlers Unterstützung abkommandiert war. Die Zwangslage der Regierung, die in Oberschlesien angesichts der restriktiven Haltung der Alliierten auf militärische Hilfe angewiesen war und diese doch nach außen verleugnen musste, eröffnete der O.C. eine bequeme Möglichkeit, unter den Augen der Reichsregierung, ja sogar mit ihrer Unterstützung, zu einem Verband heranzureifen, der nur darauf wartete, die Waffen gegen Berlin zu kehren. Welche Gelegenheit hätte geeigneter sein können als ein Aufstand polnischer Freiwilligenverbände in Oberschlesien, der die ganze Ohnmacht der verfassungsmäßigen Reichsregierung offenbaren und sie zwingen würde, zur Sicherung der Reichsgrenzen auf die Hilfe schlagkräftiger Freiwilligenverbände zu vertrauen? Dann endlich könnte Ehrhardts Stunde schlagen und seine Truppe mit ihren über Monate auf diesen Moment vorbereiteten Männern die Integrität des Staates gegen den äußeren Feind sichern, wie sie es Anfang 1919 bereits gegen den inneren getan hatte – ohne aber noch einmal zu vergessen, dass der Weg zum nationalen Wiederaufstieg über die Eroberung der Macht in Berlin führte.

Bis in das Frühjahr 1921 blieb so die Entscheidung, ob »Kriegsfall A oder B« der Vorzug zu geben sei, in der Schwebe und wurde ganz von der politischen Situation abhängig gemacht. Im März des Jahres schienen infolge des kommunistischen Aufstands in Mitteldeutschland und der beginnenden Unruhen in Oberschlesien beide Varianten gleich aussichtsreich.

Doch schon einen Monat später schien die Entscheidung für »Plan B« gefallen zu sein, als Ehrhardt selbst auf einer Lagebesprechung der O.C., zu der die Vertrauensleute aus dem ganzen Reich nach München gerufen wurden, eindeutig Stellung bezog. Die strategischen Überlegungen des O.C.-Führers, der trotz des gegen ihn bestehenden Haftbefehls anwesend war, liefen nun darauf hinaus, »daß mit einer Erhebung von innen heraus nicht zu rechnen sei und daß das Volk durch eine militärische Aktion, voraussichtlich über den Osten, emporgerissen werden müßte«.[39]

Um so verwunderlicher erscheint, dass Ehrhardt kaum einen Monat später, als O.C.-Männer auf die Kunde vom dritten polnischen Aufstand hin aus dem ganzen Reich ohne Befehl nach Oberschlesien strömten, es plötzlich zur Pflicht aller Mitglieder erklärte, »diese Werbungen zu sabotieren«.[40] Das ausschlaggebende Moment für den plötzlichen Richtungswechsel war offenkundig in der Auflösung der bayerischen Einwohnerwehr zu suchen, die nach der Annahme eines entsprechenden alliierten Ultimatums durch die neue Regierung Wirth am 11. Mai 1921 unvermeidlich wurde. Dass der bayerische Ministerpräsident Kahr sich daraufhin mit Escherich über die Selbstauflösung der bayerischen Einwohnerwehr verständigte, fand bei Ehrhardt überraschenderweise volle Zustimmung. In einem Lagebericht vom 2. Juni 1921 nahm er den bayerischen Ministerpräsidenten gegen Klagen aus dem nationalen Lager in Schutz: Nur durch momentanes Nachgeben sei die »Ordnungszelle« Bayern und damit die letzte Keimzelle nationaler Gesundung vor alliierter Intervention zu retten gewesen.[41] »Jeder Widerstand gegen den äußeren Feind«, so betonte Ehrhardt, »hat zur Voraussetzung ein sich einigendes Deutschland. Diesem steht Weimar im Wege.« Also wäre zum gegenwärtigen Zeitpunkt ein Engagement in Oberschlesien nichts als nutzlose Opferung von Menschen, die Ehrhardt lieber für die Bekämpfung des Grundübels geschont sehen wollte: des Weimarer Systems. Entsprechend verfügte die Zentrale in München in einem Rundschreiben an alle Bezirke: »Die Oberschles[ische] Frage ist vorläufig für uns erledigt. [...] Die Leitung beabsichtigt nicht, unser wertvolles Menschen-Material, das zu höheren Zielen gebraucht werden wird, einem aussichtslosen Unternehmen hin zu opfern.«[42]

Doch wurde die taktische Marschroute der O.C.-Führung von den Ereignissen selbst überholt, als immer mehr Freikorpskämpfer sich von den Münchener Direktiven nicht von einem Aufbruch nach Oberschlesien abhalten ließen. So musste Ehrhardt schließlich doch seinen militärischen Leiter Killinger in das Kampfgebiet entsenden, damit die ins Kampfgebiet gereisten O.C.-Männer nicht vom Oberschlesischen Selbstschutz aufgesogen würden.

Der Ausgang dieses militärischen Abenteuers festigte in der O.C.-Führung allerdings um so stärker die Überzeugung, dass das Vorhaben, die Berliner Regierung über einen Sieg in Oberschlesien zu entmachten, letztlich nur in die Sackgasse führen könne: »Was ist erreicht? Wir haben die Regierung aus einem Dilemma befreit und sie dadurch gestärkt. Das Volk ist dadurch beruhigt, dass es in Oberschlesien Taten gesehen hat, die es verlangte; die Entente wird aber dadurch befriedigt, dass die Regierung mit salbungsvollem Ton den Freikorps in den Rücken fällt und womöglich noch die Waffen abliefert.«[43] Mehr noch, in anderer Hinsicht fand die O.C. ihre Strategie durch die politische Entwicklung des Jahres 1921 bestätigt. Das Schicksal der unter alliiertem Druck aufgelösten bayerischen Einwohnerwehr bestärkte Ehrhardt nach seinen eigenen Worten in der Auffassung, dass angesichts der Überwachung Deutschlands durch die alliierten Siegermächte eine paramilitärische Organisation wie die O.C. nicht offen operieren könne. »Nur nationale Geheimorganisationen können heute bestehen bleiben.«[44] Die daraus resultierenden Konsequenzen wurden von der O.C.-Führung selbst als so tiefgreifend angesehen, dass Ehrhardt im Sommer 1921 nach einem neuen Finanzier seines Wehrverbandes Ausschau hielt. Waren bisher vor allem Gelder aus Kreisen von Industrie und Handel geworben worden, die in den Ehrhardt-Leuten Garanten der Aufrechterhaltung von Ruhe und Ordnung sahen, so ergriff Ehrhardt nun die Gelegenheit, mit dem Sanitätsrat Otto Pittinger in Verbindung zu treten, der als Vertrauensmann Kahrs die aufgelösten bayerischen Einwohnerwehren in eine geheime Nachfolgeorganisation überführt hatte und eng mit der bayerischen Reichswehr zusammenarbeitete. Pittinger verfügte über das millionenschwere Konto der aufgelösten Einwohnerwehr und versuchte die bayerischen Wehrverbände unter seiner radikalen Flagge zu einer rechten Einheitsfront zu einigen – ein Vorhaben, das auch Ehrhardt für seine Organisation verfolgte. Offenbar im August 1921 trafen Ehrhardt und Pittinger eine Absprache, aus der eine weitgehende Finanzierung der O.C. aus den Geldern der Einwohnerwehr erwuchs. Spätestens zu diesem Zeitpunkt stand der Republik ein Gegner gegenüber, der nach Stärke und Taktik für einen neuen Anlauf zum Kampf um die Macht im Land ungleich besser gerüstet war als beim ersten Putschversuch vom März 1920.

4. Das erste Mordopfer: Matthias Erzberger

Nur wenige Wochen nach der Klärung ihrer eigenen Strategie aber ereilte die O.C. ein vernichtender Schlag: Sie geriet in das Visier staatlicher Verfolgung und wurde als Geheimorganisation aufgedeckt, nachdem am 26. August Matthias Erzberger von zwei politischen Attentätern erschossen worden war und die Spuren der Mordtat geradewegs auf die Münchener Zentrale des Ehrhardt-Bundes zuzulaufen schienen. Hatte die terroristische Bedrohung der Republik durch die O.C. in Erzberger ihr erstes Opfer gefunden?

Die Ermordung des früheren Reichsfinanzministers traf einen Mann, der zu den profiliertesten Repräsentanten des Weimarer Staates gezählt hatte. Während des Ersten Weltkrieges vom Propagandisten des Siegfriedens zum Vorkämpfer der Verständigungspolitik gewandelt, war der Zentrumspolitiker Erzberger, dessen Unterschrift unter der Kapitulation von Compiègne stand, schon lange einer der bestgehassten deutschen Politiker geworden, bevor er als Reichsfinanzminister eine so grundlegende wie unpopuläre Steuerreform durchsetzte und die von Karl Helfferich geführte Rechtsopposition ihn mit einer erbarmungslosen Hetzkampagne überzogen hatte. Der von Helfferich geprägte Schlachtruf »Fort mit Erzberger« zielte auf die Republik selbst und machte den katholischen Berufspolitiker zur Zielscheibe eines wahren Trommelfeuers von Angriffen, deren Maßlosigkeit schlechterdings nicht mehr zu überbieten war. Zeitungen der radikalen Rechten wie der *Miesbacher Anzeiger* beschimpften Erzberger als »Schurken« und »feistgefressene[n] Lumpen, das Urbild schmutziger Käuflichkeit«[1]; deutschnationale Reichstagskollegen brandmarkten ihn öffentlich als »unseligsten Menschen« und »fleischgewordene Sünde«, die »der Zorn Gottes dem deutschen Volk als Zuchtrute auf den Leib gebunden« habe.[2] Der demagogische Feldzug hatte Erfolg: Erzberger wurde im März 1920 in einem von ihm selbst angestrengten Gerichtsverfahren gegen Helfferich der Verquickung von persönlichen Geldinteressen und Politik für überführt befunden und trat sofort von seinem Amt als Finanzminister zurück, nachdem das Gericht die Anschuldigungen seines deutschnationalen Widersachers nur mit einer lächerlich geringen Geldstrafe geahndet hatte. Erzberger war es jedoch in der Folgezeit gelungen, den auf ihm lastenden Verdacht der Steuerhinterziehung und des Meineides restlos zu entkräften. Trotz der hasserfüllten Feindschaft, die ihm in Deutschland entgegenschlug, war er daher gewillt, Ende August 1921 in die Politik zurückzukehren.

Der Mordanschlag, der ihn an der Umsetzung dieser Absicht hinderte, kam nicht gänzlich überraschend. In Wirtshausparolen galt es als »eine Schande und eine Schmach für Deutschland, daß ein solcher Kerl noch immer nicht weggeschafft sei«.[3] Von der Polizei war Erzberger gewarnt worden, dass die Gefahr für ihn steige, je näher seine Rückkehr in die Politik bevorstünde. Im Mai 1920 wurde auf einer Wahlversammlung eine Handgranate auf ihn geworfen, und schon am Anfang desselben Jahres war er bei einem Pistolenattentat erheblich verletzt worden, das ein zwanzigjähriger Fähnrich namens Oltwig von Hirschfeld während des Beleidigungsprozesses Erzberger/Helfferich auf ihn verübt hatte. Der wegen versuchten Mordes angeklagte Attentäter versicherte glaubhaft, in niemandes Auftrag gehandelt zu haben. Er habe nach der Lektüre von Helfferichs Broschüre »Fort mit Erzberger« eigenständig den Entschluss zur Tat gefasst, weil »er meinte, Helfferichs Aufforderung, Erzberger zu entfernen, müsse wörtlich genommen werden«.[4] Hirschfeld genoss die kaum verhohlenen Sympathien des Gerichts und wurde lediglich wegen gefährlicher Körperverletzung unter Zubilligung mildernder Umstände zu einer Gefängnisstrafe von 18 Monaten verurteilt. Denn, so führte das Schwurgericht des Landgerichts I in Berlin in seiner Urteilsbegründung aus, der Angeklagte habe den Minister zwar »mit der Schußwaffe auf Monate arbeitsunfähig und damit vorerst unschädlich machen« wollen. Strafmildernd sei aber in Betracht zu ziehen, dass er durch »die Lektüre von Zeitungen, Broschüren und durch den persönlichen Eindruck, den der Reichsminister Erzberger in dem Beleidigungsprozeß gegen den Staatsminister a. D. Dr. Helferich [sic!] auf ihn [...] machte, [...] so gegen den Reichsminister beeinflußt worden [sei], daß er zu der Tat schritt«.[5] Während das Opfer den Anschlag nach diesen Ausführungen nicht zuletzt sich also selbst zuzuschreiben hatte, würdigte das Gericht auf der anderen Seite die

Das erste Mordopfer: Matthias Erzberger

»ideale Gesinnung« des Angeklagten. Auch berücksichtigte es, dass »zahlreiche Personen aus den verschiedensten Kreisen die Tat des Angeklagten gebilligt und ihn beglückwünscht haben«. Wie feindlich tatsächlich Teile der Öffentlichkeit gegen Erzberger eingestellt waren, zeigte sich am deutlichsten darin, dass in konservativen Kreisen selbst dieses der Gerechtigkeit hohnsprechende Tendenzurteil noch als zu hart empfunden wurde, wie ein Gnadengesuch vom 9. September 1920 unterstrich, das den Hinweis auf Erzbergers »unheilvolle« Tätigkeit nicht vergaß.[6] Zwar wurde dem Gesuch mit Rücksicht auf den nur zufällig glimpflichen Ausgang des Überfalls nicht stattgegeben; Hirschfeld erhielt später gleichwohl bedingten Strafaufschub.

Das abermalige und nun tödliche Attentat erfolgte bei Bad Griesbach. In diesem Kurort am Rande des Schwarzwaldes hatte Erzberger Aufenthalt genommen, um sich in der Sommerfrische auf seine Rückkehr in die Politik vorzubereiten. Am 26. August 1921 brach er in Begleitung des Zentrumsabgeordneten Karl Diez zu einem Spaziergang auf, der ihn vom Kurhaus in Bad Griesbach die sich in Kehren durch den Wald zum Kniebis hochziehende Fahrstraße hinaufführte. Unterwegs wurden sie von zwei Wanderern überholt, denen sie allerdings keine weitere Beachtung schenkten. Auf dem Rückweg bergab, aber noch im bewaldeten Teil der Kniebisstraße, bemerkte Diez plötzlich, dass die beiden jungen Männer, von denen sie auf dem Weg bergwärts überholt worden waren, wieder hinter ihnen standen.[7] Ehe die Politiker reagieren konnten, hatten beide Verfolger ihre Revolver gezogen und feuerten auf sie. Diez stürzte, in Oberarm und Brust getroffen und kurzzeitig gelähmt, zu Boden; Erzberger hingegen versuchte, obwohl bereits durch zwei Schüsse verwundet, seitabwärts durch ein Waldstück zu entkommen, und rutschte in Todesnot einen steilen Hang hinab, während von oben weiter auf ihn geschossen wurde. Wohl schon tödlich getroffen, blieb Erzberger schließlich am Fuß einer Tanne liegen; einer der Attentäter sprang hinterher und brachte dem Wehrlosen noch zwei gezielte Kopfschüsse bei. Als Diez es gelang, sich wieder zu erheben und auf der Fahrstraße bergab in Richtung Griesbach vorwärtszukommen, sah er unten am Hang Erzberger tot daliegen und die Täter sich in schnellem Schritt bergwärts entfernen. Der Tatort zeugte vom verzweifelten Kampf des wehrlosen Opfers um sein Überleben; die von Kugeln zerfetzten Kleider des Ermordeten trugen Schürfspuren, seine aus der Tasche gerutschte Uhr war zur Tatzeit, um 11 Uhr 05, stehengeblieben. In Griesbach wurde das Verbrechen erst eine halbe Stunde später durch Diez bekannt, der sich aus eigener Kraft in den Ort hatte schleppen können. Die polizeilichen Nachforschungen setzten erst um 3 Uhr nachmittags ein, als die Täter natürlich längst verschwunden waren.

Anders als der nie aufgeklärte Mordanschlag auf den bayerischen USPD-Politiker Karl Gareis, der wenige Wochen zuvor in München auf offener Straße erschossen worden war, nachdem er im bayerischen Landtag die Existenz geheimer Waffenlager enthüllt hatte, erregte der Mord an Erzberger in ganz Deutschland nachhaltiges Aufsehen, was ebenso mit der politischen Bedeutung Erzbergers zusammenhing wie mit den späteren sensationellen Enthüllungen bei der Fahndung nach seinen Mördern. Vielfach war allerdings weniger Abscheu über den Meuchelmord als offen zur Schau getragene Befriedigung darüber zu spüren, dass der verhasste Politiker aus dem Weg geräumt war. An seiner Beisetzung im schwäbischen Biberach, Erzbergers Reichstagswahlkreis seit 1903, nahmen gleichwohl 30 000 Menschen teil. Reichskanzler Wirth erklärte den Ermordeten zum Märtyrer für die Sache der deutschen Republik und forderte den Zusammenschluss der Anhänger der Demokratie und des Christentums. Die Reichsregierung lobte eine Belohnung von 100 000 Mark auf die Ermittlung der Täter aus; SPD, USPD und Gewerkschaften machten sich für die »Anwendung aller staatlichen Mittel zur Bekämpfung der rechtsbolschewistischen Mordhetze« stark, und Otto Braun forderte im Reichstag, der sich ankündigenden Gegenrevolution mit »brutaler Rücksichtslosigkeit«[8] entgegenzutreten.

Das Echo des Mordes im konservativen Lager schien die Härte des verlangten Vorgehens zu bestätigen. Durchgängig versuchte man auf der Rechten, die Fluchwürdigkeit des Verbrechens an Erzberger mit dem Hinweis auf den durch ihn dem Vaterland zugefügten Schaden zu relativieren oder gar zu entschuldigen: »Die heutigen Lobpreiser Erzbergers und Angreifer seiner Gegner scheinen völlig außer acht zu lassen, daß der ganze Kampf, der gegen Erzberger geführt wurde, ein Abwehrkampf war«, hieß es etwa in der

Ermittlungsbeamte am Tatort des Mordes an Matthias Erzberger

Kreuzzeitung.[9] Und der *Berliner Lokalanzeiger* versicherte, »jedes andere Land würde solchen Verschwörern unbegrenztes Vertrauen entgegenbringen«.[10] Nachdrücklich wies auch Helfferich den von Scheidemann erhobenen Vorwurf zurück, Erzberger moralisch gemeuchelt und so zur Schaffung der Mordatmosphäre maßgeblich beigetragen zu haben. Namens der DNVP protestierte Hergt gegen den »ungeheuerlichen Vorwurf«, dass die Deutschnationalen Urheber des Mordes gewesen seien, und sagte der Regierung allerschärfsten Kampf an.[11] Eine willkommene Rückzugslinie fand die nationalistische Presse in dem Umstand, dass Erzbergers Mörder unerkannt entkommen waren. Sie vertrat mangels greifbarer Anhaltspunkte den »verständigen Standpunkt«, über deren Motive und politische Heimat nicht spekulieren zu wollen, oder gab der Überlegung Ausdruck, Erzberger sei von Mitgliedern der eigenen Partei umgebracht worden, die ihn als Belastung für das Zentrum empfunden hätten.[12]

Angesichts dieser Situation entschloss sich die Reichsregierung zu einer drastischen Einschränkung der liberalen Freiheitsrechte. Am 29. August 1921 erließ der Reichspräsident eine zuvor vom Kabinett beschlossene Republikschutzverordnung nach Art. 48 der Reichsverfassung, die »in erster Linie gegen den Rechtsbolschewismus sich richtet«, aber »trotzdem auch gegen kommunistische Verhetzung Anwendung finden soll«.¹³ Diese Verordnung ermächtigte den Reichsinnenminister, periodische Druckschriften zu verbieten, die zur Gewalt gegen die Verfassung oder Vertreter der republikanischen Staatsform aufriefen oder Verfassungsorgane und Staatseinrichtungen verächtlich machten. Gleichfalls sollten Versammlungen untersagt werden können, bei denen die begründete Besorgnis bestand, dass in ihnen entsprechende Delikte propagiert würden. Eine weitere, tags darauf erlassene Verordnung beschränkte das Recht zum Tragen der Militäruniform auf Angehörige der Reichswehr.

Widerstand gegen die Schutzverordnung allerdings ging von Bayern aus, wo das konservative Kabinett Kahr selbst mit Hilfe eines am 4. November 1919 verhängten Ausnahmezustandes regierte, der nun durch einen gegen rechts gerichteten Reichsausnahmezustand aufgehoben zu werden drohte. Nicht unwesentlich für den Fortgang der Ermittlungen gegen die Mörder Erzbergers war, dass Kahrs Regierung über ihren Widerstand gegen die Schutzverordnung am 12. September 1921 stürzte, da die Bayerische Volkspartei einen Bruch Bayerns mit Berlin nicht mittragen wollte. Mit dem ganzen Kabinett demissionierte auch der bisherige Justizminister und maßgebliche Förderer rechtsradikaler Bestrebungen in Bayern, Christian Roth. Ohne seine Deckung konnte sich wiederum der Münchener Polizeipräsident Pöhner nicht länger halten, unter dessen Ägide die bayerische Hauptstadt zum Eldorado rechtsterroristischer Umtriebe und zum Zufluchtsort hochverräterischer Drahtzieher wie Ludendorff geworden war. Pöhner musste im Oktober 1921 zurücktreten, nachdem ein Bericht des preußischen Staatskommissars Weismann an die Öffentlichkeit gedrungen war, dass sich per Haftbefehl gesuchte Kapp-Putschisten bei München aufhielten und der ebenfalls zur Fahndung ausgeschriebene Ehrhardt sogar im Münchener Polizeipräsidium ein und aus gehe. Die neue bayerische Regierung Lerchenfeld zeigte sich den Reichsinteressen gegenüber wesentlich aufgeschlossener und hob den bayerischen Ausnahmezustand auf, nachdem der Reichspräsident am 28. September 1921 in einer entsprechend abgewandelten Verordnung den bayerischen Wünschen entgegengekommen war.

In der Zwischenzeit hatten auch die Untersuchungen im Mordfall Erzberger zu greifbaren Ergebnissen geführt. Zwar blieben die

Täter selbst vorerst unauffindbar, aber es stellte sich schnell heraus, dass im Gasthof »Hirschen« des Nachbarortes Oppenau in den Tagen vor dem Anschlag zwei Studenten im fraglichen Alter unter den Namen Riese und Bergen logiert hatten. Sie waren am 21. August eingetroffen, hatten ihr Zimmer für drei Tage bestellt und ihr Gepäck – drei auffällig schwere Koffer – vom Bahnhof Oppenau abholen lassen. Nachdem sie die folgenden Tage außerhalb Oppenaus, vorgeblich auf Spaziergängen, verbracht hatten, kehrten sie am Mordtag um vier Uhr nachmittags, vom Regen stark durchnässt, zurück und reisten kurz darauf mit dem Zug Richtung Offenburg ab. Es erwies sich bei näherer Untersuchung des Zimmers im Gasthof »Hirschen«, daß aus seinem rückwärtigen Fenster Papierschnitzel in einen am Haus entlangfließenden Bach geworfen worden waren. Einige von ihnen konnten geborgen werden. Sie waren mit Telefonnummern beschrieben, die den Verdacht erhärteten, dass die beiden seit Wochen die Spur Erzbergers in Berlin, Stuttgart, Biberach und Ulm verfolgt hatten. Es gelang der Polizei, aus weiteren hinter dem Haus gefundenen Fetzen von Briefumschlägen die Namen »Heinrich Schulz« und »Heinrich Tillessen« sowie die Adresse »München, Maximilianstraße« zu rekonstruieren.[14]

Am 15. September konnten die Zeitungen berichten, dass die Offenburger Staatsanwaltschaft die Identität der mutmaßlichen Mörder Heinrich Schulz, geboren am 20. Juli 1893 in Saalfeld, und Heinrich Tillessen, geboren am 27. November 1894 in Köln, aufgeklärt habe. Beide in München, Maximilianstraße 33, wohnhaft, seien sie ihrer Verhaftung zwar durch Flucht zuvorgekommen, doch habe, wie schon tags zuvor durchsickerte, eine von der Offenburger Staatsanwaltschaft mit Unterstützung der Münchener Behörden durchgeführte Haussuchung der beiden Wohnungen »zur Belastung und Verfolgung erhebliches Material« erbracht.[15] Was die Öffentlichkeit zu diesem Zeitpunkt allerdings noch nicht erfuhr: Die Untersuchungsbehörde war während der Fahndung nach den Ministermördern auf die Spur einer weitverzweigten Geheimorganisation gestoßen, die mit dem Mord an Erzberger offenbar in engster Verbindung stand – die Organisation Consul. Der in der Maximilianstraße eingesetzte Beamte hatte nämlich im Zuge seiner Ermittlungen den Bescheid erhalten, »Schulz sei vielleicht bei Kapitänleutnant von Killinger in der Leopoldstraße 62. Dort wurde von Killinger zwar nicht angetroffen, aber eine ziemliche Zahl von Schriftstücken vorgefunden, die Angelegenheiten der O.C. behandelten und auf Kapitänleutnant Hoffmann in der Franz-Josef-Straße 23 hinwiesen«[16].

In diesem Moment kam den Ermittlungsbehörden als glücklicher Zufall zu Hilfe, dass zur selben Stunde in der Franz-Josef-Straße fast die gesamte Führungsspitze der Geheimorganisation bei Hoffmann versammelt war, um ein neues Organisationsstatut zu beraten und eine Tagung der regionalen Führer vorzubereiten. Alle Teilnehmer an der Besprechung konnten dank des schnellen Zugriffs der Polizei festgenommen werden. Noch im Laufe desselben Tages gelang es, die auf verschiedene Adressen verteilten Büros der Geheimorganisation zu ermitteln, und es stellte sich heraus, dass in einer ihrer vier Abteilungen, nämlich der Abteilung B, die gesuchten Schulz und Tillessen als Mitarbeiter Killingers beschäftigt waren. Das in der dargestellten Weise als »Bayerische Holz-Verwertungs-Gesellschaft m.b.H.« getarnte Büro der Abteilung B in der Trautenwolfstraße 8 wurde tags darauf durchsucht. Die Räume, die den Eindruck erweckten, die Zentrale der geheimen Organisation zu sein, waren offenbar unmittelbar zuvor in größter Hast von belastendem Material gesäubert worden. Aus dem in der Wohnung verbliebenen ging jedoch deutlich genug hervor, daß hier eine recht betriebsame Tätigkeit stattgefunden haben musste, wenn auch nicht unbedingt die einer Holzverwertungsfirma; die Ermittler stellten neben fünf Schreibtischen mit bürotechnischer Ausrüstung auch 21 Stempel von militärischen Formationen und ein Paket mit mehreren 100 Schuss Pistolenmunition ebendes Kalibers sicher, mit dem Erzberger ermordet worden war. Ein Hausmädchen des ahnungslosen Wohnungsvermieters wusste weiterhin anzugeben, dass Schulz und Tillessen bis vor einigen Wochen täglich in der Wohnung anwesend gewesen waren. Weniger Erfolg hatten die Ermittler allerdings mit den Durchsuchungen bei weiteren Adressen der enttarnten O.C. in München und in den einzelnen Bezirken; überall trafen die Durchsuchungskräfte auf mit verkohlten Papieren gefüllte Öfen, was augenfällig die fieberhaften Anstrengungen der – offenbar durch einen Wink aus dem Münchener Polizeipräsidium alarmierten – O.C.-Funktionäre unterstrich, alles Belastungsmaterial zu vernichten. Tatsächlich konnte letztlich bei der Aushebung der O.C. nur ein verschwindend geringer Bruchteil der im Befehlsbuch der O.C.-Führung ausgewiesenen Befehle und Rundschreiben sichergestellt werden.

Einen weiteren Schritt kam die Offenburger Staatsanwaltschaft jedoch schon voran, als es ihr kurz nach der Festnahme der übrigen Bundesführung gelang, auch Manfred von Killingers habhaft zu werden, der als Abteilungschef von Tillessen und Schulz der Beihilfe, wenn nicht der Anstiftung zum Mord an Erzberger dringend verdächtig war. Killinger, der während der Aushebung der O.C.-Führung in Frankfurt am Main und Halle andere O.C.-Funktionäre besucht hatte, konnte noch am selben Tag bei seiner Rückkehr mit Hilfe eines fingierten Telegrammausrufs im Zug identifiziert und verhaftet werden. Mit ihrem raschen und entschlossenen Handeln war die Offenburger Staatsanwaltschaft den Gegenmaßnahmen der O.C. ein weiteres Mal zuvorgekommen – wie sich herausstellte, hatte ein anderes Mitglied des Geheimbundes bereits auf dem Münchener Hauptbahnhof gewartet, um Killinger bei seiner Ankunft zu warnen. Der verhaftete Abteilungschef verweigerte über seine Zugehörigkeit zur O.C. die Aussage, gab aber zu, dass er Schulz und Tillessen kurz vor seiner eigenen Abreise nach Frankfurt am 9. September zur Bahn gebracht habe. Er gestand auch, in München über Erzberger »geschimpft zu haben«, wies aber jede Verabredung, den Politiker zu beseitigen, strikt von sich.[17] Die auffällige Tatsache, dass manche der am Tatort gefundenen Patronenhülsen die gleiche Bezeichnung trugen wie die auf dem Büro vorgefundene Munition, konnte er allerdings nicht erklären. Insgesamt wirkte seine Aussage so wenig überzeugend wie die von Ehrhardts Stabschef Hoffmann, der zugeben musste, »daß sehr wohl [...] von uns darüber gesprochen worden ist, daß Erzberger gewaltsam beiseite geschafft werden müßte. [...] Es herrschte im Winter und Frühjahr d. Js. in diesen Kreisen allgemein eine Stimmung, die ich zusammenfassen möchte in dem Wort ›Schlagt den Erzberger tot‹. In diese Stimmung bin auch ich mit hineingerissen worden, und sicher habe auch ich bei irgendwelchen Gelegenheiten [...] den Ausdruck gebraucht, Erzberger müsse beseitigt werden, denn er sei der Urheber der jetzigen hoffnungslosen Lage. Ich gebe zu, daß über dieses Thema vielleicht in einer Form gesprochen worden ist, die dem Zuhörer den Eindruck erweckt hat, daß ich mich ernstlich mit dem Gedanken trüge, diesem Wunsche auch die Tat folgen zu lassen.«[18] Wie Hoffmann beharrte auch Killinger darauf, dass jedenfalls Ehrhardt, der mittlerweile als der »Consul« und eigentliche Leiter der O.C. festgestellt worden, aber durch rechtzeitige Warnung abermals entkommen war, nicht in die Mordsache verwickelt sei. Wahrscheinlich habe Erhardt auch über Erzberger geschimpft, aber jedenfalls nie ernstlich eine Abmachung verlauten lassen, dass Erzberger umgebracht werden solle.[19]

Killinger wagte nicht, den Verdacht, daß der O.C.-Führer selbst den Mord angeordnet haben könnte, entschiedener abzuwehren, weil die Offenburger Staatsanwaltschaft mittlerweile in einem abtrünnigen O.C.-Mann namens Ernst Krull einen Belastungszeugen gefunden hatte, der über Ehrhardts Mitwisserschaft offen Auskunft gab. Mit seiner Aussage konfrontiert, mochte auch Alfred Hoffmann nicht mehr in Abrede stellen, dass sowohl Ehrhardt wie er selbst durchaus unverhüllte Mordabsichten gegen Erzberger geäußert hätten: »Ich bestreite diese Ansicht und die Äußerung des Krull, daß sowohl Kapitän Ehrhardt als auch ich von der beabsichtigten Ermordung Erzbergers Kenntnis gehabt haben. Ich gebe jedoch zu, daß sehr wohl, vielleicht sogar im Beisein von Krull, von uns darüber gesprochen worden ist, daß Erzberger gewaltsam beiseite geschafft werden müßte.«[20]

Bei dieser Sachlage war der Offenburger Staatsanwalt überzeugt, die hinter dem Mord an Erzberger stehende Verschwörung im wesentlichen aufgedeckt zu haben. Die beschlagnahmten Listen legten die Bezirkseinteilung der O.C. offen, so dass in den folgenden Wochen weitere Verhaftungen im ganzen Reich vorgenommen werden konnten, bis insgesamt 34 Angehörige der O.C. in Untersuchungshaft saßen. Als die Staatsanwaltschaft in der Folge ihren Verdacht jedoch nicht hinreichend unter Beweis stellen konnte, dass die O.C. als Organisation den Anschlag auf Erzberger vorbereitet habe, wurde im Herbst 1921 ein Großteil der Beschuldigten wieder auf freien Fuß gesetzt, bei anderen der auf Mordbeteiligung lautende Haftbefehl durch einen neuen wegen Verdachts der Geheimbündelei ersetzt. Zum Jahreswechsel 1921/22 befanden sich nur mehr Killinger selbst und einer seiner Mitarbeiter von der Abteilung B in Untersuchungshaft.

Die eigentlichen Täter hingegen, Schulz und Tillessen, hatten sich ins Ausland absetzen können. Immerhin gelang es der Staatsanwaltschaft, ihren Fluchtweg detailliert zu rekonstruieren. Noch am Tag des Attentates hatten sie auf Umwegen per Bahn die Rückfahrt nach München angetreten und waren dort am 27. August morgens angekommen. Tags darauf trafen sie sich mit Killinger im Englischen Garten zum Kaffeetrinken und holten, durch die Ergebnislosigkeit der bisherigen Ermittlungen in Sicherheit gewiegt, am 30. August sogar ihre nach der Rückkehr bei Killinger untergestellten Koffer wieder ab. Anschließend aber verließen sie überraschend München. Als Erklärung für ihr Verschwinden konnte nur die öffentliche Verbreitung eines ersten Ermittlungserfolges in Frage kommen: Am 31. August war durch Presseberichte das bisher von den Fahndungsbehörden gehütete Geheimnis über die mutmaßliche Identität der Studenten »Riese« und »Bergen« aus dem Gasthof »Hirschen« in Oppenau mit den Mördern Erzbergers publik geworden, so dass sich Schulz und Tillessen in München nicht mehr sicher wähnen konnten. Tatsächlich teilte Schulz in einem kurz darauf an seine Mutter adressierten Brief mit, dass er fortan keine Wohnung mehr in München habe, sondern andauernd auf Reisen sei und deswegen bitte, seinen Koffer und alle Post an Manfred von Killinger zu schicken.

Der weitere Aufenthaltsort der Flüchtigen blieb den Ermittlungsbehörden trotz aller Anstrengungen ein Rätsel, bis Ende Dezember 1921 eine Anzeige einlief, dass Schulz und Tillessen in Budapest gesehen worden seien. Polizeiliche Nachforschungen in Budapest bestätigten diesen Verdacht. Am 8. November 1921 waren die beiden in der Stadt eingetroffen und lebten seitdem in den vornehmsten Budapester Hotels und auf großem Fuß. Wie schon in den Umständen ihrer Flucht aus München deutete sich hierin die Unterstützung durch Dritte an, denn Schulz war vor seiner Flucht ohne Vermögen gewesen und Tillessens seit Juli 1921 unberührtes Bankkonto im September 1921 gesperrt worden. Tatsächlich ergaben die Budapester Nachforschungen der Offenburger Kriminalisten, dass häufig ein dritter Mann in Begleitung von Tillessen und Schulz aufgetreten sei, der sich mit ihnen zu langen Konferenzen im Hotelzimmer zurückgezogen habe. Auch konnte festgestellt werden, dass Tillessen von Budapest ein Telegramm an einen

Dr. Müller in München gesandt habe. Der Adressat des Telegramms und damit mutmaßliche Mittelsmann der Mörder Erzbergers war Adolf Müller, Rechtsberater und Verbindungsmann Otto Pittingers, des Leiters der von der bayerischen Regierung unterstützten Vereinigten Vaterländischen Verbände. Eine Hausdurchsuchung bei Pittinger erbrachte soviel Material über eine Finanzierung der O.C. durch ihn, dass gegen Pittinger Voruntersuchung beantragt und Müller wegen des Verdachts der Begünstigung von Tillessen und Schulz verhaftet wurde. Anhand eines Hotelmeldezettels konnte nachgewiesen werden, dass er sich vom 17. bis zum 20. Dezember 1921 in Budapest aufgehalten und dort Tillessen getroffen hatte.

Für die Staatsanwaltschaft stand damit fest, dass der persönlich mittellose Müller, der gleichwohl bei seiner Festnahme 164000 Mark bei sich trug, Tillessen und Schulz bei ihrer Flucht mit von Pittinger stammenden Geldern unterstützt hatte. Da nun aber Pittingers Anstrengungen zur Sammlung des rechten Lagers in Bayern von der alten Regierung Kahr kräftig unterstützt worden waren, drohten die Ermittlungen der Offenburger Staatsanwaltschaft in einen politischen Skandal zu münden. In Bayern war mittlerweile eine solche Erregung über die »Bespitzelung vaterländischer Männer« durch den preußischen Staatskommissar und die badische Staatsanwaltschaft entstanden, dass die bayerische Regierung es angezeigt fand, die Offenburger Behörde in ihrem Vorgehen zu bremsen. Geschickt verband Innenminister Schweyer im bayerischen Landtag die Anerkennung, dass die badische Justiz ihre Zuständigkeit in keiner Weise überschritten habe, mit der unüberhörbaren Kritik, dass die mit Müller Festgenommenen »sich alle hohe vaterländische Verdienste erworben« hätten und der ganze Vorfall »tief bedauerlich sei«.[21] Deutlicher noch wies der Münchener Polizeipräsident Nortz auf die Unterstützung hin, die Müller ungeachtet des auf ihm lastenden Verdachts in Bayern genoß: »Daß Rechtsanwalt Müller in Haft bleiben muß, wird hier von vielen Seiten aus sehr beachtenswerten Erwägungen bedauert [...]. Der etwaige Abtransport Müller's nach Offenburg wird in weiten Kreisen Stimmungen auslösen, welche die Polizeidirektion zumal angesichts der für Ende des Monats vielleicht zu erwartenden Unruhen nicht ohne Sorge betrachten kann.«[22] Tatsächlich blieb Müller von einer Überstellung nach Offenburg verschont, und auch diese Spur zu den Mördern Erzbergers verlief im Sande.

Nachdem somit die Offenburger Ermittlungsbehörden der mutmaßlichen Attentäter auf allen bisherigen Wegen nicht hatten habhaft werden können, griffen sie nun zu unkonventionellen Methoden und versicherten sich der Dienste eines zwielichtigen Mannes aus dem Dunstkreis der Rechtsverbände namens Ernst Krull, der bereits über Ehrhardts Rolle in der Mordaffäre als Zeuge gedient hatte. Er bot in der verfahrenen Situation der Offenburger Staatsanwaltschaft an, gegen Bezahlung einen Kontakt zu Tillessen und Schulz herzustellen. Die Ermittlungsbehörden sahen durchaus die Gefahr, daß Krull für die Gegenseite arbeitete und, statt die Verhaftung der Erzbergermörder zu ermöglichen, vielmehr der O.C. selbst präzise Erkenntnisse über den Ermittlungsstand liefern würde. Dennoch glaubte die Staatsanwaltschaft, dieses Risiko eingehen zu müssen, weil Krull die Polizei schon Anfang Oktober 1921 auf Budapest als vermutlichen Aufenthaltsort der gesuchten Mörder hingewiesen und einige interessante und offensichtlich zutreffende Details über die Arbeit der O.C. geliefert hatte. Nach Budapest geschickt, wollte Krull auch bald mit Schulz und Tillessen in Kontakt getreten sein, kündigte dann aber die Zusammenarbeit auf, als er erkannte, daß die Offenburger Staatsanwaltschaft insgeheim auch ihn überwachte. Es ließ sich nie feststellen, ob Krull tatsächlich zur Ergreifung der Erzbergermörder hätte beitragen können oder ob er nicht vielmehr in ihrem Auftrag die Fahnder auf eine falsche Spur zu locken versucht hatte.

Am Ende der Ermittlungen stand ein höchst unbefriedigendes Ergebnis: Die durch die Schwere der Indizien für überführt geltenden Mörder Tillessen und Schulz waren auf freiem Fuß; die Mehrzahl der im Zusammenhang mit der Aufdeckung der O.C. Verhafteten hatte Ende 1921 aus der Untersuchungshaft entlassen werden müssen, da eine direkte Verbindung der Münchener Geheimorganisation mit dem Verbrechen an Erzberger nicht nachweisbar schien. Sie sahen einem eigenen, von der Mordsache Erzberger abgetrennten Verfahren wegen Mitgliedschaft in einem Geheimbund entgegen, über dessen Struktur und politische Absichten keine rechte Klarheit zu gewinnen war. Infolge dieser Entwicklung war auch das Verfahren gegen den noch in Offenburger Untersuchungshaft verbliebenen Killinger und seinen Mitarbeiter gefährdet: Für eine Anklage beider wegen Beihilfe zum Mord an Matthias Erzberger schien die Beweislage zu dürftig; ein Verfahren wegen bloßer Begünstigung der Täter konnte nach der geltenden Rechtslage aber keinen Offenburger Gerichtsstand mehr begründen und hätte somit die Abgabe auch dieser Untersuchung nach München zwingend erforderlich gemacht. Dagegen aber wehrte sich der Offenburger Staatsanwalt Burger aus der Überlegung heraus, dass ein Münchener Gericht »vielleicht subjektive Gründe dafür findet, den v. Killinger freizusprechen«[23]. Burger erwog sogar die zeitweilige Außerverfolgungssetzung Killingers, um sich für den Fall, dass Schulz und Tillessen doch noch ergriffen würden, nicht den Weg zu einer möglichen Verurteilung Killingers wegen Beihilfe oder sogar Anstiftung zum Mord an Erzberger zu verstellen.

Man behalf sich mit einem Kompromiss: Killingers Mitarbeiter wurde außer Verfolgung gesetzt, er selbst hingegen in Offenburg am 11. Mai 1922 angeklagt, Schulz und Tillessen Beihilfe zum Mord geleistet zu haben. Da der Tatbestand der Beihilfe aber natürlich nur als erfüllt angesehen werden konnte, wenn Schulz und Tillessen *in absentia* ihrer Tat zu überführen waren, befasste sich die Verhandlung vom 7. bis zum 13. Juni 1922 in Offenburg mehr mit den flüchtigen Haupttätern als mit dem Angeklagten selbst. Dies hatte immerhin zum Ergebnis, dass neben der Schuld von Tillessen und Schulz auch die Tatsache, dass Hintermänner die beiden unterstützt hatten, eindeutig festgestellt werden konnte.[24] Dennoch wurde allen Indizien zum Trotz Killinger am 13. Juni 1922, elf Tage vor der Ermordung Rathenaus, durch die Geschworenen von dem Vorwurf freigesprochen, Schulz und Tillessen Beistand zu ihrer Flucht geleistet zu haben.

Die demokratische Presse bewertete den Geschworenenspruch als glattes Fehlurteil; und er war tatsächlich ein Justizirrtum, wie sich nach dem Zweiten Weltkrieg erweisen sollte, als Tillessen und Schulz gefasst und vor Gericht gestellt werden konnten. Nun gestanden sie, zusammen mit Killinger einem völkischen Bund angehört zu haben, der sie per Schwur zu bedingungslosem Gehorsam gegenüber ihren Vorgesetzten verpflichtet habe: dem Germanenorden. Schulz erinnerte sich, zusammen mit Tillessen kurz nach beider Eintritt in den Germanenorden in Killingers Büro gerufen worden zu sein, wo ihnen in einem verschlossenen Umschlag »ein mit Schreibmaschinenschrift geschriebener Zettel überreicht [wurde]. Der Zettel hatte etwa folgenden Inhalt: Gemäß der in der Leitung stattgefundenen Auslosung wurden Sie – es folgten dann unsere beiden Namen – dazu bestimmt, den Reichsfinanzminister a.D. Erzberger zu beseitigen. Die Art der Ausführung bleibt Ihnen überlassen. Vollzugsmeldung ist nicht zu erstatten. Wenn ich mich richtig erinnere, stand auch noch eine Wendung etwa des Inhalts in dem Zettel: Brüder, Ihr könnt der Unterstützung des Ordens im Fall einer Entdeckung gewiß sein«[25]. Daraufhin setzten sich die beiden auf Erzbergers Fährte »im Bewußtsein, daß sie zur Ausführung ihres Vorhabens Förderung jeder Art und Schutz vor Verfolgung nach verübter Tat durch ihre Auftraggeber, insbesondere auch Manfred von Killinger und die ihm verfügbaren Mittel der Organisation C erwarten durften«[26]. Auch für das Entkommen der aufgespürten Täter sorgte die O.C.; Ehrhardts Kontakten war es zu verdanken, dass die Münchener Polizei die Gesuchten erst warnen ließ, bevor sie zu ihrer Verhaftung schritt, und der Münchener Polizeipräsident selbst für die Ausstellung der zur Flucht notwendigen Pässe sorgte. Dank der guten Kontakte zur Polizei konnte Schulz unbehelligt nach Ramsau bei Berchtesgarden gelangen, wo er mit Tillessen zusammentraf. Von dort brachte sie der Polizeipräsident von Salzburg selbst mit dem Auto an die österreichisch-ungarische Grenze.[27] Später kümmerte Ehrhardt sich nach dem Bekunden von Schulz persönlich darum, dass die beiden Attentäter in ihren Exilländern über den Stand der Ermittlungen unterrichtet und finanziell unterstützt wurden, bis sie 1933 wiederum auf Ehrhardts Befehl nach Deutschland zurückkehrten.[28]

Der Erzbergermord war das Gemeinschaftswerk führender Kräfte im Germanenorden und in der O.C. Das verbrämende Ritual vor dem Verbrechen trägt die Handschrift des völkischen Ordens, während die zur Ausführung bestimmten Männer von Ehrhardts Bund gestellt wurden. Das Interesse an der Beseitigung Erzbergers teilten die Führungen beider Organisationen. Ein übergreifendes politisches Konzept war mit dem Anschlag nicht verbunden; das Auftraggeber und Täter leitende Motiv hieß Hass gegenüber einem mißliebigen Politiker, der auf der Rechten mit der verachteten Republik identifiziert wurde und dessen Rückkehr in das politische Leben unmittelbar bevorzustehen schien.

Die zeitgenössische Justiz war also mit ihrem Versuch zur Klärung der Mordsache Erzberger gründlich gescheitert. Es blieb nur zu hoffen, dass sie in dem gesonderten Verfahren gegen die O.C. nicht abermals versagen würde, wenn es um die hochverräterischen Umtriebe selbst gehen würde, die dem im Kontext des Erzbergermordes aufgedeckten Geheimbund zur Last gelegt wurden. Mochten die Mühlen der Justiz daher in diesem Fall auch langsam mahlen, so stand andererseits der politische Erfolg im Kampf gegen die Bedrohung der Republik von rechts allem Anschein nach schon fest: Aufgrund des energischen und umsichtigen Vorgehens der Offenburger Strafverfolgungsbehörde konnte kaum noch bezweifelt werden, dass Ehrhardts Untergrundorganisation durch ihre Enttarnung und die gerichtliche Verfolgung ihres Führungsstabes einen vernichtenden Schlag erlitten hatte und mit ihrer Auflösung als politische Gefahr beseitigt worden war.

5. Der Anschlag auf Walther Rathenau

Nichts hatte in den Monaten nach dem Erzbergermord darauf hingedeutet, daß die im September 1921 ausgehobene Organisation Consul abermals zu einer Gefahr für die Republik werden könnte. Von dem in seinen organisatorischen Strukturen zerschlagenen und seither nicht mehr in Erscheinung getretenen Geheimbund erwartete niemand mehr eine neuerliche Verschwörung gegen das Leben von Weimarer Politikern, und allein dies relativierte die gegenteiligen Angaben des Spitzels Brüdigam im Zusammenhang mit dem Überfall auf Scheidemann, schon bevor der Informant sich Mitte Juni 1922 durch sein Untertauchen selbst um jede Glaubwürdigkeit gebracht hatte.

Bei aller Schwäche der Republik gegen ihre Feinde von rechts konnte Rathenau also darauf vertrauen, dass die staatlichen Schutzmittel ausreichten, um selbst einem in Teilen der Gesellschaft feindselig beargwöhnten Politiker auch ohne unmittelbaren Personenschutz eine ungestörte Ausübung seiner Amtsgeschäfte zu ermöglichen. Weder der Minister noch sein Fahrer waren daher am Morgen des 24. Juni 1922 misstrauisch genug, um darauf zu achten, dass in einer Seitenstraße der Koenigsallee nahe Rathenaus Haus ein großer Kraftwagen ohne Verdeck und mit abgestelltem Motor wartete, der in demselben Moment startete, als Rathenaus Chauffeur die Querstraße passierte. Unbemerkt setzte sich der mit drei Insassen besetzte Tourenwagen hinter dem Ministerauto in Bewegung und folgte ihm mit geringer werdendem Abstand durch die langgestreckte Koenigsallee auf Halensee zu, die wenige hundert Meter stadteinwärts eine S-Kurve beschreibt, in der zwei Nebenstraßen, die Erdener und die Wallotstraße, nach links abzweigen. Um 10 Uhr 50 sah der Bauarbeiter Walter Krischbin, der auf einer Baustelle an der Koenigsallee, Ecke Erdener Straße, beschäftigt war, die beiden Autos vom Grunewald her auf sich zukommen: »In dem vorderen, langsamer fahrenden Wagen, der etwa die Mitte der Straße hielt, saß auf dem linken Rücksitz ein Herr, man konnte ihn genau erkennen, da der Wagen ganz offen, auch ohne Sommerverdeck war. In dem hinteren, ebenfalls ganz offenen Wagen, einem großen sechssitzigen, dunkelfeldgrau gestrichenen starkmotorigen Tourenwagen saßen zwei Herren in langen nagelneuen Ledermänteln mit ebensolchen Lederkappen, die nur eben noch das Gesichtsoval freiließen.«[1] Unmittelbar darauf beobachtete ein Postschaffner, der sich gerade an der Einmündung der Erdener Straße in die Koenigsallee befand: »Der Wagen des Ministers fuhr scharf rechts, und da es kurz vor der Kurve war, langsam. In demselben Moment sah ich einen zweiten Kraftwagen in einem schnelleren Tempo hinter dem Wagen des Ministers ankommen und sah mich unwillkürlich um, um zu sehen, ob dieser Wagen den Kraftwagen des Ministers überholen wollte.«[2] Fast auf Augenhöhe des Geschehens erkannte ein weiterer Augenzeuge in denselben Sekunden »zwei offene Autos mit einem Abstand von ca. 100 Meter herannahen. [...] Als der erste Wagen etwa noch 200 Metr. von mir entfernt war, bemerkte ich, wie der hintere Wagen denselben zu überholen versuchte. In meiner Höhe fuhren beide Wagen Seite an Seite ¾ Meter auseinander.«[3] In diesem Moment fiel Krischbin eine rasche Bewegung auf: »Als der große Wagen etwa um eine halbe Wagenlänge voraus war, und der einzelne Insasse des anderen Wagens [...] herüber sah, ob es wohl einen Zusammenstoß geben würde, bückte sich der eine Herr in dem feinen Ledermantel nach vorn, ergriff eine lange Pistole, deren Kolben er in die Achselhöhle einzog, und legte auf den Herrn in dem anderen Wagen an. Er brauchte gar nicht zu zielen, so nah war es. Ich sah ihm sozusagen direkt ins Auge, es war ein gesundes offenes Gesicht, wie man so bei uns sagt, so'n Offiziersgesicht. [...] Da krachten auch schon die Schüsse, ganz schnell, so schnell wie bei einem Maschinengewehr. Als der eine Mann mit dem Schießen fertig war, stand der andere auf, zog ab – es war eine Eierhandgranate – und warf sie in den anderen Wagen, neben dem er dicht herfuhr. Vorher war der Herr schon auf seinem Sitz zurückgesunken, ganz zusammengesunken und lag auf der Seite. Jetzt hielt der Chauffeur an, ganz an der Erdener Straße, wo ein Schutthaufen war, und schrie ›Hilfe-Hilfe‹. Der fremde große Wagen sprang plötzlich mit Vollgas an und brauste durch die Wallotstraße ab.«[4]

Der auf einen Handstock gestützt und zigarrerauchend im Fond sitzende Außenminister wurde von dem Anschlag offenbar völlig überrascht. Auch sein Chauffeur Josef Prozeller, der sich auf die

*Der Tatort des Anschlags auf Walther Rathenau
an der Koenigsallee in Berlin-Grunewald*

unübersichtliche Verkehrssituation in der Kurve konzentriert hatte, registrierte weder das hinter ihm aufholende Fahrzeug noch dessen Überholmanöver und nahm noch beim Knall der ersten auf Rathenau abgefeuerten Schüsse an, dass ein Reifen seines Wagens geplatzt sei.[5] Nach seiner Erinnerung hatte sich der Vorgang so abgespielt: »Ich hielt mich vorschriftsmäßig auf der rechten Seite der Straße. Plötzlich hörte ich hinter mir mehrere Schüsse, ich drehte mich um, sah den Minister zusammensinken, wobei er mich groß ansah, bemerkte im selben Augenblick einen links vorbeifahrenden Wagen [...] und hörte im selben Moment eine Detonation. Inzwischen war mein Wagen vollends zum Stehen gekommen, weil ich auf die Schüsse hin die Bremse scharf angezogen hatte. [...] Inzwischen war eine Frau herüber gekommen [...] und stieg mit in den Wagen, indem sie den Minister stützte.«[6] Diese Frau war eine Krankenschwester, die in Erwartung der Straßenbahn auf einer Bank an der Ecke Erdener Straße gesessen hatte: »Infolge des Knalles fuhr ich erschreckt zusammen, sprang hoch und sah in dem stehengebliebenen Auto den Insassen sich schräg nach der Seite hinüberlehnen und nahm an, daß er durch die Explosion verletzt sei. Ich eilte herüber, um ihm als Schwester Hilfe zu leisten. Als ich näher kam, sah ich, daß der Herr stark blutete am Gesicht und auch an den unteren Gliedmaßen und in dem Auto eine große Blutlache stand. Außerdem brannte der Mattenbelag des Autos. Ich trat das Feuer aus und stieg hinein, stellte mich dem fahrenden Chauffeur als Schwester vor und sagte ihm, daß ich ihm behilflich sein wollte.«[7]

Während sie sich dem sterbenden und schon bewusstlosen Rathenau zuwandte, gelang es Prozeller, seinen an Motor und Getriebe unversehrten Wagen anzukurbeln, der durch die Handgranatensplitter nur Beschädigungen am Boden und an der Lederpolsterung erlitten hatte. Prozeller wollte zu einer nahen Polizeiwache fahren, wurde aber durch die Krankenschwester umgestimmt: »Der Chauffeur wendete den Wagen, und ich sagte, als ich die schwere Verwundung sah, ›Schnell, schnell zum Arzt‹. Hierauf erwiderte der Chauffeur, daß er in 5 Minuten zu Hause sei. Ich stützte den Herrn, und auf der Fahrt zur Hundekehle merkte ich, daß er in meinen Armen verschied.«[8] Nur als Toter kehrte der Außenminister kaum zehn Minuten, nachdem er es verlassen hatte, wieder zu seinem Haus zurück. Prozeller benachrichtigte das nächste Polizeirevier und einen Arzt, der kurz darauf den Tod Rathenaus feststellte. Wie die polizeilichen Feststellungen am Tatort ergaben, hatten fünf der insgesamt neun aus einer Maschinenpistole abgegebenen Schüsse ihr Ziel getroffen. Dem Obduktionsprotokoll zufolge war bereits der erste Rückenschuss tödlich gewesen, der am linken Schulterblatt eingedrungen war und dann Wirbelsäule, Brusthöhle und rechten Lungenflügel durchbohrt hatte.

Die Nachricht von dem Verbrechen ging wie ein Lauffeuer durch die Stadt. Wenige Minuten nach elf Uhr stürzte im Auswärtigen Amt, wo die versammelten Beamten immer noch ihres Dienstherrn harrten, Staatssekretär Haniel mit der Schreckensmeldung in das Zimmer seines persönlichen Mitarbeiters, dass der Minister erschossen worden sei.[9] Um 11 Uhr 25 übermittelte der Reichskanzler die Nachricht dem Reichstag. Zur selben Zeit hatte sich die Kunde von dem Verbrechen auf den Straßen Berlins ausgebreitet. Der mit Rathenau befreundete Dichter Hermann Sudermann, der gleichfalls in der Villenkolonie Grunewald lebte, erfuhr in einer Straßenbahn auf dem Kurfürstendamm, dass der Minister ermordet sei: »Straßenbahnschaffner sagt uns, ein Schupo habe ihn nach einem Auto mit 3 in Leder gekleideten Männern gefragt, in der Erdener Straße sei ein Mord geschehen, wahrscheinlich ein politischer. Und an der Ecke stehen Gruppen erregter Maurer. [...] In der Trabenerstraße sagt ein Schupo, von einem Mord in der Erdener Straße wisse er nichts, aber er habe zwei Frauen sagen hören, der ›Präsident‹ Rathenau sei ermordet. Ich eiskalt vor Entsetzen und hoffend, es sei nicht wahr, renne die paar Schritte zu Rathenaus Haus, sehe Autos zu Hauf und flüsternde Gruppen – frage – ja, es sei wahr. [...] Der Diener packt losweinend meine Hand. Und dann gehen wir ins Arbeitszimmer. Da liegt vorm Schreibtisch auf der Erde, mit weißem Laken bedeckt, ein längliches Etwas. Schlage das Laken zurück: Sein Gesicht, der rechte Unterkiefer durch eine drei Finger breit klaffende Wunde gespalten, der weißgewordene Spitzbart durch darüber geronnenes Blut wieder braun.«[10]

Kurz nach Mittag erschienen in Berlin die ersten Extrablätter mit der Meldung von dem Tod des Ministers, und am Abend machten sämtliche Abendausgaben der zweimal täglich erscheinenden Berliner Zeitungen mit der Meldung über den Rathenaumord auf, während die Presse außerhalb der Hauptstadt erst tags darauf über das Attentat berichtete. In Gegenden, in denen keine Lokalzeitungen mit Sonntagsausgaben erschienen, erfuhr die Bevölkerung in einer Zeit, die noch kein Radio kannte, nicht vor Montag, dem 26. Juni, von den Schüssen in der Koenigsallee, und mancherorts blieb der Mord am Außenminister auch noch Wochen später weithin unbekannt, wie sich während der Fahndung nach den Mördern Rathenaus zeigen sollte.

Von denen fehlte allerdings vorerst jede Spur. Die Polizeiwache Grunewald hatte zwar unmittelbar nach Bekanntwerden des Attentats Anstrengungen zur Verfolgung der Täter aufgenommen und mehrere Fahrradstreifen ausgesandt, die schon zehn Minuten nach dem Anschlag an der Mordstelle eintrafen. Freilich hätten sie dem Wagen der Mörder aber auch dann nicht folgen können, wenn sie während des Überfalls zur Stelle gewesen wären. Immerhin konnte schnell festgestellt werden, auf welchen Straßen der Wagen der Rathenaumörder durch den Grunewald in Richtung Schmargendorf entkommen war. Unverzüglich wurden daraufhin sämtliche Polizeistationen an den aus Berlin herausführenden Autostraßen angewiesen, auf den Kraftwagen der Mörder zu achten. Ferner wurden am Tatort einige Patronenhülsen, Kaliber 9, sowie Teile des Zünders und die Abreißschlaufe der verwendeten Handgranate geborgen. Gegen 12 Uhr trafen der Berliner Polizeipräsident Richter und der Chef der Berliner Kriminalpolizei Hoppe mit Bernhard Weiß, dem Leiter ihrer politischen Abteilung, an der Stelle des Verbrechens ein, eine Dreiviertelstunde später auch zwei Vertreter der Staatsanwaltschaft. Von Anfang an schien alles darauf hinzudeuten, dass der Anschlag von langer Hand vorbereitet war. Denn die für den Überfall gewählte Straßenkreuzung, die jedes Fahrzeug zu vorsichtigem Fahren zwang und ein Entkommen in verschiedene Richtungen erlaubte, war so günstig gewählt, dass die Täter die Fahrgewohnheiten ihres Opfers anscheinend genau ausgekundschaftet hatten. In der Tagespresse wurde schon am Tag nach dem Mord die Vermutung geäußert, dass die Täter nicht auf eigene Veranlassung gehandelt hätten: »Immer deutlicher zeigte es sich, daß die Mitteilungen über Verschwörergilden, über geheime Verbindungen und selbst über ›Mörderzentralen‹ keine Phantasiegebilde sind.«[11]

Zu einer Festigung des unbestimmten Verdachts, »daß ursächliche Zusammenhänge zwischen der Ermordung Erzbergers, dem Mordversuch auf Scheidemann und der gewaltsamen Beseitigung Rathenaus vorhanden sind«[12], konnten aber auch die Erhebungen der Polizei zunächst nichts beitragen. Die Untersuchung ergab lediglich, dass die Munition der zum Anschlag verwendeten Maschinenpistole aus Heeresbeständen stammte und die auf Rathenau geschleuderte Handgranate eine Kriegsanfertigung war. Die Maschinenpistole selbst hingegen war von den Tätern während eines kurzen Haltes auf ihrer Flucht in ein Schmargendorfer Gartengrundstück geworfen worden und konnte erst am 3. Juli 1922 gefunden werden. Die polizeiamtliche Bekanntmachung vom 24. Juni 1922, die auf Hinweise zur Ergreifung der Täter die Summe von einer Million Mark auslobte, ließ aufgrund der sich widersprechenden Zeugenaussagen sogar offen, ob in dem Mörderauto außer dem Chauffeur noch zwei oder drei Insassen gesessen hätten, und gab ihr Alter vage mit »etwa zwanzig bis dreißig Jahre« an. Wie Oberreichsanwalt Ludwig Ebermayer in einem Vermerk festhielt, sollten die Ermittlungen daher vorerst in drei Richtungen geführt werden. Zunächst ginge es darum, den Zusammenhang mit den

Der zerstörte Kraftwagen Walther Rathenaus

Attentaten an Erzberger und Scheidemann aufzuklären und zahlreichen Drohbriefen nachzugehen, die Rathenau bis in die letzten Tage erhalten hatte.[13] Zum anderen gelte es, die zahlreichen Hinweise aus der Bevölkerung sorgsam zu überprüfen, und drittens würden eingehende Ermittlungen gegen Organisationen und Personen angestellt, denen ein solches Verbrechen zuzutrauen sei.

Durchsuchungen bei der Organisation Roßbach, dem Verband nationalgesinnter Soldaten, dem »Stahlhelm«, dem Deutschvölkischen Schutz- und Trutzbund und anderen Vereinigungen der militanten Rechten blieben aber ebenso ergebnislos wie eine Reihe von Verhaftungen in Rechtskreisen. Sie waren mehr der Rücksicht auf die erregte Stimmung in der Bevölkerung geschuldet als dem

Fortgang der kriminalistischen Untersuchung. Bernhard Weiß legte seine die Grenzen der Rechtsstaatlichkeit streifende Vorgehensweise gegenüber der Presse offen, um den verschiedentlich laut gewordenen Vorwurf zu entkräften, dass die Polizei gegen den Terror von rechts nicht scharf genug vorgehe. Mit seinen Ausführungen demonstrierte er jedoch nur die Hilflosigkeit seiner Beamten, die ungeachtet des auf ihnen lastenden Erfolgsdrucks auch 24 Stunden nach dem Mordanschlag immer noch gänzlich im Dunkeln tappten: »Verdächtige Personen oder solche, die durch Aussage Dritter verdächtig gemacht werden, kommen sofort in Haft und bleiben dort so lange, bis es ihnen gelungen ist, ihr Alibi am Mordtage nachzuweisen. Es seien infolgedessen besonders bei der regen Beteiligung des Publikums an der Aufklärung des Verbrechens bisher zahlreiche Verhaftungen vorgenommen worden. Hierin ist aber auch eine gewisse Taktik zu erblicken, denn die Polizei hofft, durch diese Verhaftungen, durch Haussuchungen bei den Verhafteten, bestimmtes Material in die Hände zu bekommen, so daß sich auf diese Weise ein Gesamtbild ergeben kann, aus dem sich schließlich verschiedene bestimmte Spuren, die schon eifrig verfolgt werden, verdichten müssen.«[14] Tatsächlich erwies sich diese Taktik als kompletter Fehlschlag, wie Weiß schon wenige Tage später gegenüber der *Vossischen Zeitung* einräumen mußte: »Oberregierungsrat Dr. Weiß teilt uns auf Nachfrage mit, daß bisher alle Verhaftungen, die auf diese Weise ausgeführt worden sind, nach kurzer Zeit wieder aufgehoben werden mußten, weil die Festgenommenen den Beweis erbringen konnten, daß sie nichts mit den Mördern Rathenaus gemeinsam haben.«[15]

So blieb der vorerst einzige verwertbare Fingerzeig die Beschuldigung des untergetauchten Brüdigam gegen die ihm bekannten Funktionäre der O.C. Dass seine Anschlagswarnungen nun schon zum zweiten Mal traurige Wirklichkeit geworden waren, verlieh ihnen trotz aller Vorbehalte gegen die Glaubwürdigkeit des Informanten plötzlich entscheidendes Gewicht – was dem ermordeten Opfer freilich nicht mehr zu helfen vermochte. Noch am Tag der Ermordung Rathenaus ordnete der Kasseler Oberstaatsanwalt daher die Festnahme von Brüdigam selbst, der »als äußerst wichtiger Zeuge« in Betracht komme, und der von ihm angeschuldigten Hoffmann, Tillessen, Plaas und Heinz an.[16] Die beiden Letzteren

Die Maschinenpistole, mit der Walther Rathenau ermordet wurde

Sprengstücke der beim Rathenaumord-Attentat benutzten Handgranate

konnten schon am 24. Juni in Frankfurt ergriffen werden, tags darauf Karl Tillessen in Flensburg und Alfred Hoffmann in München. Doch die forsche Gangart erwies sich sachlich als übereilt, denn der öffentliche Kläger hatte außer Brüdigams vagen Hinweisen wenig in der Hand, worauf sich die Beschuldigung hätte gründen lassen, dass die Festgenommenen mit dem Rathenaumord in Verbindung stünden. So konnten Ehrhardts frühere Funktionäre in der Münchener Geheimbundzentrale nur unter dem Verdacht der Beihilfe zum Mordversuch an Scheidemann in Haft genommen werden. Einhellig bestritten sie, mit dem Anschlag auf Rathenau in irgendeiner Verbindung zu stehen, und ausgerechnet der von Brüdigam am schwersten belastete Alfred Hoffmann musste später sogar mangels Tatverdacht außer Verfolgung gesetzt werden. Die bereits von Otto Wels im Reichstag geäußerte Überzeugung, die O.C. stünde hinter dem Anschlag, konnte also zumindest vorerst vom Ergebnis der Ermittlungen nicht bestätigt werden.

Dennoch hatte die Polizei schon am 25. Juni kurz vor einem entscheidenden Erfolg gestanden, als der Korpsdiener der Studentenverbindung Teutonia in Berlin der Polizei meldete, dass am Tag vor dem Attentat um zehn Uhr vormittags der Verbindungsstudent Ernst Werner Techow mit einem dunkelbraunen Auto in Begleitung dreier Herren im Kneiplokal der Teutonia vorgefahren sei und dort für einige Stunden zwei Lederkoffer deponiert habe; die Beschreibung des Autos und seiner Insassen stimmte mit den ersten in den Zeitungen abgedruckten Zeugenaussagen überein. Wäre die Kriminalpolizei dieser Spur nachgegangen, hätte sie möglicherweise schon am Tag nach dem Verbrechen neben dem Fahrer des Mordwagens auch die Mordschützen fassen können, die sich zu dieser Zeit noch in Berlin aufhielten. Dass sie es nicht tat, hing möglicherweise mit der starken Veränderung zusammen, die nach dem Auftauchen eines neuen Augenzeugen an der Auto- und Täterbeschreibung in der polizeilichen Bekanntmachung vom 24. Juni 1922 vorgenommen worden war. Die revidierte Beschreibung passte nicht mehr zu der Beobachtung, die der Korpsdiener der Teutonia am Morgen des Attentates gemacht hatte, und entwertete dadurch seine Aussage. Dieser Zeuge, ein angeblicher Oberförster, hatte sich am 25. Juni gemeldet und wollte Minuten vor dem Anschlag einen verdächtigen Wagen mit laufendem Motor in einer

Querstraße an der Einmündung zur Koenigsallee beobachtet haben. Ihm sei aufgefallen, dass ein Insasse hinter dem Chauffeur gesessen habe, während ein anderer zwischen dem Auto und der Straßenecke mehrfach hin- und hergegangen sei. Die Angaben des Zeugen beeindruckten durch die außerordentlich präzise Beschreibung des Tatfahrzeuges und seiner Besatzung – aber sie waren pure Erfindung. Der vermeintliche Zeuge, ein gewerbsmäßiger Schwindler, hatte sich als Förster ausgegeben, um seinen Phantasieangaben Seriosität zu verleihen und sich so einen Teil der im Fahndungsaufruf vom 24. Juni ausgelobten Belohnung zu sichern. Infolge seiner irreführenden Angaben wurde die Untersuchung der Polizei gerade dort behindert, wo sie erste Erfolge aufzuweisen meinte. Dem zuständigen Leiter Bernhard Weiß blieb auch achtundvierzig Stunden nach der Tat nur die resignierende Feststellung, dass die Ermittlungen noch keinen entscheidenden Schritt vorangekommen waren, obwohl die unternommenen Anstrengungen in der Geschichte der Berliner Kriminalpolizei kein Gegenstück hatten: Sämtliche verreisten Beamte der Berliner Politischen Polizei wurden aus dem Urlaub zurückgerufen, Haussuchungen grundsätzlich zwischen 3 und 4 Uhr nachts vorgenommen, um das Überraschungsmoment auszunutzen, und operative Stäbe für besondere Aufgaben gebildet. Allein zur Suche nach dem Mordfahrzeug »sind«, wie der *Berliner Lokalanzeiger* erfuhr, »viele hundert Beamte, in einzelne Gruppenstreifen, Fahndungskommandos usw. eingeteilt, nicht nur innerhalb Groß-Berlins, sondern auch in der weiteren Umgebung unterwegs, um Feststellungen zu machen. Alle Automobilfabriken werden polizeilich überholt und müssen angeben, an wen sie in den letzten Jahren Automobile verkauft haben. Alle Automobilbesitzer müssen Auskunft über den Verbleib ihrer Wagen geben.«[17] Doch auch mit einem noch so beeindruckenden Ermittlungsaufwand ließ sich nicht herbeizwingen, was die Öffentlichkeit in diesen Tagen so leidenschaftlich bewegte: die Antwort auf die Frage nach der Identität der Attentäter und ihrer möglichen Hintermänner.

6. Das Echo auf die Attentate in der Öffentlichkeit

Wenn die Attentäter von der Koenigsallee über die Person ihres Opfers hinaus auf eine Erschütterung der staatlichen Ordnung gezielt hatten, so war ihr Kalkül aufgegangen: Die Ermordung Rathenaus löste ein politisches Erdbeben aus, das in der Republik kaum seinesgleichen hatte, und über Jahrzehnte blieb das Datum der Ermordung Rathenaus für die Zeitgenossen ein Markstein der Erinnerung und des Entsetzens. »Politische Schreckensnachrichten« meldet in Prag Max Brod verstört an Franz Kafka[1]; »Ossietzky hat eben telefoniert, Rathenau ist ermordet. Ich war wie vom Schlag gerührt«, notierte Kessler in Berlin erschüttert in seinem Tagebuch, und unzählige andere bewegte dieselbe Empfindung.[2] Der dreißig Jahre jüngere Axel Eggebrecht, der sich nicht mit dem Entsetzen über das Ausmaß an politischer Roheit begnügen mochte, die in Deutschland Platz gegriffen hatte, genoss gar »den Schreck all derer, die etwas zu verlieren hatten. Mich erfüllte die Hoffnung, nun würde endlich nachgeholt, was zaghafte Sozialdemokraten und Liberale versäumt hatten.«[3] Als die Nachricht vom Tod des Außenministers im Reichstag einlief, verwandelte sich das Hohe Haus in ein Tollhaus, in dem Parlamentspräsident Löbe stundenlang vergeblich an Würde und Beherrschung appellierte. Abgeordnete der Linken stürzten sich auf Deutschnationale und drängten sie unter Schlägen aus dem Plenarsaal; »Mörder! Mörder!« gellten Rufe gegen den scheinbar ungerührt in seiner Abgeordnetenbank sitzenden Helfferich, dessen maßlose Kampagnen erst Erzberger und nun Rathenau zur Strecke gebracht hätten. Die Empörung überschlug sich, als just in diesen Minuten ein völkischer Verehrer Helfferich einen Blumenstrauß mit schwarzweißroten Bändern auf das Pult legen ließ; der um sein Leben fürchtende Monarchist floh unter einem Hagel von Schlägen aus dem Raum, in dem er so viele Attacken gegen die junge Republik geführt hatte. Er war nicht der Einzige, an dem sich die Empörung linksstehender Parlamentarier über die Wehrlosigkeit der angeschlagenen Republik handgreiflich ausließ: Ein missverstandenes Wort des deutschnationalen Abgeordneten Schoch genügte einigen Vertretern der Linksparteien, um ihn als Lumpen und Mörderfreund zu beschimpfen und in ein Handgemenge zu verwickeln, das ihn aus dem Plenarsaal trieb; im Preußischen Landtag hinderte die Abgeordnetenmehrheit konservative Abgeordnete am 24. Juni 1922 daran, das Wort zu ergreifen, und zwang gleich die ganze deutschnationale Fraktion aus dem Saal.

Anders als die Ermordung Matthias Erzbergers im Jahr zuvor rüttelte die neuerliche Bluttat die Gesellschaft bis weit in das konservative Bürgertum hinauf auf. Friedrich Meinecke, den die Schüsse auf Rathenau »wie ein schauriges und seltsames Säkulargespenst, das Umgang hielte«, berührten, wandte sich scharf gegen »die überaus unkluge und kurzsichtige Haltung eines großen Teiles meiner Kollegen«, die die Studentenschaft in ihrer oft fanatisch rechtsgerichteten Haltung bestärkten[4]; Thomas Mann tat nach dem Tod Rathenaus mit einer aufsehenerregenden Rede in Berlin seine Wandlung zum Republikaner kund und verlangte vor einer erbost scharrenden studentischen Zuhörerschaft »unsere noch ungelenken Zungen zu dem Rufe [zu] schmeidigen: ›Es lebe die Republik!‹«[5] Was dem lebenden Rathenau nie vergönnt war, wurde dem toten zuteil: Über die politischen Grenzen hinweg bekundeten Millionen Deutsche ihre Trauer und ihre Abscheu vor dem Mord an dem Außenminister. Hunderttausende und Aberhunderttausende versammelten sich in den Tagen nach dem Verbrechen auf Massenveranstaltungen der Gewerkschaften, der demokratischen Parteien und der republikanischen Verbände. Fast einmütig wurde der Tote in den Kommentaren der deutschen Zeitungen wie auf den Trauerveranstaltungen im Reichstag und in den Länderparlamenten, aber auch auf unzähligen Gedächtnisfeiern in Betrieben, Schulen und Universitäten als ein Mann gewürdigt, der sich über viele Jahre selbstlos in den Dienst des Staates gestellt habe und nun für sein Land zum Märtyrer geworden sei. Auch die evangelische Kirche blieb nicht stumm und veröffentlichte aus Anlass der Ermordung Rathenaus eine »Kundgebung« zur Verlesung von den Kanzeln, die sich mahnend gegen die Verrohung des sittlichen Empfindens wandte. Die Empörung in allen Schichten der Bevölkerung drängte das republikfeindliche Lager auf Wochen so stark

Reichsminister Rathenau ermordet. Vossische Zeitung, 24.6.22

in die Defensive, dass es fast scheinen mochte, als habe in der politischen Kultur des Landes ein spürbarer Wandel eingesetzt und die Republik endlich die breite Unterstützung gefunden, die sie bisher in der unbarmherzigen Gegnerschaft von rechts und links hatte entbehren müssen. Auch ein so nüchterner Beobachter wie Harry Graf Kessler urteilte unter dem Eindruck dieser Tage: »Die Erbitterung gegen die Mörder Rathenaus ist tief und echt, ebenso der feste Wille zur Republik, der viel tiefer sitzt als der vorkriegsmonarchische ›Patriotismus‹.«[6] Selbst Hugo Stinnes, ein prononcierter Gegner der neuen Ordnung, wurde nach dem Mord mit der Äußerung zitiert, dass der Schuss auf Rathenau auch die Monarchie getötet habe:»Wir müßten nun mit der Republik regieren.«[7]

An der Spitze der Protestbewegung gegen den Terror von rechts standen die Arbeiterorganisationen. Schon am 25. Juni 1922 beschloss der Leipziger Gewerkschaftskongress des ADGB, den Tag der Trauerfeier für den ermordeten Minister zu einer Demonstration der gesamten Arbeiterschaft für die Republik zu nutzen. In Verhandlungen einigten sich die Gewerkschaften mit den beiden sozialdemokratischen Parteien und der KPD auf einen landesweiten Proteststreik vom Mittag des 27. Juni bis zum Morgen des darauffolgenden Tages, von dem nur Post, Eisenbahnverkehr, Stromversorgung und Notstandsarbeiten in anderen lebenswichtigen Bereichen ausgenommen waren. Der »Demonstrationsstreik«[8] blieb nicht auf die Arbeitnehmer beschränkt: Die preußische Regierung schloss sich ihm für alle ihre Behörden an, die Reichsregierung ordnete für den 27. Juni 1922 die Einstellung des Büro- und Werkstättendienstes ab 14 Uhr an und erlaubte allen Beamten die Teilnahme an den Protestversammlungen, sofern ihr Dienst es irgend zuließ. Der Erfolg wurde den Erwartungen gerecht, ja, er übertraf sie noch: Der Tag der Trauerfeier für den ermordeten Minister wurde besonders in den größeren Städten Deutschlands zu einer einzigartigen Demonstration für die Republik. Eine Million Menschen folgten allein in Berlin dem Aufruf der republiktreuen Parteien vom Zentrum bis zur KPD, um sich vor dem Reichstag, um das Brandenburger Tor, im Tiergarten zu versammeln und die Straßen zu säumen, durch die der Sarg des Ministers in die Familiengrabstätte Berlin-Oberschöneweide überführt wurde. Gewaltige Demonstrationen wurden auch aus Frankfurt, Stuttgart, Königsberg und vielen anderen Städten gemeldet; je 150 000 Menschen marschierten in München und Chemnitz; 100 000 waren es in Hamburg, Breslau, Elberfeld und Essen, die für die Republik auf die Straße gingen. Zusammen zeugten sie eindrucksvoll von einer breiten Entschlossenheit in der deutschen Bevölkerung, den bedrohten Staat von Weimar mit all ihrer Kraft zu schützen.

Doch barg das Aufgebot zum Schutz der Republik auch Gefahren: Im Verlauf der Trauerkundgebungen zeigte sich an vielen Zwischenfällen, wie explosiv die Lage angesichts der in Bewegung geratenen Massen geworden war. Mancherorts konnte ein Ausbruch bürgerkriegsähnlicher Unruhen nicht mehr ausgeschlossen werden. In Karlsruhe zerstörten am 27. Juni umherziehende Trupps die Geschäftsstelle der DNVP. In Darmstadt waren drei Tote und 25 Verletzte zu beklagen, nachdem bei schweren Ausschreitungen Geschäftsinhaber mißhandelt, die Wohnungen zweier Abgeordneter der DVP verwüstet und zwei Zeitungsredaktionen völlig demoliert worden waren, woraufhin die Polizei ungezielt auf die Menge feuerte, um ein weiteres Ausgreifen der Unruhen zu verhindern. Auch in Frankfurt am Main konnte die Ordnung nur durch ein massives Polizeiaufgebot wiederhergestellt werden. In Braunschweig versuchten einige Hundert KPD-Anhänger, das Landeszentralgefängnis zu stürmen. In Halle warf bei Zusammenstößen eine tausendköpfige Menge die Polizeimannschaft, die gegen sie vorging, zu Boden und erzwang durch eine förmliche Belagerung der Hauptwache die Freilassung eines festgenommenen Arbeiters. Schwere Zwischenfälle ereigneten sich am 27. Juni auch in Dresden, bei Bautzen, in Zwickau und in Hamburg, wo ein in die Enge getriebener Polizeitrupp mehrere Gewehrsalven auf die zurückflutende Menge feuerte und ein Blutbad anrichtete. Selbst in Berlin, wo blutige Zwischenfälle nicht zu verzeichnen waren, aber auch in München hatten Beobachter wie der englische Botschafter Lord d'Abernon den Eindruck, am Vorabend einer zweiten Revolution zu stehen.

Leicht hätten diese lokal begrenzten Gewalttätigkeiten eskalieren können, zumal wenn es noch zu weiteren Gewalttaten von rechts gekommen wäre. Gegenüber dem *Vorwärts* äußerte der preußische Innenminister Severing erhebliche Bedenken, ob es der Regierung bei einem etwaigen Fortgang der Attentatsserie noch gelingen

Massendemonstration im Berliner Lustgarten, 28.6.1922

könnte, die Gegenbewegung aufzufangen. Daher standen die Regierungsparteien vor der schwierigen Aufgabe, ihre Anhänger zur Unterstützung der verfassungsmäßigen Regierung zu mobilisieren und gleichzeitig zu verhindern, daß diese Bewegung in eigenmächtige und unkontrollierte Aktionen mündete. Das Zentrum, das den politischen Trauerdemonstrationen von allen Regierungsparteien am distanziertesten gegenüberstand, appellierte in einer Erklärung des Reichsparteivorstandes an alle Parteifreunde, »überall das Beispiel von Ruhe und Ordnung« zu geben, »geschlossen hinter unsere Regierung zu treten und ihre Maßnahmen zur Aufrechterhaltung der Staatsordnung nachdrücklich zu unterstützen«[9], während die Reichstagsfraktion des Zentrums gleichzeitig eine Beteiligung an den für den 27. 6. geplanten Trauerdemonstrationen mehrheitlich ablehnte. Auch SPD und Gewerkschaften versuchten mit ihrer Politik vor allem einer denkbaren Eskalation Einhalt zu gebieten, und erklärten ungeachtet der kämpferischen Tonart ihrer Aufrufe die geordnete Demonstration von republikanischer Stärke und geschlossener Disziplin zum eigentlichen Ziel der Massenmobilisierung, während die Beratung und Durchführung sachlicher Maßnahmen einzig der staatlichen Exekutive zukomme. Das Aktionsprogramm der drei sozialistischen Parteien und des ADGB glich den inneren Widerspruch dieser Doppelstrategie in einer Art bedingtem Mobilisierungsappell aus: »Von den Gewerkschaftsmitgliedern und den gesamten Arbeitnehmern Deutschlands verlangen wir jetzt absolute Einigkeit, geschlossene Disziplin, festen Willen und Bereitschaft zur Unterstützung unseres Vorgehens, sobald wir sie dazu aufrufen.«[10] Der halbtägige Streik selbst sollte nach Auffassung der mitregierenden Sozialdemokraten die öffentliche Ordnung nicht etwa angreifen, sondern vielmehr stärken und den Willen der republikanischen Bevölkerungsmehrheit vor allem deshalb zum Ausdruck bringen, »damit die Gegner erkennen, daß hinter den Führern der Republik, die sie zu beseitigen trachten, die Mehrheit des schaffenden Volkes steht«[11]. Dass damit der übliche Zweck eines Streiks in sein Gegenteil verkehrt wurde und die Arbeitsniederlegung sich gar nicht gegen den Bestreikten – den Staat – richtete, brachte die sozialdemokratische Presse in ein gewisses Dilemma: »Gegenüber Versuchen, die Kundgebung als ›Generalstreik‹ hinzustellen, muß betont werden, daß es sich um eine feierliche Demonstration des *Willens zur Staatserhaltung* handelt, also um das Gegenteil eines Generalstreiks.«[12]

Auf dessen Ausrufung hatte als einzige Partei, wenn auch vergeblich, die KPD gedrängt. Abgeordnete der USPD und der KPD waren im Preußischen Landtag gleich nach dem Attentat für die sofortige Bewaffnung der Arbeiterschaft als Auftakt zur proletarischen Erhebung im ganzen Land und zur Weiterführung der Revolution von 1918 eingetreten. Die auf dem Boden der Weimarer Verfassung stehenden Arbeiterorganisationen versuchten daraufhin, die Kommunisten in eine gemeinsame Politik einzubinden. Am Tag nach der Trauerfeier für Rathenau unterzeichneten Vertreter der SPD, der USPD und des ADGB und der KPD in Berlin eine gemeinsame Resolution, die zwar die Forderung nach einem Republikschutzgesetz enthielt, aber weder den von der KPD propagierten Generalstreik noch eine Bewaffnung der Arbeiter erwähnte. Bereits am 8. Juli brach die in diesem »Berliner Abkommen« verabredete Einheitsfront allerdings wieder auseinander, als die KPD nicht von ihrer Agitation gegen die »parlamentarischen Ablenkungsmanöver« der sozialdemokratischen Parteien ablassen wollte.

Plakat mit Aufruf zum Schutz der Republik, 24.6.1922

Auch die bürgerlich-sozialdemokratische Reichsregierung zeigte sich der kritischen Situation gewachsen, in der es von ihrer Fähigkeit zur glaubwürdigen Vermittlung von Entschlossenheit und Tatkraft abhing, ob die politische Erregung über den Anschlag auf den Außenminister unter Kontrolle zu halten war. Wirth war sich nach seinen eigenen Worten der Strategie der monarchistischen Seite wohl bewusst, die »durch solche Bluttaten wie die Ermordung Rathenaus die Arbeiterschaft zum Aufruhr reizen [wolle], um dann im allgemeinen Wirrwarr die Regierung an sich zu reißen«.[13] In drei Reden nach dem Attentat im Reichstag kündigte der Reichskanzler denn auch energische Maßregeln an. Seinen Nachruf auf den Toten am 25. Juni verband er mit einem bitteren Angriff auf die konservativen Gegner der Republik, die er der Mitschuld am Tod seines Außenministers anklagte: »Da steht der Feind, der sein Gift in die Wunden eines Volkes träufelt – Da steht der Feind – und darüber ist kein Zweifel: dieser Feind steht rechts.«[14] Die gezielte Verwendung einer zuerst von Scheidemann popularisierten Parole durch den katholischen Zentrumspolitiker Wirth löste einen Tumult im Parlament aus; Abgeordnete der konservativen Parteien protestierten mit erhobenen Fäusten, während in den stürmischen Applaus der Reichstagsmehrheit auch die anwesenden Journalisten und die Zuhörer auf den Rängen einfielen. Auf Antrag von SPD und USPD beschloss der Reichstag gegen die Stimmen der DVNP und einer Mehrheit der DVP, die am 24. Juni gehaltenen Gedenkreden des Reichskanzlers und des Reichstagspräsidenten im ganzen Reich öffentlich anzuschlagen.

Regierung und Reichspräsident bewiesen schnell, dass es nicht bei bloßen Worten bleiben sollte. Gleich nach Bekanntwerden der Mordnachricht hatte sich das Kabinett auf Maßregeln zum Schutz der Republik verständigt, die die Einsetzung von Sondergerichten und die Ausrufung des Ausnahmezustandes umfassen sollten. Und noch am selben Abend erließ der Reichspräsident eine auf Artikel 48 der Weimarer Reichsverfassung gestützte Verordnung, mit der auf die gesetzwidrige Bekämpfung der republikanischen Staatsform gerichtete Vereine und Versammlungen mit Verbot bedroht und die Beschimpfung der Republik und ihrer Repräsentanten unter Strafe gestellt wurden. Für entsprechende Delikte sollte ein Staatsgerichtshof zum Schutz der Republik errichtet werden, von dessen sieben Mitgliedern nur drei Berufsjuristen sein mußten – ein beredter Ausdruck des Misstrauens gegen die konservativ und monarchistisch geprägte Justiz des Reiches. Eine weitere Schutzverordnung folgte am 29. Juni. Sie bedrohte die Teilnahme an Vereinigungen zur Ermordung von Mitgliedern der Reichs- und Landesregierungen mit dem Tod und ergänzte die Verordnung vom 26. Juni um einen Artikel über das Verbot von republikfeindlichen Zeitungen und Zeitschriften. In den folgenden Tagen setzten umfassende Verbote rechtsgerichteter Vereine ein, die in fast allen Ländern außer Bayern und Württemberg den Deutschvölkischen Schutz- und Trutzbund trafen und in einigen auch den Verband nationalgesinnter Soldaten, den »Stahlhelm« und den Jungdeutschen Orden. Bis Anfang August waren insgesamt 43 Rechtsorganisationen aufgrund der Bestimmungen der Republikschutzverordnung in mindestens einem Land aufgelöst worden; die meisten Aufhebungen sprachen Hamburg und Sachsen aus. Gleichzeitig setzten die Beratungen von Reichs- und Länderregierungen über die Umwandlung der Verordnungen in ein Gesetz ein. Besonders der Reichskanzler und die Regierungschefs der Länder mit starkem Anteil sozialistischer Wähler ließen keinen Zweifel daran, dass nur schnelles Handeln der Legislative die gewünschte Beruhigung auf der Linken herbeiführen könne. Justizminister Radbruch kam diesem Bedürfnis entgegen und betonte schon am 25. Juni 1922 im Reichstag, dass die ins Auge gefassten Verordnungen ausschließlich gegen die Bedrohung der Republik von rechts zielten.

Den von ihren Organisationen mobilisierten Anhängern der demokratischen Ordnung bot sich unter diesen Umständen über die bloße Manifestation der eigenen Stärke und Einigkeit hinaus nur ein geringer Handlungsspielraum zu der verlangten »gründlichen Aufräumung mit der Reaktion«[15]. Auch mit noch so machtvollen Kundgebungen und Resolutionen der Demokraten ließen sich die monarchistischen Überzeugungen der Gegenseite nicht aus der Welt schaffen; ebenso wenig war durch staatliche Anordnungen der Respekt vor der Republik unter Studenten, Beamten und Militärs zu erzwingen. Ein anschauliches Beispiel bildete die Durchführung eines Erlasses zur Durchführung von schulischen Trauerfeiern in Preußen. Resigniert stellte das *Berliner Tageblatt* fest, dass auch während der aufrichtigsten Gedächtnisfeiern das

Wort »Republik« kaum gefallen sei.[16] Für Kiel notierte die *Schleswig-Holsteinische Volkszeitung*, dass der Direktor der einzigen höheren Schule der Stadt, die in den Tagen nach der Ermordung Rathenaus Schwarzrotgold geflaggt habe, aus dem Direktorenverein ausgeschlossen worden sei, weil er die von allen anderen Schulleitern abgelehnte Beflaggung nicht rückgängig gemacht habe; an einer anderen Kieler Oberrealschule zerrissen Schüler die auf Anordnung der Schulbehörde gehisste Fahne.[17]

Angesichts eines nicht greifbaren Gegners konzentrierte sich die Aufmerksamkeit der demokratisch gesinnten Öffentlichkeit darauf, jede wirkliche oder auch nur vermeintliche Bekundung einer antirepublikanischen Geisteshaltung aufzuspüren. Die Massenbewegung zum Schutz der Republik blieb so vorwiegend auf Symbolhandlungen verwiesen, wie ein zwischen den Parteien im Vorfeld der Trauerfeier für Rathenau entbrannter Streit um das Marmorstandbild Kaiser Wilhelms I. in der Wandelhalle des Reichstags zeigt: Nachdem die Unabhängigen Sozialdemokraten seine sofortige Entfernung verlangt und die Deutschnationalen dagegen scharf protestiert hatten, einigte man sich darauf, das Standbild während des Traueraktes zu verhüllen und zusätzlich die Kaiserkronen zu entfernen, die auf den großen Fahnenstangen des Reichstags angebracht waren. Als die Mutter des Ermordeten jedoch dringend bat, von der Verhüllung abzusehen, die USPD sich hingegen weigerte, einer Trauerfeier für einen der Reaktion zum Opfer gefallenen Minister zu Füßen des Kaiserstandbildes beizuwohnen, konnte der Konflikt nur dadurch bereinigt werden, dass die Feier in den Sitzungssaal des Reichstages verlegt wurde.

An Bilderstürmerei erinnerte in den Tagen nach dem Rathenaumord das Vorgehen empörter Demonstranten in vielen Städten, die hier Jagd auf mit Kronen und Hoflieferantentiteln verzierte Geschäftsschilder machten und dort schwarzweißrote Fahnen von den Korporationshäusern studentischer Verbindungen holten. In Halle durchsuchten umherziehende Arbeiterpatrouillen am 27. Juni 1922 Passanten nach mitgeführten Stahlhelmabzeichen; in anderen Städten durchzogen am selben Tag Demonstrantentrupps die Straßen, um die Schließung etwa geöffneter Gasthäuser durchzusetzen, und in Travemünde wurde der Hohenzollernprinz Heinrich gezwungen, den schwarzweißroten Stander einzuholen, den er im Topp seiner Yacht führte. Derselben Haltung entsprach es, dass nun auch den Symbolen der Republik neue Aufmerksamkeit geschenkt wurde. »Volk ohne Fahne« titelte die *Vossische Zeitung* am 26. Juni[18], und in der Berliner Stadtverordnetenversammlung fand ein Dringlichkeitsantrag der USPD Zutimmung, der den Magistrat aufforderte, dafür zu sorgen, dass alle städtischen Gebäude mit schwarzrotgoldenen Fahnen versehen würden, nachdem die sozialdemokratische Presse detailliert aufgelistet hatte, welche öffentlichen Gebäude am 27. Juni trotz des Staatsaktes für Rathenau keinen Trauerschmuck hätten. Verärgert teilte die *Berliner Morgenpost* mit, dass die französische Botschaft in Berlin eher halbmast geflaggt habe als deutsche Behörden.[19] Ebenso unnachsichtig wies der *Vorwärts* am Tag der Beisetzung Rathenaus auf eine Flaggenpanne ausgerechnet in der AEG hin: »Auf dem Riesengebäude der AEG in Moabit war noch gestern vormittag keine Spur einer Trauerbezeugung für den ermordeten Präsidenten des Aufsichtsrats zu erblicken. Die Direktion mußte, so wird uns mitgeteilt, erst vom Betriebsrat aufgefordert werden, ihrer Anstandspflicht zu genügen. Es gab nun zunächst ein Hin und Her, woran nicht ausschließlich die Direktion, sondern auch das Reißen des Drahtes an der Fahnenstange schuld war. Schließlich wurde aber der Vorsitzende des Zentralbetriebsrats der AEG vom Friedrich-Karl-Ufer herbeigeholt, der zwei diensthabenden Direktoren kurzweg erklärte, man kenne ihre Denkweise über den ermordeten Rathenau, und wenn nicht binnen einer Viertelstunde das Gebäude Trauerschmuck trage, dann werde ein roter Wimpel vom Dach wehen. Nach einer Viertelstunde wehte aus einem Dachfenster halbmast Schwarzrotgold.«[20] Eine Falschmeldung der *Freiheit,* dass in Berlin »die bayerische Gesandtschaft [...] es nicht für nötig befunden hat, als Zeichen der Trauer um den Minister Rathenau die Flagge auf Halbmast zu hissen«[21], ließ gar das Auswärtige Amt tätig werden und zwang die Bayerische Gesandtschaft zu einem förmlichen Dementi. Die neuerwachte Sensibilität für politische Symbolik reichte über den Tag hinaus und verlieh auch den Bemühungen neuen Auftrieb, das »Deutschlandlied« zur deutschen Nationalhymne und den 11. August zum republikanischen Feiertag zu erklären.

Insgesamt aber konnten liberale Zeitungen nach der Beisetzung des Ermordeten mit Genugtuung konstatieren, dass sich das durch die Bluttat vom 24. Juni aktivierte Gewaltpotenzial trotz aller Ausschreitungen letztlich nur in unbedeutendem Maße artikuliert habe und die Kundgebungen in den meisten Städten doch überraschend friedlich verlaufen seien.[22] Dass der Massenprotest weitgehend auf der Ebene symbolischer Handlungen gehalten werden konnte, war entscheidend der gemeinsamen Strategie der Regierung und der sie tragenden Parteien im Verein mit den Gewerkschaften zu verdanken. Sie hatten sich in den Tagen nach der Ermordung Rathenaus an die Spitze der Bewegung gegen den Meuchelmord gestellt, deren Weitertreiben durch die erfolgreiche Demonstration eigener Entschlossenheit aber zu verhindern vermocht. Falls es im Kalkül der rechtsradikalen Bürgerkriegsplaner gelegen haben sollte, dass die Wut der Arbeitermassen sich gegen die eigene handlungsunfähige Regierung richten würde, so hatte sich diese Hoffnung als verfehlt erwiesen.

Daran änderte auch ein zweiter von den drei Arbeiterparteien und den unabhängigen Gewerkschaften gemeinsam getragener Aufruf zu einem befristeten Generalstreik am 4. Juli 1922 nichts. Vordergründig auf die beschleunigte Verabschiedung des Republikschutzgesetzes gemünzt, diente diese Demonstration auf sozialdemokratischer Seite vor allem dazu, die weiterhin herrschende Empörung in der Arbeiterschaft aufzufangen und der kommunistischen Agitation den Wind aus den Segeln zu nehmen, wie der Appell des ADGB zu erkennen gab: »Wir erwarten auch, daß sich die Demonstration in altbewährter gewerkschaftlicher Disziplin vollziehen und der Reaktion keinerlei Vorwand geben wird, irgendwelche Unbesonnenheiten festzustellen. Arbeiter, Angestellte, Beamte, Republikaner! Laßt Euch nicht provozieren, bleibt auf gesetzlichem Boden und helft entschlossen und besonnen.«[23] Interessanterweise war der Mobilisierungsgrad unter der Bevölkerung diesmal noch höher als bei den Demonstrationen vom 27. Juni und erreichte auch die bürgerlichen Kreise, obwohl die Regierungsparteien außer der SPD den Proteststreik diesmal ebenso wenig mittrugen wie die christlichen Gewerkschaften, und auch Reichskanzler Wirth die Aktion der Einheitsfront in einer Kabinettssitzung am Tag vor dem Proteststreik mit deutlichen Worten verurteilte. Fast überall im Reich verliefen die Kundgebungen nicht zuletzt dank des gewerkschaftlichen Ordnungsdienstes weitgehend ruhig. Dies bestätigte im Nachhinein das taktische Vorgehen von SPD und Gewerkschaften, die sich nicht zuletzt deshalb abermals an die Spitze der unvermindert anhaltenden politischen Erregung gestellt hatten, um den Protest in friedliche Bahnen zu lenken und so die Gefahr einer gewalttätigen Eskalation zu bannen. In welch schwieriger Situation ADGB und SPD sich dabei angesichts der hohen Streikbereitschaft unter den Arbeitern allerdings befanden, illustriert ein Sondierungsgespräch Wirths im Vorfeld des Streiks, in dem der ADGB-Vertreter laut Protokoll ausführte, dass es darum gehe, »die Bewegung in der Hand zu behalten, nicht ein Pflasterstein solle verrückt werden. Deshalb wollten sie mit den Kommunisten gehen. Denn wenn sie dies nicht getan und sie dadurch nicht an die Kette gelegt hätten, würde vermutlich noch Schlimmeres passiert sein. Die Ordnung würde aufrechterhalten werden.« Für die SPD begründete Wissell »in eindringlicher Weise die Notwendigkeit der Demonstration und war der Auffassung, daß die Regierung ihnen Dank statt Vorwürfe schulde, daß sie sich an die Spitze der Bewegung gestellt hätten. [...] Hätten sie die Demonstration abgelehnt, dann würde sie über ihren Kopf hinweg doch erfolgt sein. Die Arbeiterschaft sei bis ins Innerste erregt und wolle endgültig mit der Reaktion aufräumen.«[24] Wie ernst die Lage auch aufseiten der Regierung beurteilt wurde, zeigt ein Runderlass vom 5. Juli 1922, in dem es das Auswärtige Amt für geboten hielt, den im Ausland aufgekommenen »Gerüchten über Unsicherheit der Regierung oder gar Regierungsform« entgegenzutreten und zu bekräftigen, dass keinerlei Putschgefahr bestehe.[25] Unter diesen Umständen waren sowohl die Demonstrationen wie der zweimalige Streik auch nach der Einschätzung des Reichskommissars in erster Linie »ein Ventil für die politische Leidenschaft« und hätten ohne das geschickte Taktieren der nichtkommunistischen Arbeiterorganisationen und das entschlossene Handeln der Regierung durchaus die Gefahr eines politischen Umsturzes heraufbeschwören können.[26]

Die Genugtuung über diese Entspannung der politischen Lage konnte allerdings auch den Reichskommissar nicht darüber hinwegtäuschen, dass die Trauer über den Tod Minister Rathenaus nicht so einhellig gewesen war, wie es dem oberflächlichen Beobachter hatte scheinen mögen. Wie die Halbmonatsberichte der Regierungspräsidenten in Bayern auswiesen, war das Verbrechen in vielen ländlichen Regionen auf eine gänzliche Gleichgültigkeit gestoßen, die sich auch am Tag der Beisetzung Rathenaus manifestierte und die Landbevölkerung besonders in Schwaben und Oberfranken in Passivität verharren ließ. Sie stand damit nicht allein. Besonders im akademischen Bereich kamen die verbreiteten Reserven gegenüber dem Toten einem Bekenntnis zu seinen Mördern gelegentlich überaus nahe. Schon Walter Nernst, Rektor der Berliner Friedrich-Wilhelm-Universität und durchaus kein Gegner des Ermordeten, hatte nur mit dem Verbot einer zunächst genehmigten Trauerkundgebung für Rathenau den universitären Frieden zu wahren gewusst, nachdem die Veranstalter sich nicht an die Auflage gehalten hatten, jede politische Demonstration zu vermeiden, und dadurch die republikfeindliche Mehrheit der Studentenschaft in wütende Empörung versetzt hatten. An der Heidelberger Universität ignorierte der Leiter des Physikalischen Instituts und Verfechter einer »deutschen Physik«, Philipp Lenard, die für den Tag der Beisetzung Rathenaus ergangene Anordnung zur Beflaggung der öffentlichen Gebäude und zur Einstellung der Arbeit. Stattdessen führte er in seinem Institut nachmittags eine Übungsveranstaltung mit Studenten durch, weil er es für unangebracht hielt, seinen Studenten »wegen eines toten Juden freizugeben«. Als unter Führung des Studenten Carlo Mierendorff ein Arbeitertrupp von der durch Heidelberg ziehenden Trauerdemonstration herbeieilte, um die behördlich angeordnete Schließung durchzusetzen, ließ der wohl in überlegter Absicht handelnde Lenard das Institut durch seine Studenten regelrecht verbarrikadieren. Arbeiter stürmten das von dem Nobelpreisträger und seinen Studenten mit Wasserschläuchen verteidigte Gebäude; Lenard musste in Schutzhaft genommen werden, um ihn vor Misshandlungen durch die aufgebrachten Demonstranten zu bewahren. An der Heidelberger Universität bildete sich daraufhin eine breite Sympathiebewegung für Lenard, die dem judenfeindlichen Physiker in einer Resolution von über eintausend Studenten ihre Anerkennung zollte und vehement gegen »die Heranziehung fernstehender Volkskreise zur Austragung irgendwelcher im Rahmen der Universität sich abspielender Angelegenheiten« protestierte.[27] Am Ende begnügte sich die Universität mit einem bloßen Verweis gegen Lenard, dem der badische Kulturminister Hellpach, ein Parteifreund Rathenaus, obendrein ausdrücklich sein volles Vertrauen aussprach.

Strafrechtlich wurde schließlich nicht Lenard belangt, sondern sein Opponent Mierendorff, der den Einsatz für eine staatliche Anordnung mit vier Monaten Gefängnis wegen Haus- und Landfriedensbruchs bezahlte.

Außerhalb abgegrenzter Milieus, in denen wie an den Hochschulen und in den paramilitärischen Verbänden der Rechten Antisemitismus und Republikfeindschaft offen vorherrschten, machte sich eine demonstrative Zustimmung zu den Mördern Rathenaus nur vereinzelt bemerkbar. Wo sie doch auftrat, wurde sie angesichts der besonderen Sensibilität in der Öffentlichkeit und in der demokratischen Tagespresse zumeist so schnell erstickt wie in Dresden, wo am 26. Juni eine Feier nationalistischer Jugendlicher, die das Ehrhardt-Lied angestimmt hatten, von einer aufgebrachten Menge unterdrückt und die Teilnehmer einer völkischen Sonnenwendfeier kurzerhand verprügelt wurden. Im Ganzen quittierten die antirepublikanischen Eliten der Weimarer Gesellschaft die Nachricht vom Attentatstod des Außenministers mit distanzierter Gleichgültigkeit; es war nicht untypisch, dass ein am 24. Juni in Potsdam stattfindendes Ordensfest der Johanniter, auf dem in Anwesenheit Hindenburgs Prinz Eitel Friedrich zum Ritter geschlagen wurde, auch nach Eintreffen der Mordmeldung seinen ruhigen Fortgang nahm.

Eine besondere Lage herrschte zudem in München, wo Polizeidirektion und bayerische Staatsregierung die rechtskonservativen Kräfte offen unterstützten. Dort fand am 28. Juni eine ursprünglich reichsweit geplante Protestkundgebung zum Jahrestag des Versailler Vertrages statt, die nach dem Rathenaumord von der Berliner Zentralleitung abgesagt, in der bayerischen Hauptstadt aber mit Einverständnis der zuständigen Behörden trotzdem durchgeführt wurde. Vergeblich versuchten Gegendemonstranten der Arbeiterparteien die Veranstaltung, an der über 40 000 Menschen teilnahmen, zu sprengen. Die Polizei, die ihren Einsatz mit der »vaterländischen Veranstaltungsleitung« abgesprochen hatte, trieb die Arbeiter mit Waffengewalt auseinander und vergaß in ihrem Bericht nicht, das »ruhige, disziplinierte Verhalten« der vaterländischen Kundgebungsteilnehmer zu unterstreichen, während die Gegendemonstranten als »Pöbel« und »üblicher Mob« apostrophiert wurden.[28]

Vorwiegend auf den süddeutschen Raum konzentriert waren auch posthume öffentliche Schmähungen des Ministers. Wiederum in München etwa wurde der Ermordete durch ein Plakat verunglimpft, das in einem Lokal der NSDAP ausgehängt war und den ironisch gemeinten Titel »Rathenau leider tot« trug.[29] Kaum weniger hemmungslos agitierte der *Miesbacher Anzeiger*, der zwar nicht den toten Minister angriff, aber noch nach der Aufspürung der Rathenaumörder behauptete, dass der Mord »nicht rechtsgesinnten Politikern, sondern Judenhirnen entsprungen« sei.[30]

Der öffentliche Druck verhinderte, dass sich solche Stimmen auch anderswo erhoben. Aus einer Vielzahl privater oder zumindest vertraulicher Äußerungen lässt sich jedoch entnehmen, dass jenseits der offiziellen Trauerbekundungen die Genugtuung über den Anschlag in konservativen bürgerlichen Kreisen durchaus verbreitet war. Die zweite Welle der Protestbewegung in den ersten Julitagen ließ diese unter dem Eindruck des Verbrechens und seines ersten Echos verwischte Frontstellung zwischen republikanischen und konservativen Kräften überall im Land wieder deutlicher werden. Nicht nur in Bayern erregten die neuerlichen Demonstrationen besonders unter den Studenten zunehmenden Unmut, und nach einem Bericht des Regierungspräsidiums von Unterfranken erschien »es fraglich, ob weitere Demonstrationen von den bürgerlichen Kreisen so ruhig hingenommen werden wie bisher«.[31] Diese Äußerungen zeigten einen Umschwung in Teilen der öffentlichen Meinung an, der nicht nur der parlamentarischen Rechten und ihrer Publizistik schnell die gewohnte Artikulationsfreiheit wiedergab, sondern auch der völkischen Agitation neue Entfaltungsmöglichkeit bot. Radikalantisemitische Vereinigungen wie der Deutschvölkische Schutz- und Trutzbund blieben zwar auf Dauer verboten, ihre Demagogen jedoch erhielten frischen Zulauf. Nicht überall zeigte sich dieser Wandel so spektakulär wie in Mainfranken, wo im Sommer und Herbst 1922 eine deutschvölkische Agitatorin namens Andrea Ellendt mit einer rücksichtslosen Hetze gegen den ermordeten Außenminister Furore machte. Ellendt, die der NSDAP angehörte und in engem Kontakt zu Ehrhardt stand, konnte im Oktober 1922 in Massenveranstaltungen zunächst das ganze Arsenal vulgärantisemitischer Verleumdungen gegen Rathenau aufbieten, ohne dass die Behörden einschritten. In einer ihrer

Brandreden warf sie Rathenau vor, geäußert zu haben, daß »die Revolution und die Beseitigung der Deutschen Monarchie von den Juden vor dem Kriege ins Auge gefaßt und beschlossen war«. Weder diese Auslassungen noch Ellendts Behauptung, der ermordete Rathenau habe an seiner Villa eine Skulptur anbringen lassen, die die Köpfe der gekrönten Häupter auf einer Opferschale darstellte, wurden gerichtlich gesühnt: Das schließlich gegen sie angestrengte Strafverfahren endete mit einem Freispruch, weil der Wortlaut der angezeigten Rede nicht genau genug protokolliert worden sei.[32]

Während so die öffentliche Trauer um den ermordeten Minister und die Breite der Protestbewegung gegen den Terror von rechts die fortbestehende Distanz zur Demokratie in weiten Kreisen der Bevölkerung nur zeitweilig und notdürftig zu verbergen vermochten, verliefen auch die politischen Anstrengungen zur Stärkung der Republik weitgehend im Sande, nachdem sie ihre pazifizierende Funktion erfüllt hatten. Eine unter dem Eindruck des Ministermordes avisierte Erweiterung der Koalition nach links scheiterte am Widerstand von Zentrum und DDP, die im Gegenzug die Einbeziehung der DVP in die Regierung verlangt hatten. Dies wiederum lehnte die SPD Anfang Juli endgültig ab. Die Umwandlung der Schutzverordnungen in ein Gesetz erfolgte erst nach zähem Ringen gegen die Stimmen von DNVP, BVP und KPD sowie einzelner Abgeordneter der DVP, und sie war von erheblichen Änderungen gegenüber der Vorlage begleitet: Der Schutz des Gesetzes sollte sich nicht, wie ursprünglich beabsichtigt, auf die Republik, sondern lediglich auf die »verfassungsmäßige republikanische Staatsform« erstrecken und bezog nur mehr Minister gegenwärtiger, nicht aber auch früherer Regierungen ein. Opfer dieses Kompromisses wurde auch ein geplantes Gesetz, das die materiellen Möglichkeiten des Republikschutzes durch die Errichtung einer Reichskriminalpolizei erweitern sollte. Es wurde jedoch von der Reichsregierung nie in Kraft gesetzt, nachdem seine Bestimmungen vor der Verabschiedung durch den hinhaltenden Widerstand besonders Bayerns völlig ausgehöhlt worden waren. Materiell verlagerte sich das Schwergewicht des Gesetzes vom weitergehenden Schutz der Republik auf den bloßen Schutz der Verfassung, die auch republikfeindlichen Bestrebungen Raum ließ, soweit sie auf gesetzlichem Wege verfolgt wurden. Damit wurde das Gesetz nun auch auf den politischen Extremismus von links anwendbar. Tatsächlich erwies es sich in den Jahren bis zu seiner Aufhebung 1929 in den Händen einer konservativen Justiz weit mehr als scharfe Waffe gegen kommunistische als gegen reaktionäre und nationalsozialistische Bestrebungen. Dennoch hob die Münchener Regierung das Republikschutzgesetz unter glattem Verfassungsbruch gleich nach Inkrafttreten wieder auf und zwang so die Reichsregierung, die eine Anrufung des Staatsgerichtshofes angesichts des politischen Klimas in Bayern für untunlich hielt, zu langwierigen Verhandlungen, in deren Ergebnis Bayern bei der Ausführung des Republikschutzgesetzes einen Sonderstatus zugebilligt erhielt.

So leitete der Rathenaumord zwar einen Klärungsprozess innerhalb der Rechten selbst ein, in dessen Verlauf die DVNP drei ihrer Reichstagsabgeordneten wegen radikal-völkischer Haltung ausschloß, was in der Folge zur Gründung der Deutschvölkischen Freiheitspartei führen sollte. Die erwarteten dauerhaften Veränderungen im politischen Kräfteverhältnis zwischen Anhängern und Gegnern der Republik aber blieben bloßer Wunschtraum – ein Befund, der sich dann auch im Ergebnis der Reichstagswahl 1924 deutlich spiegeln sollte. Stattdessen bewahrheitete sich eine Befürchtung, die die *Frankfurter Zeitung* in einem Vergleich der Reaktion auf das Rathenau-Attentat mit der Empörung nach dem Erzbergermord zum Ausdruck brachte: »Auch damals flammte die Entrüstung auf. Doch das Feuer flackerte nur kurz, dann fiel es zusammen in der allgemeinen Müdigkeit und geistigen Ermattung – die von der Regierung ergriffenen Maßnahmen, die anfangs kraftvoll schienen, blieben auf dem Papier, gelähmt durch die Kompliziertheit der Paragraphen ebenso wie durch die passive Resistenz der ausführenden Instanzen.«[33]

7. Die Ermittlung der Täter

Die so überwältigende Erregung der Bevölkerung in den ersten Tagen nach dem Anschlag hatte nicht allein der Trauer um den Verlust eines Weimarer Staatsmannes und der Sorge um das Schicksal der bedrohten Republik gegolten. Sie entsprang nicht weniger dem Bewusstsein, dass das Land einer unerkannten terroristischen Macht ausgeliefert sei, die ihre Ziele nach Belieben auszuwählen vermöge und gegen die es keine Abwehr gebe. Kaum jemand glaubte, dass Matthias Erzberger, Philipp Scheidemann und jetzt Walther Rathenau jeweils anderen Einzeltätern ohne Verbindung zueinander zum Opfer gefallen waren. Schien nicht alles darauf hinzudeuten, dass sich hinter allen Anschlägen ein und dieselbe unheimliche Gefahr verbarg, die mit ihrem schweigenden Rachefeldzug gegen missliebige Demokraten die politische Ordnung selbst sturmreif zu schießen begonnen hatte? Von Anfang an standen die nach dem Rathenaumord aufgenommenen Ermittlungen unter enormem Druck. Es galt, die Täter unschädlich zu machen, bevor die mögliche Anschlagserie eine Fortsetzung finden konnte und das unberechenbare Gewaltpotenzial der aufgebrachten Bevölkerung sich gegen den politischen Gegner oder gegen den Staat selbst entladen und in einen Bürgerkrieg münden würde. Die Situation drohte sich dramatisch zuzuspitzen, als die Berliner Politische Polizei auch am Vortag der auf den 27. Juni festgesetzten Trauerfeier für Rathenau und der angekündigten Massenumzüge immer noch ergebnislos im Dunkeln tappte und die Unruhe in der Öffentlichkeit mehr und mehr wuchs.

Die Wende brachte an diesem Tag eine Anzeige bei der Berliner Polizei, dass ein Student Willi Günther sich in einer Versammlung des deutschnationalen Jugendbundes »Hansa« der Mittäterschaft am Rathenaumord gebrüstet und behauptet habe, während des Anschlags auf einem Notsitz des Täterwagens gesessen zu haben. Günther konnte noch am selben Tag in Berlin festgenommen werden. Er gestand bald, mit einem Gymnasialschüler namens Heinz Stubenrauch in Kontakt zu stehen, der ihm etwa sechs Wochen zuvor seinen Plan eröffnet hatte, Rathenau im Reichstag oder vor dem Haus des AEG-Direktors Paul Mamroth zu erschießen. Günther hatte diesen Plan seinem früheren Schulkameraden Ernst Werner Techow mitgeteilt, und der brachte ihn am 19. Juni mit zwei Männern zusammen, die sich für Stubenrauchs Vorhaben zu interessieren schienen. Ihnen, die sich als Knauer und Fischer vorstellten, gelang es, den Gymnasiasten und seine Freunde mit einer makabren Begründung von ihrer Absicht abzubringen: Sie selbst hätten den Plan gefasst, Rathenau zu töten, und seien bereit, Günther und Techow an den Vorbereitungen des Attentats zu beteiligen. Günther wurde Zeuge, wie die beiden Mordverschwörer Schießübungen mit Mauserpistolen im Grunewald veranstalteten, und half ihnen daraufhin beim Versuch, eine Maschinenpistole zu beschaffen, weil die Mauserpistolen zu ungenau träfen. Außerdem besorgte er bei einem Garagenbesitzer namens Schütt in Berlin-Schmargendorf eine Unterstellmöglichkeit für das zur Tat vorgesehene Auto. Bereitwillig gestand Günther seinen Vernehmern überdies ein, dass er die beiden Täter am Tage des Mordes auf ihrem Weg Richtung Grunewald begleitet hatte, bis sie in den von Techow gelenkten Wagen gestiegen seien. Und er bezeugte schließlich, um elf Uhr auf Schütts Garagenhof von dem eben allein im Auto zurückgekehrten Techow mit den Worten empfangen worden zu sein: »Die Sache hat geklappt, Rathenau liegt.«[1]

Günthers rückhaltloses Geständnis gab der Polizei endlich den gesuchten Faden in die Hand, um mit einem Schlage die wesentlichen Umstände zu ermitteln, unter denen das Verbrechen an Rathenau begangen worden war. Zu den Haupttätern allerdings konnte Günther die Fahnder nicht führen, und er wusste nicht einmal, ob sie sich noch in Berlin aufhielten. Um auch ihrer habhaft zu werden, wurde die Presse zunächst nur in vagen Andeutungen informiert, die gleichzeitig durch die Bekanntgabe kleinerer Fahndungsfortschritte den auf der kriminalpolizeilichen Ermittlungsarbeit lastenden Druck vermindern sollten. Die entscheidenden Erfolge hingegen wurden der Öffentlichkeit vorerst nicht bekanntgegeben: Noch am 27. Juni 1922 konnten die Ermittler auf Günthers Geständnis hin Hans-Gerd Techow – den jüngeren Bruder des als Fahrer des Mordwagens gesuchten Ernst Werner Techow – und Heinz Stubenrauch festnehmen. Am selben Tag stellte die Polizei in der von Günther angegebenen Garage in Berlin-Schmargendorf unweit des Tatorts den für den Mordanschlag verwendeten Wagen sicher und verhaftete den Garagenbesitzer Schütt sowie seinen Kompagnon Diestel.

Doch erst am Abend des 28. Juni wandten sich die Ermittlungsbehörden mit einem Fahndungsaufruf an die Öffentlichkeit. Er enthielt eine genaue Personenbeschreibung des Fahrers Ernst Werner Techow sowie der Mordschützen Fischer alias Vogel und Kern alias Knauer oder Körner und gab bekannt, dass die Mordschützen sich möglicherweise nach Norden gewandt hätten, Techow hingegen Berlin am Abend des 25. Juni mit dem Zug nach Halle verlassen habe. Bernhard Weiß als Leiter der Ermittlungen hoffte, dass die Empörung über die Ermordung Rathenaus sich in »der regsten Beteiligung des Publikums an der Aufklärung des Verbrechens« niederschlüge[2], und er kalkulierte zumindest in einem Fall richtig: Bereits am folgenden Tag konnte Techow festgenommen werden. Er war am Tag nach dem Attentat mit dem Zug erst nach Halle, dann nach Jena und Erfurt gefahren, um Korpsbrüder zu besuchen, und hatte sich am 28. Juni zu dem bei Jacobsdorf gelegenen Gut Biegen seines Onkels Erwin Behrens begeben. Als Behrens am 29. Juni den Namen seines Neffen in der Zeitung las, hielt er seinen Gast bis zum Eintreffen der Polizei fest. Techow gestand schon in seiner zweiten Vernehmung, das Auto geführt zu haben, aus dem heraus Rathenau von zwei Männern ermordet worden war, die er unter den Namen »Kern«, »Knauer« und »Körner« bzw. »Frisch« und »Pecheur« kennengelernt haben wollte. Sie hätten bei ihm einige Tage vor dem Attentat vorgesprochen und sich als frühere Mitglieder der Brigade Ehrhardt zu erkennen gegeben, um eine Verbindung zu Stubenrauch aufzunehmen, von dessen Mordplan sie bereits wussten. Schritt für Schritt seien er und sein Bruder Hans-Gerd dann in die Ausführung des Vorhabens einbezogen worden. Techow legte offen, dass das zur Tat benutzte Auto von einem Fabrikanten Johannes Küchenmeister in Freiberg/Sachsen stamme und von ihm selbst im Auftrag Knauer/Kerns zusammen mit einem thüringischen Verbindungsmann namens Günther Brandt abgeholt und nach Berlin gebracht worden sei. Die Tatwaffe habe ein deutschvölkischer Funktionär, Christian Ilsemann aus Schwerin, zur Verfügung gestellt.

Doch auch dieser Ermittlungserfolg erlaubt es noch nicht, die entscheidende Frage zu klären, ob über die identifizierte Tätergruppe hinaus auch O. C.-Funktionäre aus München oder Frankfurt in das Attentat verwickelt waren. Der aufgrund der Anschuldigung Brüdigams gleich nach der Tat verhaftete Karl Tillessen führte zu seiner Entlastung an, dass er sich in der fraglichen Zeit überhaupt nicht in Berlin aufgehalten habe. Vielmehr sei er am 21. Juni von Jena, wo sein Mitarbeiter Hartmut Plaas und er vergeblich einen Verbandsfunktionär namens Günther Brandt, Landesleiter des Neudeutschen Bundes, zu treffen versucht hätten, nach Flensburg zu seinem Bruder Werner gereist und dort bis zu seiner Festnahme geblieben. Die Ermittler mochten sich mit dieser Erklärung nicht zufriedengeben, denn derselbe Brandt war ja bereits von Techow als Mittelsmann der Attentäter bezeichnet worden und hatte sich überdies seiner Festnahme ebenso wie Johannes Küchenmeister durch die Flucht ins Ausland entzogen.[3]

Über die Verbindung zu Brandt hinaus konnte jedoch der Verdacht gegen die Frankfurter O.C.-Männer nicht erhärtet werden; alle drei hatten sich am 24. Juni nachweislich nicht in Berlin aufgehalten, und ihre Namen wurden auch von den ansonsten geständnisfreudigen Hans-Gerd Techow und Günther nicht genannt, während der ältere Techow beiläufig zwei »Unbekannte« erwähnte, die am Mittwoch und Donnerstag vor dem Anschlag mit Kern und Fischer zusammengewesen seien.[4] Dass es sich bei den Unbekannten in Wirklichkeit um Tillessen und Plaas handelte, wurde erst offenbar, als der durch andere Zeugenaussagen in Widersprüche verwickelte Günther gestand, dass Tillessen am 21. und 22. Juni 1922 in Berlin und in den Mordplan zumindest eingeweiht gewesen sei. In die Enge gedrängt, gab Tillessen zu, dass seine bisherigen Erklärungen falsch gewesen seien. Er habe von dem bestehenden Plan, Rathenau zu erschießen, gewusst und sei mit Plaas bereits am 21. Juni 1922 zu der Verschwörergruppe in Berlin gestoßen. Allerdings wollte er deren Vorbereitungen durchaus nicht unterstützt, sondern vielmehr Kern nachdrücklich von der Ausführung abgeraten haben. Daher sei er am Donnerstag vor dem Anschlag erst abgereist, nachdem er glaubte, Kern das Verbrechen erfolgreich ausgeredet zu haben.

Damit war es der Kriminalpolizei gelungen, innerhalb von zwei Wochen die Identität fast aller Komplizen zu klären, die an der Verschwörung gegen das Leben Rathenaus teilgenommen hatten.

Die Ermittlung der Täter 121

*Der beschlagnahmte Kraftwagen der Rathenaumörder
auf dem Hof des Berliner Polizeipräsidiums*

Zur vollständigen Ermittlung der bei dem Komplott beteiligten Personen fehlte nun lediglich noch die Identifizierung eines einzigen Mitglieds der Verschwörergruppe, das in den Aussagen verschiedener Beschuldigter als »unbekannter junger Mann« auftauchte und augenscheinlich bei der Tatvorbereitung eine wichtige Rolle gespielt hatte.[5] Ihm kam die Polizei über Ermittlungen auf die Spur, die zunächst einem ganz anderen Verbrechen galten und dann überraschend ebenfalls zur O.C. führten: Am 22. Juni 1922, also noch vor der Ermordung Rathenaus, hatte die Hamburger Polizei einige Männer verhaftet, die einer Serie von Sprengstoffanschlägen unter anderem gegen den kommunistischen Bürgerschaftsabgeordneten Ernst Thälmann und das Revolutionsdenkmal in Hamburg-Ohlsdorf verdächtig waren und sämtlich der aufgelöst geglaubten O.C. angehörten. Bei dem Leiter dieser Gruppe, Friedrich Warnecke, fand die Polizei ein Telegramm, das am 17. Juni 1922 aufgegeben worden war und folgendermaßen lautete: »Besuch 10 Uhr Sonnabend abends Wohnung erwarten =

Erwin«.⁶ Warnecke schwieg sich über die Bedeutung der Telegramme aus. Aber sein Vertreter Waldemar Niedrig gab die allerdings reichlich verstiegen klingende Erklärung ab, dass die O.C. ein sogenanntes Spreng- und Mordkommando besäße, das sich die Ermordung von zwölf deutschen Juden mit politischem Einfluss zum Ziel gesetzt habe. Es bestehe aus zwei Männern namens Kern und Fischer sowie einem Kurier namens Schneider alias Pfeiffer und pflege mit anderen O.C.-Mitgliedern im Reich über telegraphische Besuchsankündigungen in Verbindung zu treten. Durch ein Telegramm Kerns avisiert, habe Schneider/Pfeiffer die Hamburger O.C.-Gruppe am 17. Juni in Hamburg aufgesucht, um einen Chauffeur für ein Unternehmen zu finden, bei dem der Minister Rathenau aus dem fahrenden Auto heraus erschossen werden solle.⁷ Niedrig habe sich dazu bereit gefunden und sei am 18. Juni mit Pfeiffer nach Berlin gereist, um Kern und Fischer in einer Pension am Schiffbauerdamm zu treffen. Dort sei ihm aber zunächst bedeutet worden, dass das in Aussicht genommene Auto erst noch in Dresden beschafft werden müsse, und kurz darauf habe Kern ganz auf Niedrigs Dienste verzichtet, da schon ein anderer Fahrer zur Verfügung stünde.

Schon am 24. Juni, dem Tag des Attentats, und bevor die Berliner Ermittlungen überhaupt erste Ergebnisse gezeitigt hätten, war die Hamburger Polizeibehörde daher überzeugt, dass die »Rathenau- und Scheidemann-Mörder in der O.C. zu suchen« seien.⁸ In der Tat führte die Aussage Niedrigs auf dieselbe Spur wie das Geständnis des unterdes gefassten Günther. Am 26. Juni 1922 ermittelte die Polizei die Pension Scheer in Berlin-Mitte als das Hotel, in dem Kern, Fischer und mit ihnen ein Erich Schneider alias Pfeiffer vom 16. bis zum 23. Juni gewohnt hatten. Doch während daraufhin nach den Haupttätern Kern und Fischer intensiv gefahndet werden konnte, ließ sich über den angeblichen Schneider/Pfeiffer zunächst nichts weiter feststellen. Die Ermittlungen gegen ihn stagnierten wochenlang, bis sich Niedrig am 14. Juli darauf besinnen sollte, dass bei seinem Treffen am 17. Juni mit Warnecke und dem angeblichen Schneider ein weiterer Zeuge anwesend gewesen war, der den Gesuchten offenbar von der Kadettenschule her gekannt habe. Dieser Zeuge gestand schließlich, in Schneider/Pfeiffer einen früheren Kameraden von der Kadettenanstalt Karlsruhe namens Ernst

Die Ermittlung der Täter 123

von Salomon erkannt zu haben.[9] Einen Tag später, am 10. August, konnte Salomon in seiner Wohnung in Frankfurt verhaftet werden.

Präzise Ermittlungsarbeit und länderübergreifende Koordination, aber auch die Mithilfe aus der Bevölkerung hatten es ermöglicht, die Beteiligten des Mordkomplotts gegen Rathenau zu verhaften, bevor sie sich aus Deutschland hatten absetzen können. Nur die Spur der eigentlichen Mörder Kern und Fischer hatte die Polizei verloren. Dabei waren Kern und Fischer offenbar die ersten Tage nach dem Anschlag in Berlin geblieben, ohne irgendwelche Vorsichtsmaßnahmen zu beobachten. Am Nachmittag des Mordtages bummelten sie mit den beiden Techows durch den Berliner Zoo; am 26. Juni trafen sie sich mit dem jüngeren Techow am Bahnhof Wannsee, um eine Ruderpartie zu unternehmen. Im Anschluss an ihren Ausflug fuhren sie gemeinsam mit der Wannseebahn in die Stadt zurück und stiegen in Steglitz aus, ohne zu sagen, wohin sie sich wenden wollten. Allerdings hätten sie davon gesprochen, dass sie sich tags darauf mit dem Mittagszug über Hamburg an die Nordseeküste begeben wollten.[10] Das waren nur vage Hinweise, zumal sich über Erwin Kern auch in den folgenden Wochen nicht viel mehr ermitteln ließ, als dass er der 1898 in Gumbinnen geborene Sohn eines Verwaltungsdirektors aus Breslau war, der früher mit dem älteren Techow, Ilsemann und Fischer in der Brigade Ehrhardt und später als Seeoffizier in der Reichsmarine gedient haben sollte. Der zwei Jahre ältere, in Florenz geborene Hermann Fischer hingegen war in Dresden aufgewachsen, wo sein Vater als Professor und Kunstmaler wirkte. Er hatte sich im Weltkrieg als Offizier und Kompanieführer ausgezeichnet und anschließend bis März 1922 in Chemnitz Maschinenbau studiert. Wie Kern war er Mitglied verschiedener rechtsgerichteter Organisationen, so der Technischen Nothilfe, des Deutschvölkischen Schutz- und Trutzbundes, des Deutschvölkischen Turnvereins Jahn in Chemnitz und eben der Brigade Ehrhardt.

Die polizeilichen Nachforschungen in Hamburg und Schleswig-Holstein aber blieben ohne Ergebnis, obwohl neben Hans-Gerd Techows Auskunft mindestens zwei sachliche Anhaltspunkte für die Möglichkeit sprachen, dass die Mörder Rathenaus sich tatsächlich im Norden Deutschlands aufhielten: Zum einen war Kern Student in Kiel und hatte sich im ersten Halbjahr 1922 häufig dort und in Rostock aufgehalten, zum anderen hatten Kern und Fischer einen der beiden Lederkoffer, mit denen sie angereist waren, am 23. Juni in Schwerin bei Ilsemann mit der Bitte deponiert, ihn nach Rostock zu schicken. Den anderen Koffer, der offenbar ihre Reiseutensilien enthielt, hatte Günther am Mordtag im Auftrag von Kern und Fischer in seine Wohnung geschafft. Von dort hatte ihn noch am selben Tag ein Unbekannter abgeholt. Auf eine hastige Flucht hätte der sperrige Coupékoffer nicht mitgenommen werden können, woraus sich die Mutmaßung ableiten ließ, dass die Mörder Rathenaus sich ungeachtet der fieberhaften Fahndung noch im norddeutschen Raum aufhielten.

Den Mördern half zudem eine Fahndungspanne der Berliner Ermittlungsbehörden. Denn am 5. Juli, als die Polizei über den Aufenthaltsort der beiden noch im Dunkeln tappte, meldete sich ein Vetter Kerns auf dem Berliner Polizeipräsidium, der anzugeben wusste, dass die Gesuchten sich zeitweilig bei Verwandten in Berlin-Steglitz aufgehalten hätten. Der Vorgang blieb jedoch im Berliner Polizeipräsidium fast zwei Wochen unbearbeitet liegen – und damit der Polizei verborgen, dass die beiden Rathenaumörder kurz nach der Tat bei einer Tante Kerns in Berlin gewohnt hatten. Beide hatten dort durchaus nicht den Eindruck gehetzter Flüchtlinge erweckt. Sie seien aus Rostock gekommen, teilte Kern seinem Vetter am 24. Juni mit, und nach Rostock wollten sie auch wieder zurückfahren, als sie sich am Morgen des 27. Juni von ihrer Tante verabschiedeten. Offenbar entsprach diese Reise einem längst vorher gefassten Plan. Denn Kern hatte Termin und Ziel seiner Abreise schon vorher angekündigt, und er führte beim Aufbruch den am 24. Juni aus Günthers Wohnung abgeholten Coupékoffer mit sich.

Ohne dieses Wissen konnte die Politische Polizei zu diesem Zeitpunkt nur hoffen, die Flüchtigen über die öffentliche Fahndung und die Entfaltung psychologischen Drucks zu einem Fehler zu verleiten und womöglich aus ihrem Versteck herauszutreiben. Bernhard Weiß nutzte am 28. Juni ein längeres Interview mit dem *Berliner Tageblatt*, um hypothetisch die Fluchtmöglichkeiten Kerns und Fischers zu erörtern, die sich seiner Darstellung zufolge nach Sperrung der Grenzen vornehmlich auf die Alternative zuspitzten, auf dem platten Land unterzuschlüpfen oder nach Berlin zurückzukehren. Wohl nicht zuletzt, um die Gesuchten in Nervosität zu versetzen, beurteilte Weiß jedoch sämtliche denkbaren Fluchtmöglichkeiten gleich pessimistisch, sofern es gelinge, die Täter von jeder Unterstützung durch Gesinnungsgenossen abzuschneiden. Selbst bei einer Rückkehr nach Berlin fänden sie keine Freunde mehr, da alle Kontaktmänner bereits in sicherem Polizeigewahrsam seien.[11]

Ein neues Fahndungsplakat, das am 30. Juni 1922 erschien und besonders in Mittel- und Norddeutschland verteilt wurde, war geeignet, den Ring um die flüchtigen Attentäter noch enger zu schließen. Es wies in Fettdruck auf Fischers sächsische Mundart hin und zeigte neben einer Handschriftenprobe auch fünf Lichtbilder des Gesuchten. Zumindest für ihn war nun die Möglichkeit nahezu ausgeschlossen, ohne Risiko etwa per Bahn dem Zugriff der Polizei zu entrinnen. Im Grunde konnten er und Kern jetzt zusammen nur noch versuchen, über See nach Skandinavien zu entkommen oder so lange in einem Versteck zu bleiben trachten, bis das öffentliche Interesse an ihrer Ergreifung abflauen würde. Dieser Zeitpunkt schien in den letzten Junitagen freilich noch sehr fern zu sein. Die ungeheuere Erregung nach dem Rathenaumord schlug sich vielmehr in gebietsweise fieberhaften Nachforschungen auch der örtlichen Bevölkerung nach dem Verbleib der Rathenaumörder nieder. Aus verschiedenen Landesteilen liefen Meldungen über den Aufenthalt der Mörder ein. In Düsseldorf wurde ein Ingenieur festgenommen, dessen Name einem der Aliasnamen Kerns ähnelte und den die Polizei nur mit knapper Not davor bewahren konnte, von der erregten Masse aus dem Transportwagen gezerrt und gelyncht zu werden. Am 30. Juni meldeten viele Zeitungen, die Fahndungsbeamten seien den Tätern dicht auf der Spur.[12] Doch erwies sich auch dies als Falschmeldung. Trotz ihrer fieberhaften Suche vermochten die Ermittler die verlorene Spur der Mordschützen zunächst nicht mehr wiederzufinden; und den entscheidenden Fingerzeig, den ihnen Ilsemann mit Rostock als dem Zielort des bei ihm deponierten Koffers gegeben hatte, ließen sie sträflich unbeachtet.

8. Der Überfall auf Maximilian Harden

Am Abend des 3. Juli, zehn Tage nach dem Attentat auf Walther Rathenau, erschütterte ein abermaliger politischer Mordanschlag das Land. Diesmal hatten die Täter es auf den Publizisten und Herausgeber der *Zukunft*, Maximilian Harden, abgesehen. Wenn auch Harden anders als Rathenau das Attentat überlebte, waren die Parallelen doch unübersehbar: Wieder war die Berliner Villenkolonie Grunewald Schauplatz des Anschlags. Wieder galt der Anschlag einem prominenten deutschen Juden, der sich politisch wie literarisch stark exponiert hatte; mehr noch, er traf einen Mann, der über Jahrzehnte mit dem ermordeten Reichsminister eng befreundet gewesen war. Die Vermutung lag auf der Hand, daß die O.C. mit diesem Attentat ihr blutiges Geschäft kaltblütig fortgeführt hatte, um die Republik in den Abgrund zu stoßen. Weit weniger verstiegen klang nun die Behauptung des in der Mordsache Rathenau verhafteten Waldemar Niedrig, dass ein Mordkommando unter Kern und Fischer sich angeschickt habe, zwölf einflussreiche deutsche Juden umzubringen. Alles sprach plötzlich dafür, dass nicht die verschworenen Feinde der Republik, sondern ihre Jäger die eigentlichen Gejagten waren.

In der Tat konnte Harden für sich in Anspruch nehmen, der Republik vorgearbeitet zu haben wie kaum ein anderer in Deutschland. In der 1892 begründeten *Zukunft* hatte er sich eine literarisch-politische Wochenzeitschrift geschaffen, die rasch zu einem europäischen Ereignis wurde und die Mächtigen nicht selten vor der unbestechlichen Kritik des Gesinnungspublizisten Harden zittern ließ. Zunächst gegen Wilhelm II. und für die Ideale Bismarcks fechtend, entwickelte Harden sich im Weltkrieg nach einem kurzen Gastspiel im Lager der Annexionisten zu einem überzeugten Gegner des Krieges, der sich auch durch Beschlagnahmungen und Publikationsverbote nicht von seiner Linie abbringen ließ. In Amerika wurde der streitbare Publizist zum Helden, als die *Zukunft* im April 1916 mit einem Artikel »Wenn ich Wilson wäre« Hardens Plädoyer für den Weltfrieden in die Form einer fiktiven Botschaft des amerikanischen Präsidenten kleidete;[1] in Deutschland aber galt

Harden seither als fanatischer Pazifist, der das Kainsmal des Landesverräters trug.

Doch auch von der Republik, die die überlebte Monarchie nach dem militärischen Zusammenbruch endlich beerbt hatte, wandte Harden sich bald enttäuscht ab. Alarmiert durch die Morde an Rosa Luxemburg und Karl Liebknecht, machte er schon bald die SPD zur Zielscheibe beißender Kritik. Woche für Woche geißelte die *Zukunft* nun die Unfähigkeit der republikanischen Regierung, dem Terror von rechts Einhalt zu gebieten, und verhöhnte die kleinbürgerliche Armseligkeit der neuen politischen Klasse. Die von weit links nach scharf rechts changierende Linie der *Zukunft* setzte Harden auf allen Seiten dem Vorwurf völliger Unstetheit aus. Mit der Linken nahm er den Versailler Vertrag vor dem Vorwurf in Schutz, bloße Demütigung, bloßer Schacherfrieden zu sein, und attackierte die Revolution als nicht weitgehend genug. Derselbe Harden aber verdammte mit der Rechten die Erfüllungspolitik und griff nach dem Märzputsch 1920 mehr die »sozialdemokratische Mißwirtschaft« als ihre reaktionären Gegner an. Mit besonderer Leidenschaft verfolgte Harden den politischen Aufstieg seines einstigen Freundes Rathenau, den er des aus Eitelkeit geborenen Verrats an den Ideen von Demokratie und Republik zieh und als Muster eines politischen Überläufers hinstellte. Nicht einmal der Tod des ehemaligen Freundes vermochte Harden von dieser Haltung abzubringen. Noch in seinem Nachruf in der *Zukunft* schwelgte Harden förmlich in Rathenaus Eitelkeit, Widersprüchen und politischen Positionswechseln, um sie alle aus einer Wurzel zu erklären, nämlich dem vergeblichen Versuch, ebendenen zu gleichen, die ihn schließlich gemeuchelt hätten.[2]

Nur drei Tage darauf, am 3. Juli, wurde Harden selbst Opfer eines Angriffs, der ihn auf dem abendlichen Heimweg ereilte: »Der Täter schlug mit einem Ding, das für meine Augen aussah wie eine Hantel, wie eine Eisenstange [...]. Ich weiß nicht, wie mein linker Arm auf die Erde geriet, ob er heruntergezerrt war, ob ich gefallen war. Der Täter stellte sich mit beiden Füßen auf diesen Arm und hieb von hinten weiter auf meinen Kopf ein, so daß eine ungeheure Blutmenge aus dem Kopfe floß. Ich hatte [...] das Gefühl: ›Warum schießt der Mann nicht?! [...] weil er den Lärm scheut!‹ Ich schrie mit dem ganzen Aufgebot meiner Stimme, schrie: ›Mörder!

Schurke!‹ – und was man vielleicht sonst bei dieser Gelegenheit schreit. – Diesen Impetus hatte er bei meinem Alter vielleicht nicht erwartet und lief davon.«[3] Blutüberströmt schleppte der Schwerverwundete sich zu seinem in unmittelbarer Nähe gelegenen Haus; ein dort von einem herbeigeeilten Arzt angelegter Notverband stoppte die Blutung. Noch in der Nacht wurde Harden operiert. Keine der insgesamt acht Kopfwunden erwies sich als tödlich, und die Gesundheit des Überfallenen konnte bald wieder soweit hergestellt werden, dass er bereits im Juli seine publizistische Tätigkeit wieder aufnehmen konnte.

Unzweifelhaft war der Anschlag von rechtsradikaler Seite gekommen. Noch am Tatort konnte die Polizei den am 3. April 1900 in Oldenburg geborenen Landwirt Herbert Weichardt festnehmen, der eine Mitgliedskarte des Verbandes nationalgesinnter Soldaten bei sich trug. Er gestand umgehend, den Anschlag zusammen mit dem acht Jahre älteren Kaufmann Paul Ankermann auf Veranlassung eines Buchhändlers Albert Grenz aus Oldenburg begangen zu haben. Grenz wurde schon am nächsten Tag in Oldenburg verhaftet, Ankermann hingegen konnte erst ein Jahr später in Wien festgenommen und nach Deutschland ausgeliefert werden. Das Trio hatte sich im Rahmen politischer Betätigung auf der extremen Rechten zusammengefunden: Ankermann, Corpsführer des »Jungmannenbundes«, war sowohl mit Grenz wie mit Weichardt in einer Ortsgruppe des »Stahlhelm« bekannt geworden. Grenz wiederum stand in Oldenburg einem Verlag zum Vertrieb deutschvölkischer und deutschnationaler Schriften vor, war örtlicher Sekretär des Deutschvölkischen Schutz- und Trutzbunds sowie Mitglied des »Stahlhelm«, des Nationalverbandes deutscher Soldaten und des »Deutschen Herold«. An Weichardt hatte er sich nach eigenem Bekunden mit seinem Tatvorhaben gewandt, weil dieser »kurz vorher bei der Sprengung einer Versammlung der Bibelforscher großen Mut und völkisches Gebaren gezeigt hatte«.[4]

Auslöser des Mordauftrags sei ein Brief gewesen, den Grenz Anfang März 1922 von unbekannter Stelle, aber mit Münchener Poststempel, erhalten habe. In ihm habe es ohne Ortsangabe, Datum und Anrede geheißen: »Sie sind uns als ein tatkräftiger völkischer Kämpfer bekannt und [wir, M.S.] kommen nun mit dem Ersuchen an Sie heran, ob Sie bereit sind, etwas Besonderes für die völkische Sache zu tun. Wir setzen dies voraus und fragen an, ob Sie für politische Arbeit zwei junge tatfrohe Männer wissen, die bereit sind, für ihr Vaterland alles zu tun. Ihre Sicherstellung würde erfolgen. Antwort umgehend unter A.W.G. 500 Hauptpostamt München.«[5] Daraufhin wollte Grenz an die angegebene Chiffre »die freudige Mitteilung« gemacht haben, dass er zwei Männer für die »vaterländische Tat« gefunden habe. Er habe um baldige Mitteilung gebeten, da »die Herren stellungs- und mittellos« seien.[6] Obwohl das Schreiben von Grenz keine Absenderangabe enthalten habe, sei nun postwendend ein Dankesbrief aus München an die Privatanschrift des Buchhändlers gekommen mit der Bitte, sich sofort nach Frankfurt am Main zu begeben. Dort würde er hauptpostlagernd unter A.W.G. 500 weitere Nachrichten erhalten. Grenz behauptete, daraufhin in Frankfurt auf dem Postamt einen Brief mit folgendem Anschreiben vorgefunden zu haben: »Es handelt sich um die Erledigung der in beiliegendem Zettel genannten Persönlichkeit. Zur Ausführung liegt eine Summe bei, die Sie so verteilen wollen, daß Sie Ihre Reisekosten decken. Verhaltungsmaßnahmen [sic!] anliegend. Gleichzeitig wollen Sie die beiden Männer förmlich verpflichten, die Art und Weise bleibt Ihnen überlassen. Weitere Nachricht erhalten Sie von Zeit zu Zeit. Nach Ausführung der Tat wird Ihren beiden Leuten eine weitere Summe gezahlt werden, welche die anliegende erheblich übersteigt. Außerdem wird beiden Leuten, falls sie Wert darauf legen, durch Vermittlung Anstellung im bayerischen Staatsdienst in Aussicht gestellt.«[7] Beigelegt waren außerdem ein Zettel mit der Aufschrift »Maximilian Harden«, Barmittel in Höhe von 23 000 oder 25 000 Mark und ein weiterer Zettel mit Verhaltensregeln: »Keine Briefe, keine Telegramme senden, tunlichst immer Autos benutzen, nicht viel reden, alles auf die Sache Beziehentliche vernichten, nach der Tat nach verschiedenen Himmelsrichtungen auseinandergehen.«[8] Nach Oldenburg zurückgekehrt, wollte Grenz nun noch einen weiteren Brief vorgefunden haben, in dem ihm mitgeteilt wurde, er solle sich zwei Tage nach vollbrachter Tat mit dem ersten D-Zug aus Oldenburg nach Frankfurt a.M. begeben. Weiter habe es in dem Schreiben geheißen: »Bei Ihrer Ankunft abends von etwa 7-9 Uhr werden Sie vor dem Hauptportal von Jemandem angesprochen mit dem Stichwort A.W.G. Dieser wird Ihnen Weisungen und Geld für die Zukunft übergeben, wenn er bei Ihnen das Erkennungszeichen großes Hakenkreuz auf der Stelle des E.K. I auf der linken Brust vorfindet.«[9] Inwieweit diese Darstellung authentisch war, ließ sich allerdings nicht überprüfen: Wie die anderen Briefe und Zettel konnte Grenz auch dieses Schreiben nur als selbstverfasste Gedächtnisabschrift vorlegen, da er die Originale sämtlich vernichtet haben wollte.

Keinem Zweifel hingegen unterlag, dass Grenz nun Weichardt und Ankermann mit der Ausführung des Verbrechens beauftragte und ihnen 17 000 oder 18 000 Mark übergab. Damit reisten die beiden noch im März nach Berlin, um erst einmal, vorwiegend in Nachtbars, das Berliner Leben zu genießen.[10] Der vorausbezahlte Mordlohn war bald durchgebracht, und Grenz wurde von Ankermann zu weiteren Zahlungen gedrängt. Als Ankermann von ihm schließlich die Adresse seiner angeblichen Münchener Auftraggeber verlangte, um dort persönlich um weitere Unterstützung vorstellig zu werden, wollte Grenz die Fahrt zum Schein selbst unternommen haben, um nicht seine eigene Unkenntnis über die Hintermänner zu offenbaren. Bei der Rückkehr teilte er den beiden mit, dass sie die Mordtat endlich begehen müssten, auf deren Entlohnung sie Vorschuss genommen hatten. Nachdem Grenz noch aus eigenen Mitteln seinen Komplizen immer wieder kleinere Beträge hatte zukommen lassen, schrieb er ihnen schließlich am 30. Juni 1922, daß er erst nach der Tötung Hardens wieder Geld beschaffen könne.[11]

Nun sahen Ankermann und Weichardt sich offenbar endgültig genötigt, ihr Vorhaben in die Tat umzusetzen, nachdem sie bislang lediglich die Lebensgewohnheiten ihres Opfers ausgekundschaftet hatten.[12] Dabei war ihnen aufgefallen, dass Harden fast täglich um dieselbe Stunde zu Fuß nach Halensee ging, um einen Besuch abzustatten, und abends auf demselben Weg zurückkehrte. Diesen Umstand machten sich die Attentäter zunutze, als sie schließlich den 3. Juli 1922 für die Ausführung ihres Vorhabens bestimmten. Nach der Erinnerung Ankermanns verfolgten sie Harden an diesem Tag unbemerkt nach Halensee und warteten, bis ihr Opfer sich wieder auf den Weg nach Hause machte: »Ich veranlaßte Weichardt, auf dem Rückweg nicht durch die Kolonie Grunewald, sondern eine andere Straße zu gehen, damit er schneller an die Villa Harden herankäme, während ich immer hinter Harden herging. Als

Harden in der einsamen Straße war, die gerade auf die Gartenpforte an der Rückseite seines Grundstücks zuführt und ich das mit Weichardt verabredete Zeichen hörte, ging ich plötzlich an Harden heran und versetzte ihm mit einem Totschläger von hinten mehrere Schläge auf den Kopf.«[13]

Doch anders, als die Täter kalkuliert haben mochten, erregte der Überfall auf Maximilian Harden weit weniger öffentliches Aufsehen als die Ermordung Walther Rathenaus zehn Tage zuvor. Dabei erschienen gerade diesmal die Umstände der Tat dazu angetan, etwas Licht in das Dunkel der mysteriösen Anschlagserie zu bringen, die die Republik seit fast einem vollen Jahr erschütterte. Denn immer deutlicher traten nun vor allem die Parallelen zwischen den einzelnen Terrorakten in den Vordergrund, und wieder liefen die Spuren auf die »Ordnungszelle« Bayern zu. Zumindest im liberalen und linken Spektrum war sich die öffentliche Meinung einig, wie die auffälligen Gemeinsamkeiten zu interpretieren seien: »Vergleicht man alle kürzlich vollbrachten politischen Attentate, die gegen Rathenau, Scheidemann und Harden, so sieht man genau die einzig lenkende Hand dahinter. Überall Geldsummen aus München, überall versprochene Erfolgshonorare, voraussichtlich Sicherung für die Zukunft, eventuell im Staatsdienst, förmliche Verpflichtung durch Handschlag, die gleichen Verhaltensmaßregeln bei der Ausführung der Tat, die gleiche Drohung: ›Den Verräter trifft die gleiche Strafe, die das Opfer erlitten hat‹ (das heißt der Tod).«[14]

Wenn diese Schlussfolgerungen aber zutreffen, dann ging es längst nicht mehr um die Gefährdung einzelner prominenter Personen, sondern um den Bestand des Reiches selbst. Auf der einen Seite stand ein unbekannter Gegner, dessen größte Gefährlichkeit aus seiner Unsichtbarkeit resultierte; auf der anderen eine ungefestigte Demokratie, die nach außen unter dem Diktat der Siegermächte litt und nach innen unter der politischen Zerrissenheit des Landes. Mit jedem Terroranschlag, der über Deutschland hereinbrach, mit jedem Tag, der ohne greifbare Abwehrerfolge verstrich, wuchs der Druck auf die ohnmächtige Reichsregierung und rückte die Gefahr näher, dass die politische Lage außer Kontrolle geraten könnte. Unversehens befand sich die bedrohte Republik in einem Wettlauf mit der Zeit, von dem womöglich ihr Überleben abhing.

Alles musste jetzt darauf ankommen, die flüchtigen Rathenau-Attentäter Kern und Fischer und die mutmaßlichen Hintermänner des politischen Mordgeschäfts in Deutschland so schnell wie möglich aufzustöbern und unschädlich zu machen, bevor sie zu einem weiteren Schlag gegen den Weimarer Staat ausholen würden.

9. Die Jagd nach den Rathenaumördern

Doch allen Anstrengungen zum Trotz dauerte es bis zum 8. Juli, bis die fieberhafte Suche nach den flüchtigen Mordschützen von der Koenigsallee einen ersten Erfolg verbuchen konnte. An diesem Tag erhielt das Berliner Polizeipräsidium einen Anruf des Bürgermeisters von Lenzen an der Elbe, etwa einhundert Kilometer westlich Berlins. Er teilte mit, dass zwei junge Männer, auf die die steckbriefliche Beschreibung der Rathenau-Attentäter passe, im Ort gesehen worden seien. Sie hätten in einem Gasthaus Quartier bezogen, sich aber einer Festnahme durch den Lenzener Polizeiposten im letzten Augenblick durch schleunige Flucht nach der Elbe zu entzogen.

Bei den Entkommenen handelte es sich tatsächlich um die gesuchten Attentäter Erwin Kern und Hermann Fischer. Wie sich erwies, hatten sie am 7. Juli abends in Lenzen bei einem Kaufmann Paul Büsch vorgesprochen und sich als Rostocker Studenten vorgestellt. Beide führten Fahrräder mit sich, und sie gaben an, dass sie über die Elbe in die Lüneburger Heide radeln wollten. Büsch, der seine unvermuteten Gäste nicht selbst beherbergen konnte, wies sie in das Gasthaus »Zur Sonne«, wo sie unter falschen Namen ein Zimmer nahmen. Als jedoch am folgenden Tag bei der Polizeiverwaltung in Lenzen eine Anzeige aus der Bevölkerung einlief, dass sich die flüchtigen Rathenaumörder im Ort aufhielten und mit Büsch in Kontakt stünden, wurde Büsch festgenommen und ins Polizeigefängnis gebracht. Der Weg dorthin führte am Gasthaus »Zur Sonne« vorbei, wo Kern und Fischer gerade zu Mittag essen wollten. Durch Büschs Mienenspiel gewarnt, sprangen sie auf und flohen auf ihren Fahrrädern über eine Hintergasse aus der Stadt. Zwar schmolz ihr Vorsprung auf der kurzen Strecke zur Elbe schnell dahin, doch gelang es ihnen, die Fähre über den Fluss zu erreichen, bevor sie eingeholt werden konnten, und sich so im letzten Augenblick aus ihrer Einschnürung zu befreien.

Die Nachricht, dass die Rathenaumörder entdeckt worden waren und sich im Gebiet der mittleren Elbe aufhielten, löste eine der größten Fahndungsaktionen aus, die Deutschland je gesehen hatte. Umgehend wurde ein Polizeikommando von erst 150 und dann

200 Mann in die Altmark beordert und 60 Kilometer südlich von Lenzen in Gardelegen eine Fahndungszentrale errichtet, von der aus die Verfolgung Kerns und Fischers mit Autos, Motorrädern, Fahrrädern und Polizeihunden aufgenommen wurde. Die damit verbundene Berechnung, den Flüchtigen den Weg nach Süden abzuschneiden, war wohlbegründet, denn Nachforschungen ergaben, dass die Gesuchten nach Überquerung der Elbe in südlicher Richtung weitergeflüchtet waren. Ohne Aufenthalt hatten sie offenbar auf ihren Rädern die ausgedehnten Waldungen am Rande des Wendlands zu durchqueren und sich über Gartow und die einsam im Wald gelegene Forstverwaltung Wirl nach Süden durchzuschlagen versucht, bevor der Fahndungsring um sie geschlossen werden würde. Den bedeutsamsten Anhaltspunkt für die Fahndung stellte eine Generalstabskarte von Arendsee und Umgebung dar, die ein Landjäger am 9. Juli 1922 um drei Uhr morgens in Ziemendorf am Wegrand gefunden hatte. Offenkundig war dies eine Karte, die Kern und Fischer nur kurze Zeit zuvor unterwegs verloren hatten, denn am Nachmittag desselben Tages erschienen im gut fünfzig Kilometer südlich von Arendsee gelegenen Ort Jerchel bei Gardelegen zwei junge Leute mit Fahrrädern, die erzählten, sie seien fremd in dieser Gegend und hätten in den Morgenstunden ihre Wegkarte verloren.[1] In der Gastwirtschaft »Zu den drei Linden« suchten sie als Ersatz eine Karte von Gardelegen aufzutreiben. Der Wirt konnte jedoch nur mit einer an der Wand hängenden Landkarte dienen, von der sich die Flüchtenden eine Skizze der Gegend in Richtung Kalvörde–Braunschweig machten.[2]

Um die weitere Fahndung zu koordinieren, eilte Fahndungsleiter Bernhard Weiß selbst von Berlin nach Gardelegen – in demselben Tourenwagen, in dem zwei Wochen zuvor die Gesuchten die Verfolgung ihres Opfers aufgenommen hatten und der in der Zwischenzeit von der Polizei beschlagnahmt worden war. Vorerst aber blieben sie unauffindbar. Weiß rechnete damit, dass Kern und Fischer entweder weiter nach Süden oder aber nach Berlin zu entkommen versuchen würden. Die letztere Hypothese wurde in den Augen des Fahndungsleiters durch den Umstand gestützt, dass die beiden nach den Erkenntnissen der Polizei ohne Barmittel seien; in einer Großstadt wie Berlin sei es ihnen aber leichter möglich, unterzutauchen und durch Helfershelfer Geldmittel oder auch falsche

Pässe zu erhalten.³ Aus diesem Grund wurde das Gebiet südlich und östlich von Gardelegen durch ein Massenaufgebot an örtlichen und Berliner Polizeikräften eingekreist und systematisch durchkämmt. Die dabei aufgewendeten Anstrengungen waren eindrucksvoll. Alle Zugstationen der Staats- und Kleinbahnen wurden überwacht, alle aus der Altmark nach Berlin führenden Chausseen mit Polizeiposten versehen, die alle Fuß- und Radwanderer bis zur genauen Feststellung ihrer Personalien festhielten. Auch in den kleinsten Orten wurde ein Fahndungsaufruf mit den auf den neuesten Stand gebrachten Steckbriefen der flüchtigen Attentäter angeschlagen. Er wies darauf hin, dass die Flüchtenden Fahrräder sowie Rucksack und Mantel mit sich führten. Ein weiterer Aufruf teilte die Erhöhung der bisher ausgelobten Belohnung auf zwei Millionen Mark mit und appellierte an die Wachsamkeit jedes Einzelnen: »Das ganze Volk muß dafür sorgen, daß die Mörder gefaßt werden. Jeder einzelne helfe dazu. Die genaue Beschreibung der Täter ist in der Presse veröffentlicht. Lese daher jeder seine Zeitung und sehe sich den Steckbrief und die Photographien der Mörder an, die bei den Polizeibehörden und in den Gemeindeamtsstuben aushängen. Achtet besonders auf Radfahrer! Achtet besonders auf Personen, die Euch um Lebensmittel angehen! Achtet besonders auf abgelegene Gegenden!«⁴ Zur Verteilung stellte sich die Reichszentrale für Heimatdienst zur Verfügung, deren sächsische Landesabteilung allein zwischen dem 13. und 15. Juli 1922 Zehntausende von Steckbriefen und Aufrufen als Flugblätter zur weiteren Verteilung in 670 Ortschaften versandte. Die Bevölkerung wurde in den Bekanntmachungen dringend und unter Androhung schwerster Freiheitsstrafen davor gewarnt, den flüchtigen Mördern irgendwelchen Beistand zu leisten.

Es schien ausgeschlossen, dass es den derart eingekreisten, von allen Verbindungen abgeschnittenen Attentätern, ohne Geld und genaue Orientierungsmöglichkeit, gelingen konnte, durch das engmaschige Fahndungsnetz hindurchzuschlüpfen. Allerdings hatten auch die Fahnder mit Schwierigkeiten und Widerständen zu kämpfen. Der Versuch etwa, ein Kommando radfahrender Schupobeamter mit 20 000 Flugblättern per Bahn nach Gardelegen zu bringen, die dort in den Ortschaften der Umgebung verteilt werden sollten, scheiterte am Widerstand der Reichsbahn, die keinen Sonderzug zu stellen bereit oder in der Lage war. Das zu durchsuchende Gebiet war außerordentlich groß und dünn besiedelt; selbst wachsamste Patrouillen konnten nicht jeden Fleck durchkämmen. Wichtige Spuren konnten nicht sogleich verfolgt werden, weil der Telefondienst auf dem Land um sieben Uhr, in kleineren Städten um neun Uhr eingestellt wurde; ein Antrag, in Gardelegen für die Zeit der Fahndung nach Kern und Fischer Nachtdienst einzuführen, wurde von der Oberpostdirektion Magdeburg abgelehnt. Zudem erwies sich die Landbevölkerung Mitteldeutschlands vielerorts als gleichgültig oder ahnungslos. Entgegen einem entsprechenden Reichstagsbeschluss waren in kaum einer Ortschaft die noch im Juni veröffentlichten Fahndungsplakate und die Trauerreden von Reichskanzler Wirth und Reichstagspräsident Löbe angeschlagen worden. Ein Ortsvorsteher bei Salzwedel wusste einem Bericht des *Vorwärts* zufolge überhaupt nicht, dass es einen Minister Rathenau gab, geschweige denn, dass er ermordet worden war, und antwortete auf Nachfrage gelassen: »Ich lese keine Zeitungen.«[5]

Als es dann durch vielfältige Anstrengungen gelang, die Suche nach den Mördern Rathenaus in jedes Dorf zu tragen, erwies sich die sprunghaft steigende Mithilfe der Bevölkerung als Bumerang. Es lief eine solche Vielzahl von Meldungen ein, dass die Fahndungstätigkeit der Polizei schnell bis zur Ineffektivität zersplittert wurde. Immer wieder wurde die Polizei mit Bekundungen angeblicher Augenzeugen konfrontiert, die in falsche Richtungen führten. Auch war plötzlich eine auffallende Häufung von Radwanderern im Suchgebiet zu verzeichnen, die in Aussehen und Kleidung den flüchtigen Attentätern auf irritierende Weise ähnelten. Die Polizei kam schnell zu dem Schluss, dass es sich um Helfershelfer handelte, die die Fahndung behindern wollten. Das schützte sie freilich weder vor weiteren Fehlalarmen noch vor dem Spott rechtsstehender Zeitungen wie etwa der *Mecklenburger Nachrichten*, die aus den Missgriffen der Ermittler politisches Kapital schlug: »Das Radfahren ist schon zu einer gefährlichen Beschäftigung geworden, da scheinbar jeder Radfahrer für einen Mörder gehalten wird und auf Verhaftung rechnen kann.«[6]

Zum Misserfolg des aufwendigen Fahndungsunternehmens trug der Umstand bei, dass Kern und Fischer mehrfach ihre Kleidung wechselten, so dass die Personenbeschreibungen der ausge-

Fahndungsplakat zur Verfolgung der Mörder Rathenaus, 30.6.1922

hängten Steckbriefe nur noch bedingt zutrafen. Zudem änderten sie bald ihre Taktik, nachdem sie seit ihrer Flucht über die Elbe zunächst in pausenloser Tag- und Nachtfahrt Richtung Süden geeilt waren. Am Spätnachmitag des 9. Juli schlugen sie dann aber in der Colbitz-Letzlinger Heide einen Weg ein, der südwestlich in Richtung Braunschweig führte, um so ihren Fluchtweg weniger leicht berechenbar zu machen. Von nun an unterliefen sie die polizeilichen Suchaktionen, indem sie sich tagsüber verborgen hielten und erst im Schutz der Dunkelheit weiterradelten. Am 14. Juli mussten die Ermittlungsbehörden eingestehen, dass sie die Spur von Kern und Fischer abermals verloren hatten. Man musste davon ausgehen, dass die Flüchtigen dem um sie gelegten Fahndungsring doch entschlüpft waren und sich wohl längst in einer ganz anderen Gegend aufhielten.

Schon tags zuvor aber, am 13. Juli, waren erste vage Hinweise aufgetaucht, dass die Rathenaumörder nach Thüringen geflüchtet sein könnten, um von dort Bayern zu erreichen. Der *Vorwärts* warnte am 14. Juli 1922 davor, dass die Flüchtigen über Thüringen die bayerische Grenze überschreiten könnten, und wies auf die massiven Widerstände in Bayern gegen eine denkbare Verletzung bayerischer Hoheitsrechte durch die preußische Polizei hin. Eilends ließ auch die bayerische Landesabteilung der Reichszentrale für Heimatdienst schon am Folgetag 6000 Flugblätter mit dem Steckbrief der Gesuchten an ihre Vertrauensleute in Nordbayern hinausgehen. Dennoch war es am Ende nur der Unvorsichtigkeit Kerns und Fischers selbst zu verdanken, dass sie entdeckt wurden. Am 16. Juli meldeten zwei auf der Rudelsburg zu Besuch weilende Gäste der Polizei in Halle, dass sie auf einem bewohnten Turm der gegenüberliegenden Burg Saaleck Licht bemerkt hätten. Der Burgbesitzer Hans Wilhelm Stein aber hatte sich, wie allgemein bekannt war, einige Tage zuvor beim Wirt der Rudelsburg zu einer Reise abgemeldet. Auf einem Spaziergang wollten die Gäste auf der Burg dann zwei Gestalten gesehen haben, deren Aussehen mit den Steckbriefen der Rathenaumörder übereinstimmte. Als daraufhin am Vormittag des 17. Juli zwei Kriminalbeamte auf Saaleck erschienen, fanden sie die Eingangstür zur Burg nur eingeklinkt, das eiserne Gitter, das im Burginneren den bewohnbaren der beiden Türme sicherte, hingegen verschlossen. Ein hinzugezogener

Die Jagd nach den Rathenaumördern

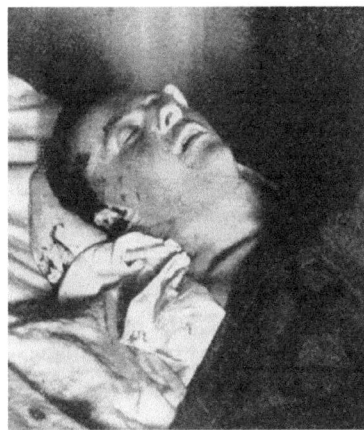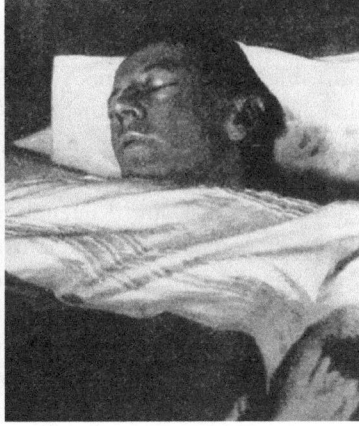

Die Leichen der Rathenau-Attentäter Erwin Kern und Hermann Fischer auf Burg Saaleck

Schlossermeister war außerstande, die Gittertür zu öffnen, so dass das Schloss aufgemeißelt werden musste. Beim Absuchen des Burggeländes fand sich im unbewohnten zweiten Turm ein in Packpapier verschnürtes Paket, das zwei Jackettanzüge enthielt und den Verdacht erweckte, für die weitere Flucht der Attentäter bestimmt gewesen zu sein. Die Vermutung erhärtete sich, nachdem das Türschloss zum Wohnturm aufgebrochen worden war: Frische Essensreste auf einem Tisch im ersten Stock offenbarten, dass sich Personen hier aufhielten, und die Tür zum Schlafzimmer im dritten Stock erwies sich als von innen verriegelt. Bei dieser Sachlage erbaten die Hallenser Kriminalpolizisten telefonisch Verstärkung durch die Schutzpolizei in Naumburg und schritten zu einer förmlichen Belagerung der Burg.

Bis die Hilfe eintraf, postierten sich der unbewaffnete Schlosser und einer der aus Halle herbeibeorderten Polizisten auf den Treppenstufen. Zwanzig Minuten später zeigte sich am Turmeingang ein Gesicht, das sofort wieder verschwand. Offenbar versuchten Kern und Fischer etwaige Fluchtmöglichkeiten zu erkunden. Als der Beamte ihnen daraufhin herunterzukommen befahl, antwortete eine Stimme: »Fällt mir gar nicht ein, wer sind Sie überhaupt und was wollen Sie denn von uns?« Dann entfernten sich die Schritte wieder nach oben. Einer der Polizisten nahm daraufhin auf dem Burghof Aufstellung, um zu verhindern, dass die Gesuchten am Blitzableiter oder an einem Strick die Turmmauer herabzuklettern und zu entkommen versuchten. Kurze Zeit darauf erschienen Kern und Fischer auf der Dachplattform der Burg und riefen zwei Leipziger Studenten an, die sich gerade als Spaziergänger im Burghof aufhielten: »Wir sind Kieler Studenten, grüßen Sie bitte Kapitän Ehrhardt von uns. Kapitän Ehrhardt, er lebe hoch, hoch, hoch.« Anscheinend wollten sie den Studenten noch eine Botschaft übermitteln und warfen einige weiße Zettel herab, die der starke Wind jedoch in Richtung Saale davontrieb. Im Bericht der Hallenser Polizei hieß es weiter: »Nun verabschiedeten sich die beiden Studenten mit ihren Damen durch Grüßen mit der Mütze und Händewinken. Dabei riefen sie noch hinauf: ›Sie müssen ja wissen, was Sie in Ihrer Lage zu tun haben! Als Antwort von oben kam: ›Wir wissen, wie wir zu sterben haben, wir sterben für unsere Ideale, unsere Nachfolger werden sich einstellen.‹«[7]

Fischer, der schon zuvor mit dem Gewehr in der Hand die Studenten mit ihren Begleiterinnen aufgefordert hatte, den Burghof zu verlassen, weil hier in den nächsten Augenblicken scharf geschossen werde, legte nun auf den im Burghof stehenden Polizisten an, der sofort in Deckung ging. Einer der beiden Polizisten gab kurz darauf von dem gegenüberliegenden Turm vier Schüsse auf das zum Innenhof hin gelegene Turmfenster des obersten Stocks ab, ohne aber deren Wirkung feststellen zu können. Später erst stellte sich heraus, dass einer der Schüsse Kern am Kopf getroffen und tödlich verwundet hatte. Als die Beamten nach Eintreffen der polizeilichen Verstärkung gegen neun Uhr abends die Tür zum obersten Stock gewaltsam öffneten, fanden sie die bekleideten Leichen Kerns und Fischers in den Betten des Schlafzimmers. Nach einer späteren Darstellung der Schwester Kerns hatte Fischer seinem Kameraden noch Erste Hilfe zu leisten versucht und ihm einen Kopfverband angelegt, bevor er die Aussichtslosigkeit seines Bemühens einsah und den Toten auf das Bett legte, »die Hände übereinander, u[nd] unter die Schuhe Packpapier. [...] Dann gab Fischer aus seinem Revolver 2 Probeschüsse gegen die Wand ab, legte sich in's 2. Bett, lehnte sich etwas hinaus, um die Matratze zu schonen, und erschoß sich«[8].

II. Die verdrängte Verschwörung

1. Die Attentate vor dem Leipziger Staatsgerichtshof

Die Mörderjagd war zu Ende. Die unheimliche Bedrohung, in der die Republik sich nach den drei aufeinanderfolgenden Attentaten des Sommers 1922 gewähnt hatte, verlor mit dem Tod der eigentlichen Mörder Rathenaus ihren unmittelbaren Schrecken. Gleichwohl bestand für vorschnelle Entwarnung kein Anlass: Die terroristische Gefahr konnte erst dann für wirklich überwunden gelten, wenn es gelang, die Hintergründe und Zusammenhänge der verübten Verbrechen aufzudecken und ihre organisatorischen Fundamente zu sprengen. Kern und Fischer aber hatten ihr Wissen mit in das Grab genommen. Ihr letzter Gruß hatte Hermann Ehrhardt, dem untergetauchten O.C.-Führer, gegolten, doch der dachte nicht daran, sich den Ermittlungsbehörden zu stellen und seine Beziehungen zu den politischen Terroristen offenzulegen, die das Land über Monate in Atem gehalten hatten.

So richteten sich alle Hoffnungen auf die juristische Aufarbeitung der Ereignisse. Den Auftakt machte der Prozess, der den Komplizen der toten Rathenaumörder gemacht wurde. Das Verfahren fand zwischen dem 3. und dem 14. Oktober 1922 vor dem neugebildeten Staatsgerichtshof in Leipzig statt, der nach den Bestimmungen des Republikschutzgesetzes für die Ahndung von Gewalttaten gegen die Republik zuständig war. Darin lag keine Verletzung des gesetzlichen Rückwirkungsverbotes, da die dreizehn Angeklagten nach dem zur Tatzeit geltenden Strafrahmen abgeurteilt wurden. Nur einer von ihnen wurde durch Oberreichsanwalt Ludwig Ebermayer des Mordes angeklagt, nämlich Ernst Werner Techow als Chauffeur des Täterwagens, während seine Komplizen sich wegen Beihilfe zum Mord und Begünstigung beziehungsweise Nichtanzeige eines geplanten Verbrechens verantworten mussten.

Die Teilnahme der Öffentlichkeit am Prozess gegen die Mörder Rathenaus war enorm. Am ersten Verhandlungstag war der 700 Personen fassende Zuhörerraum im großen Sitzungssaal des Leipziger Reichsgerichts schon eine halbe Stunde vor Sitzungsbeginn bis auf den letzten Platz gefüllt. Vor dem Gerichtstisch waren Tische für die Zeitungsvertreter aufgestellt, um den Massenandrang der Korrespondenten zu bewältigen, die die Leserschaft im ganzen Land täglich mit ausführlichen Wortprotokollen der Verhandlung versorgten. Freilich wurde der Prozess von sehr unterschiedlichen Empfindungen und Erwartungen begleitet, in denen sich die Gegensätze der politisch fragmentierten Weimarer Gesellschaft spiegelten. Unter den Prozessbeobachtern waren Gegner und Sympathisanten der Angeklagten versammelt, und nicht nur Joseph Roth fiel als Gerichtsreporter für das Berliner *12 Uhr Blatt* die Spannung auf, die die Verhandlungsatmosphäre beherrschte: »Der Saal, in dem die Verhandlung stattfindet, ist überflüssig mit Kaiserbildern tapeziert. Ölgemalte Zeugen der vergangenen Epoche, sprechen sie vielleicht für die Angeklagten, indem sie sie entschuldigen. Der gemalte Purpur und die zerfetzten Kleidungsstücke Rathenaus – ein Kontrast und ein Kausalzusammenhang zugleich.«[1] Auch die Verteidiger der Angeklagten waren in zwei scharf getrennte Lager geschieden, unter denen sich die Gruppe der rechtsgerichteten Anwälte durch kompromisslose Ausgrenzung ihrer jüdischen und republikfreundlichen Kollegen und präzise Abstimmung untereinander schnell hervortat. In charakteristischer Weise unterrichtete ihr Sprecher Dr. Hahn seine Anwaltskollegen über die Gegebenheiten im Leipziger Prozess: »Interessant ist nunmehr die Gruppierung in: die nationalgesinnten Angeklagten und ihre Verteidiger; der unzuverlässige, als unwahr verdächtige Günther, vertreten durch den Juden Alsberg [...], und der Verteidiger von Voß, der in Oberschlesien als Kommunist gewirkt hat«[2]. Folgerichtig lehnten die der Rechten zuzuordnenden Anwälte im Verein mit der nationalen Presse den Staatsgerichtshof als sogenanntes Ausnahmegericht ebenso ab wie den vorsitzenden Richter Hagens – der vor der Verhandlung seine Republiktreue bekundet hatte –, weil ein auf die Republik festgelegter Richter parteiisch und somit unfähig sei, »dem Denken und Fühlen der beiden in sich verschiedenen Bevölkerungsklassen Rechnung zu tragen«.[3]

Das Interesse der Öffentlichkeit richtete sich vor allem auf die Frage, ob Rathenau durch die Hand verirrter Einzeltäter oder auf Befehl einer politischen Mordorganisation zu Tode gekommen war. Immer wieder hatte die liberale und linksstehende Publizistik vor

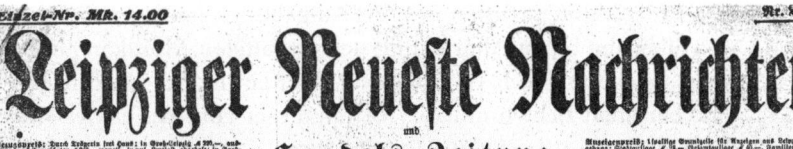

Aufsehenerregende Unterbrechung des Prozesses gegen die Rathenaumörder. Leipziger Neueste Nachrichten, 8.10.1922

dem Prozess unterstrichen, dass die Aufgabe des Staatsgerichtshofs weit über die bloße Aburteilung der verhafteten Mordkomplizen hinausreiche und sich vor allem auf die Klärung der eigentlichen Urheberschaft richten müsse. Doch in dieser Hinsicht erwies sich die Anklageschrift als glatte Enttäuschung. Statt den organisatorischen Hintergrund des Rathenaumordes im Kontext der Anschlagserie von 1921/22 auszuleuchten und vor allem die Rolle der O.C. zu klären, beschränkte sie sich darauf, lediglich den Teil der Tatvorbereitungen zu rekonstruieren, der den Angeklagten selbst zur Last gelegt wurde, und die darin liegende Schuld zu gewichten. Der Öffentlichkeit blieb verborgen, dass Oberreichsanwalt Ebermayer seine Darstellung ursprünglich sogar mit einer entlastenden Stellungnahme zur O.C. hatte beginnen wollen, die in der Annahme mündete, dass die O.C. »als solche« nicht an dem Mord beteiligt gewesen sei. Allein indem er von seinem ministeriellen Weisungsrecht Gebrauch machte, vermochte Reichsjustizminister Radbruch zu verhindern, dass auf diese Weise Ehrhardts Geheimbund schon vor der Hauptverhandlung durch den obersten Ankläger selbst aus aller Verantwortung entlassen wurde.

Die endgültige Fassung der den Geheimbund-Komplex nun ganz ausklammernden Anklageschrift ging in der Rekonstruktion des Attentats nur auf die unmittelbare Vorbereitung des Verbrechens ab Mitte Juni 1922 ein. Bis zu dieser Zeit lässt sich der Aufenthalt Kerns und Fischers, der sich am 12. Juni aus Chemnitz verabschiedet hatte, in Berlin zurückverfolgen. Am 16. Juni zogen beide mit Ernst von Salomon in die Pension Scheer am Schiffbauerdamm in Berlin-Mitte. Einen Tag später reiste Salomon im Auftrag Kerns erst nach Kiel und dann nach Hamburg, um einen Kraftwagen für das geplante Unternehmen zu besorgen, und kehrte tags darauf mit Waldemar Niedrig aus Hamburg nach Berlin zurück. Kern empfing die beiden am Lehrter Bahnhof und brachte sie in die Pension am Schiffbauerdamm, wo das Mordvorhaben zusammen mit Fischer detailliert erörtert wurde.

Zuvor hatten Kern und Fischer an diesem 18. Juni bereits Kontakt zu Ernst Werner Techow aufgenommen, der von ihm unbekannten Männern, die sich als Mitglieder der Brigade Ehrhardt zu erkennen gaben, in die Pension am Schiffbauerdamm bestellt wurde. Dort forderte man Techow auf, Näheres über den Mordplan des Gymnasiasten Stubenrauch mitzuteilen, dessen Absichten Kern und Fischer zu Ohren gekommen waren. Über Einzelheiten des Stubenrauchschen Mordplanes war Ernst Werner Techow jedoch nicht unterrichtet und verwies die beiden an seinen jüngeren Bruder Hans-Gerd, der über seinen Bekannten Willi Günther zuerst von diesem Plan erfahren habe. Am nächsten Morgen reiste Ernst Werner Techow nach Dresden, wo er Günther Brandt traf und tags darauf in Freiberg den für die Tat bestimmten Mercedes abholte.

Unterdessen erörterten am Montagabend Kern, Fischer und Günther beim jüngeren Techow das Stubenrauchsche Vorhaben, Rathenau am Eingang zum Haus Paul Mamroths in Berlin-Tiergarten zu erschießen. Der Plan wurde schließlich verworfen, weil Stubenrauch noch zu jung sei und eine anschließende Besichtigung des Mamrothschen Hauses in der Sigismundstraße die Undurchführbarkeit des Vorhabens deutlich machte. Am 20. Juni erteilte Kern Günther den Auftrag, sich nach einer möglichst billigen Garage für den aus Sachsen erwarteten Wagen umzusehen. Offenbar drohte den Verschwörern das Geld auszugehen; Niedrig sprach davon, daß Kern und Fischer am 18. Juni nur noch 5000 Mark zur Verfügung hatten, und Fischer hatte sich schon zwei Tage zuvor besorgt bei ihm erkundigt, ob Salomon »in Hamburg große Gelder ausgegeben hätte, denn er hätte in fünf Tagen sechstausend Mark verbraucht«.[4] Um Mitternacht trafen Techow und Brandt mit dem Wagen aus Dresden ein, den sie in einer Garage in der Wilmersdorfer Straße unterbrachten. Am Donnerstag, dem 22. Juni, ließen sich Kern und Fischer von Techow nach Schwerin fahren, um dort eine Maschinenpistole zu beschaffen, die treffsicherer war als die am Vortag erprobten Mauserpistolen. Aufgrund einer Panne erreichten die drei erst am darauffolgenden Morgen Schwerin. Dort suchten sie den Gauleiter des Deutschvölkischen Schutz- und Trutzbundes für Mecklenburg auf, dessen Sekretär Christian Ilsemann Kern eine angeblich im Mai zur Aufbewahrung erhaltene Maschinenpistole übergab. Am Abend trafen die Verschwörer wieder in Berlin ein, wo Günther sie zu einer inzwischen besorgten Garage in Schmargendorf dirigierte. Deren Besitzer Richard Schütt hatte sich bereits tags zuvor bereit erklärt, seine Garage »Ehrhardt-Leuten« kostenlos zu überlassen, und war auf das Eintreffen des

Wagens vorbereitet. Ernst Werner Techow trug Maschinenpistole und Gepäck in Schütts angrenzende Wohnung, wo für Fischer, Kern und Techow Schlafgelegenheiten hergerichtet wurden, während Schütts Teilhaber Diestel sich im Hof um den Wagen kümmerte, der einen Defekt an der Ölleitung hatte. Zusammen mit weiteren Komplizen zechten die drei dort den Abend über und legten Einzelheiten des geplanten Verbrechens fest. Wie Techow glaubhaft zu machen versuchte, eröffneten ihm nun Kern und Fischer, »ich sei jetzt in einem solchen Maße in ihr Vorhaben eingeweiht, und ich wisse über die in Frage kommenden fahrtechnischen Seiten der Angelegenheit so gründlich Bescheid, daß ich mich schon entschließen müsse, das Auto bei der Tat zu führen«.[5] Offenkundig versuchte Techow sich in der Beweisaufnahme mit dieser Darstellung vor dem Todesurteil zu retten, obwohl es wenig glaubwürdig erscheint, dass eine so entscheidende Frage erst in letzter Stunde angeschnitten worden sei: Immerhin waren kurz zuvor an diesem Abend andere Mitverschwörer bereits zur Anfertigung eines gefälschten Nummernschildes und zur Erledigung weiterer Tatvorbereitungen aus dem Haus geschickt worden, und die Anführer des Komplotts »legten dringenden Wert darauf, daß die Tat tunlichst schon am nächsten Morgen ausgeführt werden solle. Worauf der ältere Techow erklärte, er hoffe, daß die Reparaturen rechtzeitig beendet wären und der Wagen fahrbereit sei.«[6]

Am schicksalhaften 24. Juni stand der ältere Techow früh um sieben Uhr auf, um nach dem Wagen zu sehen, an dem bereits gearbeitet wurde. Die Zeit drängte, denn die Verschwörer wussten, dass Rathenau sein Haus in der Regel um halb zehn Uhr zu verlassen pflegte. Um neun Uhr erklärte Techow dem mittlerweile erschienenen Günther, dass der Wagen in einer Stunde fahrbereit sei; er »befürchte aber, daß es dann schon zu spät sei«.[7] Kurz vor halb elf Uhr lenkte Techow den Wagen auf die Straße, nachdem die drei anderen schon einige Minuten vorher zu Fuß aufgebrochen waren. Vor der Kreuzung Roseneck stiegen Kern und Fischer zu, während Günther sich entfernte. Techow fuhr durch einige Grunewaldstraßen bis in die Nähe der Villa Rathenaus und gab Kern Bescheid, dass der Wagen wieder in Ordnung sei. Daraufhin stieg Kern aus und »erklärte, wir sollten ihn am Hasensprung [...] erwarten und uns gleichzeitig für eine größere Tour bereitmachen«.[8] Um zu dem wenige Fußminuten stadteinwärts von der Koenigsallee abzweigenden Hasensprung zu gelangen, musste Kern an Rathenaus Haus vorbeikommen, so dass er sich unauffällig vergewissern konnte, ob der Minister noch nicht abgefahren sei. Techow hingegen fuhr mit Fischer ein Stück weiter in den Grunewald hinein. Beide zogen sich dort um und setzten eine Fahrkappe auf, Techow zusätzlich eine Chauffeursbrille. Am Hasensprung nahmen sie anschließend, wie vereinbart, Kern auf, der Techow mit kleinen Umwegen in die bei Rathenaus Haus von der Koenigsallee abgehende Josef-Joachim-Straße dirigierte und den Motor abzustellen befahl. Seit der Abfahrt von der Garage Schütts waren knapp zwanzig Minuten vergangen.

Die Verschwörer mussten kaum eine Minute warten, als ein Kraftwagen von Grunewald her die Koenigsallee entlangkam und die Josef-Joachim-Straße passierte. Techow startete seinen Wagen und hielt sich mit einer Geschwindigkeit von etwa 30 Stundenkilometern in 200 Metern Abstand hinter Rathenaus Auto: »Der Wagen, den ich verfolgte, fuhr nicht vorschriftsmäßig rechts, sondern auf den Gleisen der Straßenbahn, d.h. etwa in der Mitte des Fahrdamms. Als ich ihn überholte, befand ich mich von ihm nach meiner Schätzung höchstens einen halben Meter entfernt. In diesem Augenblick hörte ich hinter mir Schüsse. Ich habe mich jedoch nicht umgesehen, sondern fuhr in die Wallotstraße hinein, wo ich wegen Bauausführungen die Geschwindigkeit auf etwa 25 km abstoppen mußte. Hier rief mir einer der beiden Insassen zu: ›Wir haben Rathenau erschossen, fahren Sie so schnell wie möglich‹. Kurz nach diesen Worten hörte ich einen dumpfen Knall.«[9]

Techow lenkte den Wagen in scharfem Tempo durch die Wallotstraße, um dann durch die Herbertstraße und weitere kleine Straßen wieder nach Schmargendorf zurückzufahren. Unterwegs hielt er kurz an und machte sich am Motor zu schaffen, während die beiden Insassen ihre Fahrkappen mit Hüten vertauschten und die Maschinenpistole in ein Gebüsch warfen. Kurz danach stiegen Kern und Fischer am Hohenzollerndamm aus; Techow hingegen brachte den Wagen zur Schüttschen Garage zurück und teilte dem bald darauf eintreffenden Günther mit, daß der Anschlag ausgeführt sei.[10] Anscheinend hielt Techow sich daheim zum Mittagessen und dann auf einem Tennisplatz auf, bevor er verabredungsgemäß um siebzehn Uhr Kern und Fischer im Zoologischen Garten traf und von ihnen 1000 Mark zur Erstattung seiner Auslagen erhielt. Tags darauf verließ er Berlin, und am 27. Juni reisten auch Kern und Fischer ab.

Die Reichsanwaltschaft hatte das zu Rathenaus Ermordung führende Geschehen zwischen dem 16. und dem 24. Juni 1922 fast lückenlos zu rekonstruieren vermocht. Aber es hatte keine Anstrengungen unternommen, auch die Tataspekte zu erforschen, über die die Tatbeteiligten sich ausschwiegen oder, wie der ältere Techow, nach den konspirativen Regeln der Verschwörer bewusst im Unklaren gelassen worden waren: »Ich habe es so verstanden, [...] daß jeder dem Befehl zu gehorchen hätte und nur insoweit eingeweiht sei, als erforderlich sei.«[11] Die Anklageschrift klammerte daher alle Umstände der Verschwörung aus, die nach dem Tod Kerns und Fischers einer strafrechtlichen Würdigung nicht mehr zugänglich schienen, mochten sie auch für die innere Logik des Geschehens noch so wesentlich sein. So wurde nicht geklärt, auf welche Weise der in Kiel lebende Kern und der aus Chemnitz kommende Fischer Verbindung zueinander aufgenommen und sich über ihre gemeinsame Mordabsicht verständigt hatten. Offenblieb, wie sie den Kontakt zu ihren Mittätern und Helfershelfern hergestellt hatten. Salomons Bekundung, dass er Kern zufällig in Potsdam getroffen habe, trug nur allzudeutlich den Stempel der Unwahrhaftigkeit, und der ältere Techow wusste überhaupt keine Antwort auf die Frage, wie Kern und Fischer auf ihn gekommen waren und woher sie von Stubenrauchs Mordplan gewusst hatten. Auch Karl Tillessen und Plaas konnten nicht begründen, aus welchem Grund und mit welcher Absicht sie am Mittwoch vor der Tat ihre Reise nach Berlin unternommen hatten und weshalb sie plötzlich mit Kern und Fischer zusammentrafen, ja sich sogar in deren Pensionszimmer einquartierten, obwohl sie von deren Anwesenheit und Vorhaben in Berlin nichts gewusst haben wollten. Verblüffend mutete an, mit welcher Leichtigkeit die Verschwörer über das ganze Reich gespannte Verbindungen nutzen konnten, um für ihre Absichten in Hamburg ebenso prompt einen Chauffeur für den geplanten Mord zu finden wie in Schwerin eine Maschinenpistole, im sächsischen Freiberg einen Kraftwagen und in Dresden den Vermittler zu ihm. Dass, mit den Worten Gustav Radbruchs, ›eine immer spürbare

Geheimbundatmosphäre‹ die Verschwörung gegen das Leben Rathenaus beherrschte und noch vor Gericht ihre Aufdeckung behinderte, zeigte sich mit aller Deutlichkeit an der von keinem der Angeklagten plausibel beantworteten Frage, woher die im ganzen doch beträchtlichen Mittel stammten, mit denen Kern und Fischer ihre Unternehmung finanziert hatten und ihre beauftragten Komplizen quer durch Deutschland gereist waren.

In der Voruntersuchung waren diese Aspekte ungeklärt geblieben, so dass nur die Hauptverhandlung selbst die Frage beantworten konnte, ob die Organisation Consul hinter dem Anschlag auf Walther Rathenau gestanden hatte oder nicht. Doch sooft die Angeklagten zu Wort kamen, bemühten sie sich in sorgfältig abgestimmten Erklärungen und oft unter Widerrufung früherer Aussagen, jeden möglichen Bezug zur O.C. zu vermeiden und glaubhaft zu machen, sie hätten unter Kerns Plan eine Gefangenenbefreiung oder eine Waffenschiebung im besetzten Gebiet, aber keinesfalls einen politischen Mord verstanden. Am deutlichsten kam diese unter den Angeklagten ganz offensichtlich abgesprochene Strategie zum Ausdruck, als der Angeklagte Niedrig, dessen Geständnis vor dem Untersuchungsrichter die Ermittlungen entscheidend vorangebracht hatte, nun weismachen wollte, dass er seine Selbstbeschuldigung der Beihilfe zum Mord nur erfunden habe, um das Auffliegen einer Waffenschiebung zu verhindern.

Techow hingegen blieb bei seiner Angabe, Kern und Fischer, die sich ihm als Ehrhardt-Männer vorstellten, als seine Vorgesetzten betrachtet zu haben. Da aber auch er eine Beteiligung der O.C. in Abrede stellte, vermochte er nicht recht zu erklären, weshalb er die Aufforderung, den Mordwagen bei dem geplanten Anschlag zu steuern, nicht hatte ablehnen können:

»Vors.: Haben Sie Fischer und Kern als Ihre Vorgesetzten betrachtet?

Angekl.: Jawohl.

Vors.: Auf Grund Ihrer Zugehörigkeit zur O.C.?

Angekl.: Kern gehörte der O.C. ja gar nicht an, aber er war Leiter des Unternehmens, und deswegen mußte ich seinen Anordnungen Folge leisten.

Vors.: Dann verstehe ich immer weniger, daß Sie trotzdem die Hand zur Tat geboten haben.

Angekl.: Ich hatte mein Ehrenwort durch Handschlag gegeben und konnte nicht mehr zurück. Ich kann ein Ehrenwort nicht brechen.«[12]

Woraus Kern seine eigentümliche Macht schöpfte, um die von ihm ausgewählten Helfer auch dann zur Abgabe ehrenwörtlicher Verpflichtungen zu zwingen, wenn sie innerlich widerstrebten, war dem Angeklagten nicht zu entlocken. Nachdem daraufhin der Oberreichsanwalt am letzten Verhandlungstag gegen Techow auf Mittäterschaft plädiert hatte, gestand der Fahrer des Mordwagens angesichts des ihm drohenden Todesurteils immerhin ein, dass Kern absolute Befehlsgewalt über seine Mittäter besessen und ihn am Ende zur Tat gezwungen habe. Von einer erheblichen Gewaltbereitschaft Kerns gegenüber seinen eigenen Komplizen berichtete auch der Garagenbesitzer Schütt, dem Kern am Morgen des Anschlags zuwarf: »Schütt, Verräter gehen bei uns um die Ecke.«[13] Dennoch war Schütt völlig fassungslos, als er kurz darauf von dem verübten Mord erfuhr, woraufhin Ernst Werner Techow sich ihm gegenüber zu rechtfertigen suchte: »Und außerdem denken Sie nicht, daß das zum Vergnügen gemacht ist. Das mußte gemacht werden, weil – genau die Worte weiß ich nicht mehr – er kann gesagt haben: Den rechtsstehenden Parteien gehe das Geld aus.«[14] Schütt war sich nach diesen Bemerkungen sicher, dass hinter Kern und Techow eine einflussreiche Organisation stand.

Da die Angeklagten sich hierüber ausschwiegen, war eine Klärung während des Leipziger Prozesses allenfalls von der Aussage Theodor Brüdigams zu erhoffen, der die Kasseler Staatsanwaltschaft über das gegen Scheidemann und Rathenau geschmiedete Mordkomplott informiert hatte. Doch der Mann, dessen Konto mit mehreren Vorstrafen wegen Betruges und schweren Diebstahls belastet war, der vor dem Krieg jahrelang in der Landesirrenanstalt Marburg und während des Krieges als Soldat im Nervenlazarett gelegen hatte, machte selbst auf wohlmeinende Beobachter wie den Korrespondeten des liberalen *Berliner Tageblatts* einen verheerenden Eindruck: »Mag wahr sein, was er sagt, oder falsch: Die Erscheinung dieses Menschen, dessen Beruf politisches Spitzeltum ist, gibt unheimliche Eindrücke.«[15] Auch dem Oberreichsanwalt schien Brüdigam »ein zu wenig klassischer Zeuge«, als dass man auf ihn eine Verurteilung stützen könne,[16] und den Verteidigern fiel es nicht schwer, seine Glaubwürdigkeit nachhaltig zu erschüttern: Brüdigam mußte eingestehen, dass er sich bei Tillessen mit falschen Angaben eingeschlichen und ihn möglicherweise zu unbedachten Äußerungen provoziert hatte. Auch war der Doppelspitzel wohl nicht allein von uneigennützigen Beweggründen geleitet, sondern hatte die ihm von der Frankfurter *Volksstimme* für die Erforschung der O.C. und die gleichzeitig von Tillessen für die Auskundschaftung von Linksorganisationen gegebenen Summen unbekümmert zusammen verbraucht. Andererseits musste Tillessen einräumen, Brüdigam am 13. oder 14. Juni 1922 gefragt zu haben, was seiner Ansicht nach geschehe, wenn Rathenau ermordet werde. Der Frankfurter O.C.-Funktionär stritt ebensowenig ab, die von Brüdigam vor dem Anschlag weitergegebene Äußerung getan zu haben, dass er notfalls »Rathenau eine Kugel in den Kopf und mir eine ins eigene Herz zu schießen« vorhabe, versicherte nun aber, dass er mit dieser Bemerkung Brüdigam nur habe loswerden wollen.[17]

Das Gericht folgte ihm und nicht Brüdigam. Es ließ – auch auf Bitten des Oberreichsanwalts – den Zeugen unvereidigt und klammerte den O.C.-Komplex aus der weiteren Beweisaufnahme aus. Damit war die Strategie der nationalgesinnten Verteidigerriege aufgegangen, die vor einem verblüfften Publikum jede Thematisierung der O.C.-Frage selbst dann zu unterbinden versucht hatte, wenn dies auf Kosten ihrer eigenen Mandanten geschah.[18] Dem Oberreichsanwalt blieb somit nur, die Aufdeckung der in Leipzig immer wieder aufblitzenden Hintergrundverbindungen auf den kommenden Prozeß gegen die O.C. selbst zu vertagen.

An dieser Sachlage vermochte auch ein Giftmordversuch nichts zu ändern, mit dem Unbekannte versucht hatten, gerade den wohl geständnisfreudigsten der Angeklagten an weiteren Aussagen zu hindern. Willi Günther hatte während des vierten Verhandlungstages von Pralinenkonfekt gegessen, das angeblich die Firma Sarotti, Berlin, geschickt hatte, und in der Mittagspause auch vier Mitangeklagten davon angeboten; er selbst fühlte sich bereits am Nachmittag so unwohl, dass Senatspräsident Hagens die Sitzung um 15 Uhr abbrach. In der folgenden Nacht erkrankten auch die anderen Angeklagten, die von dem Konfekt gegessen hatten, und die Verhandlung musste auf den 9. Oktober vertagt werden. Die Untersuchung ergab, dass die Pralinen geöffnet und jede von ihnen mit einer Dosis Arsen gefüllt worden waren, die ausgereicht hätte, mehrere Menschen zu töten. Nur weil sie sich nach dem Pralinengenuss übergeben mussten, kamen die Opfer mit dem Leben davon. Die Sendung war schon am 30. September 1922 in Berlin aufgegeben worden und hatte ihren Adressaten noch vor der Hauptverhandlung erreichen sollen; sie traf aber verspätet ein. Trotz einer ausgelobten Belohnung von 500 000 Mark konnten die Täter nicht ermittelt werden; der vom Leipziger Oberstaatsanwalt geäußerte Verdacht, dass die Täter der O.C. angehörten oder ihr doch nahestünden, konnte daher nicht bestätigt werden. Jahre später bezeugte ein früherer O.C.-Funktionär, dass Tillessens Mitarbeiter in der Frankfurter O.C., Friedrich Wilhelm Heinz, den Anschlag inszeniert habe.[19] Heinz selbst bestätigte seine Urheberschaft nach dem Untergang der Weimarer Republik in einer autobiographischen Darstellung, die allerdings das in das Konfekt injizierte Arsen in ein harmloses Abführmittel verwandelte.[20] Noch nach dem Zweiten Weltkrieg, mittlerweile zum Chef eines bundesdeutschen Geheimdienstes aufgestiegen, wurde er mit dem Giftmordversuch konfrontiert, wohingegen das Opfer selbst sich offenbar zeitlebens unsicher war, wer ihn eigentlich zum Schweigen hatte bringen wollen.[21]

Angesichts der unklaren Beweislage hielt der Oberreichsanwalt lediglich an der vagen Erkenntnis fest, »daß sich gewisse Umstände herausgestellt haben, die erkennen lassen, daß die Täter mit gewissen Organisationen in Verbindung gebracht werden können«[22]. Genauer mochte sich auch das Gericht nicht festlegen: »Bei der Beurteilung der Handlungen der Angeklagten [...] ist sich der Gerichtshof bewußt gewesen, daß hier nur bewiesene Tatsachen, nicht bloße Vermutungen zu Grunde zu legen sind. Daher ist die Annahme abgelehnt worden, daß der Ermordung Rathenaus das Komplott einer organisierten Mörderbande zu Grunde liegt, nach deren Anweisung jeder einzelne Beteiligte, nach vorher übernommener Gehorsamspflicht, jeder an der ihm bestimmten Stelle, gehandelt hat. Zwar ist die Möglichkeit vorhanden, daß eine solche Organisation, die den Mord Rathenaus betrieben, bestanden hat, bewiesen ist es jedoch bisher nicht.«[23]

Das Gericht folgte dem Strafantrag des Oberreichsanwalts in drei Fällen und urteilte in einem härter, in den übrigen milder; vor allem aber bewertete es den Mord als gemeine und ehrlose Tat, der nicht das Prädikat eines politischen Verbrechens zuerkannt werden dürfe, und erkannte den zu Zuchthausstrafen Verurteilten die bürgerlichen Ehrenrechte auf unterschiedlich lange Dauer ab. Am meisten Aufsehen erregte die Tatsache, dass das Gericht bei dem älteren Techow statt auf Mittäterschaft nur auf Beihilfe erkannte und ihm die sonst sichere Todesstrafe ersparte; nach der Beweisaufnahme meinte es nicht mehr mit der erforderlichen Sicherheit feststellen zu können, dass Techow die Tat als eigene gewollt hatte. Um diese Entscheidung war im Richterkollegium lange gerungen worden. Seine Bereitschaft zur Milde wurde durch einen verzeihenden Brief Mathilde Rathenaus gestärkt, den Techows Verteidiger in seiner letzten Erwiderung gegen den Oberreichsanwalt effektvoll heranzog: »Die Mutter des ermordeten Ministers Rathenau hat am 3. Juli an Frau Techow einen Brief geschrieben des Inhalts: In namenlosem Schmerz reiche ich Ihnen, Sie ärmste aller Frauen, die Hand. Sagen Sie Ihrem Sohn, daß ich im Namen und im Geiste des Ermordeten ihm verzeihe, wie Gott ihm verzeihen möge, wenn er vor der irdischen Gerechtigkeit ein volles und offenes Bekenntnis ablegt und vor der göttlichen bereut. Hätte er meinen Sohn gekannt, den edelsten Menschen, den die Erde trug, er hätte eher die Mordwaffe auf sich selbst gerichtet als auf ihn. Mögen diese Worte Ihrer Seele Frieden geben. Mathilde Rathenau.«[24] Im einzelnen wurden verurteilt: Ernst Werner Techow wegen Beihilfe zum Mord zu 15 Jahren Zuchthaus, Hans Gerd Techow und Günther wegen Beihilfe in Tateinheit mit Begünstigung zu vier Jahren und einem Monat Gefängnis beziehungsweise zu acht Jahren Zuchthaus, Niedrig und Salomon wegen Beihilfe zu je fünf Jahren Zuchthaus, Schütt und Diestel wegen Begünstigung zu je zwei Monaten Gefängnis, Tillessen und Plaas wegen Nichtanzeige eines drohenden Verbrechens zu drei beziehungsweise zwei Jahren Gefängnis und Ilsemann wegen Vergehens gegen die Waffenordnung zu zwei Monaten Gefängnis. Drei weitere Angeklagte wurden freigesprochen.

Das Urteil erfuhr zwiespältige Kommentierung: Deutschnationale Zeitungen begrüßten es als »Zusammenbruch der ruchlosen Hetze ›gegen rechts‹«[25], um nun ihrerseits die Vertreter der Republik auf die Anklagebank zu setzen: »Jetzt sollen Reichskanzler und

Reichstagspräsident für ihre Reden vom 24. Juni Rechenschaft ablegen. Jetzt sollen die nationalen Kreise vor Gericht Sühne fordern für den Schimpf, den man ihnen damals angetan hat.«[26] Nach Auffassung vieler konservativer Blätter hatte das Urteil den Verdacht, eine Mörderorganisation könnte hinter dem Anschlag gestanden haben, als haltlos erwiesen, während liberale Blätter genau umgekehrt argumentierten. Tatsächlich hatte der Staatsgerichtshof in seiner Entscheidung beide Interpretationsmöglichkeiten zugelassen und einerseits unterstrichen, dass die Hauptverhandlung keine sichere Stütze für die Annahme eines organisierten Komplotts ergeben hätte, andererseits aber dessen Möglichkeit durchaus eingeräumt und die Entscheidung auf den noch schwebenden Prozeß gegen die O.C. selbst vertagt. Damit hatte das Leipziger Gericht ein in der Sache vielleicht unbefriedigendes, in der politischen Wirkung aber bemerkenswert integratives Urteil gefällt. Es genügte den Hoffnungen der Konservativen, insofern es die Erörterung der Schuldfrage auf die dreizehn Angeklagten selbst beschränkte, und es befriedigte die Ansprüche der demokratischen Öffentlichkeit zumindest in der Deutlichkeit der gefällten Urteile. Nicht wenige liberale Blätter, wie die angesehene *Frankfurter Zeitung*, hielten dem Gericht allerdings gleichzeitig ebendiese »Überobjektivität« vor, »die in der Eindringlichkeit der Befragung manches vermissen ließ«.[27]

Gelegenheit, das Versäumte nachzuholen, bot sich schon zwei Monate später, als der Staatsgerichtshof am 4. Dezember 1922 abermals zusammentrat, um diesmal über die Attentäter zu richten, die im Juni des Jahres Philipp Scheidemann überfallen hatten. Sie waren bald nach dem Anschlag als der 1893 in Althammer/ Oberschlesien geborene Karl Oehlschläger und der 1900 geborene Hans Hustert aus Elberfeld identifiziert und Anfang August 1922 in einem oberschlesischen Waldgut gefasst worden. Nach Auffassung des Oberreichsanwaltes lag die »Sache [...] tatsächlich und rechtlich sehr einfach«[28], denn die Täter zeigten sich im Wesentlichen geständig; auch konnten die zur Tat führenden Umstände in großen Zügen erhellt werden. Den Feststellungen des Gerichts zufolge war Oehlschläger der geistige Urheber der Tat gewesen. Er wollte die Idee, Scheidemann als einen der Hauptschuldigen am Untergang des Kaiserreichs zur Rechenschaft zu ziehen, bereits im

November 1918 entwickelt haben. Angeblich um Weihnachten 1921 hatte Oehlschläger, der die Bekanntschaft mit Hustert auf eine gemeinsame Zugehörigkeit zum Oberschlesischen Selbstschutz zurückführte, seinem Tatgenossen die Vorstellung nahegebracht, dass ›man republikanische Führer beseitigen müsse‹, und ihn im April 1922 in Köln dafür gewonnen, mit nach Kassel zu fahren, um Scheidemann zu töten. Am 26. April jedenfalls reisten beide – reichlich mit Geld versehen – nach Kassel, mieteten sich ein und verbrachten anschließend Wochen damit, die Lebensgewohnheiten ihres Opfers auszuspähen. Die als Tatwaffe vorgesehene Gummispritze mit Blausäurefüllung wollte Oehlschläger im April 1922 von einem unbekannt gebliebenen Ungarn aus der rechtsradikalen Organisation »Erwachende Magyaren« auf dem Bahnhof von Karlsruhe erhalten haben.

Diese Spritze führte Hustert am Nachmittag des 4. Juni 1922 in einem Rucksack bei sich, als er mit Oehlschläger die Verfolgung des Kasseler Oberbürgermeisters aufnahm, der in Wilhelmshöhe die Straßenbahn zusammen mit Tochter und Enkelin verlassen hatte, um einem von ihm kurz zuvor neuentdeckten Spazierweg durch den Wald zu folgen. Sich etwa 150 Meter hinter den dreien haltend, folgten ihnen die Täter, bis schließlich Oehlschläger Hustert befahl, den Anschlag auszuführen. Während sein Komplize daraufhin auf Scheidemann zulief, hielt Oehlschläger sich eingriffsbereit in der Nähe und rannte dann mit Hustert davon, als er Scheidemann zusammenbrechen sah.[29]

Das Richterkollegium war unter dem Vorsitz des Senatspräsidenten Dr. Schmidt nahezu ebenso zusammengesetzt wie beim vorausgegangenen Prozess gegen die Mörder Rathenaus, und es ließ keinen Zweifel daran, dass es den Angriff auf den früheren Ministerpräsidenten des Deutschen Reiches für ein unnachsichtig zu ahndendes Verbrechen hielt. Entsprechend drangen die beiden Angeklagten weder mit dem Versuch durch, ihre eigene Tötungsabsicht in Abrede zu stellen, noch gelang es ihnen, ihr Opfer in politisches und moralisches Zwielicht zu setzen. Beide wurden vom Staatsgerichtshof am 6. Dezember 1922 des versuchten Mordes für schuldig befunden und zu zehn Jahren Zuchthaus verurteilt. Dennoch gelang es auch in diesem Fall nicht, die Hintergründe des Anschlags befriedigend aufzuhellen; unbeantwortet stand abermals die Vermutung im Raum, daß die Angeklagten als Werkzeuge unerkannter Auftraggeber fungiert haben könnten. Doch weder Hustert noch Oehlschläger vermochte das Gericht ein entsprechendes Geständnis zu entlocken, und das Gericht war sich selbst bewusst, dass es sein Urteil über zwei Angeklagte in einem Fall sprach, der nur unzureichend aufgeklärt war. Daß das Verfahren überhaupt eröffnet wurde, obwohl »die Ermittlungen nach etwaigen Gehilfen noch nicht abgeschlossen waren«[30], ging auf das Drängen des Oberreichsanwaltes zurück, der schon Ende September 1922 bei einer weiter hinausgeschobenen Aburteilung des im Juni verübten Deliktes und angesichts des mit dem Rathenaumord noch fortgesetzten politischen Terrors fürchtete, dass die Justiz sich in der Öffentlichkeit gegenüber der staatlichen Bedrohung als ohnmächtig präsentiere. So fiel der Versuch, tiefere Zusammenhänge der Tat aufzuklären, prozesstaktischen Rücksichten zum Opfer, ohne dass der Oberreichsanwalt die von Hustert und Oehlschläger beharrlich behauptete Alleintäterschaft für sehr überzeugend hielt.

Einen neuen Anlauf zur Ausleuchtung des verborgenen Hintergrunds der Attentatsserie nahm der Staatsgerichtshof im Juni 1925 mit dem zweiten Rathenaumord-Prozeß gegen die seinerzeit zunächst entkommenen, aber zwischenzeitlich gefassten Tatbeteiligten Günther Brandt und Johannes Küchenmeister. Denn gerade der in den Aussagen seiner verurteilten Komplizen immer wieder genannte Günther Brandt hatte im Mordkomplott gegen den Außenminister offenbar eine Schlüsselrolle gespielt, durch die beständig das Wirken einer Hintergrundorganisation durchzuschimmern schien. Als er im April 1924 am Ammersee in Bayern festgenommen werden konnte, trug er zwei gefälschte amtliche Ausweise bei sich, über deren Herkunft er keine Angaben machen wollte. Nach seiner Darstellung war er von Kern bei einer Berliner Tagung von Marineoffizieren einige Wochen vor dem Rathenaumord gebeten worden, einen Kraftwagen zu besorgen, ohne zu wissen, dass das Auto zur Ausführung eines politischen Verbrechens verwendet werden sollte. Dagegen sprach allerdings eine frühere Aussage Karl Tillessens, nach der Brandt einmal erwähnt hatte, daß Kern und Fischer bei jener Offizierstagung durchaus schon über ihre Mordabsicht gesprochen hätten. In der Hauptverhandlung wollte Brandt über diese »kameradschaftliche Besprechung ehemaliger Marineoffiziere« zu Pfingsten 1922 mit Rücksicht auf die Staatssicherheit nur unter Ausschluss der Öffentlichkeit aussagen. Über die naheliegende Vermutung, dass es sich bei diesem Pfingsttreffen durchaus nicht nur um eine der bloßen Traditionspflege dienende Zusammenkunft gehandelt habe, konnten die Prozessberichterstatter freilich nur spekulieren, da das Gericht Brandts Verlangen nachkam und die Öffentlichkeit ausschloss.

Das weitere Geschehen stellte sich nach der Voruntersuchung so dar: In der Woche vor dem Anschlag hatte Kern seine Bitte nach einem Kraftwagen für eine »nationale Unternehmung« erneuert und Brandt sich daraufhin an die politisch rechtsstehenden Gebrüder Johannes und Fritz Küchenmeister gewandt, die in Freiberg eine Flachsverarbeitungsanstalt betrieben und zwei Personenkraftwagen besaßen. Sowohl Johannes wie Fritz Küchenmeister gaben an, dass Brandt ihnen die Verpflichtung auferlegt habe, über die Verleihung des Wagens zu schweigen, selbst aber über die beabsichtigte Verwendung des Wagens keine Auskunft gegeben habe: »Doch solle dieser dazu dienen, einer Anzahl gut deutscher Leute nach Ausführung einer nationalen Tat den Weg zur Flucht offen zu halten.«[31] Brandt, der anschließend mit Techow in Küchenmeisters Wagen nach Berlin fuhr, behauptete seinerseits, erst nach seiner Ankunft in Berlin von Kerns und Fischers Mordplänen erfahren und nachdrücklich gegen die nicht abgesprochene Verwendung des Wagens protestiert zu haben. Dass dies nicht die ganze Wahrheit sein konnte, zeigte schon ein Notizzettel, den Brandt bei seiner Verhaftung bei sich trug und der sich offenkundig auf ein Gespräch mit seinem Anwalt Paul Bloch bezog: »Angelegenheit von G.B. Was haben Kaptl. Tillessen, Plaas und Techow über G.B. ausgesagt? (Aktenabschrift). Was muß G.B. aussagen?«[32] Mit diesen taktischen Überlegungen bewies Brandt, dass er auf die Lehren hörte, die Walter Luetgebrune als Sprecher der »nationalgesinnten Verteidiger« nach dem ersten Rathenaumord-Prozess seinem Anwaltskollegen Bloch brieflich übermittelt hatte: In künftigen Verfahren müssten die Anwälte eine striktere Kontrolle über ihre Klienten ausüben, »damit diesmal eine einheitliche Kampffront nicht gestört oder auch nur erschwert wird«.[33]

Nicht ganz zu erhellen war auch die Rolle Johannes Küchenmeisters, der von mehreren Zeugen als ein sehr religiöser und allem Fanatismus abholder Mensch geschildert wurde, der einer Beteiligung an politischen Verbrechen nicht fähig sei. Unverständlich blieb, wie er überhaupt dem ihm bis dahin gänzlich unbekannten Brandt seinen teuren, sonst nur zu Repräsentationszwecken verwendeten Kraftwagen überlassen konnte, ohne über den genauen Verwendungszweck orientiert worden zu sein. Allerdings hatte er sich aus der Untersuchungshaft in Österreich, wo er am 30. Juni 1922 festgenommen worden war, seinem Vater gegenüber brieflich mit Überlegungen zu rechtfertigen gesucht, die Zweifel an Brandts Darstellung wecken mußten: »Ich wußte nicht, wer gerichtet werden sollte, es war nicht einmal die Rede davon, daß jemand gerichtet werden sollte, aber ich habe es mir gedacht. Es sollte sich um eine Flucht handeln. Die Tat geht vor sich, so oder so.«[34] Das Gericht hielt diese Äußerung nicht für erheblich, da ein Sachverständigengutachten Küchenmeister eine psychopathische Persönlichkeit bescheinigte, die bei Erregungszuständen zu grundlosen Selbstvorwürfen neige, und schenkte statt dessen der Versicherung Brandts Glauben, von Kern über den Verwendungszweck des Kraftwagens getäuscht worden zu sein. Das entgegenstehende Zeugnis Tillessens, nach dem Kern bereits auf dem Pfingsttreffen der Offiziere seine Mordabsicht in betrunkenem Zustand bekundet hatte, hielt das Gericht durch die Einlassung Brandts für widerlegt, »daß von einer versoffenen Stimmung bei der nur kurzen Zusammenkunft, bei der es nur dünnes Bier gab, gar nicht die Rede gewesen sein könne«.[35] Seine Flucht nach der Tat wiederum konnte Brandt nach Auffassung des Gerichts plausibel mit der Befürchtung erklären, »als Ehrhardt-Offizier, wie viele andere, bei der großen Erregung verhaftet zu werden«.[36] Es konnte danach kaum überraschen, dass beide Angeklagten von dem Vorwurf der Beihilfe zum Mord an Rathenau freigesprochen wurden und nur Brandt wegen Nichtanzeige eines geplanten Verbrechens vier Jahre Gefängnis erhielt.

Je nach politischer Ausrichtung würdigte die deutsche Tagespresse das Verfahren unterschiedlich. Während etwa die *Deutsche Zeitung* das Urteil gegen Brandt, das sich in der Höhe an der 1922 gegen Tillessen verhängten Strafe bemaß, als »ungewöhnlich hart« bezeichnete[37], bemängelte die *Vossische Zeitung* in ihrer Prozessberichterstattung die starke Zurückhaltung der Reichsanwaltschaft und notierte als Ausdruck der Verhandlungsatmosphäre, dass das

Gericht sich ausdrücklich geweigert hatte, über das Wirken Rathenaus ein Werturteil abzugeben. Die liberalen Blätter verglichen darüber hinaus die in der Urteilspraxis des Staatsgerichtshofs mittlerweile überdeutlich gewordene Diskrepanz zwischen der Ahndung links- und rechtsgerichteter politischer Verbrechen und kritisierten das »unverständliche Urteil« als Verletzung des allgemeinen Rechtsempfindens.[38] Die *Frankfurter Zeitung* fand, »daß der Gerichtshof allen Angaben der Angeklagten unbedingten Glauben geschenkt hat und daß auch der Anklagevertreter darauf verzichtete, das von den Angeklagten und ihren Verteidigern vorgebrachte Entlastungsmaterial kritisch zu prüfen«[39]. Dadurch war auch ungeklärt geblieben, weshalb Brandt den angeblich für eine Gefangenenbefreiung benötigten Wagen nicht wieder mitgenommen habe, nachdem er erfahren hatte, dass Kern und Fischer ihn für einen von ihm nicht gebilligten Mord einsetzen wollten. Unbefriedigend blieb der Ausgang dieses Prozesses daher nicht nur für die konservative, sondern auch für die demokratische Publizistik – wenn auch aus entgegengesetzten Gründen.

2. Der Prozess gegen die Harden-Attentäter

Der Leipziger Staatsgerichtshof blieb seiner mögliche Drahtzieher aussparenden Strategie in allen drei Attentatsprozesssen treu. Nicht an diese Tradition gebunden und von den Weisungen des Reichsjustizministers an die Reichsanwaltschaft unbeeinflusst war hingegen das Schwurgericht beim Berliner Landgericht, das im Dezember 1922 über den Mordanschlag auf Maximilian Harden verhandelte. Anders als beim Rathenaumord konnte diesmal mit dem des Mordversuchs beschuldigten Herbert Weichardt einer der unmittelbaren Täter zur Rechenschaft gezogen werden – und er gab sich zudem offen als bloßes Werkzeug einflussreicher Auftraggeber zu erkennen. Da außerdem der mitangeklagte Buchhändler Albert Grenz nach eigenem Geständnis die Verbindungsfäden zwischen den Attentätern und ihren unbekannten Hintermännern aus dem Raum München geknüpft hatte, schien die Hoffnung nicht abwegig, wenigstens in diesem Verfahren eine Antwort auf die Frage nach dem inneren Zusammenhang der drei Attentate des Sommers 1922 und nach der Verantwortung der O.C. zu finden.

Doch auch dieser Prozess vergab seine Chance. Mehr noch: Er wurde zum Skandal. Sowohl Grenz wie Weichardt gaben ihre Beteiligung an dem Überfall auf Harden unumwunden zu, so dass das Gericht den unmittelbaren Tathergang mühelos klären konnte. Es verzichtete bei dieser Sachlage auf jeden Versuch, die Identität der nur brieflich in Erscheinung getretenen Auftraggeber aufzudecken, und konzentrierte sich stattdessen auf die Frage, ob überhaupt eine Tötungsabsicht vorgelegen habe. Die auf versuchten Mord lautende Anklage hatte sich auf die Einlassungen der Angeklagten selbst stützen können. Denn in der Voruntersuchung hatte Weichardt als »Ziel des Unternehmens die Beseitigung Hardens« angegeben[1] und Grenz gestanden, »an Ankermann und Weichardt mit dem Ersuchen herangetreten zu sein, Harden in Berlin gewaltsam zu beseitigen.«[2] Da auch das Auftragsschreiben der mutmaßlichen Hintermänner von der »Erledigung der im anliegenden Zettel genannten Persönlichkeit« sprach und Grenz überdies zugab, Ankermann und Weichardt bei etwaigem Verrat die gleiche Strafe angedroht zu haben, konnte die Anklage gar nicht umhin, vom Tötungsvorsatz der Attentäter auszugehen.

In der Verhandlung jedoch rückten Grenz und Weichardt von ihrem Geständnis ab und behaupteten nun, es habe sich lediglich darum gehandelt, »Harden einen Denkzettel zu geben und zu verhindern, daß er [...] nach Amerika fährt«.[3] Harden hatte jedoch eine ursprünglich geplante Vortragsreise in die USA, deren vaterlandsschädigende Wirkung die Angeklagten angeblich hatten verhindern wollen, bereits ein Dreivierteljahr zuvor öffentlich abgesagt. Die Verteidigung konterte mit der Bemerkung, Harden sei in der Öffentlichkeit dafür bekannt, daß die von ihm in der Presse gegebenen Veröffentlichungen von einer gewissen Wankelmütigkeit getragen seien und er seine Reise unter Umständen trotzdem gemacht hätte.[4] Wie wenig glaubhaft diese Konstruktion freilich war, zeigte allein die vom Vorsitzenden nicht zugelassene und daher auch nicht beantwortete Frage von Hardens Rechtsbeistand, wie denn Harden aus den Schlägen seiner Angreifer hätte entnehmen sollen, dass die Attentäter beabsichtigten, ihn an einer Reise in die USA zu hindern. Ebensowenig fanden die Angeklagten eine befriedigende Erklärung auf den Vorhalt, dass sie trotz ihrer Absicht, Harden an einer möglicherweise unmittelbar bevorstehenden Reise zu hindern, drei Monate tatenlos in Berlin verbracht hatten, bevor sie zur Tat schritten. Der medizinische Sachverständige schließlich stellte in seinem Gutachten fest, dass Harden aufgrund der ihm zugefügten acht Kopfwunden vierzehn Tage lang in Lebensgefahr geschwebt hatte.

Dennoch folgten die Geschworenen der Argumentation der Angeklagten. Sie schlossen sich selbst der von den Verteidigern vorgebrachten Ansicht an, dass die körperlich weit überlegenen und mit Totschlägern bewaffneten Attentäter den Kopf ihres Opfers mühelos hätten zertrümmern können. Allein aus Hardens Überleben müsse daher auf die fehlende Tötungsabsicht geschlossen werden, obwohl die Beweisaufnahme ergeben hatte, dass Harden weitere Schläge mit dem schützend erhobenen Arm abgewehrt und seine auf ihn eindringenden Angreifer durch lautes Schreien in die Flucht getrieben hatte. So wurden nach dreitägiger Verhandlung beide Attentäter von der Anklage des versuchten Mordes freigesprochen und lediglich wegen Beihilfe zu gefährlicher Körperverletzung verurteilt, Grenz zu vier Jahren und neun Monaten, Weichardt unter Zubilligung mildernder Umstände zu zwei Jahren und neun Monaten Gefängnis. Beide Angeklagten nahmen das Urteil sofort an.

Das Urteil rief in der demokratischen Öffentlichkeit Entsetzen hervor. Der Kommentator der *Vossischen Zeitung* fand: »Das Urteil gegen die Harden-Attentäter ist ein Flammenzeichen. [...] Nicht so sehr um der Wirkung auf das Ausland willen ist es zu beklagen, als vor allem darum, weil nur das entsetzliche geistige Siechtum Deutschlands diesen Spruch hervorbringen konnte.«[5] Diese vernichtende Urteilsschelte stand nicht allein. Das *Berliner Tageblatt* resümierte gar: »Der fast beispiellose Fehlspruch, den die Geschworenen im Harden-Prozeß begangen haben, hat in der Presse, soweit wir sehen, von der äußersten Rechten bis zur äußersten Linken nicht ein Wort der Zustimmung gefunden.«[6] Wer dem Prozessverlauf aufmerksam gefolgt war, konnte von seinem skandalösen Ausgang allerdings kaum überrascht worden sein. Stefan Großmann beklagte schon vor der Urteilsverkündung den »Verfall des Richtertums«[7], nachdem er den Lesern des *8-Uhr-Abendblattes* seine ersten Prozesseindrücke übermittelt hatte: »Die Behandlung der Angeklagten ist überraschend höflich. Als Herr Grenz, der Anwerber zum Morde, sich erlaubt, Harden einen ›Schmierfink‹ zu nennen, wird er vom Vorsitzenden nicht einmal sanft gerügt. Kein psychologisch scharfes Verhör, keine energische Kontrastierung der Gegensätze in der Verhandlung gestern und heute. Kein Wunder, daß die Angeklagten mit heiterem Gottvertrauen dreinschauen. Sie sind frohe Tatmenschen und werden als solche behandelt.«[8]

Dass die Justiz vor ihrer Aufgabe so eklatant versagte, war nicht zuletzt auf eine Prozessführung zurückzuführen, die sich ängstlich bemühte, dem gelegentlich offen herausfordernden Antisemitismus der Angeklagten und ihrer Verteidigung keine zusätzliche Nahrung zu bieten. Nachdem schon die Verteidiger Bloch und Schiff Geschworene mit jüdisch anmutenden Namen ausnahmslos abgelehnt hatten, zeigte die Einseitigkeit des Verfahrens, in dem die Angeklagten ihr Opfer ungestraft als »Harden-Witkowski« titulieren durften, dass der ebenfalls jüdische Vorsitzende, Sohn eines Rabbiners aus Glogau, jeden Anschein vom Sympathie mit dem jüdischen Opfer vermeiden wollte, um nicht der Parteilichkeit zugunsten eines Glaubensgenossen bezichtigt zu werden. Er ließ sogar widerspruchslos zu, dass der als Nebenkläger zugelassene Harden von den Angeklagten beleidigt und von ihren Verteidigern als politischer Schädling diffamiert wurde. Als Harden sich daraufhin gegen diese Unterstellungen selbst verwahrte und die Verteidigung prompt Zeugen für ihre Behauptung anbieten wollte, regte der Vorsitzende der Einfachheit halber an, es ohne weiteres als wahr zu unterstellen, »daß ein großer Teil der Bevölkerung die Tätigkeit Hardens als schädlich betrachte«.[9] So endete der Harden-Prozess mit einer faktischen Selbstaufgabe der Rechtsprechung und einem resignierten Nachruf Tucholskys: »Das muß man gesehen haben. Da muß man hineingetreten sein. Diese Schmach muß man drei Tage an sich haben vorüberziehen lassen: dieses Land, diese Mörder, diese Justiz. [...] Ich habe so etwas von Prozeß überhaupt noch nicht erlebt. [...] Das ist keine schlechte Justiz. Das ist keine mangelhafte Justiz. Das ist überhaupt keine Justiz.«[10]

Harden selbst lehnte es aufgrund dieser Erfahrung ab, überhaupt noch als Zeuge vor Gericht zu erscheinen, als eineinhalb Jahre später dem in der Zwischenzeit verhafteten Komplizen Ankermann, der den eigentlichen Angriff auf ihn verübt hatte, der Prozess gemacht wurde. In diesem Fall ging Hardens Skepsis allerdings fehl. Ankermann erfuhr vor Gericht bei weitem nicht die Schonung wie zuvor seine Komplizen und wurde am 2. Juni 1924 wegen versuchten Mordes zu sechs Jahren Zuchthaus verurteilt, nachdem die Geschworenen diesmal den Tötungsvorsatz des Trios für erwiesen hielten. Zwar vermochte das Schwurgericht dadurch den im ersten Prozess gegen die Harden-Attentäter erweckten Eindruck der Rechtsblindheit zu relativieren, doch gelang es ihm auch diesmal nicht, Licht in das Dunkel um etwaige Hintermänner der gefassten Täter zu bringen. Harden selbst sah das eigentliche Motiv im Antisemitismus der hinter seinen Angreifern Stehenden und des sie stützenden Teils der Bevölkerung. Grenz, in dessen Wohnung eine Liste der in Ostfriesland wohnenden Juden gefunden worden war, gab ihm indirekt recht, als er in seinem Schlusswort erklärte:»Ich stehe zu meiner Tat. [...] Zwei Prozent mögen hinter der Gegenseite stehen. Hinter mir aber stehen 50 Prozent des deutschen Volkes.«[11] Auch Ankermann versicherte später, mit Grenz darüber einig gewesen zu sein, dass Harden »ein besonderer Schädling ist und zwar wegen seiner Schriften und seines völkischen Gesinnungswechsels. [...] Es empörte uns besonders, daß er als Jude es wagte, alles anzugreifen.«[12]

Gleichzeitig aber kam in den Besprechungen zwischen dem Oldenburger Buchhändler und seinen gedungenen Schlägern ein ganz anderes Motiv zum Vorschein: das Streben nach Geld und persönlicher Versorgung. Immer wieder verlangten und erhielten Ankermann und Weichardt kleinere und größere Geldbeträge von Grenz, und der wiederum unternahm offenbar seine eigenen Reisen nach München und Berlin ausschließlich, um seinen ewig in Geldnöten steckenden »Getreuen« weitere Summen zu beschaffen oder zu überbringen. Nachdem Grenz allerdings seine Komplizen auf diese Weise monatelang bei der Stange gehalten hatte, aber unablässig neue Forderungen auf sich zukommen sah, schickte er ihnen am 30. Juni 1922, knapp eine Woche nach dem Mord an Rathenau, schließlich die Aufforderung, den Anschlag doch endlich auszuführen.[13] Seine »tatfrohen Männer« hingegen hielten das erhitzte öffentliche Klima nach dem Rathenaumord offenbar eher für nachteilig, denn am 2. Juli drang Weichardt nach eigenem Bekunden auf Ankermann ein, »er sollte es sein lassen, es hätte keinen Zweck, gerade jetzt, wo die Volksstimmung so erregt wäre«.[14] Dass der Anschlag am Folgetag dennoch ausgeführt wurde, erzwingt also durchaus nicht den Schluss von der zeitlichen Nähe auf einen inneren Zusammenhang zwischen beiden Attentaten, sondern wirft vielmehr die Frage auf, ob der Überfall nicht aus der Habgier zweier entwurzelter Existenzen resultierte.

Damit wird allerdings die auch durch den Staatsanwalt vertretene Annahme fragwürdig, »es bestehe unzweifelhaft ein innerer Zusammenhang mit den Anschlägen auf Erzberger, Scheidemann und Rathenau«.[15] Denn bei näherer Prüfung stellen sich die vielen auf süddeutsche Hintermänner führenden Spuren durchweg weniger überzeugend dar, als etwa die Höhe der von den Tätern verbrauchten Gelder und die in Aussicht gestellte Anstellung im bayerischen Staatsdienst zunächst vermuten lassen. Zunächst gibt es mindestens ebenso eindeutige Anzeichen, die gegen eine Lenkung des Harden-Anschlags durch die O.C. in München sprechen. Anders als Scheidemann und Rathenau besaß der Herausgeber der *Zukunft* in der politischen Arena der Weimarer Republik keine

Bedeutung und keinen Anhang mehr; der Überfall traf einen fast Vergessenen, dessen Zeitschrift vor dem Ruin stand und in dessen ätzender Kritik an den herrschenden Zuständen sich die Bitterkeit des Übergangenen verriet. Folgerichtig taucht der Name Hardens an keiner Stelle und zu keiner Zeit im Kontext der O.C. und ihrer Mordpläne auf, und keiner der drei Mordkomplizen des Harden-Attentats hatte jemals in Beziehung zu Ehrhardt-Leuten gestanden oder gar ihrer Organisation angehört. Einzig Grenz verfügte durch seine buchhändlerische Tätigkeit über weiterreichende Verbindungen, die immerhin eine gewisse Nähe zur terroristischen Rechten denkbar erscheinen ließen.

Nicht denkbar hingegen war angesichts des elitären Geheimbundcharakters der O.C., dass sie über einen fremden Mittelsmann zwei Außenstehende schlankweg mit einem politischen Mord hätte beauftragen können. Tatsächlich ähnelte das Verhalten von Ankermann und Weichardt nach der »Verpflichtung« mehr einer fortwährenden Erpressung ihres Auftraggebers als einer gezielten Tatvorbereitung. Es gipfelte in einem Brief, den die beiden bereits vor dem Anschlag selbst aufgesetzt, dann aber infolge der Festnahme von Weichardt nicht mehr abgesandt hatten und in dem sie mitteilten, dass ihnen »trotz ungünstigster Konjunktur der Geschäftsabschluß geglückt« sei. Im weiteren Verlauf verlangten die Verfasser »baldmöglichstes Anbahnen der beabsichtigten Geschäftsverbindung mit der pp. Firma im Süden«, worunter sie »vorzugsweise die geplante baldigste Festanstellung unserer beiden Herren bei der pp. Firma, die ihnen ja auch vertragsmäßig in Aussicht gestellt ist«, verstanden. »Für ihre und ihrer Familien Übersiedlung ist naturgemäß Sorge zu tragen. [...] Gleichzeitig bitten wir, bei Einlösung der Devisen dafür Sorge tragen zu wollen, daß die vereinbarte Anzahlung auch die entstandenen Unkosten und Verpflichtungen decken kann, also mindestens sechzigtausend Mark. Wünschenswert wäre, wenn unser Chef sich dazu verstehen könnte, die Schuldsumme in Höhe von dreißigtausend Mark extra auszuwerfen, so daß die Herren Agenten keine Einbuße des ihnen Zustehenden erleiden.«[16] Unverkennbar verrät dieses an Grenz gerichtete Schreiben, dass seine Autoren den politischen Mord als ein Geschäft auffassten, das sich auch nach »Abschluß« noch profitabel nutzen ließ. In der militärisch straffen Organisation der O.C. wäre eine solche Haltung genauso unvorstellbar gewesen wie der Umstand, dass die auserkorenen Täter sich nach Auftragserteilung volle drei Monate in Berlin in erster Linie dem Berliner Nachtleben und der Formulierung neuer Geldforderungen widmeten.

Dass die O.C. keinesfalls hinter dem Überfall auf Harden gestanden haben könne, schien zumindest Hardens Rechtsbeistand Grünspach so eindeutig, dass er vor Gericht mit einem später zurückgezogenen Antrag auf Ladung Hermann Ehrhardts den Angeklagten Grenz dazu zwingen wollte, seine Alleinverantwortung einzugestehen. Grünspach gründete seine Überzeugung auf eine von Harden im Jahr zuvor veröffentlichte Äußerung Ehrhardts, von der Grenz sicherlich nichts wusste: Nachdem in der *Zukunft* eine vehemente Kritik an der strafrechtlichen Verfolgung Ehrhardts wegen seiner Beteiligung am Märzputsch 1920 zu lesen gewesen war, hatte der über diese unerwartete publizistische Hilfe erstaunte Ehrhardt mit einem Brief gedankt, in dem er Harden um so mehr für die Unterstützung dankte, als er um die Verschiedenheit ihrer Ansichten wisse: »All die Kreise, die uns seinerzeit zu der Tat drängten, die uns zujubelten, die ihre Vorteile dadurch gehabt haben, haben uns feig fallen lassen. Nicht ein Mann aus dem rechten Lager ist je in Wort oder Schrift öffentlich oder gar im Reichstag für uns eingetreten. Ich hoffe, daß all diesen jämmerlichen Bürgergestalten beim Lesen Ihrer Zeilen die Schamröte ins Gesicht gestiegen ist.«[17] Ehrhardt hätte sich auch nach seinen eigenen Maßstäben in nicht geringem Maße kompromittiert, wenn er tatsächlich den Befehl erteilt hätte, einen Mann zu ermorden, in dessen Schuld zu stehen er noch im Jahr zuvor gerade unter Hinweis auf ihre politischen Divergenzen bekannt hatte.

Was aber hätte Grenz dazu veranlassen können, seinen Kontakt mit einer geheimnisvollen Stelle in München schlicht zu erfinden? Zur Erklärung führt eine Eigentümlichkeit in seinem Aussageverhalten: Er war rückhaltlos bereit gewesen, gegenüber seinen späteren Komplizen wie dann vor Gericht seine Briefkontakte nach München offenzulegen, aber er hatte sich ebenso entschieden geweigert, die Namen dieser Münchener Hintermänner preiszugeben, und zwar nicht nur gegenüber den Justizbehörden, sondern genauso gegenüber Ankermann und Weichardt: Er könne seine

Auftraggeber nicht nennen, weil er sie nicht kenne.[18] Das Gericht hielt diese Aussage für eine Schutzbehauptung, obwohl nur sie das Verhalten des von seinen mittlerweile wieder mittellosen Komplizen nach Berlin gerufenen Buchhändlers plausibel zu erklären vermochte: »Als ich ankam«, erinnerte sich Grenz vor Gericht, »sagte er [Ankermann, M.S.] mir, ich müßte unbedingt zu den Münchner Herren fahren, um Geld zu beschaffen, oder ich solle ihm die Anschrift mitteilen, dann wolle er selbst alles weitere veranlassen, er wolle die Dringlichkeit seiner Geldforderungen den Leuten schon demonstrieren. Ich konnte, oder vielmehr wollte darauf nicht eingehen, sonst hätte ich ihm sagen müssen, daß ich selbst die Leute nicht kenne. Daraufhin drang er darauf, daß ich nach München fahre. Ich wußte nicht, was ich machen sollte.«[19]

Es spricht manches, wenn nicht alles dafür, dass dieser Dialog der Wahrheit entspricht. Um sich vor seinen Mordgehilfen nicht bloßzustellen, reiste Grenz tatsächlich nach oder in Richtung München, kehrte natürlich aber mit leeren Händen nach Berlin zurück. Immer weiter bedrängt, teilte Grenz mit ihnen dann seine persönliche Barschaft – der Auftraggeber war in die Rolle des Erpressten geraten. Er, der sich mit nebulösen Kontakten zu geheimen Münchener Verschwörergruppen gebrüstet haben mochte, sah sich nun in seinen eigenen Vorspiegelungen gefangen und musste den gutdotierten Mordauftrag gegenüber seinen Komplizen durchhalten, um nicht Gefahr zu laufen, dass sie ihre Enttäuschung an ihm ausließen. Mehr noch: Grenz fühlte sich machtlos gegenüber den angeworbenen Spießgesellen, die sein Geld in Nachtbars verlebten, statt ihren Mordauftrag auszuführen, und er »drängte nicht aus dem Grunde, daß Ankermann nicht veranlaßt werden könnte, die Sache unter Umständen *anzuzeigen*«.[20] Die Münchener Auftraggeber existierten nur im Kopf des Oldenburger Buchhändlers, und sie konnten ihm folglich auch nicht helfen, als die Behörden auf seine Spur gekommen waren: Obwohl Grenz aus der Zeitung von der Festnahme Weichardts erfahren hatte, sah er offenbar keine Möglichkeit, sich abzusetzen, und ließ sich anschließend widerstandslos festnehmen. Folgerichtig hielt die von Grenz ersonnene Konstruktion daher auch während der Verhandlung keiner ernsthaften Nachfrage stand. Weder konnte der Angeklagte in ihr plausibel machen, warum eine Münchener Verschwörergruppe ausgerechnet auf einen unbekannten Buchhändler aus dem Ostfriesischen verfallen war, noch wusste er eine Antwort auf die Frage, weshalb er denn bei der Suche nach zwei tatfrohen jungen Völkischen nicht zuerst an sich selbst gedacht hatte.

Der Hintergrund, warum er sich überhaupt in die Rolle eines Verbindungsmannes zur O.C. oder einer anderen terroristischen Geheimorganisation hatte drängen lassen, war unschwer zu ermitteln: Als rechtsgesinnter Buchhändler und Sekretär im Deutschvölkischen Schutz- und Trutzbund stand er mit den verschiedensten Kräften und Exponenten im rechten Lager in Kontakt, und er war in den nach dem Erzbergermord bei einem Regensburger Architekten beschlagnahmten Mitgliederlisten samt seinem Decknamen als Angehöriger der Loge »Fosetisland« im Germanenorden aufgeführt. Dieser völkische Geheimbund, der auch die Mörder Erzbergers zu seinen Mitgliedern zählte und als einer der Anstifter zu ihrem Verbrechen hervorgetreten war, mochte Grenz die Idee eingegeben haben, ein Attentat auf Harden zu organisieren. Jedenfalls war es sein Kontakt zum terroristischen Milieu des völkischen Rechtsradikalismus, den sich Weichardt nach Grenz' eigenem Bekunden zunutze zu machen versuchte: Weichardt »besuchte mich des öfteren. Er war so gut wie unbeschäftigt und bat mich, ob ich ihm nicht im vaterländischen Sinne etwas Beschäftigung nachweisen könnte. [...] Ich konnte ihm nichts sagen. Er frug mich täglich.«[21] In einer verzweifelten Lage befand sich auch Ankermann, der sich in Oldenburg bereits einen Ruf als betrügerischer Schuldner erworben hatte und vorher »wegen beträchtlicher Schulden« aus Königsberg verschwunden, von seinem Vater enterbt und von seiner Frau »im Sommer 1921 wegen seiner Schulden und wegen seines Lebenswandels geschieden« worden war.[22] Grenz stand unter dem Erwartungsdruck zweier Gestrandeter, die ihren Verbindungsmann konsequent beim einmal gegebenen Wort nahmen. Noch aus dem Abstand von mehr als fünfzig Jahren beharrte Grenz gegenüber Dritten darauf, daß die 1922 von ihm selbst behauptete Verbindung zur »Firma« in München eine pure Erfindung dargestellt habe; sie sei ihm vielmehr von den Berliner Untersuchungsbeamten förmlich in den Mund gelegt worden. Niemandem, so Grenz, sei aufgefallen, »daß ich gar nicht nach dem Süden gefahren war, denn ich hätte ihnen die Übernachtungshotels auf Befragen nennen müssen, was ich gar nicht konnte. Während der fraglichen Zeit saß ich in Oldenburg.«[23]

Das Mordkomplott gegen Maximilian Harden war die Tat zweier im bürgerlichen Leben gescheiterter Weltkriegssoldaten, die in dem von politischen Morden geprägten innenpolitischen Klima der Jahre 1921/22 versuchten, über die Ermordung eines prominenten jüdischen Publizisten das Entréebillett in eine rechtsradikale Geheimorganisation zu gewinnen. Die O.C. bildete im Fall Harden nur die Projektion norddeutscher Desperados, die glaubten, sich ihr durch die Ermordung eines den Rechten verhassten Republikaners als Gefolgsleute mit Versorgungsanspruch andienen zu können. Der in Urteil und Verhandlungsführung gleichermaßen unerträgliche Prozess gegen die Harden-Attentäter hatte keine Münchener Hintermänner enttarnt, aber es hatte sie zumindest in diesem Fall auch gar nicht gegeben. Dieser Befund wirft allerdings eine weitreichende Frage auf: War vielleicht überhaupt das Klischee von der Münchener Mordfirma trotz aller Indizien und trotz aller Ungereimtheiten in den Ermittlungsergebnissen über die fraglichen Anschläge doch nur das Phantom einer hysterischen Öffentlichkeit, die hinter jedem politischen Verbrechen gleich eine konspirative Verschwörung witterte? Eine endgültige Antwort auf diese Frage konnte, wenn überhaupt, nur noch das vor dem Staatsgerichtshof anhängige Verfahren bringen, das gegen die Organisation Consul selbst geführt wurde.

3. Das Gerichtsverfahren gegen die O.C.

Das Verfahren gegen den nach dem Erzbergermord enttarnten Geheimbund und seine Münchener Zentrale kam trotz des zunächst sehr energischen Vorgehens der badischen Staatsanwaltschaft jahrelang nicht zum Abschluss. Dies lag paradoxerweise nicht zuletzt an den Maßnahmen zum Schutz der Republik, zu denen das Reich nach dem Attentat auf Rathenau gegriffen hatte. Schon vorher hatte allerdings die gerichtliche Untersuchung zu der Erkenntnis geführt, dass die O.C. nicht als Organisation, sondern nur über Killingers Abteilung B in die Ermordung Erzbergers verwickelt sei. Ende 1921 waren daher die Staatsanwaltschaften Offenburg und München übereingekommen, das beim Landgericht Offenburg anhängige Verfahren wegen Geheimbündelei von der Untersuchung im Mordfall Erzberger abzutrennen und nach München zu übertragen. Das Reichsgericht war dem Vorschlag mit Beschluss vom 30. März 1922 gefolgt; die Akten verblieben jedoch vorerst aufgrund einer Vereinbarung der beteiligten Gerichte bis zur Fertigstellung des Anklageentwurfs im Mai 1922 in Offenburg und wurden dann dem Münchener Landgericht zur weiteren Behandlung übergeben. Doch blieb das Verfahren auch dort nur wenige Wochen anhängig. Denn die nach dem Anschlag auf Rathenau getroffenen Maßnahmen zum Schutz der Republik begründeten nun die Zuständigkeit des neugeschaffenen Staatsgerichtshofs, da nach dem Ermittlungsstand der Verdacht bestand, dass die O.C. den Zweck gehabt habe, die republikanische Staatsform zu untergraben.

Doch während die Urteile im Prozess gegen die Mörder Rathenaus bereits im Oktober 1922 gefällt wurden, verstrichen bis zur Eröffnung des Hauptverfahrens gegen die O.C. mehr als zwei weitere Jahre. Noch überraschender war, dass bei der Anklageerhebung im Oktober 1924 die Zahl der Angeklagten auf 26 reduziert worden war. Fast doppelt so viele, nämlich 44, waren aus Mangel an Beweisen außer Verfolgung gesetzt worden; gegen vier weitere Beschuldigte hatte das Gericht das Verfahren ganz eingestellt, so auch gegen den im November 1923 als einen der mußmaßlichen Anführer des Kapp-Putsches verhafteten Hermann Ehrhardt selbst, »weil die

Strafe, zu der die Verfolgung führen kann, neben der Strafe, die der Angeschuldigte Ehrhardt wegen Verbrechen des Hochverrats und des Meineids zu erwarten hat, nicht ins Gewicht fällt«.[1]

Erst recht enttäuschte die Anklageschrift alle Erwartungen, dass in diesem Prozess endlich auch die Verantwortung der Ehrhardt-Organisation für die Attentate des Sommers 1922 geklärt werden könne. Die von der Reichsanwaltschaft verantwortete Anklageschrift enthielt zwar gegenüber dem zwei Jahre zuvor von der badischen Staatsanwaltschaft gefertigten Anklageentwurf durchaus neue Beweismittel. Nur handelte es sich fast ausschließlich um Entlastungsmaterial. Anders als in seinem Plädoyer im Rathenaumord-Prozeß verneinte der Oberreichsanwalt eine mögliche Verbindung der O.C. zu politischen Morden nun entschieden und begründete seine Auffassung mit der völligen Unzuverlässigkeit aller Belastungszeugen, die er im einzelnen als »geisteskrank und unzurechnungsfähig«, »nervenkrank«, »geschlechtlich entartet und geistig krankhaft veranlagt« beziehungsweise »geistig in hohem Maße verschroben« charakterisierte.[2] Beredt trat die Anklageschrift der Auffassung entgegen, dass die O.C. hochverräterische Zwecke verfolgt und auf einen Umsturz hingearbeitet hätte.[3]

Damit konnte die Reichsanwaltschaft nur das als Vereinszweck erkennen, was die Mitglieder der O.C. selbst angaben, und das war in außenpolitischer Hinsicht der »Schutz der oberschlesischen Heimat«[4] durch die Schaffung eines einheitlich geführten Militärverbandes mit Geheimbundcharakter, um den bereits ausgebrochenen dritten und den erwarteten vierten Polenaufstand abwehren zu können. Angesichts dieser Zielsetzung aber ging der Hochverratsvorwurf von vornherein ins Leere. Nicht für strafbar hielt der Oberreichsanwalt darüber hinaus die Bildung der Geheimvereinigung überhaupt, soweit sie nach außen gerichtet gewesen sei, da den Angeklagten nicht nachgewiesen werden konnte, dass sie »den Willen gehabt haben, das Dasein und den Hauptzweck ihrer Verbindung vor der Staatsregierung geheim zu halten«.[5] Rechtswidrig sei immerhin die vereinbarte unbedingte Gehorsamspflicht in der O.C. gewesen, nicht aber strafbar, da der eigentliche Zweck der O.C. im militärischen Heimatschutz bestanden habe: »Da die Mitglieder der Organisation C sich für berechtigt erachtet haben, jenen Hauptzweck zu verfolgen, haben sie auch die Aufnahme einer solchen, für die Erfüllung des Hauptzweckes notwendigen Bestimmung über die unbedingte Gehorsamspflicht als erlaubt ansehen können. Insoweit ist das Bewußtsein der Rechtswidrigkeit nicht erweislich.«[6]

Mehr Mühe bereitete der ganz auf Entlastung der Angeklagten gerichteten Anklageschrift, dass die O.C. neben ihrem sogenannten Hauptzweck einen nicht zu verkennenden innenpolitischen Nebenzweck verfolgt hatte, den die Anklage mit der den Satzungen zu entnehmenden »Bekämpfung der antinationalen Verfassung mit Wort und Schrift« gleichsetzte. Der oberste Ankläger hielt es für unbestreitbar, dass dieser Nebenzweck die versuchte Ausgestaltung des Ehrhardt-Bundes zu einem innenpolitischen Machtfaktor in sich beschlossen habe. Doch scheute die Anklageschrift keine kasuistische Anstrengung, um darzulegen, warum auch die Geheimhaltung dieser Absicht durch die O.C. nicht auf eine angestrebte Untergrabung der verfassungsmäßig festgestellten republikanischen Staatsform schließen lasse, und begab sich sogar auf etymologisches Gebiet, um zu begründen, warum das Republikschutzgesetz dem Wortlaut nach nicht auf die Bestrebungen der O.C. angewendet werden könne: »Dafür, daß die Organisation C neben diesem offenen Kampfe geheime Umtriebe ausgeübt oder auch nur im Sinne gehabt habe, hat sich kein Anhalt gefunden. Überdies hat der Kampf, den die Organisation C gegen die republikanische Staatsform des Reichs geführt hat, lediglich darauf abgezielt, in weiten Kreisen die Überzeugung von der Notwendigkeit der Änderung gewisser Bestimmungen der Verfassung hervorzurufen. Untergraben aber bedeutet eine Arbeit, die unterirdisch geleistet wird, die sich dem freien Einblicke entzieht und die den völligen Einsturz der angegriffenen Einrichtung bewirken soll (Adelung, Wörterbuch der hochdeutschen Mundart).«[7]

Auf der Linie dieser Argumentation lag es, dass die O.C. nach Auffassung des Oberreichsanwaltes erst im Mai 1921 mit der Fixierung ihrer schriftlichen Satzung gegründet worden sei, während die Bildung der Ehrhardt-Arbeitsgemeinschaften auf dem Lande und selbst der Betrieb der Münchener »Holz-Verwertungs-Gesellschaft« seit Dezember 1920 als rein kaufmännische Tätigkeit angesehen werden müssten. Widerspruchslos folgte die Anklage auch der von dem Hauptangeklagten Alfred Hoffmann ausgegebenen

Sprachregelung, der zufolge der Zugriff der Offenburger Staatsanwaltschaft vom 12. September 1921 so verheerend gewirkt habe, »daß die Organisation C aufhörte, als ein einheitlich geleiteter Verband zu bestehen«[8]. Nachdem die Existenz des Münchener Geheimbundes damit auf die Zeit von Mai bis September 1921 eingeschränkt war und er »als Organisation« folglich gar nicht in die Attentate des Jahres 1922 verwickelt sein konnte, verlor auch die Frage nach seinem eigentlichen Kopf an Brisanz. Desungeachtet machte Oberreichsanwalt Ludwig Ebermayer sich die Angaben der Angeklagten zu eigen, dass Stifter und Vorsteher des Bundes Hoffmann gewesen sei, während Ehrhardt zwar wohl habe Leiter werden sollen, nicht aber werden können – wegen des gegen ihn bestehenden Haftbefehls. Die Anklage übernahm selbst die widersinnige Auffassung, dass die O.C. trotz ihres außenpolitischen, auf den Schutz der Reichsgrenzen gerichteten Hauptzwecks niemals militärisch ausgerüstet gewesen sei und nie über Waffen verfügt hätte.[9] Schon zeitgenössische Kommentatoren wiesen auf den Widerspruch zwischen dieser Feststellung und einer anderen Passage der Anklageschrift hin, in der von der Bestandsmeldung über vorhandene Waffen im Gau L (Thüringen) durch den Angeklagten Henkel die Rede ist. Die Kritik übersah, dass der Oberreichsanwalt diesen Widerspruch durchaus erkannte – um ihn kurzerhand an den Angeklagten selbst weiterzureichen: »Henkel entwarf ferner eine besondere Anweisung für die Gruppenleiter des Gaues L. Diese Anweisung [...] verlangte zum 1. jedes Monats neben einer Stärkemeldung eine Bestandsmeldung über vorhandene Waffen, obwohl Henkel nicht den geringsten Grund für die Annahme hatte, daß Mitglieder Waffen besitzen oder in der Lage seien, sich solche zu beschaffen.«[10] Da die solcherart charakterisierte O.C. nach Auffassung des obersten Anklägers auch ihre überdies nur geringen finanziellen Mittel weder auf ungesetzliche Weise beschafft noch strafbare Beziehungen zu anderen Organisationen geknüpft habe, war der ursprünglichen Anklage jeder Boden entzogen. Die endgültige Klageschrift ließ von der einstigen Anschuldigung, dass die O.C. eine Mörderzentrale sei und hochverräterische Absichten verfolge, buchstäblich nichts mehr gelten als den bloßen Vorwurf der Geheimbündelei und reduzierte ansonsten die Anklage auf ein einziges Delikt: den illegalen Besitz einer Maschinenpistole, die bei dem Angeklagten Wegelin gefunden worden war.

Die mit Rücksicht auf die Interessen des Reichs als geheim eingestufte Anklageschrift nimmt auch in der an Beispielen politisch motivierter Rechtsprechung bekanntermaßen nicht armen Justizgeschichte der Weimarer Republik einen besonderen Platz ein. In der rechtsstehenden Presse nicht zu Unrecht als »eine flammende Anklage gegen das Republikschutzgesetz«[11] gefeiert, demonstrierte sie eindrucksvoll, wie weitgehend der politische Wille des Gesetzgebers nach dem Abflauen der durch die Anschläge ausgelösten Protestwelle juristisch unterlaufen werden konnte. Hierzu hatte auch die umsichtige Regie von Ehrhardts Führungsstab selbst beigetragen: Der Prozess und die Aussagen der Beschuldigten in der Voruntersuchung waren von München aus durch Ehrhardts Beauftragte sorgfältig vorbereitet worden. Zum Verteidiger der »westelbischen« Angeklagten wurde Walter Luetgebrune, zu dem der »ostelbischen« Paul Bloch bestellt. Beide gehörten der DNVP an und hatten sich in den vorhergehenden Attentatsprozessen als loyale Vertreter der Interessen Ehrhardts und seiner Vereinigung bewährt. Den einzelnen Angeschuldigten wurden zentral aufgestellte Richtlinien übermittelt, die deren Aussagen zu steuern halfen. So hielt sich Killinger in seiner Aussage über den Charakter der O.C. an eine Weisung, die ihm offenkundig sein Anwalt Luetgebrune im Auftrag der O.C. beziehungsweise ihrer legalen Nachfolger »Neudeutscher Bund« und »Wikingbund« übermittelt hatte: »In den Akten ist ein Rundschreiben der Abteilung gefunden, wo unter dem 10. September 1921 geschrieben steht: Die O.C. besteht aus 1.) Bezirksorganisationen 2.) Freikorpsorganisationen 3.) Wiener Organisation 4.) Organisation Sachsen. Dazu bemerke ich folgendes: 1.) ist ganz aufgedeckt. Von 2.) wissen die Untersuchungsbehörden überhaupt nichts, zu 3.) Bitte Richtlinien benutzen«.[12]

Der Erfolg dieses Vorgehens hing davon ab, dass alle Angeklagten sich nach wie vor der O.C. verpflichtet fühlten. Ehrhardts Organisation, die intern weiterhin als »Marinebrigade« firmierte, übernahm dafür die Anwaltskosten – sofern die Angeklagten die ihnen von der Zentrale zugedachten Verteidiger akzeptierten –, und sie trachtete andere von den Beschuldigten beauftragte Anwälte möglichst rasch auszuschalten. Wer hingegen aus Ehrhardts Verband ausschied, wurde eingeschüchtert und notfalls durch Drohungen zum gewünschten Aussageverhalten gezwungen. So erging es Ehrhardts zeitweiligem Stellvertreter Alfred Hoffmann, der im Sommer 1923 zu Hitler übergewechselt war. Daraufhin ließ Ehrhardt zunächst durch den neuen Leiter der Münchner Zentrale, Eberhard Kautter, bekanntgeben, »daß Kapitänleutnant Hoffmann nicht mehr Angehöriger der Marinebrigade ist« und »nie befugt war, sich als Treuhänder von Kpt. Ehrhardt auszugeben«[13]. Schließlich brachte er den Abtrünnigen persönlich zum Stillschweigen: »Ehrhardt war kurz bei F[red Hoffmann, M.S.]. Wenn Fred d[ie] bayer[ische] Regierung nennen würde, gäbe er Befehl, daß alle gegen Fred aussagen, im O.C.-Prozeß.«[14] Dennoch war auch die O.C.-Leitung verblüfft, wie weit ihr die Reichsanwaltschaft in der Anklageschrift entgegengekommen war, und wunderte sich, dass »eine derartige Fülle von Propagandamaterial gegen das heutige System und seine Methoden« von Ebermayer unterzeichnet worden war.[15]

In der auf nur drei Tage angesetzten Hauptverhandlung blieb Senatspräsident Niedner als Vorsitzendem nur wenig Spielraum, um die von der Anklage vorgetragene Sicht zu revidieren, zumal sich Reichsanwalt Niethammer (in Vertretung Ebermayers) und die Anwälte der Angeklagten zu gemeinsamer Frontstellung gegen Niedner zusammenfanden. Die Hauptverhandlung bewegte sich ganz auf der Bahn, die ihr die *Deutsche Zeitung* als Sprachrohr der Rechten vorgezeichnet hatte: »Vielleicht wird man erfahren, weshalb ein Teil dieser Männer bei ihrer Vernehmung durch den Staatsanwalt in Offenburg in den Verdacht gerieten, tatsächlich einer ›Mörderzentrale‹ anzugehören. Wir sagen ›vielleicht‹, obgleich wir hoffen, daß nicht alles vor der Öffentlichkeit enthüllt wird. Zwar würde man dann erfahren, daß nur lautere und höchste Vaterlandsliebe sie veranlaßte, darüber zu schweigen, warum sie ein Geheimbund sein mußten, aber solche Enthüllungen könnten dem Staate auch heute noch außenpolitisch gefährlich werden.«[16] Entsprechend erklärte der Hauptangeklagte Hoffmann schon am ersten Verhandlungstag, über »die wahre Tätigkeit der Organisation Consul« nur unter Ausschluss der Öffentlichkeit aussagen zu wollen, »da ich Dinge zu erklären habe, die im vaterländischen

Interesse nicht an die Öffentlichkeit gelangen sollen«.[17] Niedner als Vorsitzender beugte sich diesem das Verhältnis von Anklage und Verteidigung auf den Kopf stellenden Verlangen nur widerstrebend und im Bewusstsein, dass damit den Angeklagten implizit schon vor der Beweisaufnahme bescheinigt wurde, dass sie sich sogar in ihrem möglicherweise rechtswidrigen Tun am Staatswohl orientiert hatten. Dem gemeinsamen Druck von Verteidigung und Reichsanwaltschaft vermochte er jedoch nicht standzuhalten: »Der Präsident erhebt Bedenken gegen den Ausschluß der Öffentlichkeit, da dadurch erneut falsche Gerüchte in die Öffentlichkeit gelangen können und die Prozeßführung verschleppt und erschwert werde. Die gesamte Verteidigung erklärt sich für den Antrag Hoffmanns, ebenso auch der Reichsanwalt, der erklärt, daß man es im vaterländischen Interesse und auch im Interesse der Angeklagten selbst für notwendig erachten müsse, daß endlich die volle Wahrheit über die Tätigkeit dieser Organisation bekannt werde.«[18] Spätestens jetzt war der O.C.-Prozess zu einer Farce geworden, in der der Staatsgerichtshof im gesetzlichen Auftrag der Republik Straftaten zu verfolgen vorgab, die er im höheren Interesse des Reichs als legitime Akte der Landesverteidigung anzuerkennen gewillt war. Mit dieser im konservativen Staatsdenken beheimateten Unterscheidung zwischen Staatswesen und Verfassungsordnung war auch in den O.C.-Prozess jene rechtsfreie Grauzone politischen Handelns eingeführt worden, die nach 1918 zum Erstarken der gegenrevolutionären Bewegung in Deutschland so maßgeblich beitrug.

Folgerichtig stellte sich die O.C. in den Aussagen aller Angeklagten als eine zur militärischen Unterstützung des Reiches geschaffene Kameradschaft dar, die ihre abtrünnigen Mitglieder lediglich mit gesellschaftlichem Boykott bedroht und auch die Weimarer Verfassung nicht bekämpft, sondern nur als »abänderungsbedürftig« eingestuft habe.[19] Der Vorsitzende bemühte sich zwar, durch energisches Nachfragen die Widersprüche zwischen den 1921 sichergestellten O.C.-Unterlagen und der verharmlosenden Sicht der Angeklagten herauszuarbeiten, und brachte dadurch die Angeklagten in sichtliche Verlegenheit; neue substanzielle Erkenntnisse über den Charakter der O.C. wurden aber nicht zutage gefördert. Niedners schwächlicher Versuch, daraufhin den mit der

Voruntersuchung gegen die O.C. betrauten Untersuchungsrichter darüber zu befragen, ob deren Ergebnisse die gegen die O.C. gerichteten Angriffe rechtfertigten, scheiterte schon an der beschränkten Aussagegenehmigung, die der sächsische Justizminister erteilte.

Der in dieser Prozessentwicklung zum Ausdruck kommende Anschauungswandel war so radikal, dass der Vorsitzende ausführlich aus der geheimen Anklageschrift zitierte, um zu zeigen, warum die O.C. auch aus der Sicht der Anklage nicht in die geringste Verbindung mit politischen Morden gebracht werden könne. Im weiteren Lauf der Verhandlung, in der sogar die bloße Existenz der O.C. kontrovers blieb, da die sie konstituierenden Statuten angeblich nur einen Entwurf dargestellt hätten, konnte der Vorsitzende nicht einmal mehr verhindern, dass die Angeklagten zeitweilig zu Anklägern wurden. Einzig als sie gar die »Hetze Wirths und Scheidemanns« dafür verantwortlich machten, dass die O.C. in den Geruch einer Mörderzentrale gekommen wäre, bemühte sich Niedner, die zu Tätern erklärten Opfer vor ihren zu Opfern erklärten Tätern in Schutz zu nehmen.[20]

In seinem Plädoyer stufte der Reichsanwalt die O.C. als einen noch im Entstehungsjahr 1921 wieder aufgelösten Wehrverband ein, dessen militärische Zwecksetzung weder strafbar noch unbillig gewesen sei und naturgemäß organisatorischer Festlegungen bedurft habe. Daraus erklärten sich für ihn zwanglos die Bestimmungen über Gehorsam, Schweigepflicht und Feme. Die einzige Schuld, die der Reichsanwalt in Bezug auf den sogenannten militärischen Hauptzweck der O.C. erkennen konnte, fand er in dem Umstand, dass nach dem Erzbergermord »die Organisation überrascht [wird] und der ganze Stoff [...] in die Hand eines Staatsanwalts [fällt], der die inneren Zusammenhänge und psychologischen Voraussetzungen nicht kennt«. Die Strafbarkeit sei allein dadurch gegeben, dass die Führer des Geheimbundes »nebenher« einen innenpolitischen Machtfaktor hatten bilden wollen. Doch auch hier fand der Reichsanwalt nicht den angestrebten Kampf der Organisation gegen den Sozialismus, das Judentum und die Verfassung für verurteilenswert, sondern lediglich das Machtstreben der O.C.: »Der Gedanke war: Wenn wir das Regiment Süd gründen, dann können wir schließlich auch, wenn innerpolitisch etwas los ist, diese reale

Macht in die Waagschale werfen. Damit hat sich die Organisation Consul ein strafbares Merkmal aufgedrückt und einen Fehler begangen, den die Angeklagten, wenn sie sich die Sache überlegt hätten, als solchen hätten erkennen müssen. Eine Anzahl von ihnen hat sich strafbar gemacht der Geheimbündelei [...]. Mangel an Disziplin, Zanksucht und die von außen herangetragene giftige Kritik haben die Organisation scheitern lassen.« Nachdem so der Reichsanwalt die eigentliche Schuld der Angeklagten nur mehr darin sah, dass sie »dem Teufel der Verleumdung den kleinen Finger gereicht haben«, forderte er dementsprechend Freispruch für 16 der 26 Angeklagten und für die übrigen Gefängnisstrafen von ein bis zwei Monaten, die fast sämtlich als durch die Untersuchungshaft verbüßt gelten sollten.[21]

Das Gericht ging zwar über diesen Rahmen hinaus und verurteilte 16 Angeklagte zu Strafen von drei bis acht Monaten Gefängnis, pflichtete aber der Anklage in der grundlegenden Annahme bei, dass die O.C. sich bereits im Herbst 1921 aufgelöst habe und folglich das Republikschutzgesetz auf sie gar keine Anwendung finden könne. Wiederum abweichend von der Würdigung des Reichsanwalts stellte das Urteil klar, dass die O.C. gleichermaßen innen- wie außenpolitische Ziele verfolgt und ihre Mitglieder durchaus auf die Untergrabung der Verfassung hingearbeitet hätten. Für die Strafzumessung war diese Akzentverschiebung allerdings unerheblich, und zur Klärung der Verantwortung, die der Ehrhardt-Organisation für die politischen Terrorakte gegen Weimarer Politiker zukam, trug sie sowenig bei wie das Verfahren insgesamt. So endete die gerichtliche Verfolgung mit der folgenlosen Feststellung, daß die O.C. und ihre hasserfüllte Propaganda gegen die demokratische Republik zwar keine juristische, wohl aber eine moralische Mitschuld an den politischen Attentaten auf sich geladen hätten: »Ihre Teilnehmer mußten sich sagen, daß durch die Verbreitung derartiger Ideen eine Atmosphäre geschaffen würde, die in jugendlichen, unreifen Köpfen gar leicht den Gedanken aufkeimen ließ, den verhaßten Gegner gewaltsam zu beseitigen.«[22] Doch gerade in dieser Feststellung erblickten viele Zeitungen eine entscheidende Inkonsequenz: »Zwar spricht das Urteil selbst die Tatsache aus, daß die Erzbergermörder Schulz und Tillessen der O.C. angehörten, daß ebenso die Mörder des Reichsministers Rathenau Mitglieder der O.C. waren und auch die Fäden des Scheidemann-Attentates zur O.C. hinführen, zwar sagt das Urteil weiter, daß diese Morde in der Atmosphäre der O.C. entstanden sind – aber um so unverständlicher ist es dann, wenn das gleiche Urteil den Vorwurf einer Mörderzentrale gegen die O.C. für unberechtigt erklärt. Wenn das, was das Urteil selbst über die O.C. feststellt, noch keine Mörderzentrale ergibt, wie soll dann eigentlich eine Mörderzentrale aussehen?«[23]

Der Ausgang des Verfahrens war angetan, Zweifel an der Rechtsordnung hervorzurufen. Die Verantwortung lag in erster Linie bei der Reichsanwaltschaft, die ihre von den Verteidigern ausdrücklich gelobte »sympathische Einstellung« gegenüber den Angeklagten so offen bekundet hatte[24], dass einer der Anwälte dem *Berliner Tageblatt* gestand, noch nie vor einem Plädoyer in so großer Verlegenheit gewesen zu sein, nachdem »ihm der Staatsanwalt bereits die besten Pointen weggenommen habe«.[25] Mehr als der oberste Ankläger sorgte sich offenbar der Vorsitzende Niedner um den drohenden Ansehensverlust eines so unverhohlen Partei nehmenden Gerichts, dessen Entstehung sich ursprünglich dem politischen Willen zum wirksameren Schutz der Republik verdankt hatte. Er grenzte sich in seiner Urteilsbegründung daher mit einem Bekenntnis zur Verfassung vom Plädoyer des Reichsanwalts ab: »Immerhin konnte das Gericht, wenn es ein gerechtes Urteil fällen wollte, diesen Milderungen nicht die überwiegende Bedeutung beimessen, wie es von der Reichsanwaltschaft geschehen ist. Denn der Staatsgerichtshof hat die Pflicht, die Autorität der Verfassung und der Regierung zu wahren. Der Staatsgerichtshof würde diese Verpflichtung nicht erfüllen, wenn er so urteilen wollte, wie es von der Reichsanwaltschaft beantragt worden ist.«[26] Nur intern ließ der Senatspräsident verlauten, dass er seine Ausführungen durchaus nicht als persönliches Bekenntnis, sondern lediglich als Konzession an den Charakter des Gerichts zur Beruhigung der Öffentlichkeit verstanden wissen wollte.[27]

Das Echo der demokratischen Presse auf das Urteil im O.C.-Prozess klang gleichwohl mehr resigniert als entrüstet: Die *Vossische Zeitung* stellte fest, es habe sich mehr um einen Prozess für als gegen die O.C. gehandelt[28], während das *Berliner Tageblatt* resümierte: »Alle [...] Bausteine, aus denen das Mosaik des wirklichen

Geheimbundes zusammenzustellen war, hat der Reichsanwalt Niethammer beiseite gelassen. Es ist unbegreiflich, daß man ihm diese Anklage anvertraut hatte. Das Versäumte muß nachgeholt werden, sobald wir wieder einen Justizminister der deutschen Republik haben.«[29] Die »nationale« Presse hingegen feierte das Urteil ebenso, wie es die demokratische kritisierte, weil es beweise, dass sich die ungerechtfertigt Angeklagten um das Vaterland mehr verdient gemacht hätten als ihre Angreifer aus den Reihen der Demokraten und Sozialdemokraten.

4. Die Legende vom aufgelösten Geheimbund

Je mehr der zeitliche Abstand zu den Attentaten gegen Scheidemann und Rathenau wuchs, desto fester vertrat der Staatsgerichtshof die Überzeugung, dass alle angeblichen Verbindungsfäden zwischen der Anschlagserie von 1922 und der als »Mörderzentrale« apostrophierten O.C. in München nur das Hirngespinst einer aufgehetzten Öffentlichkeit darstellten. Dieses Urteil gründete vor allem auf der Gewissheit, dass der Geheimbund infolge seiner Enttarnung und Zerschlagung nach dem Erzbergermord im September 1921 zu bestehen aufgehört habe, wie besonders der Oberreichsanwalt immer wieder unterstrich.[1]

Im selben Sinne argumentierte mit allen befragten O.C.-Funktionären auch Ehrhardt selbst. Er hatte schon im Anschluss an den Erzbergermord in einer wortreichen Presseerklärung jeden weiteren Putschgedanken nach dem gescheiterten Kapp-Unternehmen vom März 1920 weit von sich gewiesen, wobei seine Ausführungen allerdings von einem rein taktischen Kalkül beherrscht waren: »Ich sehe ganz klar, daß ein neuer Putsch zum Scheitern verurteilt ist. Das Bürgertum ist zerrissener und uneinheitlicher denn je. Die Machtmittel des Staates sind im Vergleich zum März 1920 erheblich gefestigter.«[2] Welche Haltung Ehrhardt einnehmen wollte, wenn das innenpolitische Klima und besonders große Teile des Bürgertums einen Putsch begünstigen würden, teilte er in seinem Brief freilich nicht mit.

Wie wenig in Wirklichkeit aber auf Ehrhardts Distanzierung von hochverräterischen Plänen zu bauen war, erhellen die zeitgleichen Tagebucheintragungen seines Gefolgsmannes Hartmut Plaas, der zu dieser Zeit noch in einer von Ehrhardts Arbeitsgemeinschaften am Ammersee tätig war: »Im Deutschen Tageblatt lesen wir eine Erklärung Ehrhardts, die uns nicht gefallen will. Wie ist sie zustandegekommen, und was soll damit bewirkt werden? Müssen nicht alle knarschen Kerle einen Schrecken davon bekommen? Wohl ein Schachzug, den wir hier draußen nicht beurteilen können. [...] War es nicht besser, einfach zu schweigen?«[3] Offenbar hielt

Plaas es für undenkbar, daß die Erklärung Ehrhardts ernst gemeint sein könnte. Nachdem kurz darauf ein weiterer Haftbefehl gegen ihn wegen Verdachts der Beteiligung an der Ermordung Erzbergers erlassen worden war, trug Ehrhardt der Irritation in seinen Reihen mit einer neuerlichen Presseerklärung Rechnung, in der er in scharfen Worten die Forderung, sich zu stellen, zurückwies und ankündigte, sich »jedem Versuch, meiner auf andere Weise habhaft zu werden, mit den mir zu Gebote stehenden Mitteln [zu] widersetzen«.[4] Dass die neue Sprache des Kapitäns jedenfalls die in seiner Gefolgschaft aufgetretene Unsicherheit behob, zeigen wiederum Plaas' erleichterte Tagebucheintragungen: »Es steht eine knarsche Erklärung Ehrhardts in den Blättern [...]. Das ist er selber, uns ist ein Alp von der Seele.«[5]

Doch nicht nur ihr Leiter, auch die vermeintlich zerschlagene O.C. hatte in dieser Zeit neuen Tritt zu fassen begonnen. Gleich nach ihrer Aufdeckung im Herbst 1921 waren Schritte zur Reorganisierung des Ehrhardt-Bundes eingeleitet worden, die sich über mehrere Monate hinzogen und einem neuen Schlag durch die staatlichen Behörden wirksam vorbeugen sollten. Die folgenreichste Neuerung bestand in der Aufspaltung der Organisation in zwei weitgehend getrennt voneinander existierende Gliederungen, von denen die eine als legaler Verein mit ordentlichem Statut weitergeführt wurde, während die andere Abteilung um so diskreter im Geheimen operierte. Zu diesem Zweck rief Alfred Hoffmann, gegen den immer noch das bei der Offenburger Staatsanwaltschaft anhängige Verfahren wegen Geheimbündelei schwebte, auf Geheiß Ehrhardts am 24. April 1922 in München einen »Neudeutschen Bund« ins Leben, den angeklagte O.C.-Funktionäre später in ihren Aussagen als den eigentlichen Nachfolger der angeblich zerschlagenen O.C. hinstellen sollten. Im Rathenaumord-Prozess nutzte Tillessen den Neudeutschen Bund als Eckpfeiler seiner Entlastungsstrategie, indem er jede Verbindung zur O.C. in Abrede stellte und gleichzeitig angab, einen Landesverband des Neudeutschen Bundes in Frankfurt mit eigener Geschäftsstelle geführt zu haben, der unter anderem Nachrichten aus linksradikalen Kreisen gesammelt und zur weiteren Auswertung an die Bundeszentrale gesandt habe. Der Neudeutsche Bund in München werde – so Tillessen – von seinem Gründer Alfred Hoffmann geleitet, und sein politisches Ziel sei die

Die Legende vom aufgelösten Geheimbund 185

Zusammenfassung anderer Verbände gleicher Ausrichtung. Die Bundesstatuten deckten diese Behauptung, denn »Zweck des Vereins ist: Zusammenschluß aller Nationalgesinnten aller Volksschichten mit dem Ziel: ›Einigkeit und Recht und Freiheit für das deutsche Vaterland‹ und Werbetätigkeit dafür in Wort und Schrift«.[6] Doch erreichte der Bund, zu dem jedem »anständigen Deutschen« der Beitritt gegen einen Mitgliedsbeitrag von 2 Mark monatlich offenstand, keineswegs die erstrebte Zusammenfassung aller nationalen Verbände.[7] Mit Ausnahme eines vom Vorstand des Neudeutschen Bundes unterzeichneten Aufrufs zur Werbung von Gau- und Ortsgruppenleitern entfaltete er nicht die geringsten Aktivitäten, die auf eine Verfolgung der Vereinsziele schließen ließen. Nach seiner Gründung trat er praktisch nicht mehr in Erscheinung und wurde im darauffolgenden Jahr auch äußerlich durch die Gründung einer weiteren Nachfolgeorganisation, den Wikingbund, abgelöst.

Welchen Zweck der in der Münchener Presse bald als »Scheingründung«[8] bezeichnete Verein in Wirklichkeit verfolgte, zeigte sich, als Ehrhardts Offiziere nach den Attentaten auf Scheidemann und Rathenau abermals in den Verdacht hochverräterischer Geheimbündelei gerieten. Wie die nachgelassenen Papiere des für die O.C. als eine Art Hausjurist tätigen Strafverteidigers Walter Luetgebrune belegen, hatten Ehrhardt und Hoffmann eine detaillierte Gründungslegende des Bundes für das Aussageverhalten ihrer Kampfgenossen fingiert, die deren Verfassungstreue unter Beweis stellen sollte. Hiernach hätten Ehrhardt und Hoffmann sich Ende Januar 1922 darüber verständigt, dass »jeglicher Versuch, in ähnlicher Weise wie in der O.C. im Interesse des Vaterlandes zu arbeiten, unzweckmäßig, wenn nicht überhaupt unmöglich wäre, denn es würde wiederum [...] jegliche solche Arbeit als [...] Fortsetzung der O.C. angesprochen«. Daher sollte ein Bund gegründet werden, »der äußerlich und innerlich so grundverschieden von der früheren O.C. wäre, daß man außer Personenzusammenhängen mit der früheren O.C. keine weiteren konstruieren könnte«. So sei die Neugründung auch nicht als Schöpfung Ehrhardts anzusehen, der sich nur gelegentlich an der Arbeit des Vereins unverbindlich interessiert gezeigt habe, sondern werde durch seinen alleinigen Gründer Hoffmann geleitet. Der Bund, der sich allerdings an alle früheren O.C.-Mitglieder wende und auch deren Beziehungen nutzen wolle, hebe sich von der O.C. in einem entscheidenden Aspekt ab: Er sei kein militärischer Verband, sondern habe sich stattdessen einen geheimen Nachrichtendienst geschaffen, »um seinen Mitgliedern etwas zu bieten und um vor allem beim Herantreten an andere nationale Verbände zwecks Zusammenschluß mit etwas Positivem aufwarten zu können«.[9]

Der Erfolg dieser Taktik, die Ehrhardt ganz aus dem Schussfeld nahm und den Geheimbündelei-Vorwurf von vornherein gegenstandslos machen sollte, setzte voraus, dass sich alle Betroffenen an sie hielten. Doch war es ausgerechnet der flüchtige Ehrhardt selbst, dem im Juli 1922 in einer aus Wien geschickten Presseerklärung das Eingeständnis entschlüpfte, dass der Neudeutsche Bund Rechtsnachfolger der O.C. und er selbst sein Leiter sei. Den dadurch angerichteten Schaden suchte er dann durch ein eiliges Dementi zu begrenzen, das er sowohl an die Presse wie an den Leipziger Oberreichsanwalt sandte.[10] In ihrer gewundenen Argumentation illustriert die Erklärung Ehrhardts Mühe, die vereinbarte Sprachregelung einzuhalten, ohne seine eigenen Äußerungen Lügen zu strafen: »Es ist selbstverständlich, daß die Wendung, ich hätte die Leitung des Neudeutschen Bundes, nur eine kurze bildliche Wendung darstellt, die in knapper Form zum Ausdruck bringen sollte, daß die Führer des Neudeutschen Bundes [...] diesen Bund so führen, wie es nach ihrer Überzeugung meinem Denken, Wollen und Empfinden entspricht. [...] Daß der [...] Ausdruck ›Rechtsnachfolger‹ nur einen lapsus linguae darstellt, müßte für jeden denkenden Leser von vornherein klar sein. Ich glaube nicht, daß irgendein zu objektivem Urteil Entschlossener daraus ungünstige Schlüsse über den Neudeutschen Bund oder seine Mitglieder ziehen wird. Die Organisation C brach im September vorigen Jahres auseinander und konnte so, wie sie gewesen war, nicht wieder entstehen, wenn man sie nicht leichtsinnig gefährden wollte.« Allein mit diesem letzten Satz seines Dementis enthüllte Ehrhardt freilich die Funktion des neugegründeten Vereins unbeabsichtigt doch.

Der Neudeutsche Bund hatte allerdings nicht nur die Aufgabe, O.C.-Angehörigen ein legales Alibi zu verschaffen; er tarnte daneben in seinem betont harmlosen und offenen Äußeren eine politische Arbeit, die das Licht der Öffentlichkeit weitaus weniger suchte. Denn die neuformierte O.C. unterhielt in der Tat auch eine Sammelstelle für Nachrichten über linksstehende Gegner. Die auf diesem Gebiet investierten Anstrengungen brachten ihr nicht nur wertvolle Informationen über die politische Lage ein, sondern vor allem den engeren Kontakt zu einer Institution, der sich Ehrhardts Bund als Partner anzudienen hoffte: der Reichswehr. Von der Öffentlichkeit kaum bemerkt, fiel während des Rathenaumord-Prozesses ein kleines Licht auf diese Spionagearbeit, als Karl Tillessen zugab, dass er Theodor Brüdigam als Spitzel geworben habe, um die von ihm erhofften Erkenntnisse über Linksparteien an die Nachrichtenstelle des Leutnants Friedrich Wilhelm Heinz in Kassel weiterzuleiten. Dass Heinz nicht etwa auf eigene Rechnung, sondern im Auftrag der O.C. tätig war, ließ sich wiederum aus der Instruktion entnehmen, mit der Alfred Hoffmann seinen neuen Mitarbeiter Brüdigam in München vertraut machte: »Meinen Einwurf, daß dies wohl die Organisation C sei, bejahte er mit dem Hinzufügen, daß sich diese Organisation in verschiedene Unterabteilungen gliedere. Meine Aufgabe umriß er [...] dahingehend, daß ich in seinem Bezirke, d.h. in Bayern, die politischen Strömungen innerhalb der Linksparteien beobachten und das Ergebnis einem Vertrauten von ihm, einem ehemaligen Offizier [...], überbringen sollte, der in München unter der Maske eines Detektivinstituts die Nachrichtenabteilung der Organisation darstellt.«[11]

Hoffmann und seine Mitarbeiter hatten nach der vermeintlichen Zerschlagung der O.C. im September 1921 in aller Stille einen nationalen Nachrichten- und Abschirmdienst aufgebaut, der mit Hilfe regionaler Agenturen einen so beträchtlichen Umfang annahm, dass Salomon die O.C. nach dem Zweiten Weltkrieg kurzerhand mit der getarnten deutschen »Abwehr« identifizierte. War dies auch weit übertrieben, so erreichte die O.C. doch mit ihrem Nachrichtendienst, was Ehrhardt seit dem gescheiterten Kapp-Putsch angestrebt hatte – die schützende Verbindung zu staatlichen Stellen. Ebendies versuchte Karl Tillessen während des Rathenaumord-Prozesses zu verbergen, als der hellhörig gewordene Vorsitzende auf der Frage nach dem Charakter des Kasseler Spionagedienstes insistierte und den Frankfurter O.C.-Mann dadurch in die Enge trieb:

»Präsident: Was ist das für eine Nachrichtenstelle? –
Angekl. Tillessen: Eine private Nachrichtenstelle. –
Präsident: Hat mit der Regierung nichts zu tun? –
Angekl. Tillessen: Nein! –
Präsident: Ist es eine Parteisache? –
Angekl. Tillessen: Nein, um Gottes willen! [...] –
Präsident: Hängt sie mit dem Kriegsministerium zusammen? –
Angekl. Tillessen: Nein! –
Präsident: Aber indirekt? –
Angekl. Tillessen: Ja – aber ich bitte darüber nichts sagen zu dürfen.«[12]

Immerhin ließ er sich entlocken, dass die Kasseler Dienststelle von zwei Hauptleuten geleitet wurde, also offenbar Teil der Reichswehr war. Etwas genauer hatte sein Adjutant Plaas schon in der Voruntersuchung zu erkennen gegeben, dass die von ihm als »Deutscher Überseedienst« bezeichnete Dienststelle in Kassel eine Nachrichtensammelstelle über Spionageumtriebe der Franzosen unterhalte und daneben auch Nachrichten über linksradikale Geheimorganisationen im Reich zusammentrage.

Während die eigentliche Bestimmung des Neudeutschen Bundes auf diese Weise wenigstens in Umrissen deutlich wurde, blieb die Existenz einer anderen Abteilung des neuformierten Ehrhardt-Bundes der Öffentlichkeit vollständig verborgen. Ende Oktober 1921 notierte Plaas erfreut: »Ich soll mich klarmachen, zu Tilly [Karl Tillessen] nach Frankfurt zu fahren, auf direkten Befehl des Consul. Welch glänzender Wechsel von Schmidt zu Tilly!«[13] Am 3. Dezember 1921 war Plaas in München, offenbar, um sich bei Ehrhardt vorzustellen. Von diesem Tag an veränderte sich der Charakter seines Tagebuchs – offenbar als Folge entsprechender Empfehlungen –, und am Neujahrstag des Jahres 1922 notierte Plaas vielsagend: »Ich schließe das alte Tagebuch ab. In Zukunft muß ich mich sehr vorsichtig und unverfänglich ausdrücken, und wenn dadurch manches unerwähnt bleibt. Es ist bei meiner augenblicklichen Tätigkeit zu gefährlich, weil wir täglich ›Besuch‹ bekommen können. Kein Zettel darf gefunden werden, folglich darf keiner da sein. Wir haben genug Schaden gehabt.«[14]

In der Tat erforderte das neue Einsatzfeld von Plaas und Tillessen auch konspirative Fähigkeiten. In Frankfurt hatte sich bereits

1920/21 um Friedrich Wilhelm Heinz eine später an die O.C. angegliederte »National-Armee« gebildet, die Waffenlager anlegte, geheime Manöver abhielt und terroristische Aktionen gegen die französische Besatzungsmacht durchführte. Die Stadt war zu einem Sammelort rechtsextremer Umtriebe geworden, in dem der Deutschvölkische Schutz- und Trutzbund allwöchentliche Werbeveranstaltungen abhielt und seit Juli 1921 eine radikalantisemitische Zeitung mit dem Titel *Völkische Rundschau* in einer Auflage von 10 000 Exemplaren erschien. Nachdem Heinz im Oktober 1921, aus der Untersuchungshaft in der Mordsache Erzberger entlassen, nach Frankfurt zurückgekehrt war, erwuchs ihm in Tillessen und Plaas wirksame Unterstützung: Plaas übernahm die Schriftleitung der *Völkischen Rundschau*, Tillessen wandelte den Deutschvölkischen Turnverein »Jahn« in eine schlagkräftige Saalschutztruppe um und gründete mit Plaas im hessischen Raum reihenweise Ortsgruppen des Verbandes nationalgesinnter Soldaten, der in der O.C. als Mitgliederreservoir eingestuft und von ihr mancherorts vermutlich sogar als Tarnmantel benutzt wurde.

Doch erschöpfte sich das Tun des Frankfurter Aktivistenkreises nicht in Mitgliederwerbung und völkischem Vereinsleben; das gewonnene Gewaltpotenzial erprobte seine Stärke in Gefangenenbefreiungen, Femeanschlägen und Angriffen auf Einrichtungen der französischen Besatzung, um sich dann mit ganzer Kraft gegen die Republik selbst zu kehren; ihr Ziel, so Heinz selbst, war eine »weitreichende, soldatische Verschwörung gegen den Staat von Weimar«[15]. Der Stamm der Gruppe wurde gebildet aus Karl Tillessen, Plaas, Heinz, Salomon und Kern, also eben denselben O.C.-Männern, die dann mit Ausnahme von Heinz der Beteiligung an der Ermordung Rathenaus überführt wurden. Heinz war jedoch nicht weniger an dem Attentat beteiligt als seine verurteilten Kameraden, wie er nach 1933 selbst eingestand: »Um das Maß der Groteske voll zu machen, stellte schließlich ein Reichsgerichtsurteil fest, daß es eine O.C. niemals gegeben habe. Und da das Reichsgericht [...] bekanntlich nicht zu irren vermag, muß auch der Verfasser notgedrungen sich zur Auffassung bekennen, daß seine Tätigkeit in den Jahren 1920 und 1923 nur ein Traumerlebnis darstellt. [...] Er kommt jedoch im gleichen Augenblick mit seiner Pflicht als Historiker dieser Zeit in Konflikt, wenn er etwas über die Beseitigung

Rathenaus berichten soll. Denn diese Tat wurde zweifellos wiederum von Angehörigen jenes Frankfurter Arbeitskreises ausgeführt, der sich um Karl Tillessen, Hartmut Plaas, Ernst von Salomon und W. F. Heinz scharte.«[16]

Unter den Aktionen des »Frankfurter Arbeitskreises« der O.C. ragen zwei heraus, die den Zusammenhalt und die Vorgehensweise der Gruppe in besonderer Weise veranschaulichen: die Befreiung des Seeoffiziers Dithmar aus dem Naumburger Gefängnis am 28. Januar 1922 und der versuchte Fememord an dem abtrünnigen O.C.-Mann Wagner im März 1922 in Bad Nauheim. Die vom Reichsgericht Leipzig 1921 als Kriegsverbrecher zu je vier Jahren Gefängnis verurteilten Oberleutnants Boldt und Dithmar galten in nationalistischen Kreisen als Opfer der Willkür, mit der die Alliierten eigene Verstöße gegen das Völkerrrecht ignorierten, vermeintliche Verfehlungen deutscher Offiziere dagegen unnachsichtig verfolgten. Von einer Befreiung dieser ihre Strafe in Leipzig verbüßenden Seeoffiziere konnte sich die O.C. Zustimmung im ganzen Reich versprechen; nach Salomons Darstellung wetteiferten rechtsradikale Gruppen förmlich um das Vorrecht, die beiden zu befreien. Am 17. Juli 1921 schrieb Karl Tillessen seinem Bruder Heinrich, er halte es für erforderlich, »daß wir die beiden Leipziger heraushauen. Ich bin gerne erbötig, dieses Unternehmen zu leiten bzw. mich daran zu beteiligen. [...] Würde gern Kern dazu mitnehmen. Sprich' noch einmal mit Lammatsch [Alfred Hoffmann]«[17]. Hoffmann schien die erbetene Zustimmung erteilt zu haben, denn ein Leipziger O.C.-Aktivist namens Wegelin bekam, wie er später gestand, »Mitte Juli von Tillessen aus Chemnitz einen Brief, ich sollte mich einmal erkundigen, was die Kriegsverbrecher Boldt und Dithmar machen«[18]. Wegelin zog daraufhin Erkundigungen über Fluchtmöglichkeiten ein und besorgte auf Verlangen Tillessen einige Ausrüstungsgegenstände, um dessen Brigadeuniform in eine solche der Sicherheitspolizei zu verwandeln.

Nachdem ein Auto und ein Chauffeur von auswärts besorgt worden waren, fuhren Tillessen und Kern zusammen mit einem weiteren O.C.-Angehörigen in dem mit gefälschtem Berliner Kennzeichen versehenen Auto am 10. August 1921 vor dem Gefängnis vor, um als angebliche Sipo-Beamte eine fingierte Verlegung der beiden verurteilten Seeoffiziere nach Berlin vorzunehmen. Die Befreiung scheiterte, weil das Wachpersonal sich nicht bluffen ließ, sondern seinerseits Sicherheitspolizei alarmiert hatte. Am Ende konnten die verhinderten Befreier nur mit knapper Not entkommen. Dithmar musste trotz dieses Fehlschlags nicht mehr lange im Gefängnis ausharren. Mittlerweile in die Strafanstalt Naumburg/Saale verlegt, wurde er im Januar 1922 aus der Haft befreit und entkam wie der später in Hamburg einsitzende und gleichfalls geflohene Boldt nach Spanien.

Dass auch diese Aktion wiederum vom selben Frankfurter Aktivistenkreis der O.C. durchgeführt wurde wie der gescheiterte Befreiungsversuch vom Sommer 1921, erfuhren die Justizbehörden nicht. Das Unternehmen wurde abermals von Karl Tillessen geleitet, und mit ihm waren zusätzlich sämtliche Frankfurter O.C.-Männer beteiligt, die später auch beim Attentat auf Rathenau in Erscheinung treten sollten. Dithmars Frau schmuggelte Sägeblätter in die Zelle ihres Mannes, und zum vereinbarten Datum drangen die Befreier auf den Gefängnishof, während Dithmar, der Wochen gebraucht hatte, um ohne Geräuschaufwand die Stahlstäbe vor seinem Zellenfenster zu durchtrennen, sich an einem Strick vom dritten Stockwerk abzuseilen versuchte. In einigen Metern Höhe riss das Seil jedoch, der Ausbrecher stürzte ab und blieb mit einer Rückgratverstauchung im Gefängnishof liegen. Kern gelang es, den Verletzten auf eine herabgelassene Strickleiter zu zerren und über die Gefängnismauer zu hieven, während das unterdes alarmierte Gefängnispersonal herzueilte, aber von Dietrich abgelenkt wurde. In letzter Sekunde entkamen die Befreier und wiederum in einem samt Chauffeur von auswärts beschafften Kraftwagen. Kern und Fischer schleppten den verletzten Dithmar zur Burg Saaleck, wo sie von deren Bewohner Hans Wilhelm Stein bereits erwartet wurden. Hier blieb Dithmar 17 Tage unter ärztlicher Obhut und floh dann über die Schweiz nach Spanien; Ehrhardt verlieh Heinz und vermutlich auch den anderen Befreiern des Marineoffiziers in Anerkennung ihrer Leistung eine »Auszeichnung der Brigade mit der Aufschrift: ›Verdienst ums Vaterland!‹«[19]

Erst Jahre später wurde eine weitere Straftat bekannt, die die Frankfurter O.C.-Männer kurz darauf begingen, nämlich ein Mordversuch an ebendem Mann, der den Fluchtwagen bei der Dithmarbefreiung gesteuert hatte. In der Nacht vom 4. auf den 5. März 1922 verübten zunächst Unbekannte einen Mordanschlag auf Erwin Wagner alias Weigelt im Kurpark von Bad Nauheim. Das durch einen Totschläger am Kopf getroffene Opfer erlitt einen Schädelbruch und wurde, mit einem Stein beschwert, in den Teich des Kurparks geworfen. Als Wagner dennoch wieder hochkam, weil offenbar der Stein aus dem zugeknöpften Mantel gerutscht war, und sich watend an Land retten wollte, wurden auf ihn drei Schüsse abgegeben, die ihr Ziel aber verfehlten, so dass es dem hastig kehrtmachenden Opfer gelang, schwimmend das andere Ufer zu erreichen und seinen Angreifern zu entkommen. Aus Angst vor weiterer Verfolgung tauchte Wagner anschließend jedoch unter und zeigte das gegen ihn verübte Verbrechen nicht an. Erst durch die spätere Tätigkeit des Femeausschusses des Reichstages kam Licht in das Dunkel. In einem Brief vom 6. August 1926 an das Frankfurter Polizeipräsidium behauptete der spätere Hauptbelastungszeuge Karl Schmidt, genannt Schmidt-Halbschuh, dass Heinz, Tillessen, Kern und Salomon die Tat verübt hätten. Ein halbes Jahr später wurde Anklage gegen Heinz, Salomon und einen weiteren O.C.-Mann namens Ernst Schwing – Gründer und Vorsitzender des Verbandes nationalgesinnter Soldaten in Bad Nauheim – wegen versuchten Mordes beziehungsweise Anstiftung zum Mord erhoben.

Der Verhandlungsverlauf dieses sogenannten Gießener Femermordprozesses war der Wahrheitsfindung nicht eben günstig. Salomon und Heinz leugneten ihre Mitgliedschaft in der O.C., über die Karl Tillessen obendrein behauptete, dass ihr sogenannter Femeparagraph nicht ernst gemeint gewesen sei oder höchstens in gesellschaftlicher Ächtung bestanden habe. Die Zeugen nahmen, offensichtlich von früheren Gesinnungsgenossen bearbeitet, ihre belastenden Aussagen aus der Voruntersuchung in Bausch und Bogen zurück. Der Staatsanwalt wurde am vierten Prozesstag so rüde angegriffen, ohne Schutz durch den Gerichtsvorsitzenden zu finden, dass er nur mit größter Mühe davon abgehalten werden konnte, die Anklagevertretung niederzulegen; die Verhandlungsführung war sichtlich von der Stimmung des Publikums im Gerichtssaal beeindruckt, das ganz auf seiten der Angeklagten stand. Am 31. März 1927 verurteilte das Gericht, das die eigentliche treibende Kraft in dem irdischer Verantwortung entzogenen Kern erblickte und eine Mordabsicht bei allen Angeklagten verneinte, Salomon wegen Körperverletzung zu drei Jahren und Schwing wegen Beihilfe zum versuchten Totschlag zu einem Jahr und sechs Monaten Gefängnis; Heinz wurde »wegen nicht ausreichender Beweise« freigesprochen. Der Staatsanwalt legte Revision ein, die das Reichsgericht jedoch verwarf.

Das Urteil war ein glatter Fehlspruch, wie Salomon später offen eingestand: »Ursprünglich hatten Kern und ich die Absicht, Wagner zu töten. [...] Daß die Tötung nicht geschah, war, wie Kern ausdrückte, einfach ein Versager.«[20] Außerdem beruhte, wie der Staatsanwalt später einräumte, der Freispruch von Heinz maßgeblich auf der falschen Annahme, dass der Angeklagte an der Befreiung Dithmars nicht beteiligt gewesen und somit kein Motiv für die Anstiftung zur Tötung Wagners gehabt haben könne.

Immerhin konnte in der Verhandlung der Grund für den Überfall herausgeschält werden. Wagner schien Ehrhardts Leuten nach der Befreiung Dithmars gefährlich werden zu können: Er sei ein unwahres Subjekt, dringend verdächtig, als Spion in französischem Sold zu stehen, und er habe »Erpresserbriefe mit der Drohung [geschrieben], die Dithmar-Sache der Polizei zu verraten«.[21] Wagner, dessen Kenntnisse über die O.C. sich weitgehend auf das Umfeld der Dithmar-Befreiung beschränkt haben dürften, ahnte vielleicht gar nicht, dass er sich mit seinem Erpressungsversuch einen Gegner geschaffen hatte, der den Femeparagraphen seines Statuts durchaus nicht nur als die harmlose gesellschaftliche Ächtung verstand, zu der Tillessen ihn später herunterzuspielen trachtete. Salomon ließ zehn Jahre später seine Leser an dem Gespräch in der Frankfurter O.C. über den Abfall Wagners teilhaben, das sich »mit beispielloser Roheit den verschiedenen Todesarten zu[wandte], die den einzelnen Abarten des Verrates zu folgen hatten«, und er deutete auch an, wer außerdem noch an der Angelegenheit interessiert sei: »Die Reichswehr fahnde nach ihm, denn ein ihm anvertrauter Wagenpark sei verschoben worden. Die nun aufgelöste Orgesch habe ihn wegen Unregelmäßigkeiten entlassen müssen.« Wagner hatte in den Augen der O.C. den Tod verdient, weil er augenscheinlich schon mehrfach als Verräter an der nationalen Sache hervorgetreten sei. Folgerichtig fiel die Entscheidung, ihn umzubringen, nach den Worten Salomons endgültig, als einer der

Frankfurter O.C.-Männer »eine Liste der Spitzelabwehr, die in Kassel ergänzt und an die Gruppen verteilt worden war, auf den Tisch« legte.[22]

Bearbeiter dieser Liste war offenkundig dieselbe Nachrichtenstelle der Reichswehr in Kassel, die im Rathenaumord-Prozess zur Sprache gekommen war. Was dort als bloßer Austausch von gegenseitig interessierenden Nachrichten hingestellt worden war, entpuppte sich in der Rückschau Salomons als eine Arbeit, für die der Begriff der »lizensierten Illegalität« geprägt worden ist. Die O.C. war offenbar ein weit über die wechselseitige Versorgung mit Informationen hinausgehendes Kooperationsverhältnis mit den örtlichen Militärbehörden eingegangen, das hauptsächlich die Erledigung illegaler Aufträge aller Art beinhaltete und sie zu einem Teil der Schwarzen Reichswehr machte. Was darunter zu verstehen war, ließ Salomon nicht im Dunklen: Kampf gegen die Separatistenbewegung in der Pfalz, Sabotageaktionen und Gefangenenbefreiungen in den französisch besetzten Gebieten, Waffenschiebungen im ganzen Reich.

Seine Darstellung mochte romanhaft ausgeschmückt sein; erfunden war sie nicht. Schon während des Gießener Fememordprozesses 1927 sickerte durch, dass es eine von der Reichswehr geführte Liste mit den Namen für Frankreich tätiger Spione gewesen sei, die Tillessen zugespielt worden war und zum Mordversuch an Wagner geführt habe. Der Staatsanwalt unterstellte in seinem Plädoyer gar als bewiesene Tatsache, es sei das Wehrkreisgruppenkommando in Kassel gewesen, »das die Beseitigung Wagners wegen seiner angeblichen Spionagetätigkeit wünschte«.[23] Als das Thema während der Beweisaufnahme im Zusammenhang mit einer von Heinz verfassten Instruktion an die Ortsgruppen des Wiking von 1923 zur Sprache kam, wurde die Öffentlichkeit ausgeschlossen. Vorher hatte Heinz erklärt, »es handle sich dabei um ein Rundschreiben, das im Interesse der Landesverteidigung vom Reichswehrgruppenkommando 6 in Stuttgart ausdrücklich gebilligt worden sei«[24]. Offen zutage trat auch, dass die enge Zusammenarbeit zwischen O.C. und Reichswehr von höchsten Dienststellen gedeckt worden war und beispielsweise Friedrich Wilhelm Heinz noch 1924 auf die Hilfe der Reichswehr hatte zählen können, als er nach einer Verhaftung umgehend auf »telegrafische und persönliche Intervention des Gene-

Die Legende vom aufgelösten Geheimbund 195

rals Reinhardt in Stuttgart auf freien Fuß gesetzt [wurde] [...], ›da er im Interesse der Landesverteidigung tätig war‹«[25].

Die O.C. entschloss sich jedoch zur Ermordung ihres früheren Chauffeurs anscheinend nicht nur, weil sein Name auf einer Spitzelliste des Kasseler Reichswehrkommandos verzeichnet war. Ein späteres Zeugnis von Heinz deutet an, dass der Überfall auf Wagner unmittelbar mit der Vorbereitung eines größeren politischen Schlages zusammenhing: »Der Orgeschmann [Wagner, M.S.] ist ein Feind, und man selbst befindet sich im Krieg. Fallen Tillessen, Kern und alle die anderen aus, die Ditmar (sic!) befreit haben, so ist mehr verloren als dessen Freiheit. ›Dieses Jahr hat es zu knallen!‹«[26] Die Wahrheit war: Wagner gefährdete eine terroristische Gesamtstrategie, in deren Mittelpunkt die Ermordung Rathenaus stand.[27] Dass Wagner dennoch mit dem Leben davonkam, lag an Salomon selbst, der im entscheidenden Moment, als Kern schon auf den hilflos im Wasser rudernden Wagner angelegt hatte, den Arm seines Komplizen hochschlug, so dass dessen Schüsse ihr Ziel verfehlten. Eigentlich hätte Salomon, wie er schreibt, selbst schießen sollen, doch fehlte es ihm noch an Skrupellosigkeit. In den Augen seiner Gesinnungsgenossen hatte er sich damit als Versager erwiesen und wäre von den weiteren geplanten Aktionen beinahe ausgeschlossen worden.

Als militärischer Leiter und – neben Kern – treibende Kraft all dieser O.C.-Aktionen erscheint Karl Tillessen, in dessen Frankfurter Wohnung die Fäden sowohl der agitatorischen wie der terroristischen Arbeit zusammenliefen. Er entschied, wer als Helfer jeweils auszuwählen war, und an ihn gingen die laufenden Reichswehrberichte aus Kassel. Die Vermutung, dass er der Kopf einer eigenen, von Ehrhardt mit terroristischen Sonderaufgaben betrauten Abteilung der O.C. war, bestätigte Tillessen 15 Jahre später selbst: In einem 1937 für seine SS-Personalakte verfassten Lebenslauf hielt er die Etappen seines weiteren Aufstiegs in der O.C. fest, der ihn 1921 bereits zur Leitung der O.C. in Sachsen geführt hatte, und fuhr fort: »Januar 1922 Leiter der Organisation Konsul für Westdeutschland. Später zugleich Führer der Aktivistengruppen im ganzen Vaterland.«[28]

Laut Aufgabenbeschreibung hatten die Oberbezirksleiter unter anderem als Mittler zwischen Zentrale und Bezirken zu fungieren, eine straffe Organisation durchzusetzen, brauchbare Leute zu rekrutieren und für eine paramilitärische Ausbildung der O.C.-Männer zu sorgen. Wie das Tagebuch von Plaas zeigt, hat Tillessen all diesen Aufgaben gerecht zu werden versucht; nicht weniger Raum nahmen jedoch weitgespannte Reisen und Kontakte ein, die offensichtlich der Führung von Aktivistengruppen in ganz Deutschland und der Aufrechterhaltung des engen Kontaktes zur Münchener O.C.-Zentrale dienten. Dem korrespondiert die Vielzahl von der O.C. verbundenen Besuchern, die Tillessen und Plaas in Frankfurt empfingen. Plaas' Tagebuch enthält für die ersten sechs Monate des Jahres 1922 über vierzig Namen von auswärtigen Besuchern, die durchgehend so verschlüsselt wurden, dass der Gemeinte nur selten zweifelsfrei identifizierbar ist. Wo diese Identifikation aber möglich ist, bezieht sie sich auf O.C.-Aktivisten aus genau dem Kreis, der zuerst bei der Befreiung Dithmars und dem Fememordversuch an Wagner in Erscheinung trat – und dann bei den Attentaten auf Scheidemann und Rathenau.

Tillessen und Plaas nutzten ihre Tätigkeit als Bezirksleiter des Neudeutschen Bundes, um unter dem Mantel harmloser Vereinstätigkeit fortlaufend politische Gewalttaten zu organisieren, mit deren Ausführung kleine Kader um Kern, Heinz und Salomon betraut wurden, fallweise vermehrt um weitere, von außen kommende »Aktivisten«, wenn es etwa galt, ein zur Tat benötigtes Auto zu beschaffen oder zu steuern. Die erforderlichen Kräfte stammten aus dem Kreis der O.C.-Mitglieder selbst. Ihre Verpflichtung geschah nach den förmlichen Regeln des Femeparagraphen aus der O.C.-Satzung; wer abzufallen drohte, lief wie Wagner Gefahr, umgebracht zu werden.

Insgesamt lässt sich festhalten, dass die O.C. den verheerenden Schlag vom Herbst 1921 überwand, indem sie unter Fortsetzung ihrer militärischen Sammlungstätigkeit möglichst strikt zwischen legalen und illegalen Aktivitäten zu trennen versuchte. Durch den ordnungsgemäß im Vereinsregister eingetragenen »Neudeutschen Bund« in ihrem organisatorischen Aufbau weniger angreifbar geworden, baute sie im Schatten dieses Vereins zielstrebig einen gegen die Linke gerichteten Nachrichtendienst samt militärischer Spionageabwehr auf, der sie zu einem willkommenen Kooperationspartner der Reichswehr machte und mehr Sicherheit vor einer erneuten Zerschlagung zu bieten versprach. Zunehmend erweiterte sich die bloße Nachrichtenbeschaffung um die Übernahme illegaler Operationen im Auftrag örtlicher Reichswehrstellen, für die die O.C. als Gegenleistung Unterstützung gegen die Verfolgung durch staatliche Behörden erwarten konnte und auch erhielt. Zur Durchführung dieser Aufträge wurde unter Karl Tillessen eine eigene Abteilung in der O.C. geschaffen, die die verdeckten Operationen spezieller Kommandos koordinierte und die dezentral von Frankfurt aus geführt wurde, so dass auch bei etwaiger Verhaftung – anders als im Falle der Erzbergermörder – keine direkte Spur zur O.C.-Leitung führen würde. Im Ergebnis war die O.C. nach ihrer Enttarnung im September 1921 weder zerschlagen noch auch nur schwächer geworden, sondern bis zum Frühsommer 1922 personell und logistisch stärker geworden als je zuvor.

5. Die zentrale Attentatsregie

Anders als der Staatsgerichtshof annahm, hätte Ehrhardts Geheimbund also durchaus die organisatorischen Voraussetzungen besessen, um im Sommer 1922 mit einer Serie von Mordanschlägen gegen missliebige Politiker des Weimarer Staates vorzugehen. Aber hatte er überhaupt ein Motiv, um nacheinander so unterschiedliche Figuren wie den jüdischen Großindustriellen Rathenau und den nichtjüdischen Arbeiterführer Scheidemann umzubringen und damit den noch kaum zum Abschluss gebrachten Neuaufbau der O.C. abermals zu gefährden? Mit dem genauen Tatmotiv der Rathenaumörder hatte sich der Leipziger Staatsgerichtshof allerdings kaum befasst. Das Urteil hatte lediglich in allgemeinen Wendungen auf den »blindwütigen Judenhaß« hingewiesen, der weite Volkskreise beherrsche und »in unklaren und unreifen Köpfen einen wilden Mordtrieb« geweckt habe.[1] Als Beweis für diesen fanatischen Hass der Täter, der in dem Juden Rathenau »das eigentliche Haupt der Regierung der Erfüllungspolitik« gesehen und ihm die Schuld an der niedergedrückten Lage des Landes gegeben habe, zitierte das Leipziger Urteil die Gründe, mit denen Kern Techow am Abend vor dem Attentat von dessen Notwendigkeit hatte überzeugen wollen: Durch Rathenaus Beseitigung solle die Linke zum Losschlagen gereizt werden, damit die nationalen Parteien ans Ruder kämen; außerdem sei der Minister ein Anhänger des schleichenden Bolschewismus, der als einer der dreihundert Weisen von Zion die Ziele des internationalen Judentums verfolge, seine Schwester mit dem russischen Kommunisten Karl Radek verheiratet und seine Berufung an die Spitze des Auswärtigen Amts durch ultimative Drohungen erpresst habe.[2]

Nun vereinte diese Auflistung ganz unterschiedliche Beweggründe, die zum einen auf Rathenau selbst und die von ihm angeblich ausgehende Gefahr gerichtet waren, zum anderen aber Rathenaus Beseitigung als bloßes Mittel zum Zweck einer politischen Umwälzung ansahen. Nur der erste Motivstrang ließ sich in die vom Gericht beschworene Gedankenwelt der antisemitischen Verhetzung einbetten, während der zweite auf ebendas politische und militärische Hintergrundmilieu verwies, das der Staatsgerichtshof in seiner Beweisaufnahme weitgehend ausgespart hatte. Konsequent vernachlässigte die weitere Urteilsbegründung dieses zweite Motiv und führte das Verbrechen ausschließlich auf die Wirkung antisemitischer Hetzparolen zurück, die es erlaubten, den Mord als isolierte Tat unreifer Fanatiker zu deuten.

In der Tat steht außer Zweifel, dass Ehrhardt-Offiziere wie Kern und Tillessen von tiefem Hass auf den Juden und Erfüllungspolitiker Rathenau erfüllt waren. Doch schon Ehrhardts publizistisches Organ *Der Wiking*, der noch im Februar 1922 Rathenaus Ernennung zum Außenminister als Gipfel einer politischen Groteske und dankenswerte Offenbarung der Republik als »Synagogengemeinde« bewertet hatte[3], machte späterhin den Minister durchaus nicht mehr zur Zielscheibe seiner Angriffe und bewertete die Konferenz von Genua – anders als die meisten rechtsstehenden Blätter – sogar fast uneingeschränkt positiv. Der moderate Umgang mit der »mehr glanz- als talentvoll arbeitende[n] Firma Wirth-Rathenau«[4] passt wenig zu den Hasstiraden aus der Februarnummer des *Wiking* und zeigt, dass offenbar auch in der Ehrhardt-Bewegung das Urteil über Rathenau durchaus nicht einheitlich war. Ebenso räumte Ernst von Salomon dreißig Jahre später zwar ein, dass die »nationale Bewegung«, der die Rathenaumörder sich zurechneten, ausnahmslos antisemitisch eingestellt gewesen sei und ihr einziger gemeinsamer Nenner geheißen habe: »Schluß mit der Erfüllungspolitik!«[5] Dennoch beharrte Salomon immer wieder darauf, Rathenau sei nicht wegen seines Judentums ermordet worden, und berief sich im »Fragebogen« auf eine pointierte Äußerung seines Mitverschworenen Plaas: »Ich möchte beinahe sagen, er wurde getötet, obgleich er Jude war.«[6] Auch Salomons Weggefährte Heinz betonte in seiner Beschreibung des Attentats, dass die »äußeren Gründe, welche [...] Kern und Fischer bewegten, Rathenau zu töten, [...] unwesentlich [sind]. Sie haßten ihr Opfer nicht«[7]. Nicht weniger wehrten sich die Gebrüder Techow in ihren Schilderungen des Rathenaumordes gegen die Zuschreibung judenfeindlicher Tatmotive. Hans-Gerd Techow versicherte 1928, das Attentat sei weder aus »fanatischem Antisemitismus« geboren, noch habe es lediglich der Person des Außenministers selbst gegolten. »Der Stoß wurde gegen das System geführt, das in ihm seine Verkörperung fand. Rathenau war also durchaus eine sekundäre Erscheinung.«[8] Was sich hinter dieser vagen Andeutung verbarg, mochte er allerdings ebenso wenig aufdecken wie sechs Jahre darauf sein Bruder Ernst Werner in seiner Rechtfertigungsschrift »Gemeiner Mörder?!«, die der Persönlichkeit Rathenaus ein ganzes Kapitel widmet. Die dort zu findenden Einlassungen, die auf die Erfüllungspolitik gar nicht und auf die jüdische Herkunft Rathenaus nur beiläufig Bezug nehmen, geben ein Mordmotiv auch nicht in Umrissen zu erkennen.

Unter diesen Umständen verdient die Annahme, Judenhass sei der treibende Beweggrund des Anschlags auf Rathenau gewesen, erhebliche Zweifel. Zumindest einige der Attentäter teilten den leidenschaftlichen Hass auf den Juden und Erfüllungspolitiker Rathenau nur eingeschränkt oder wollten ihn jedenfalls nicht als Triebfeder ihrer Tat gelten lassen. Offenbar hatte ihre Teilnahme an dem Verbrechen tiefere Gründe, die mit den persönlichen Anschauungen der einzelnen Teilnehmer keineswegs identisch waren und die Salomon im »Fragebogen« seinen früheren Komplizen Plaas so andeuten lässt: »Ich glaube, man muß da zwei Dinge auseinanderhalten. Einmal den Plan, das Konzept, in dem die Sache beschlossen war – und dann die persönlichen Motive, welche die Einzelnen bewogen, an der Tat teilzunehmen.«[9]

Um diese persönlichen Beweggründe zu entschlüsseln, ist ein Blick auf den überraschend einheitlichen sozialen Hintergrund hilfreich, der die Tatbeteiligten überhaupt erst von einer nationalistischen Grundeinstellung zur paramilitärischen Schattenwelt der O.C. mit ihrem überholten Ehrenkodex und ihrer absoluten Gehorsamsverpflichtung finden ließ. Dass »Söhne fundierten Bürgertums [...] aus guter Familie« ganze Mordserien besprachen, wie sich Salomon rückblickend selbst wunderte[10], ist nicht zu denken ohne den gesellschaftlichen Statusverlust dieser Bürgersöhne nach dem verlorenen Krieg, aus dem sie entwurzelt und ohne greifbare Zukunftsaussicht zurückkehrten. Rathenau selbst hatte nach der Ermordung Erzbergers diesen sozialen Nährboden des politischen Terrorismus so hellsichtig beschrieben, dass Oberreichsanwalt Ebermayer ihn in seinem Plädoyer vor dem Staatsgerichtshof 1922 nur zu zitieren brauchte: »Rathenau hat sich unter anderem dahin geäußert, daß der sterbende Mittelstand das gefährlichste Gift im Organismus unseres Staates sei. Die Beamten, Offiziere und Klein-

rentner könnten mit ihrem Einkommen nicht mehr leben und fielen dem Elend anheim. Ihre Söhne aber, die konservativ erzogen worden seien, würden dann rechtsradikale Reaktionäre der Tat.«[11]
Die Biographien der Täter lesen sich wie Schulbeispiele dieser prophetischen Diagnose: Kern und Fischer hatten wie viele andere aus dem Verschwörerkreis den Weltkrieg als Offiziere mitgemacht und sich danach im Zivilleben nicht mehr einzuleben vermocht. Kern wurde 1921 aus der Marine entlassen; sein Komplize Fischer ließ sich zur Verschwörung gegen Rathenau mit der Begründung anwerben, ihm liege nichts mehr am Leben. Willi Günther stellte sich vor dem Staatsgerichtshof selbst als verbummelten Studenten hin, der im Krieg wegen Fahnenflucht und nach seinem Ende wegen Unterschlagung straffällig geworden war; der fast gleichaltrige Waldemar Niedrig war erst Melker, dann Privatdetektiv und hatte beide Berufe aufgegeben, um 1921 zum Oberschlesischen Selbstschutz zu gehen. Ernst von Salomon hatte nach seiner Entlassung aus der Kadettenanstalt Berlin-Lichterfelde, wechselnden militärischen Engagements im Baltikum und dem Dienst beim Oberschlesischen Selbstschutz überhaupt keinen bürgerlichen Beruf erlernt. Karl Tillessen erklärte auf Befragen, dass er sich nach seiner Entlassung aus der Marine als Kapitänleutnant mit privaten Sprachstudien auf einen kaufmännischen Beruf im Ausland vorbereitet, aber trotz langen Wartens nichts Geeignetes gefunden habe. Der ältere Techow schließlich war nach dem Zeugnis einer Bekannten seit seiner Entlassung aus der Marine im November 1919 und einigen Freikorpseinsätzen völlig verbittert, da er als Fähnrich seine Existenz schwinden sah und das Schicksal des ältesten Bruders vor Augen hatte, der sein Vermögen in einem Zeitungsunternehmen verloren hatte. Keiner der zumeist jugendlichen Täter war älter als 25 Jahre, sämtlich stammten sie aus gutbürgerlichen Familien. Unter ihren Vätern waren Universitätsprofessoren, höhere Beamte und ein General, und sie alle einte das Bewusstsein, in Rathenau einen Mann zu töten, der als Jude wie als demokratischer Politiker für ihre wirtschaftliche Not und soziale Deklassierung persönlich haftbar gemacht werden konnte.
Unabhängig von der persönlichen Verbitterung jedes Einzelnen aber war das größere »Konzept« die gemeinsame Strategie, in die das Rathenau-Attentat eingebettet war. Die O.C.-Aktivisten hoff-

ten aus der Sicht Salomons, »daß jedes einzelne Attentat zumindest ›die Entwicklung weiter trieb‹, daß es ›Fanale‹ seien«, und sie griffen den Staat selbst an: »Wir wollten von vornherein eine grundsätzliche Änderung der Dinge, die ›nationale Revolution‹.«[12] Offener noch gab Heinz Einblick in das Kalkül dieser terroristischen Strategie, als er Salomon in Zusammenhang mit den Anschlägen auf Scheidemann und Rathenau folgende Äußerung zuschrieb: »Wir dürfen nicht zuerst losschlagen. Die Kommunisten müssen es tun! [...] Man muß sie dazu zwingen! [...] Man muß Scheidemann, Rathenau, Zeigner, Lipinski, Cohn, Ebert und die ganzen Novembermänner hintereinander killen. Dann wollen wir doch mal sehen, ob sie nicht hochgehen in Korona, die rote Armee, die U.S.P., die K.P.D.«[13] In einer späteren Darstellung präzisierte Heinz die taktische Funktion noch, die der politische Mord in diesem Szenario hatte: Es handle sich um »die macchiavellistische Utopie [...], durch Rathenaus Tod die Kommunisten zum Losschlagen bewegen zu wollen, damit im Gegenschlag der schnell aufgestellten Freikorps Ehrhardt die Macht an sich reißen und die Diktatur verhängen könne«.[14]

Die auf den Umsturz der Verfassung zielende Provokationsstrategie des Ehrhardt-Bundes war es, die Salomon im »Fragebogen« als das »größere Konzept« andeutete. Aus ihr entsprang unabhängig von den persönlichen Motiven der einzelnen Tatbeteiligten der Plan zur Ermordung Rathenaus, und mit der heimlichen Berufung auf ihren höheren politischen Zweck versuchte Salomon nach der Tat seiner Selbstverurteilung als gemeiner Mörder zu entgehen: »Als ich verhaftet wurde, ging ich in das Gerichtsverfahren mit der Gewißheit, daß alles, was wir uns mit den Attentaten vorgenommen hatten, völlig gescheitert sei. Das war vielleicht das Bitterste. Im Verfahren konnte ich natürlich darüber nichts aussagen.«[15] Auch Techow versicherte aus der Untersuchungshaft seiner Mutter in einem von der Polizei abgefangenen Brief, »daß ich niemals meine Hand zu einer derartigen Tat gereicht und mich dazu zur Verfügung gestellt hätte, wenn ich nicht des unterschütterlichen Glaubens gewesen wäre, daß durch diese Tat oder vielmehr durch ihre politischen Folgen eine Besserung der Zustände unseres Vaterlandes herbeigeführt werden konnte. Daß die Wirklichkeit der Voraussetzung nicht entsprach, dauert mich.«[16] Welche Folgen er meinte, verriet Techow in diesem Brief nicht, wohl aber in einer Äußerung, mit der er nach dem Rathenau-Attentat den nichtsahnenden Garagenbesitzer Schütt wissen ließ, »sie von der Brigade Ehrhardt hätten es tun müssen, um die rote Armee zum Angriff zu reizen«.[17]

Vor dem Leipziger Staatsgerichtshof erläuterte Tillessen, dass Kern »mir nunmehr seine Idee dahin [enthüllte], es müsse eine Rechtsregierung kommen. Zu dem Zwecke müsse Rathenau beseitigt werden, der sämtliche Fäden in der Hand habe und dessen Sturz daher den Sturz der gesamten Regierung nach sich ziehen würde. [...] Der Anschlag müsse zur Folge haben, die Linksradikalen zu einer Aktion zu veranlassen, die sie vielleicht [...] vorübergehend noch zur Regierung brächte. Dann würde als Reaktion dagegen eine Rechtsregierung folgen.«[18] Nur fühlten sich dieser politischen Strategie nicht allein Kern und Fischer verpflichtet, wie Tillessen im nachhinein glauben machen wollte. Er selbst hatte Ende April 1922 den eben angeworbenen Theodor Brüdigam gleich beim ersten Treffen mit dem Grundgedanken seiner politischen Überzeugung vertraut gemacht, »eine Änderung der Verhältnisse sei nur zu erreichen, wenn man die Arbeiterschaft provoziere«.[19] Eine präzisere Auskunft wollte Brüdigam dann in der Münchener O.C.-Zentrale von Hoffmann erhalten haben, der Brüdigam aufgrund der Empfehlung Tillessens volles Vertrauen schenkte. Ehrhardts Stellvertreter offenbarte unverblümt, dass Rathenau, Scheidemann, Hellmut von Gerlach und andere ermordet werden müssten, »um möglicherweise einen Umsturz von links hervorzurufen, damit es Hoffmann – sagen wir besser – der Organisation C möglich wäre, ihrerseits dann die Militärdiktatur zu errichten«.[20] Die Tragweite dieses terroristischen Konzepts erfasste Brüdigam selbst gar nicht voll. Sonst hätte ihm klarwerden müssen, dass sein Versuch, Tillessen die Sinnlosigkeit eines Attentats auf Rathenau klarzumachen, den Frankfurter Aktivistenchef gerade umgekehrt in diesem Vorhaben bestärken musste: »Ich warnte Tillessen [...], indem ich [...] sagte, daß bei einer evtl. Ermordung Rathenaus genau das Gegenteil von dem erreicht werden würde, was er und seine Leute erstrebten. Die gesamten Linksparteien einschließlich der Demokraten würden sich zusammenschließen, der Generalstreik würde einsetzen, und man würde zu den schärfsten Abwehrmaßnahmen greifen.« Natürlich war Brüdigam auch als vermeintlich intimer Kenner der Arbeiterparteien eine viel zu unbedeutende Figur, um die putschistische Strategie der O.C. zu beeinflussen. Dennoch wurde seine Sorge von den Frankfurter Aktivisten als willkommene Bestätigung ihrer Auffassungen verstanden, wie Brüdigam unwissentlich selbst überlieferte: »Tillessen entgegnete, daß der Generalstreik diesmal klappen wird, davon bin ich selber überzeugt.«[21]

Ebenso wie der Staatsgerichtshof sich über das weitere Schicksal der nach dem Erzbergermord ausgehobenen O.C. täuschte, so ging er im Urteil gegen Rathenaus Mörder fehl, als er deren Beweggründe auf einen tödlichen Hass gegen das Opfer einengte. Klarer als das urteilende Gericht hatte im Rathenaumord-Prozess der Oberreichsanwalt ausgesprochen, dass die Mörder Rathenaus in dem Wahn gehandelt hätten, durch ihr Verbrechen »eine Erhebung der Arbeiterschaft und nach deren [...] Niederwerfung die Einsetzung einer rechtsradikalen Regierung herbeizuführen«.[22] Seiner Argumentation konnte der Gerichtshof schon deshalb nicht folgen, weil sie die ganze Prozessstrategie über den Haufen geworfen hätte. Denn ein Tatmotiv zu akzeptieren, das das zur Verhandlung stehende Verbrechen als Auftakt zum Sturz der Reichsregierung verstand, hätte bedeutet, nach der politischen oder militärischen Gruppierung zu fragen, in deren Interesse und womöglich Auftrag die Mörder Rathenaus ihre Terroranschläge verübt haben wollten.

In den Attentatsprozessen des Leipziger Staatsgerichtshofs waren Reichsanwaltschaft und Verteidigung jedoch stillschweigend übereingekommen, die zahlreichen über die Angeklagten hinausweisenden Spuren nicht zu verfolgen. Eine solche Spur bildete im Fall Scheidemann allein der Tathergang. Es war schon in der zeitgenössischen Berichterstattung aufmerksam registriert worden, dass das diesen Überfall kennzeichnende »Zweimännersystem« ganz den Anschlägen auf Erzberger und Rathenau ähnelte.[23] Wie die Erzbergermörder waren auch hier die Täter Wochen vorher angereist und hatten ihr Verbrechen sorgfältig vorbereitet. Sie fielen in Kassel durch ihre beträchtlichen Geldmittel auf, obwohl sie dort keiner Beschäftigung nachgingen. Eine Zeugin bekundete, »daß sie regelmäßig mit Tausendmarkscheinen bezahlten, von denen jeder ein ganzes Päckchen bei sich hatte«.[24] Die Miete für das von ihnen bewohnte Zimmer in Kassel entrichteten sie pünktlich und im voraus, um es dann doch vorzeitig aufzugeben; zudem unternahmen sie während der Tatvorbereitungen weitere Bahnreisen, die ebenfalls nicht unerhebliche Summen verschlangen. Dieses Verhalten ließ nur den Schluss zu, dass die Täter von Dritten mit ausreichenden finanziellen Mitteln versehen worden waren, und tatsächlich konnte nachgewiesen werden, daß Oehlschläger noch am Vorabend des Anschlags den Besuch eines Unbekannten empfangen hatte.

Wiesen schon diese Auffälligkeiten auf eine Außensteuerung des Mordversuchs, so gilt dies um so mehr für das Verhalten der Angeklagten vor Gericht. In seinem Plädoyer betonte der Oberreichsanwalt, »daß wir in den Prozessen dieser Art ganz ungeheuerlich angelogen werden«[25]. Der Prozessbeobachter des *Vorwärts* sah die Gemeinsamkeit dieses Verfahrens mit dem zwei Monate zuvor geführten Prozess gegen die Rathenaumörder in einem »Befehl [...], der allen Angeklagten dieser Mordprozesse den Mund verschließt [...]. Alle benehmen sich etwa so, wie sich Kriegsgefangene bei der Vernehmung durch den Feind vorschriftsmäßig benehmen müssen.«[26] Scheidemanns Rechtsbeistand Werthauer fiel auf, dass der Angeklagte Oehlschläger sich grundsätzlich über alle relevanten Tatumstände ausschwieg, die Beschaffung der Mordwaffe durch den ominösen Ungarn aber in epischer Breite schilderte, was wiederum den Schluss nahelegte, »daß eine Organisation gedeckt werden sollte, denn wenn eine solche nicht bestanden hätte, so war es nicht erforderlich, über alles die Aussage zu verweigern mit Ausnahme der unwahren Vorschiebung des Ungarn. Diese Vorschiebung geschah gleichfalls, um die Fährte von der Mordorganisation abzulenken.«[27] Tatsächlich waren in Budapest, wo der angebliche Ungar nach den Auslassungen Oehlschlägers »wiederholt Juden mit Blausäure beseitigt«[28] haben sollte, Nachforschungen nach einem politisch motivierten Giftmordanschlag völlig ergebnislos geblieben.

Für die Annahme eines organisierten Hintergrundes des Anschlages sprach weiterhin eine Zufallsbeobachtung. Die Frau eines ostdeutschen Polizeipräsidenten erfuhr auf einer Zugfahrt von einer mit Oehlschläger befreundeten Mitreisenden, dass dieser am Himmelfahrtstag 1922 – zehn Tage vor dem Anschlag – ganz verstört zu ihr gekommen sei und erklärt habe, »er müsse die Beziehungen zu ihr abbrechen, er könne nur noch dem Vaterlande dienen«. Auf ihre verwunderte Frage, was denn geschehen sei, habe Oehlschläger nur gesagt: »Das Los ist auf mich gefallen.«[29] Verbindungen zu verborgenen Hintermännern legt darüber hinaus der Umstand nahe, daß die Attentäter Scheidemanns ausgerechnet im Zuge der Fahndung nach den Mördern Rathenaus ermittelt wurden: Nach dem Anschlag auf den Außenminister erfuhr die Polizei bei Nachforschungen in Elberfeld durch einen Spitzel, »daß ein Mitglied der O.C. in Elberfeld [...] geäußert haben sollte, Hustert habe das Attentat auf Scheidemann ausgeführt, und zwar auf Veranlassung des früheren Kapitänleutnants Karl Tillessen«.[30]

Dass die Drahtzieher des Anschlags aus der O.C. stammten, legten auch andere Indizien nahe: Während Hustert ohne Umschweife bekannte, der O.C. anzugehören, gab Oehlschläger anfangs nur die Mitgliedschaft in der Brigade Ehrhardt zu und legte dann in der Verhandlung ein gewundenes Teilgeständnis ab: »Wir waren beide Mitglieder der Sturmkompagnie von Killinger. Nach dem Erzbergermord hörten wir von der Organisation C. Da wir Ehrhardt-Leute waren, dachten wir, auch Mitglieder der Organisation C. zu sein.«[31] In Wahrheit hatte Oehlschläger zu eine der landwirtschaftlichen Arbeitsgemeinschaften gehört, die Ehrhardt in Oberbayern untergebracht hatte und aus der die Erzbergermörder Schulz und Heinrich Tillessen ebenso stammten wie der im Rathenaumord-Prozess verurteilte Plaas. Mehrfach wird Oehlschläger auch im Tagebuch von Plaas erwähnt, und er war, wie Plaas überliefert, im September 1921 an den ersten Plänen zur Befreiung Killingers aus der Untersuchungshaft beteiligt.

Husterts Tätigkeiten für die O.C. lassen sich noch sehr viel deutlicher ausmachen als die seines Komplizen: Im Zuge der Fahndung nach den Erzbergermördern fand sich bei einem Regensburger O.C.-Mitglied neben der Satzung des Geheimverbandes auch ein Organisationsschema der »Oberbezirks- und Bezirksleitungen«, in dem es unter dem »Oberbezirk II Korv. K. Werber, Hannover« für den Bezirk W (Essen) heißt: »Umfangreiche Post ist zu senden an Hanns Hustert, Elberfeld, Charlottenstr. 32.«[32] Demnach zählten Hustert wie Oehlschläger zu dem mit besonderen Aufgaben betrauten Stamm von O.C.-Aktivisten, die – ähnlich wie Heinrich

Tillessen und Schulz – schon vor dem Attentat auf Scheidemann in der Organisation zusammengearbeitet hatten. Die Vermutung, dass die O.C. selbst Auftraggeberin des geplanten Mordes war, machen weitere Hinweise zur Gewissheit: So stammte die bei dem Überfall verwendete Tatwaffe aus München, und Hustert hatte vor seiner Festnahme einer Bekannten gegenüber erklärt, dass Blausäure und Gummiball in einer Apotheke besorgt worden seien. Einem anderen Zeugen vertraute er gar an, dass das pulverisierte Gift inklusive Spritze 20 000 Mark gekostet habe: »Es seien 20 Stück vorhanden gewesen, und zwar hätte er selbst 20 solche Spritzen gesehen, in der Wohnung bei Killinger. Der Apotheker, von dem die Blausäure stammte, sei ein Mitglied der Ehrhardt-Brigade gewesen. Er fügte noch weiter an, die Spritzen seien in Blechdosen untergebracht gewesen.«[33]

Demselben Bekannten gestand sein Komplize Oehlschläger, dass er nicht auf eigene Faust gehandelt habe, sondern das erforderliche Geld von der Brigade Ehrhardt erhalten habe, unter deren Aufsicht das Attentat auf Scheidemann auch ausgeführt worden sei.[34] Für die konspirative Organisation der Ehrhardt-Leute war eine durch Reisen und Kuriere ständig aufrechterhaltene Verbindung typisch. Ebendieses Vorgehen trat im Fall Scheidemann zutage, denn während ihres Kasseler Aufenthaltes unternahmen Hustert und Oehlschläger mehrfach Reisen, die sie nach Köln und Wiesbaden führten und deren Zweck sie in keinem Fall einleuchtend begründen konnten. In Kassel wiederum wurden sie regelmäßig durch einen oder mehrere Unbekannte aufgesucht, deren Identität sich nicht aufklären ließ. Die Annahme, dass es sich um Kuriere der O.C. handelte, die Geld und Befehle überbrachten, wird durch eine Äußerung Oehlschlägers bestärkt, der im oberschlesischen Klein-Althammer erklärte, er warte nur noch darauf, dass ihm ein Mittelsmann Geld aus Deutschland überbringe, um endgültig ins Ausland zu fliehen. Ebenso erweckte das wochenlange Herumlungern von Oehlschläger und Hustert in Kassel vor dem Hause Scheidemanns den Eindruck, als hätten die beiden nur auf ein Kommando gewartet, um dann das verabredete Verbrechen auszuführen. Vieles sprach zudem nach der Beweisaufnahme für die Vermutung, dass sich den eigentlichen Tätern für den Tag des Anschlags »noch eine dritte Kontrollperson hinzugesellt«[35] hatte.

Der vor Gericht als unglaubwürdig ausgesonderte Spitzel Brüdigam hatte recht gehabt: Für das Verbrechen an Scheidemann trug ebendie Organisation Consul die Verantwortung, die nach ihrer Enttarnung im Herbst 1921 für ausgehoben gegolten hatte. Mit Hustert und Oehlschläger hatte sie zwei seit Jahren unter Ehrhardt dienende Männer ausgesucht, in denen sich wütender Hass auf Scheidemann mit persönlicher Entwurzelung verband. Beide hatten Arbeit und Wohnort über die O.C. zugewiesen bekommen und lebten weitgehend isoliert. Auch besaßen sie anders als die Mörder Erzbergers keine direkten Verbindungen zur Münchener O.C.-Spitze, so dass der Apparat des Geheimbundes voraussichtlich auch dann ungestört weiterlaufen konnte, wenn die beauftragten Täter nach dem Anschlag gefasst werden sollten.

Auch nach dem Attentat stand die O.C. hinter ihren Tätern. Dies zeigte sich schnell, als ihnen auf ihrer Flucht nach Oberschlesien das Geld ausging. Oehlschläger nahm daraufhin Verbindung zu Ehrhardt-Leuten in Berlin auf und wurde einige Tage später zu einem der O.C. angehörenden Studenten in Breslau gewiesen. Von ihm, den Oehlschläger nach eigenen Angaben bereits vom Oberschlesischen Selbstschutz her gekannt hatte, erhielten die Flüchtigen Unterkunft und Hilfe bei der Beschaffung einer Arbeit auf einem Waldgut in Klein-Althammer. Der später festgenommene Student stritt dann zwar jede Beziehung zur O.C. energisch ab, wurde aber durch Zeugenaussagen und einen Brief seines Vaters, in dem er als Mitglied der Organisation Ehrhardts bezeichnet wurde, Lügen gestraft und am 26. September 1923 vom Staatsgerichtshof zu sechs Monaten Gefängnis wegen Begünstigung eines Verbrechens verurteilt.

In Oberschlesien sondierten Oehlschläger und Hustert die Möglichkeiten zur weiteren Flucht. Zu diesem Zeitpunkt war jedoch der aktive Kern der O.C. infolge der Verhaftungen nach dem Rathenau-Attentat ausgeschaltet und die Organisationszentrale in München über die Situation in den einzelnen Ortsgruppen desorientiert. Unter diesen Umständen mehr oder minder auf sich selbst gestellt, gelang es den Attentätern nicht mehr zu entkommen.[36] Ein Versuch, Pässe nach Budapest zu besorgen, scheiterte, und bevor weitere von Oehlschläger erhoffte Geldzahlungen eintrafen, wurden die beiden verhaftet. So konnte Ehrhardt seinen Werkzeugen die gerichtliche Bestrafung für ihr Verbrechen nicht ersparen. Wohl aber wußte er die Standhaftigkeit zu honorieren, mit der sie sich nach ihrer Verhaftung weigerten, den hinter ihnen stehenden Geheimbund preiszugeben: Die 1927 von Ehrhardt mitbegründete und kontrollierte »Nationale Nothilfe« führte Oehlschläger wie Hustert und deren Familien im Stillen »namhafte Beträge« zu, obwohl Hustert zu diesem Zeitpunkt schon längst zur NSDAP gestoßen war.[37]

Auch im Rathenaumord-Prozess war sich Oberreichsanwalt Ebermayer durchaus darüber im Klaren gewesen, dass die Vermutung eines organisierten Hintergrundkomplotts auf der Hand gelegen hatte. In seinen Erinnerungen suchte er den naheliegenden Vorwurf zu entkräften, dass die Reichsanwaltschaft nicht mit der nötigen Energie vorgegangen sei, um diese Verbindung zur verborgenen Befehlszentrale des Attentates aufzudecken. Die Untersuchung habe hier ergebnislos bleiben müssen, weil »eben überhaupt keine strafbaren Handlungen vorlagen oder [...] die Beteiligten es verstanden, ihr strafbares Verhalten so zu verbergen, daß ihnen nichts nachzuweisen war«[38]. Der Oberreichsanwalt stützte seine Argumentation nicht zuletzt darauf, dass weder Kern und Fischer noch irgendein anderer Tatbeteiligter außer Techow nachweislich Mitglieder der O.C. gewesen seien.

Angesichts des Prozessverlaufs war dies eine gewagte Feststellung über eine Angeklagtenriege, die schon durch ihre Sitzordnung Nähe beziehungsweise Distanz untereinander deutlich dokumentierte: Sämtliche der Zugehörigkeit zur O.C. Verdächtigten, nämlich die beiden Techow, Tillessen, Salomon, Plaas, Warnecke, Niedrig, Ilsemann und Steinbeck, saßen rechts, die politisch ungebundenen Voß, Schütt und Diestel sowie der als Psychopath von allen abgelehnte Günther hingegen links vom Präsidententisch. Mit Ausnahme Niedrigs und Salomons gaben alle Angeklagten »der rechten Bank« an, früher einmal der Brigade Ehrhardt angehört zu haben: Der ältere Techow war Ende 1919 in sie aufgenommen worden und hatte am Kapp-Putsch teilgenommen; der jüngere Techow war während des Kapp-Putsches 1920 als Ordonnanz in der Reichskanzlei eingesetzt; Warnecke kannte Ilsemann und die Brüder Tillessen von der gemeinsamen Dienstzeit bei der Brigade; und ebenso war Steinbeck bei ihr mit Kern, Techow und

Plaas bekannt geworden. Auch Karl Tillessen gab an, 1919/20 alle Kämpfe der Brigade Ehrhardt mitgemacht zu haben, und in der Brigade war wiederum Plaas auf Tillessen und Brandt getroffen. Mit Ausnahme Salomons und Steinbecks stritt weiterhin kein Angeklagter der »rechten Bank« Beziehungen zur O.C. oder ihren Leitern gänzlich ab; Tillessen gestand sogar, vom »Neudeutschen Bund« ein monatliches Gehalt bezogen zu haben, und der ältere Techow bekannte offen, der O.C. seit ihrer Entstehung angehört zu haben: »Als Mitglied der Organisation C war ich zur Treue gegen die Mitglieder und zum Gehorsam gegen die Vorgesetzten verpflichtet, auch zur Verschwiegenheit hinsichtlich der Themen bei Besprechungen und Vorträgen. Zu solchen Besprechungen bin ich wiederholt für die Organisation C auf Reisen nach auswärts gewesen.«[39] Die ganze Wahrheit gaben die Leipziger Angeklagten freilich erst nach 1933 preis, als die Mitgliedschaft in dem in die SS eingegliederten Ehrhardt-Verband unversehens zur ruhegehaltsfähigen Dienstzeit avanciert war: »Als Mitglied der O.C. habe ich an der [...] Erschießung des jüdischen Reichsministers Dr. Rathenau in Berlin mitgewirkt«,[40] vermerkte etwa Hans-Gerd Techow 1933 in seinem Lebenslauf und ließ sich von Ehrhardt in einem militärischen Dienstzeugnis bescheinigen: »Nach Auflösung der aktiven Brigade gehörte er ihren Nachfolgeverbänden an, bis er im Juli 1922 in den Verfahren wegen der Erschießung des Ministers Rathenau verhaftet und zu vier Jahren Gefängnis verurteilt wurde.«[41]

1922 hingegen war allen Angeklagten im Leipziger Prozess bewusst, dass ihre Verteidigung gegen den Vorwurf, gemeinschaftlich den Mord im Auftrag der O.C. vorbereitet zu haben, von der Behauptung abhing, dass auch Kern und Fischer Ehrhardts Geheimbund sowenig wie sie selbst angehört hätten. In eine besonders schwierige Lage hatte sich Techow mit seinem Eingeständnis manövriert, dass er Kern und Fischer als seine Vorgesetzten angesehen habe, denen er unbedingt Folge leisten musste. Nur mit der Behauptung, dass die beiden keine Verbindung zur O.C. gehabt hätten, konnte er nun noch die auf der Hand liegende Vermutung abwehren, im Auftrag der Geheimorganisation zur Mitwirkung an dem geplanten Verbrechen verpflichtet worden zu sein. Das Gericht begnügte sich mit dieser Erklärung und stellte im Urteil lapidar fest: »Auch für eine Zugehörigkeit von Kern und Fischer zur

O. C. ist nichts beigebracht.«[42] Zu demselben Ergebnis war bereits die Anklageschrift gekommen, und sie hatte dabei auf ein Zeugnis zurückgegriffen, das ausgerechnet von Ehrhardts Stellvertreter Alfred Hoffmann stammte. Der Münchener O. C.-Funktionär bejahte in seiner Vernehmung unbefangen die Bekanntschaft mit Kern, der nach seinem Ausscheiden aus der Marine gefragt habe, ob er nicht in die O. C. aufgenommen werden könne. Angeblich aber, so erklärte Hoffmann, habe man ihm einen ablehnenden Bescheid geben müssen, da es der Organisation an Geld gefehlt habe, um auch ihm noch ein Gehalt zu zahlen.

Hoffmanns Auskunft war falsch. Die Reichsanwaltschaft hätte nur auf die Untersuchungsakten zum Erzbergermord zurückgreifen müssen, um den tatsächlichen Sachverhalt festzustellen: Kern zählte mit Brandt zu der Gruppe republikfeindlicher Seeoffiziere, die im Mai 1921 aus der Marine ausgeschieden waren, um zu Ehrhardt zu gehen; nach einem von der badischen Staatsanwaltschaft schon im September 1921 bei Hoffmann gefundenen Bericht beriet er darüber hinaus die O. C.-Führung bei ihrem Urteil über die Verwendungsmöglichkeit der einzelnen Neuzugänge.[43] Die anschließenden Aktivitäten Kerns bei der O. C. waren der Justiz ebenfalls nicht verborgen geblieben: Schon im Juli desselben Jahres wurde er zusammen mit Karl Tillessen als Organisator der ersten, missglückten Befreiung der Seeoffiziere Boldt und Dithmar aus dem Leipziger Untersuchungsgefängnis gleich bei zwei Staatsanwaltschaften aktenkundig; aus einem beschlagnahmten Brief ging obendrein hervor, dass sein Einsatz sogar ausdrücklich mit der Münchener O. C.-Führung abgestimmt war.[44]

Dem im September 1921 beschlagnahmten Dokument mit den Bezirkseinteilungen der O. C. hätte die Reichsanwaltschaft wiederum unschwer entnehmen können, dass Kern im Münchener Geheimbund zum Kreis der leitenden Funktionäre gehörte: In ihnen wird Kern als Adjutant des Bezirksleiters Wende im Bezirk A genannt, dessen Zuständigkeit sich auf Kiel, Hamburg und Rostock erstreckte. Mit der Neustrukturierung des Münchener Geheimbundes um die Jahreswende 1921/22 verstärkten sich Kerns Kontakte insbesondere zu Karl Tillessen, dem Leiter der terroristischen O. C.-Aktivistengruppen. Aufgrund seiner Rücksichtslosigkeit und Unerschrockenheit entwickelte sich Kern alsbald zu einer Leitfigur des politischen Terrorismus in der O.C., ohne dass er seine Arbeit als Verbandsfunktionär aufgab. Parallel zu einer ausgedehnten Reise- und Propagandatätigkeit als Adjutant des norddeutschen Bezirksleiters beteiligte Kern sich an nahezu allen bekanntgewordenen Unternehmungen, die die Frankfurter Gruppe initiierte. Eines davon, nämlich die diesmal erfolgreiche Befreiung Dithmars im Januar 1922, setzte Kern bereits gemeinsam mit seinem späteren Mordkomplizen Fischer in Szene. Aber nicht nur deshalb mutet dieser Coup wie ein Vorgriff auf das Rathenau-Attentat an: Um Dithmar vor der Polizei verborgen zu halten, nutzten Kern und Fischer dieselbe Burg Saaleck als Refugium, auf die sie sich ein halbes Jahr später als flüchtige Rathenaumörder selbst zu retten versuchen sollten.

Kerns Aktionsradius war weit gespannt, und die Liste der von ihm ausgeführten Aufgaben im Dienst der O.C. umfasste vermutlich weit mehr als die bekanntgewordenen Delikte. Allein seit seiner Abkommandierung nach Kiel war er zumindest zufolge der späteren Darstellung von Salomon und Heinz an Anschlägen in den französisch besetzten Gebieten, an Waffenschiebungen und anderen Unternehmen des Geheimbundes beteiligt. Sie brachten ihn immer wieder in so engen Kontakt mit anderen O.C.-Aktivisten wie Tillessen, Plaas, Heinz und Salomon, dass es nicht verfehlt scheint, diesen Kreis als ein in wechselnder Zusammensetzung erprobtes und über ganz Deutschland operierendes Terrorkommando der O.C. zu apostrophieren.[45] Zu dieser Gruppe gehörte auch Günther Brandt. 1920 war der ehemalige Seeoffizier wie Kern aus der Marine verabschiedet worden. Er trat anschließend der O.C. bei und wurde mit organisatorischen Aufgaben betraut, die ihn beständig durch das Land reisen und Wohnungen in Jena, Leipzig und Kiel unterhalten ließen. Die intensive Reisetätigkeit teilte er mit Kern, der sich nur selten in Kiel aufhielt.

Einzig Fischer schien in dieser Gruppe Außenseiter zu sein. Ihn hatte Kern wahrscheinlich erst im Januar 1922 anlässlich der Befreiung Dithmars kennengelernt, und er zählte auch nicht zu dem Frankfurter Kreis um Tillessen und Plaas. Mitglied der O.C. war aber auch er, wie Kerns Schwester später bekundete.[46] Nach Salomon, der ihn als ›Leiter der sächsischen Aktionen‹ bezeichnet, hatte er unter anderem eine dann verratene Waffenschiebung von

Freiberg/Sachsen zu den Sudetendeutschen in der Tschechoslowakei vorbereitet.[47] Ein von der Polizei am 1. Juli 1922 in Freiberg von der Polizei entdecktes Waffenlager lässt vermuten, dass diese Behauptung den Tatsachen entsprach; es befand sich auf dem Gelände der Spinnanstalt desselben Fabrikanten Johannes Küchenmeister, der für den Rathenaumord das Auto zur Verfügung stellte. All dies läßt darauf schließen, dass Kern mit Fischer und Salomon eine der Zellen des politischen Terrorismus in der O.C. bildete, die von Frankfurt aus in ihren Aktionen koordiniert wurden. Sie hatte der am 24. Juni 1922 unabhängig von der Mordsache Rathenau in Hamburg verhaftete O.C.-Mann Niedrig im Sinn gehabt, als er die Polizei auf das Bestehen eines dreiköpfigen Spreng- und Mordkommandos in der O.C. unter Kerns Führung aufmerksam machte. In dieselbe Richtung weist Salomons Darstellung, nach der Kern und Fischer neben dem Rathenaumord eine ganze Reihe weiterer terroristischer Vorhaben planten und Salomon baten, sie durch die Übernahme einer dieser Aktionen zu entlasten.[48]

Die eigentliche Leitfigur der O.C.-Aktivisten aber war Karl Tillessen. Auch über ihn hatte die Anklagebehörde im Rathenaumord-Prozess nicht mehr zu ermitteln versucht, als er und die übrigen Angeklagten selbst zuzugeben bereit waren. So blieb dem Oberreichsanwalt in seinem Plädoyer nur eine rhetorische Geste des Bedauerns, dass Tillessen und sein Adjutant Plaas nicht über die Nichtanzeige eines drohenden Verbrechens hinaus strafrechtlich belangt werden könnten, »obwohl es mir in hohem Maße wahrscheinlich erscheint, daß insbesondere Tillessen [...] einer der Hauptorganisatoren gewesen ist«.[49] Der konnte stattdessen sogar unwiderlegt behaupten, dass er Kern den Mordplan energisch auszureden versucht habe. In der Leipziger Verhandlung stand Aussage gegen Aussage, da auf der anderen Seite Brüdigam bezeugte, dass bereits Wochen vorher in Frankfurt ein Treffen von Tillessen mit Plaas und Heinz stattgefunden habe, auf dem die Ermordung Rathenaus erörtert worden sei. In der Tat verzeichnet das Tagebuch von Hartmut Plaas für den Mai 1922 eine auffällige Häufung von Reisen und auswärtigen Besprechungen Tillessens, die in ihrer Verschlüsselung auf ein größeres Vorhaben hindeuten. Eine Woche vor dem Anschlag auf Rathenau fuhr Tillessen eigener Angabe zufolge nach München zu Ehrhardts Stellvertreter Hoffmann, vorgeblich aus privaten Gründen. Am 18. Juni hielt er sich in Nürnberg auf, am 19. Juni abermals bei Hoffmann in München, tags darauf hingegen in Jena, um Brandt zu treffen, und immer logierte er unter falschem Namen. Zur selben Zeit wurde er aber bereits dringend in Berlin von Kern und Fischer erwartet, die bei ihren Vorbereitungen des Anschlags finanziell in die Enge geraten waren und auf neues Geld warteten.

Ganz offensichtlich spielte Tillessen in der Verschwörung gegen Rathenau eine weit entscheidendere Rolle, als im Rathenaumord-Prozess erwiesen werden konnte. Tillessen war es, der als Leiter aller Aktivistengruppen der O.C. die Anschlagsvorbereitungen von Frankfurt aus begleitete und der den Kontakt des Attentatskommandos zu Hoffmann und der Münchener O.C.-Führung wahrte. Daß die Zentrale mit der Mordsache Rathenau befasst sein könnte, stellten die Geheimbündler natürlich vor Gericht vehement in Abrede. In der Tat besaßen alle Hintergrundorganisatoren stichfeste Alibis. Auch der durch Brüdigams Aussagen schwer belastete Alfred Hoffmann konnte jeder konkreten Beschuldigung mit dem Nachweis den Boden entziehen, dass er sich vor dem Anschlag vom 24. Juni 1922 weder in München noch gar in Berlin aufgehalten habe. Wie gleich eine ganze Reihe von Zeugen bestätigte, hatte er sich vielmehr in der Zeit vor dem Mord auf einer Reise im rheinisch-westfälischen Industriegebiet mit der harmlosen Aufgabe befasst, Ehrhardt-Offizieren Anstellungen in der Industrie zu verschaffen. »Die Nachricht von der Ermordung Rathenaus habe ich in Köln bei dem Syndikus der Rheinisch-Westfälischen Sprengstoffaktiengesellschaft Herrn Breucker, Köln, Zeppelinstraße 1-3, auf dem Büro von Herrn Breucker erfahren, dem diese Nachricht in meinem Beisein telephonisch übermittelt wurde. [...] Herr Breucker wird gern bereit sein seine Zeugschaft für mich abzulegen, daß ich zur Zeit der Tat auf seinem Büro saß.«[50]

Doch hatte Hoffmann mit dieser der Nachprüfung standhaltenden Berufung auf den früheren Ludendorff-Adjutanten Wilhelm Breucker offenbar doch nicht die ganze Wahrheit enthüllt: Unter den Reaktionen, die Ernst von Salomon 30 Jahre später auf die Veröffentlichung seines »Fragebogen« zugingen, findet sich auch ein Schreiben Breuckers, den die Behauptung des Autors irritierte, Ehrhardt sei über den Rathenaumord nicht informiert gewesen –

weil sie nämlich seiner eigenen Erinnerung völlig widersprach: »Wenige Tage vor der Ermordung Rathenaus erhielt ich von dem Adjutanten Ehrhardts [...] eine offene Postkarte folgenden Inhalts: ›Im Auftrage des Herren, den Sie neulich in Neuhaus-Schliersee trafen, wird Sie am 24. 6. morgens Herr Hoffmann aufsuchen.‹ Der Herr, den ich [...] in Neuhaus getroffen hatte, war Ehrhardt. Am 24. 6. 1922 erschien [...] ziemlich früh ein Herr in meinem Büro in Köln, Zeppelinstraße 1, der sich als Kapitänleutnant Hoffmann auswies und mir Grüße von Ehrhardt überbrachte.« Breucker zufolge erzählte Hoffmann seinem Gastgeber ohne Umschweife, dass in Kürze Rathenau durch die dem Ludendorff-Adjutanten bekannten Offiziere Kern und Fischer getötet werde und er selbst die Tat organisiert habe. »Ich bin gestern abend von Berlin abgefahren, in Elberfeld ausgestiegen und mit einer neuen Fahrkarte Elberfeld–Köln weitergefahren. Heute nachmittag will ich nach München weiterreisen, wo ich vermutlich sofort festgenommen werde. Für die Nacht in Elberfeld habe ich ein Alibi, ich brauche nur noch eins für den heutigen Vormittag, und der Kapitän riet mir, mich an Sie zu wenden.«[51] Die Glaubwürdigkeit dieses Zeugnisses wird dadurch noch erhöht, dass sich auf ähnliche Weise auch Brandt, Tillessen und Plaas ein Alibi für die Tatzeit zu beschaffen gesucht hatten: Brandt hatte Berlin vor dem 24. Juni 1922 verlassen und konnte durch das Zeugnis seiner Zimmerwirtin belegen, dass er sich am Mordtag zu Hause in Jena aufgehalten hatte; Tillessen war am 22. Juni zu seinem Bruder, dem Kommandanten der Marineschule in Flensburg-Mürwik, gefahren und hatte dort die Zeit bis zum 25. Juni 1922 verbracht; Plaas schließlich war am 22. Juni nach Ludwigslust zu einem Bekannten und am Abend des nächsten Tages zurück nach Frankfurt gereist, wo er am Vormittag des 24. Juni 1922 anlangte.

Auch während der Hauptverhandlung im Oktober 1922 blitzte immer wieder auf, dass hinter dem Komplott gegen den Minister eine zentrale Regieführung gestanden haben musste. In besonderem Maße zeigte sich dies an einer mysteriösen Berliner Wohnung, die alle Verschwörer aufgesucht hatten und deren Adresse während des Prozesses dennoch keiner von ihnen preisgeben wollte. Auch wenn die Aussagen der Angeklagten sie immer nur ganz beiläufig streiften, hatte diese angeblich Brandt gehörende Wohnung bei der

Attentatsplanung offensichtlich eine herausragende organisatorische Rolle gespielt: In sie hatte sich Salomon am Mittwoch vor dem Anschlag auf Weisung Kerns begeben, um Post abzuholen, in ihr hatte er – angeblich überraschend – die frisch in Berlin angelangten Mitverschwörer Plaas und Tillessen getroffen. Auf entsprechende Nachfrage reagierte Salomon allerdings ausweichend: »Wo die Wohnung war, möchte ich nicht sagen.«[52] Auch Plaas bestätigte, dass er gleich nach seiner Ankunft in Berlin zusammen mit Tillessen zu Brandts Wohnung gegangen sei. Brandt sei zwar nicht anwesend gewesen, habe aber hinterlassen, dass er anrufen werde, und statt seiner habe sich »Schreiber« alias Salomon in der Wohnung befunden; »Straße und Hausnummer weiß ich nicht mehr«.[53] Tillessen schließlich wollte erst in der Wohnung Brandts von Kerns Anwesenheit in Berlin erfahren haben und war in sie zurückgekehrt, nachdem er vergeblich Kern zu treffen versucht hatte. Auf die Adresse wusste er sich ebenso wenig wie seine Mitverschwörer zu besinnen. Der Einzige, der sich nicht auf seine Vergesslichkeit hätte berufen können, war der angebliche Wohnungsgeber selbst; der aber war zu der Zeit flüchtig. Fest stand allerdings, dass ausgerechnet er sich in dieser Wohnung während seiner Anwesenheit in Berlin gar nicht aufgehalten hatte. Die Gelegenheit, den Sachverhalt aufzuklären, kam erst im zweiten Rathenaumord-Prozess 1925. Doch wie seine Komplizen verweigerte nun auch Brandt über die geheimnisvolle Berliner Adresse jede nähere Auskunft, so dass die Anklageschrift nur feststellen konnte: »Über dieser ›Berliner Wohnung Brandts‹ schwebt ein gewisses Dunkel. Weder Brandt selbst noch die Zeugen Salomon, Tillessen und Plaas wollen darüber nähere Angaben machen können. Da Brandt damals in einem fremden Gasthause übernachtet hat, muß es sich um ein Quartier handeln, in dem er sonst abzusteigen pflegte und das er und die Zeugen aus irgendeinem Grunde nicht bezeichnen wollen.«[54]

Ganz offenkundig handelte es sich bei der vorgeblichen »Berliner Wohnung Brandts« um den zentralen konspirativen Treffpunkt der den Rathenaumord vorbereitenden O.C.-Gruppe, dessen Offenlegung das ganze Anklagegebäude auf eine neue Grundlage gestellt hätte. Hier war das logistische Zentrum der Verschwörung, hierhin wurde Tatbeteiligten die Post gesandt, hier erfuhren sie von dem Aufenthalt ihrer Mitverschwörer. Da kein Anhaltspunkt dafür spricht, dass Kern und Fischer eigens für das Attentat eine Wohnung in Berlin gemietet hatten – was im übrigen auch nicht sonderlich verschweigenswürdig gewesen wäre –, kann es sich nur um die Wohnung eines Berliner O.C.-Funktionärs gehandelt haben, deren Aufdeckung die O.C. womöglich selbst in die Anschlagsvorbereitung verwickelt hätte. Leiter der Berliner O.C. war zu dieser Zeit der später im O.C.-Prozess wegen Geheimbündelei verurteilte Wilhelm Ehrentraut. Er war nach dem Anschlag auf Rathenau kurzzeitig verhaftet worden, weil Mitbewohner des Mietshauses zwischen dem 24. und dem 26. Juni 1922 einen überaus auffälligen Besucherverkehr in seiner Wohnung festgestellt hatten. So seien am 24. Juni 1922 früh zwei Herren erschienen, die jeweils in einem bestimmten Rhythmus gegen die Tür geklopft und ein Stichwort gerufen hätten, sobald innen jemand erschienen sei. Darauf sei die Tür geöffnet, aber beide Male der Einlassbegehrende erst nach Präsentierung einer Visitenkarte endgültig eingelassen worden. Zwar wies Ehrentraut den Verdacht von sich, dass seine Wohnung als konspirativer Treff in der Mordsache Rathenau gedient haben könnte. Aber er musste zugeben, Ernst Werner Techow von Zusammenkünften ehemaliger Mitglieder der Brigade Ehrhardt näher, dessen Bruder Hans-Gerd immerhin »flüchtig« zu kennen und die beiden sogar in ihrer Wohnung besucht zu haben. Auch Kern, Fischer, Tillessen, Plaas und weitere Mitglieder der Verschwörergruppe waren ihm ebenso bekannt wie die Funktionäre der Münchener O.C.-Leitung; Kern hatte ihn, wie Ehrentraut einräumte, sogar ein oder zwei Wochen vor dem Attentat noch aufgesucht.[55] Viel spricht dafür, dass entgegen dem vom Staatsgerichtshof festgestellten Tathergang die O.C. auch über ihre Berliner Ortsgruppe in die Vorbereitung des Rathenaumords einbezogen war. Sehr wahrscheinlich war es der Berliner O.C.-Leiter Ehrentraut, der mit seiner Wohnung den nicht identifizierten konspirativen Treffpunkt der Attentäter und damit die organisatorische Basis der Anschlagsvorbereitung gestellt hatte, und er war mit ziemlicher Gewissheit auch der Mann, der die im Rathenaumord-Prozess unaufgeklärt gebliebene Verbindung zwischen Kern und den Brüdern Techow hergestellt hatte.

Entgegen seiner eigenen Behauptung war auch Techow als Mitglied der Berliner O.C. ebenso zur Mitwirkung bei dem Anschlag eingeteilt worden wie andere Helfershelfer. In einem Brief, den er seiner Mutter kurz nach der Festnahme aus dem Untersuchungsgefängnis schrieb, heißt es: »Bei meinem Eintritte in die Organisation habe ich mein Ehrenwort gegeben, über dieselbe zu schweigen und zu gehorchen. Man sagt mir hier, Du fordertest, ich solle aussagen. [...] Ich soll mein Wort brechen, wo ich es die eine Hälfte gehalten habe?«[56] Unzweideutig lässt Techow hier erkennen, dass es seine Unterstellung unter die O.C.-Disziplin war, die ihn zuerst zwang, Kerns Auftrag Folge zu leisten, und dann, seine Vorgesetzten unter keinen Umständen zu belasten.

Dennoch war der so verpflichtete Berliner O.C.-Mann ein Unsicherheitsfaktor geblieben, der noch unmittelbar vor dem Anschlag den Gehorsam aufzukündigen versucht hatte. Er zeigte hierin dasselbe Verhaltensmuster wie der unbekannte Mittäter, der den Plan zur Ermordung Rathenaus aus Gewissensnot einem katholischen Pfarrer angezeigt hatte, um so die Tat zu verhindern, ohne seine Komplizen zu verraten. Dem Rathenau-Biographen Harry Graf Kessler zufolge hatte der anonyme Informant dem Priester gestanden, er sei zur Ausführung der Tat »ausgelost« worden. Gerade dieser Umstand legt es nahe, dass die geheimnisvolle Warnung tatsächlich mit dem Attentatsplan der O.C. in Beziehung stand; denn auch vor dem Erzbergermord und ebenso vor dem Attentat auf Scheidemann waren die zur Tat bestimmten Mitglieder des Münchener Geheimbundes über ein vorgespiegeltes Losverfahren ausgewählt worden. Dass die Auslosung eine für die Ehrhardt-Organisation charakteristische Methode bei der Vollstreckung von Mordbefehlen darstelle, hatte bereits früher ein von den französischen Besatzungsbehörden geführtes Verfahren gegen die O.C. im Dezember 1921 festgestellt.[57]

Tatsächlich war es vermutlich niemand anders als Techow selbst gewesen, der sich »zitternd« einem Priester anvertraute, weil er zu einer Tat gezwungen wurde, die er nicht aus eigenem Antrieb gewollt hatte, aber auch nicht zu verraten fähig war. Der Prozess hatte gezeigt, dass Techow in der Attentätergruppe kein vollwertiges Mitglied, sondern ein bloßes Werkzeug darstellte: »Der macht alles und fragt nach nichts«[58], habe Kern ihn charakterisiert; Techow selbst fand es normal, dass er bei den Autoausflügen der Verschwörergruppe vor der Tat an einem anderen Tisch Platz nehmen musste, da er ja Chauffeurskleidung trug und »ein gewisses Dienstverhältnis zwischen uns« bestanden habe.[59]

Die Identität des Priesters, der Rathenau über Wirth von der drohenden Gefahr benachrichtigen ließ, blieb im Leipziger Prozess verborgen. Erst Jahrzehnte später enthüllten nachgelassene Papiere des katholischen Pfarrers Heinrich Lampe, dass er es war, der mit seiner Botschaft unmittelbar zu dem ihm aus der Parteiarbeit im Zentrum persönlich bekannten Reichskanzler vorzudringen vermochte. So wird auch verständlich, dass Wirth die Angaben seines Parteifreundes für hinreichend vertrauenswürdig hielt, um Rathenau sofort zu einem Gespräch zu bitten. Zu dieser Zeit versah Lampe die Pfarrstelle der katholischen St.-Matthias-Kirche in Berlin-Schöneberg. In deren damaligem Sprengel lag auch die Straße, in der Techow bei seinen Eltern wohnte. Techow war Protestant. Was er einem katholischen Kaplan anvertraute, war weder Beichtgeheimnis noch Verrat an seinen Komplizen; Techow konnte sicher sein, dass der Priester handeln würde, ohne seinen Namen preiszugeben und ohne die Polizei einzuschalten.

Wieder zeigt sich, dass Kerns Verschwörergruppe die Attentatsvorbereitung nicht auf eigene Faust betrieben hatte. Hinter ihr stand die militärisch strukturierte Organisation Ehrhardts, die ihrem mobilen Terrorkommando bei Bedarf die Unterstützung durch örtliche O.C.-Gruppen sicherte und ihm Befehlsgewalt auch über etwa widerstrebende Mitglieder verlieh.

6. Das verwehte Putschfanal

Das Attentat vom 24. Juni 1922 war das Werk einer großangelegten Verschwörung, das eine lang zurückreichende Vorgeschichte besaß. Wohl schon seit dem Frühherbst 1921 waren in der O.C. Überlegungen angestellt worden, Rathenau zu beseitigen, wie schon ein nach dem Erzbergermord festgenommener O.C.-Mann aus Leipzig bei seiner Vernehmung gestanden hatte.[1] Entsprechende Pläne waren aufgrund der Enttarnung der O.C. und der Verhaftung ihrer führenden Mitglieder im September 1921 dann allerdings vorerst gegenstandslos geworden. Sie wurden aber im Zusammenhang mit der Bildung von Aktivistengruppen unter Tillessens Leitung Ende 1921 wiederaufgenommen und spätestens im Frühjahr 1922 soweit verdichtet, dass Tillessen zur Abstimmung einer konkreten Planung zusammen mit Kern nach München fuhr. Um die O.C. als Organisation und besonders ihre Münchener Zentrale nicht zu gefährden, wurde Kern beauftragt, den Anschlag mit einem von ihm selbst zusammengestellten Mordkommando in Eigenregie zu inszenieren und den Kontakt zur Organisation ausschließlich über Kuriere aufrechtzuerhalten. Kern bestimmte zu seinem Verbindungsmann Salomon, der so nach dem missglückten Mordversuch an Wagner die Gelegenheit bekam, sich »wieder zu qualifizieren«.[2] Wie er in den »Geächteten« schreibt, wurde Salomon durch ein Telegramm Kerns nach Berlin beordert.[3] Für die Ausführung des Verbrechens selbst wählte Kern mit Fischer einen bereits bei einem riskanten Unternehmen erprobten Mann der O.C., der nicht zuletzt infolge seiner privaten Lebensumstände bedenkenlos bereit war, sein Leben in die Schanze zu schlagen.

Am 2. Juni verließ Kern Kiel, um in Berlin die letzten Vorbereitungen für das Attentat zu treffen, nachdem die Lebensgewohnheiten des vorgesehenen Opfers vermutlich schon ausgekundschaftet worden waren. Am Pfingstsonntag zwei Tage später erörterten Fischer und Kern in Berlin mit Brandt und wahrscheinlich weiteren Komplizen ihre Absicht, Rathenau zu töten, und bestimmten Brandt dazu, ein Auto für die Flucht zu beschaffen. Bis zu diesem 4. Juni 1922 plante die Gruppe nach dem späteren Zeugnis Frank-

Das verwehte Putschfanal

furter Gesinnungsgenossen wohl noch, auch Rathenau mit Hilfe von Blausäure zu töten.[4] Als aber an diesem Tag das Attentat auf Scheidemann ungeachtet der tödlichen Dosis des eingesetzten Säuregemischs misslang, drängte Kern nun darauf, trotz der dadurch eintretenden Verzögerung einen völlig neuen Attentatsplan zu entwickeln. Dies beanspruchte vermutlich einen Großteil der Woche, die nach dem Überfall auf Scheidemann verstrich, bis Fischer und Salomon in Berlin eintrafen. Mit der in der Geschichte des politischen Attentates kaum weniger revolutionären Idee, den regelmäßig ungeschützt im offenen Auto fahrenden Minister während der Fahrt von einem anderen Wagen aus zu erschießen, glaubte Kern zu einer Zeit, als es motorisierte Polizeieskorten noch nicht gab, eine im Vergleich zur ursprünglichen Planung sicherere Möglichkeit gefunden zu haben, um den Minister zu beseitigen und selbst zu entkommen.

Allerdings hing die Ausführung dieses Unternehmens nun von der Hilfe eines weit größeren Personenkreises ab. Und es stellten sich erhebliche Schwierigkeiten in den Weg: Neben einem schnellen Kraftwagen musste ein geschickter und nervenstarker Fahrer gefunden werden, dazu eine auch ohne ruhige Zielmöglichkeit zuverlässig treffende Mordwaffe, schließlich ein ortskundiger Vertrauensmann, der unter Rücksicht auf Verkehrsdichte und Fluchtwege die geeignetsten Straßenabschnitte zu bezeichnen vermochte. Kern und sein Komplize aktivierten ihre Verbindungen: Fischer kannte aus seiner Chemnitzer O.C.-Tätigkeit den »nationalen« Fabrikanten Küchenmeister in Sachsen, der ihm sein Gelände bereits für ein geheimes Waffenlager zur Verfügung gestellt hatte, und erreichte mit Brandts Hilfe, dass der Fabrikant sein Auto tatsächlich hergab. Kern wiederum schaltete seinen Vorgesetzten Wende im norddeutschen O.C.-Gau ein, um einen geeigneten Fahrer zu besorgen. In Kerns Auftrag reiste Salomon zu Wende nach Kiel, wurde dort aber nicht fündig und daher an die O.C.-Ortsgruppe Hamburg weiterverwiesen, wo mit Niedrig ein passend scheinender Mann bereitstand.

In der Zwischenzeit war auch die örtliche O.C.-Ortsgruppe um Unterstützung angegangen worden. Um den Kreis der Eingeweihten zu begrenzen und keine unnötigen Spuren zu hinterlassen, hatte Kern in der Attentatsvorbereitung ursprünglich vielleicht nur auf den Berliner O.C.-Leiter Ehrentraut zurückgegriffen, dessen Wohnung als Post- und Kontaktadresse benötigt wurde. Die neue Attentatsplanung und die Sorge vor weiterem Zeitverlust ließen diese Bedenken in den Hintergrund treten. Spätestens jetzt, während Salomon noch einen auswärtigen Chauffeur aufzutreiben versuchte, zogen Kern und Fischer mit Ernst Werner Techow einen Berliner O.C.-Vertreter in den engsten Verschwörerkreis hinein. Techow, nach eigener Auskunft Mitglied der O.C. seit ihrer Gründung, war ein in untergeordneten Funktionen vielfach erprobter Ehrhardt-Mann, der lange auch und zuletzt nach dem Erzbergermord als Kurier gedient und für seine Reisen nach München und durch Deutschland sogar Aufwandsgelder bezogen hatte. Solcherart ausgewiesen, obendrein passionierter und ortskundiger Automobilist, schien er genau über die erforderliche Qualifikation zu verfügen.

Während dieser Sondierungen erfuhren Kern und Fischer über die Berliner Ortsgruppe der O.C. auch von dem eigenen Mordplan des Gymnasiasten Stubenrauch. Über Ernst Werner Techows Bruder Hans-Gerd, der ungeachtet seiner erst siebzehn Jahre in der O.C. bereits den Rang eines »Adjutant[en] des Landesreferenten Preußen für die vormilitärische Jugenderziehung« bekleidete[5], stellten sie einen Kontakt zu Stubenrauch und seinem Freund Günther her, der ihnen bei der weiteren Vorbereitung des geänderten Attentatsplans sehr zustattenkam. Während Stubenrauch mit Hinweis auf sein jugendliches Alter ausgeschaltet wurde, durfte Günther bei der Verschwörergruppe bleiben, denn die offenbar weitreichenden Verbindungen Günthers im rechtsradikalen Milieu ließen ihn als einen geeigneten Helfershelfer bei den letzten Vorbereitungen erscheinen. Weder Kern noch seine Mitverschwörer ahnten, dass der renommiersüchtige Günther Beziehungen vortäuschte, die er gar nicht besaß, und sein nicht zu unterdrückender Geltungsdrang zuletzt sogar die Polizei auf ihre Spur führen würde. In der Zwischenzeit hatte sich der mit Salomon aus Hamburg eingetroffene Fahrer Niedrig als unzureichender Ersatz für den von Kern zunächst angeforderten Chauffeur aus Kiel herausgestellt. Stattdessen trugen aber Ernst Werner Techows Vorschläge wesentlich zur Entscheidung bei, den Anschlag an einer verkehrsarmen Stelle zu verüben, vor der der Wagen des Ministers stark abbremsen musste und die seinen Verfolgern gute Möglichkeit zum Entkommen bieten würde. Für besonders günstig erklärte Techow die S-Kurve der Koenigsallee bei der Einmündung der Wallotstraße, »weil bei der scharfen Wendung, die die Königsallee hier nach rechts nimmt, der verfolgte Wagen, selbst wenn er alsdann das Steuer nach links herumreißt, den verfolgenden Wagen, der in der bisherigen Richtung der Königsallee weiter fahren würde, nicht mehr treffen könnte«[6]. Nachdem Techow auch den unterdes in Freiberg bereitstehenden Wagen nach Berlin gebracht hatte, bestimmte Kern, dass er und nicht Niedrig den Wagen am Tag des Attentates zu steuern habe, und Techow fügte sich gemäß der in der O.C. geltenden militärischen Gehorsamspflicht dem Befehl seines Vorgesetzten.

Infolge des fehlgeschlagenen Mordversuchs an Scheidemann hatten sich indes die Vorbereitungen so weit in die Länge gezogen, dass den Verschwörern das Geld auszugehen drohte. Tillessen, bei dem Kern um Unterstützung nachsuchte, brachte daraufhin in der Nacht vom 20. auf den 21. Juni eine weitere Summe nach Berlin, die er wahrscheinlich selbst erst in München bei der O.C.-Leitung hatte beschaffen müssen. Auch die Frage der Bewaffnung wurde in diesen Tagen endgültig geklärt. Nachdem Kern und Fischer ihre Neun-Millimeter-Mauserpistolen bei Schießübungen im Grunewald ausprobiert und festgestellt hatten, dass sie stark streuen, beschlossen sie, aus eigenen Kräften eine Maschinenpistole zu beschaffen. Als dies misslang, erwies es sich abermals als notwendig, eine örtliche O.C.-Gruppe, diesmal in Schwerin, um Unterstützung zu ersuchen. Wie Kiel, Rostock und Hamburg war auch Schwerin dem Bezirk A der Ehrhardt-Organisation zugeordnet, in dem Kern als Adjutant des Bezirksleiters besondere Befehlsgewalt besaß, und wieder hatte Kern sich an die Anweisung zu halten vermocht, im Notfall zunächst auf die Unterstützung seines eigenen Bezirkes zurückzugreifen, bevor er sich nach Frankfurt an Tillessen wandte. Mitglieder der O.C.-Ortsgruppe Schwerin übergaben ihm am 23. Juni eine aus eigenen Beständen oder einem geheimen Waffenlager stammende Maschinenpistole und nahmen im Gegenzug einen Koffer mit Kleidungsstücken von Kern und Fischer zur Weiterleitung nach Rostock in Empfang.

Schon vorher hatte sich Salomon weisungsgemäß vergewissert, zu welcher Zeit und unter welchen Vorsichtsmaßnahmen der Minister morgens in das Auswärtige Amt zu fahren pflegte. Eine dann nicht veröffentlichte Passage im »Fragebogen« hält Salomons Erinnerung fest, dass er »ein paar Tage vor dem Attentat vor jenem Hause [Rathenaus, M.S.] stand und es beobachtete. Ich sah Rathenau ganz kurz, wie er aus seinem Hause trat und den Wagen bestieg, um ins Auswärtige Amt zu fahren.«[7] Salomons Meldung, »dass Rathenau sein Haus zwischen 10 und 10 ½ Uhr verlassen würde«[8], diente Kern als Grundlage, um nach seiner Rückkehr aus Schwerin und geklärter Bewaffnungsfrage am 23. Juni den genauen Ablauf des Unternehmens festzulegen.

Doch nachdem die bis dahin aufgetretenen Schwierigkeiten noch glatt überwunden worden waren, taten sich am Abend dieses Tages nun plötzlich Hindernisse auf, die die ganze Planung in Frage stellten: Zunächst hatte sich der Kraftwagen auf der Fahrt von und nach Berlin als unzuverlässig erwiesen. Besonders ein an der Ölzuführung aufgetretener Defekt verlangte umgehende Reparatur, die erst am nächsten Morgen vorgenommen werden konnte und möglicherweise eine Aufschiebung des Verbrechens erzwingen würde. Unerwartet stand Kerns Attentatsplan am selben Abend sogar vor dem endgültigen Scheitern, als noch einmal alle Details durchgesprochen wurden und Techow erkennen musste, dass die Tat unmittelbar bevorstehe und er nun ungeachtet seines Bekenntnisses gegenüber Pfarrer Lampe doch zum Mörder zu werden drohte. Er weigerte sich plötzlich, die ihm zudiktierte Rolle als Fahrer des Täterfahrzeugs auszufüllen, und fand sich erst zu dem verlangten Dienst bereit, als ihm selbst die Erschießung angedroht wurde. Doch musste Kern und Fischer nun klargewesen sein, dass sie mit der Ausführung des Anschlags nicht länger warten durften, um nicht ein erneutes Abspringen Techows zu riskieren. So beschlossen sie, das Attentat, wenn irgend möglich, noch am nächsten Vormittag auszuführen, obwohl sich die Reparatur des Wagens an diesem Morgen des 24. Juni hinauszögerte, bis die Zeit bereits überschritten war, zu der Rathenau sein Haus zu verlassen pflegte. Um so mehr trieb Kern nervös zur Eile. Er nahm sogar in Kauf, dass die vorbereiteten falschen Nummernschilder nicht mehr über das gültige Kennzeichen des Freiberger Wagens geklebt wurden, obwohl allein diese Unterlassung hätte hinreichen können, die Polizei auf die Spur der Täter zu führen.

Das anschließende Tatgeschehen vollzog sich in der vom Staatsgerichtshof rekonstruierten Weise. Techow, obwohl »kolossal aufgeregt«[9], bewältigte seine fahrerische Aufgabe ohne weiteren Widerstand. Die Maschinenpistole, mit der die Attentäter bei einer etwaigen Verfolgung sich den Weg aus Berlin hatten freischießen wollen, wurde erst in ein Gartengrundstück geschleudert, als sich bei einem Stopp noch in der Nähe des Tatortes zeigte, dass man unverfolgt entkommen war. Auch bei diesem Halt war Techow allerdings wieder zu einer Motorprüfung gezwungen, weil eine Zündkerze ausgesetzt hatte, und es war höchst fraglich, ob der Wagen der Beanspruchung einer längeren scharfen Fahrt überhaupt noch gewachsen gewesen wäre.

Nach dem Attentat wurde Techow von Kern für eine Woche aus Berlin beurlaubt. Gleichzeitig erhielt er vermutlich den Auftrag, den in der Schüttschen Garage abgestellten Tatwagen nach Freiberg zurückzufahren, sobald sich die Erregung über den Anschlag und die Intensität, mit der in der Bevölkerung auf verdächtige Kraftwagen geachtet würde, etwas gelegt hätten. Auch Kern und Fischer trafen keine Fluchtanstalten, sondern blieben unter Abstreifung aller konspirativen Verhaltensmaßnahmen in Berlin, um in den folgenden Tagen die Aufzüge der Volksmassen zu beobachten,»denn sie glaubten sicher, das Attentat würde die Entscheidung auslösen, da die Kommunisten schon lange loszuschlagen drohten«.[10] Ihr Verhalten fügt sich in die Logik des Mordmotivs, nach der weniger das Schicksal des überfallenen Opfers über den Erfolg des Anschlags entschied als vielmehr die Wucht der durch ihn hervorgerufenen Proteste in der Arbeiterschaft. Kern und Fischer mochten darauf hoffen, dass allein der Entrüstungssturm über die Ermordung des bedeutendsten Politikers der deutschen Reichsregierung zum angepeilten Bürgerkrieg treiben und eine Fortsetzung der geplanten Attentatsserie überflüssig machen könnte. Bis zum Tag der Beisetzung Rathenaus verfolgten sie angespannt die politische Entwicklung in Berlin, bevor sie am 27. Juni 1922 nach Rostock abreisten, um sich in Kerns O.C.-Bezirk zurückzumelden und angesichts des vorerst wider Erwarten ausbleibenden Flächenbrands womöglich für weitere blutige Initialzündungen bereitzuhalten.

Gegen die Einordnung der politischen Mordserie von 1922 in eine machiavellistische Bürgerkriegsplanung der O.C. spricht allein Salomons Schilderung, dass Ehrhardt selbst das geplante Attentat auf Rathenau weder gebilligt noch gar angeordnet habe, sondern bei einer Vorsprache Salomons in München in höchste Wut über die »Wahnsinnstat« geraten sei, weil sie ›seine ganze Politik zu zertöppern‹ drohe.[11] Doch wie hätte der unbestrittene Führer eines straff organisierten, militärischen Geheimbundes nicht über ein Unternehmen seiner Untergebenen im Bilde gewesen sein sollen, das ihn bei Gelingen in das Zentrum der politischen Macht hätte katapultieren können – und bei Misslingen in den Ruin? Allerdings war die mit den Anschlägen auf Scheidemann und Rathenau verfolgte Provokationsstrategie an eine unabdingbare Voraussetzung geknüpft: dass Ehrhardts Verbindung zu den Attentätern unter keinen Umständen ruchbar wurde. Der Mann, der die Notlage eines im Chaos des Bürgerkriegs versinkenden Landes nutzen wollte, um vereint mit der Reichswehr eine sich unter dem Druck der Straße etablierende Linksherrschaft hinwegzufegen und durch eine von ihm abhängige Rechtsregierung oder gar eine Militärdiktatur zu ersetzen, konnte nicht einmal innerhalb der »vaterländischen Bewegung« darauf hoffen, zur Löschung der nationalen Feuersbrunst berufen zu werden, wenn er selbst als deren Brandstifter entlarvt würde.

Nur hier und nicht in dem Anschlag selbst lag der Grund, warum Ehrhardt tatsächlich über Salomons Erscheinen in München »rasend wütend«[12] gewesen sein mag. Kerns Kurier war nicht, wie er später behauptete, gleich im Anschluss an den Anschlag nach München gefahren, sondern hatte sich erst am 24. Juni nach Frankfurt zu seinen Eltern begeben und zwei Tage später in das Sanatorium Waldhof, einen Stützpunkt des Frankfurter O.C.-Aktivistenkreises. Dort blieb er abermals zwei Tage und kehrte anschließend in der Erwartung nach Berlin zurück, dort auf Kern und Fischer zu treffen. Da die beiden Berlin aber bereits verlassen hatten, kehrte auch Salomon nach Frankfurt zurück, um später nach München zu fahren. Dort gelang es ihm nicht ohne Mühen, zu Ehrhardt selbst vorzudringen; »ich […] habe dem Kapitän den ganzen Fall gemeldet und er war furchtbar wütend«.[13] Es war die Verletzung der nach dem Erzbergermord aufgestellten Grundregel, dass der Geheimbundchef unter keinen Umständen in den Anschlag hineingezogen werden durfte, die den untergetauchten Kapitän so erboste. Salomons Vorstoß zu Ehrhardt geschah aus verzweifelter Sorge um das Schicksal seiner durch das Land irrenden Mordkomplizen, aber er gefährdete gleichzeitig die persönliche Sicherheit Ehrhardts, der als Kapp-Putschist immer noch steckbrieflich gesucht wurde – und er gefährdete vor allem das riskante politische Spiel des Kapitäns.

Dass die einzelnen Mordanschläge tatsächlich nicht ohne seine Kenntnis und Entscheidung ausgeführt wurden, geht schon daraus hervor, dass Tillessen zu Anfang des Jahres 1922 förmlich zum Leiter der neugebildeten Aktivistengruppen in der O.C. bestellt wurde und schon zuvor auch Plaas »auf direkten Befehl des Consuls« in seine neue Stellung als Tillessens Adjutant eingerückt war. Zumindest auf einem Schriftstück machte Ehrhardt seine tatsächliche Verantwortung selbst aktenkundig, nämlich auf einer von ihm ausgestellten Bescheinigung für Ernst Werner Techow über dessen Mitgliedschaft in der Brigade. Das Schriftstück selbst existiert nicht mehr. Doch ausweislich der Personalakte seines Bruders Hans Gerd hielt es zum Rathenaumord fest, dass Techow »als Angehöriger der Brigade Ehrhardt durch Los bei dieser Aktion beteiligt [war] und [...] sie nach einer Stellungnahme von Kapitän Ehrhardt mehr aus Angst als aus Vaterlandsliebe durchgeführt« habe.[14] Diese Beurteilung, die Ehrhardt in seiner Eigenschaft als militärischer Vorgesetzter Techow über dessen Dienstzeit ausstellte, bestätigte nicht nur Techows Beteiligung an der Ermordung Rathenaus, sondern auch Ehrhardts Verantwortung für sie.

Ehrhardts Auftrag an seine Aktivisten beschränkte sich nicht auf den Anschlag auf den Außenminister. Dass besonders die vielen Verbindungsfäden zwischen den Attentaten auf Scheidemann und Rathenau zu einem von langer Hand geknüpften Netz terroristischer Gewaltverbrechen gehörten, ließ eine Vielzahl von Zeugen- und Beschuldigtenaussagen vor und nach den Attentaten erkennen: Bereits Anfang Oktober 1921 hatte der sächsische O.C.-Funktionär Lauch eine Äußerung seines örtlichen O.C.-Leiters zu Protokoll gegeben, »daß nun noch Rathenau, Scheidemann, Ebert und Lipinski beseitigt werden müßten«.[15] Ein halbes Jahrzehnt später behauptete der abtrünnige O.C.-Mann Schmidt-Halbschuh, die O.C.-Führung habe seinerzeit angeordnet, neben Rathenau und Scheidemann auch den Journalisten Theodor Wolff und den Hamburger Bankier Max

Warburg umzubringen.[16] Auch dem Scheidemann-Attentäter Hustert war bekannt, dass der ihm erteilte Auftrag zu einer umfassenderen Mordserie zählte, denn er vertraute nach den Anschlägen auf Scheidemann und Rathenau auf der Flucht einem Bekannten an: »Warten Sie nur mal die Herbstzeit, den November ab, dann sieht es in Deutschland ganz anders aus. Wenn mir auch das Ding daneben gegangen ist, so kommt Nr. 3 doch dran. Auf meine Frage, wer Nr. 3 ist, erklärte er mir ›Wirth‹.«[17]

Offenbar hatten die von der Provokationsstrategie geleiteten O.C.-Aktivisten unter Karl Tillessen im Geheimen Weimars republikanischer Elite selbst den Krieg erklärt und sich angeschickt, führende Politiker des Landes von der Mitte bis zur Linken weit über Rathenau und Scheidemann hinaus auszuschalten. Wie ausgereift entsprechende Pläne waren, ist schwer zu beurteilen; die unter den Beteiligten kursierenden Namen der vorgesehenen Opfer sind jedenfalls durchaus nicht dieselben. Während Heinz neben Scheidemann und Rathenau auch Ebert, den sächsischen Ministerpräsidenten Zeigner und seinen Innenminister Lipinski, dazu noch den Unabhängigen Cohn auflistete[18], deutete Niedrig in seinen ersten Vernehmungen an, dass Kerns »Spreng- und Mordkommando [...] sich u.a. zur Aufgabe gemacht [habe], etwa 12 Juden zu beseitigen, die behauptet haben, daß 300 Juden die ganze Welt regieren könnten«. Allerdings fielen ihm nur noch vier der zu ermordenden Repräsentanten einer jüdischen Weltverschwörung ein, nämlich Oskar Cohn, Max Warburg, Theodor Wolff und »als Nichtjude Scheidemann«.[19] Für diesen Widerspruch fand Niedrig selbst keine Erklärung. Über die in der O.C. vorbereitete Anschlagserie erfuhr auch er durch Salomon: Es sei »herausgekommen [...], daß 12 Leute in Deutschland das Deutsche Reich zerstückeln wollten; sie wollten plötzlich die Kriegsentschädigung an Frankreich als übertrieben bezeichnen und ablehnen; die Russen sollten in Ostpreußen einrücken. Die nationale Jugend sollte gegen Frankreich geworfen werden, um sich gegen die technisch besser ausgerüsteten Franzosen aufzureiben, und der Kommunismus in Deutschland hätte dann gewonnenes Spiel. Dieses müßte verhindert werden.«[20]

So wirr und widersprüchlich beide Erzählungen sind, stimmen sie doch in ihrem sachlichen Kern überein: Die O.C. hatte tatsächlich eine ganze Liste politischer Gegner aufgestellt, die sie zur Erreichung ihres auf die Entfesselung des Bürgerkriegs gerichteten Ziels zu ermorden plante. Salomon selbst nannte im »Fragebogen« neben Rathenau die Namen von Alexander Parvus-Helphand, Walther Schücking, Oskar Wassermann, Joseph Wirth und Theodor Wolff, ohne die instrumentelle Funktion dieser willkürlichen Opferliste zu verheimlichen, in der es auf die einzelnen Personen überhaupt nicht ankam: »Die ganze Liste bestand aus einem kleinen, schmutzigen Stück Papier, auf welchem mit Bleistift kreuz und quer Namen standen, manche durchgestrichen, manche wieder hinzugefügt.«[21]

Die Vorarbeiten für diese Mordserie waren allerdings weiter gediehen, als die Öffentlichkeit erfuhr. Die Hamburger Polizeibehörde nahm das Geständnis Niedrigs, daß das Mordkommando der O.C. auch Warburg umbringen wolle und mit der Ausführung dieses Vorhabens der den Behörden bis dahin noch unbekannte Ilsemann beauftragt sei[22], so ernst, dass sie Warburg ersuchte, eine für den 27. Juni 1922 angekündigte Rede bei der Gründung des Übersee-Clubs abzusagen. Warburg, der außerdem unter ständigen Polizeischutz gestellt wurde, hielt sich daraufhin auf Anraten des Hamburger Polizeipräsidenten eine Zeit lang ganz verborgen und scheute auch späterhin öffentliches Auftreten. Niedrigs Aussagen erfuhren fünf Jahre später eine Bestätigung von ganz anderer Seite, als Schmidt-Halbschuh im Gießener Fememord-Prozess um den Mordversuch an dem angeblichen O.C.-Verräter Wagner aussagte, dass Friedrich Wilhelm Heinz sich im Jahre 1922 mit der Vorbereitung zweier Attentate auf Max Warburg und Theodor Wolff befasst habe. Auch zu dem Anschlag auf den USPD-Politiker Richard Lipinski, dessen Enthüllungen über das Bestehen einer Geheimorganisation in Sachsen das öffentliche Interesse im Herbst 1921 stark beschäftigt hatten, waren allem Anschein nach Anstalten bereits vor dem Mord an Rathenau getroffen worden. Lipinski selbst teilte dem Reichsinnenminister mit, dass ein Unbekannter seit dem 22. Juni versucht habe, sein Grundstück auszuspähen und die Ankunftszeit seines Zuges festzustellen.[23] Nachweislich auf das Konto von Ehrhardt-Leuten ging auch eine Serie von Sprengstoffanschlägen, die im Juni 1922 Hamburg erschütterte. Sie wurden von der Hamburger Ortsgruppe der O.C. unter Friedrich Warnecke ausgeführt, waren aber offenbar von der Frankfurter Aktivistenleitung weder angeordnet noch überhaupt gebilligt worden. Als Salomon von Kiel nach Hamburg kam, um sich von Warnecke den erbetenen Fahrer für das Rathenau-Attentat vermitteln zu lassen, unterband er im Auftrage Kerns gleichzeitig auch die Fortsetzung dieser Anschläge, die dem Leiter des gegen Rathenau gerichteten Unternehmens »einigermaßen direktionslos« dünkten und die Umsetzung des terroristischen Gesamtkonzepts offensichtlich eher störten als unterstützten.[24]

Zur Koordinierung der einzelnen Vorhaben war, wie Schmidt-Halbschuh 1927 aussagte, eine unverfängliche Adresse in Elgershausen im vorderen Westerwald ausgewählt worden. Dort bestand 1922 ein Waldsanatorium, dessen Besitzer einen Sohn hatte, der ebenfalls der O.C. angehörte und ein Jahr darauf als Fahrer des Fluchtautos an einem besonderen Coup der O.C. teilnehmen sollte: der Befreiung ihres Chefs Ehrhardt aus der Leipziger Untersuchungshaft. Hier wurden Kern und Salomon im März 1922 nach ihrem Überfall auf Wagner aufgenommen, was dazu führte, dass das Waldsanatorium Elgershausen in den nächsten Monaten zu einem förmlichen Refugium der O.C.-Aktivisten wurde. Einige Wochen vor dem Rathenaumord hielt sich auch Schmidt-Halbschuh in Elgershausen auf und erfuhr während dieser Zeit von den geplanten Attentaten gegen Scheidemann und Rathenau. Vor allem war er Zeuge, als am 2. Juni 1922 abends ein mit »Kerner« unterzeichnetes Telegramm in Elgershausen einlief.

Am selben Tag war der Absender dieser Nachricht, Erwin Kern, von Kiel nach Berlin aufgebrochen, um die Ausführung des Attentats auf Rathenau in die Hand zu nehmen. Offenkundig hatte die vor dem Angriff auf Scheidemann in Elgershausen versammelte Aktivistengruppe um Tillessen und Heinz auf ein verabredetes Signal Kerns über den Stand seiner Anschlagsvorbereitungen in Sachen Rathenau gewartet, um beide Morde zu koordinieren. Denn, so Schmidt, das »Telegramm veranlaßte Heinz dazu, nach Kassel zu reisen, um, wie er sich ausdrückte, Dampf hinter die Sache zu machen«.[25] Prompt zwei Tage später wurde Scheidemann überfallen. Dass tatsächlich Heinz der unbekannte Besucher gewesen war, der die Scheidemann-Attentäter kurz vor dem Anschlag aufgesucht hatte, bestätigte 1928 ein früherer Frankfurter Weggefährte von

Heinz[26], und es war schon 1923 durch einen Zeugen aktenkundig geworden, der aussagte, »ein gewisser Heinz habe die Spritze geliefert, die bei dem Attentat auf Scheidemann gebraucht worden sei«[27]. Als aber das vorgesehene Gift gleich bei diesem ersten Unternehmen versagte, war auch die Absicht zunichtegemacht, beide Anschläge zeitlich unmittelbar aufeinander folgen zu lassen. In Zeitnot geraten und ohne personelle Verstärkung nicht in der Lage, die neuentwickelte Idee eines Autoattentats in die Tat umzusetzen, forderte Kern Unterstützung aus Elgershausen. Erst daraufhin fuhr Salomon, der sich ebenfalls im Waldsanatorium aufhielt, von dort nach Berlin, und einige Tage später folgten Plaas und auch Tillessen, der sich zuvor in München mit Hoffmann abgestimmt hatte.

In der Zusammenschau hätten die vielen beim Gießener Fememordprozeß 1927 aufgetauchten Mosaikstücke ein klares Bild der Verbindungen ergeben können, die die einzelnen Anschläge mit der O.C. und ihrer Frankfurter Aktivistenzentrale verknüpften. Doch war keine Prozesspartei daran interessiert, die abgeschlossenen Verfahren gegen die Attentäter von 1922 noch einmal aufzurollen. Dabei lieferte Schmidt-Halbschuh in diesem Prozess die konzentrierteste Beschreibung der O.C.-Strategie und ihrer Umsetzung, die aus Kreisen des Geheimbundes jemals publik wurde. Seine Darstellung deckte sich mit den fünf Jahre älteren Angaben Brüdigams und ließ schon wegen ihrer umfassenden und genauen Namenskenntnisse auch den seinerzeitigen Untersuchungsrichter im Mordfall Erzberger auf eine ungewöhnliche Vertrautheit mit den Interna der O.C. schließen.[28] Schmidt zufolge sei auf Ehrhardts Initiative am 5. Mai 1922 eine Besprechung zwischen Heinz, Tillessen, Plaas und Salomon über die Ermordung Scheidemanns, Rathenaus und anderer prominenter Persönlichkeiten anberaumt worden. Anschließend habe die endgültige Festlegung am 13. Mai 1922 in München bei einer Verhandlung stattgefunden, die Ehrhardt geleitet habe und an der außerdem Heinz, Tillessen, Plaas und Salomon mitgewirkt hätten. Auf ihr sei verabredet worden, durch weitere Gewalttaten eine noch heftigere Störung der öffentlichen Ordnung herbeizuführen, um den angestrebten Sturz der republikanischen Regierung und Verfassung vorzubereiten. »Zu diesem Zwecke sei neben der Begehung von Sprengstoffanschlägen insbesondere die Ermordung des Abgeordneten Scheidemann, des

Ministers Rathenau, des Bankiers Warburg und des Redakteurs Wolff beschlossen worden.«[29]

Dass Ehrhardt jedenfalls Mitwisser, vielleicht sogar Anstifter der Attentate auf Rathenau und Scheidemann war, hielt unter dem Eindruck von Schmidts Aussage auch der Reichskommissar für Überwachung der öffentlichen Ordnung für denkbar.[30] Schwerlich dürfte er allerdings damit gerechnet haben, dass der unter Mordverdacht stehende Geheimbundchef eines Tages unbefangen über seine damalige Rolle reden würde. Doch gleich nach dem Untergang der ersten deutschen Demokratie beeilte Ehrhardt sich, in der Öffentlichkeit auszusprechen, was er bislang hatte verschweigen müssen. In seiner Rede anlässlich einer Gedenkfeier für die elf Jahre zuvor umgekommenen Rathenau-Attentäter auf Burg Saaleck am 16. Juli 1933 gedachte der O.C.-Leiter zuerst der Männer, die bei der Tat mitgeholfen hatten, und lüftete dann den Schleier, der immer noch über den Attentaten von 1922 lag: »Der Plan war der, daß in der entstandenen Verwirrung Schlag auf Schlag die Köpfe der Regierungsmitglieder fallen sollten, um Deutschland zu befreien. Aber die Männer, die diesen Plan durchführten, kamen schnell hinter Schloß und Riegel – das System funktionierte noch zu gut.«[31]

Mit diesem Bekenntnis gab Ehrhardt auch preis, dass er und seine Offiziere 1922 die politische Situation und besonders die Handlungsfähigkeit des staatlichen Machtapparates nicht angemessen beurteilt hatten. Wie andere Verbände der extremen Rechten war offenbar auch die O.C.-Führung in der fieberhaften Erwartung einer Gelegenheit zum Losschlagen nicht in der Lage gewesen, bloßes Wunschdenken von einer nüchternen Bewertung der politischen Kräfteverhältnisse zu trennen. Zeitgleich mit der anrollenden Attentatswelle im Juni 1922 hatte sich in den der O.C. nahestehenden militanten Gruppierungen die Auffassung durchgesetzt, dass in der allernächsten Zeit die endgültige Entscheidung im Kampf mit dem verhassten Weimarer System fallen müsste. Am 4. Juni 1922, nur Stunden vor dem Attentat auf Scheidemann, meldete sich bei der Zwickauer Kriminalpolizei ein Mann, der als Vorsitzender des Deutschvölkischen Schutz- und Trutzbundes in Zwickau und Mitglied der mit der O.C. in Verbindung stehenden »Loge Herold« Kenntnis von Vorgängen erlangt haben wollte, die für sich zu behalten er mit seinem Gewissen nicht mehr vereinbaren könne. Seinen Angaben zufolge seien die Mitglieder der Loge Herold, des Freikorps Oberland, des Stahlhelm, der NSDAP und anderer Rechtsverbände zu höchster Alarmbereitschaft aufgerufen worden, weil der Sturz der bestehenden Staatsordnung unmittelbar bevorstehe. Die Zahlen, mit denen in der Rechten jongliert wurden und die der Informant an die Polizei weitergab, muten abenteuerlich an: Geleitet von Ludendorff, stünden allein in Bayern 500 000 zuverlässige Anhänger der Monarchie aus den vaterländischen Verbänden, der Landespolizei und der Reichswehr zur Verfügung, dazu in Sachsen 200 000 Mann, die sich mit weiteren Freikorpsanhängern in Schlesien und den Ostseeprovinzen der bayerischen Leitung unterstellt hätten: »Von Bayern aus sei in der allernächsten Zeit mit einem Losschlagen der dortigen Königsmacher zu rechnen. Es werde nur noch auf eine günstige innenpolitische Situation gewartet.«[32]

Es kam anders. Weit entfernt davon, zum Kampf um die Macht anzusetzen, vermochte die O.C. nach den Mordanschlägen auf Scheidemann und Rathenau nicht einmal mehr ihre eigenen Attentäter vor dem Zugriff der Polizei zu schützen.

7. Die O. C. als Fluchthilfeunternehmen

Die Flucht Kerns und Fischers von Berlin erst in den Norden an die Ostseeküste, dann quer durch Deutschland nach Süden bis zur thüringischen Burg Saaleck hatte derart planlos und unorganisiert gewirkt, dass die Verteidigung im Leipziger Rathenaumord-Prozeß eben hierauf ihre Behauptung stützte, die Mörder Rathenaus seien isolierte Einzeltäter gewesen: »Wie sind denn die beiden Täter Kern und Fischer, nachdem sie quer durch halb Deutschland gehetzt worden sind, aufgefunden worden? Nach den Berichten von Augenzeugen, die wir in den Zeitungen gelesen haben, waren sie in zerlumpter, zerrissener Kleidung. Die Zehen guckten aus den zerlaufenen Stiefeln hervor, die Gesichter waren bis zur Unkenntlichkeit abgemagert. Meine Herren, sehen so Täter einer großangelegten, bis ins Einzelne vorbereiteten Tat aus, die Unterstützung fanden und Unterstützung finden mußten? Waren das nicht die Kennzeichen dafür, daß hier eine einzelne Tat eines einzelnen Fanatikers vorlag, in die andere unschuldig mit hineingerissen wurden?«[1]

Doch bei genauerer Betrachtung zeigt sich, dass diese Sichtweise mit den wirklichen Umständen der Flucht Kerns und Fischers wenig gemein hat. Ihr Verhalten in den Tagen von der Ermordung Rathenaus am 24. Juni 1922 bis zu ihrem eigenen Tod auf Burg Saaleck am 17. Juli 1922 gliedert sich in drei Phasen, deren erste und kürzeste den Zeitraum vor der eigentlichen Flucht absteckt. Dies sind die fünf Tage, in denen Kern und Fischer erst in Berlin blieben, um das Eintreten der erwarteten Folgen ihrer Tat mitzuerleben, und dann nach Rostock fuhren, wohin sie bereits vor dem Anschlag ihren Koffer hatten bringen lassen. In Rostock war Kern auf dem Weg von Kiel nach Berlin schon »während des Pfingstmarktes Anfang Juni«[2] gewesen und hatte sich mit zwei Vertretern der O.C.-Ortsgruppe Rostock für den 29. Juni 1922 wieder in der Stadt verabredet. Auch aus dieser Perspektive also stellt sich Kerns und Fischers Reise von Berlin nach Rostock nach dem Anschlag durchaus noch nicht als Flucht dar, sondern bedeutete jedenfalls für Kern die Rückkehr in sein bisheriges Tätigkeitsfeld.

Die O.C. als Fluchthilfeunternehmen

Nicht lange allerdings konnten sich Kern und Fischer in Sicherheit wiegen und von Rostock aus an eine Fortsetzung ihrer terroristischen Aktivitäten denken. Schlagartig endete diese erste Folgephase nach dem Rathenaumord, als am 29. Juni 1922 ein Steckbrief der nach Techows Verhaftung bald namentlich identifizierten Attentäter erschien und die überraschten Jäger nun selbst zu Gejagten wurden. Doch die Ermittlungsbehörden verpassten abermals aus eigenem Verschulden einen möglichen Fahndungserfolg. Denn es hätte keines kriminalistischen Scharfsinnes bedurft, um alsbald festzustellen, dass Kern und Fischer sich in Rostock aufhielten: Noch am selben 29. Juni meldete sich ein Rostocker Student namens Hans Langenscheidt bei der Polizei, der in der Stadt einen der Rathenaumörder erkannt haben wollte. Langenscheidt hatte an diesem Morgen um acht Uhr seinen Kommilitonen Paul Kadow in einer Geldangelegenheit unangemeldet aufsuchen wollen und dessen Wohnzimmer unverschlossen gefunden. »Die Tür zur Schlafstube stand ziemlich weit offen, und ich hörte dort Stimmen. Ich wollte die Schlafstube betreten. In der Türschwelle stehend, sah ich dann, wie sich aus dem Bette, in welchem ich Kadow vermutete, ein Mensch aufrichtete und mir angstvoll und verstört entgegenstarrte«.[3] Ein zweiter Unbekannter, der mit den Farben der Landsmannschaft Mecklenburgia angetan war, trat daraufhin schnell dazwischen und schloss die Schlafzimmertür, so dass Langenscheidt sich die Gesichtszüge des Fremden nur kurz einprägen konnte. Von dem anderen Mann erfuhr Langenscheidt nur, daß es sich um einen Freund Kadows aus Berlin handele, und begnügte sich mit dieser Auskunft, bis er mittags die ersten Personalbeschreibungen der Mörder Rathenaus in der Morgenausgabe des eben ausgelieferten *Berliner Tageblatts* las und daraufhin am Nachmittag die Polizei aufsuchte. Der daraufhin vernommene Kadow erklärte, dass er in der zurückliegenden Nacht eine Person bei sich habe übernachten lassen, die ihm am Abend zuvor in einer Schankwirtschaft als »Finge« vorgestellt worden sei. Er sei in der Frühe aus dem Haus gegangen und der Fremde, der sich am Abend zuvor nach den abgehenden Zügen in Richtung Hamburg und Kiel erkundigt habe, bei seiner Rückkehr fortgewesen. Die Wirtin Kadows erwähnte zusätzlich, dass ihr ein schwerer, brauner Coupékoffer im Schlafzimmer aufgefallen sei, von dem ihr Kadow dann sagte, dass er abgeholt würde. Weitere Nachforschungen blieben ergebnislos, woraufhin die Rostocker Staatsanwaltschaft die Angelegenheit nicht weiterverfolgen ließ.

Als diese Unterlassung später offenbar wurde, rechtfertigte der Staatsanwalt sich unbefangen damit, dass Langenscheidts Angaben unwahrscheinlich geklungen hätten. Der Verdacht bewusster Verschleierung lag um so näher, als gleichermaßen versäumt worden war, Langenscheidts Anzeige und die Aussagen der Vernommenen zu protokollieren oder überhaupt auch nur einen schriftlichen Vermerk über den Vorgang anzufertigen. Hätten Staatsanwaltschaft und Kriminalpolizei in Mecklenburg diese eindeutigen Hinweise nicht unterdrückt, dass der Rostocker Kreis um Kadow einen Stützpunkt der flüchtigen Rathenaumörder bilden könnte, hätte man Kern und Fischer möglicherweise noch in Rostock fassen können. Bis zu diesem Zeitpunkt wähnten die Attentäter sich vor der Polizei sicher und folgten ganz ihrer vorherigen Planung. Fischers Erkundigung nach Zügen in Richtung Hamburg und Kiel lässt vermuten, dass beide als nächstes Kerns Wohnort Kiel aufsuchen, sich aber offenbar noch nicht trennen, sondern für eine weitere gemeinsame Aktion bereithalten wollten.

Mit dem Eintreffen der Berliner Morgenzeitungen vom selben Tag an der Ostseeküste waren diese Planungen vom Tisch gewischt. Einer der Rostocker Fluchthelfer schilderte fast zwanzig Jahre später den niederschmetternden Eindruck, den die Veröffentlichung ihrer Namen und Personenbeschreibungen auf die völlig überraschten Kern und Fischer machte, als sie am Abend dieses Tages in einem Café in Warnemünde die eben eingetroffene *B.Z. am Mittag* aufschlugen.[4] Besonders Fischer musste nun befürchten, dass das unerwartete Zusammentreffen am Morgen mit Langenscheidt zu seiner Entdeckung führen könnte. Tatsächlich hatte die Polizei in der Zwischenzeit schon in Kadows Wohnung nach dem Verbleib des Fremden und des seiner Wirtin aufgefallenen Koffers nachgeforscht; der war jedoch offenbar kurz zuvor von einem Unbekannten abgeholt worden. Hätte also Fischer die Wohnung, in der ihn Langenscheidt überrascht hatte, nicht spätestens um die Mittagszeit des 29. Juni verlassen, wäre er bereits dort der Polizei in die Hände gefallen. Jedenfalls war ihnen beiden, als sie sich nun nach der Lektüre ihres Steckbriefs in Warnemünde unverhofft gezwungen sahen, mit ihrem Rostocker Gesinnungsgenossen über ein Entkommen zu beraten, der Weg zurück nach Rostock schon abgeschnitten. Der Gedanke lag nahe, eine Flucht über die Ostsee nach Skandinavien zu wagen. Zur Fahndung ausgeschrieben, verbot sich den Flüchtigen der Versuch eines legalen Grenzübertritts von selbst; mit falschen Pässen waren sie, die mit ihren Terroraktionen die Staatsmacht zu Boden zwingen wollten, statt sich vor ihr zu verbergen, nicht ausgestattet. In der Falle sitzend entweder weiter abzuwarten oder aber sich nach Bayern zu Ehrhardts rettendem Schirm durchzuschlagen, war wiederum ungleich riskanter als eine Flucht über die Ostsee – vorausgesetzt, das Wetter ließ die Überquerung in einem nicht zu großen und möglichst unauffälligen Boot zu.

Aus der späteren Anzeige einer Frau bei der Münchener Polizei geht hervor, dass die auf einen Ausweg sinnenden Verschwörer tatsächlich so kalkulierten. Sie wollte einige Wochen danach gehört haben, dass ein Rostocker Student namens Haefker mit den Mördern Rathenaus gut bekannt sei und vielleicht an ihrer Flucht mitgewirkt habe. Der daraufhin festgenommene Haefker gab zu Protokoll: »Mein Leibbursche heißt Kadow Paul und wohnt in Rostock [...]. Ende Juni [...] wurde mir erzählt, [...] daß bei Kadow die beiden Rathenaumörder übernachtet haben sollen.«[5] In Haefker hatte die Polizei augenscheinlich den unbekannten Mann in den Farben der Landsmannschaft Mecklenburgia gefunden, mit dem Langenscheidt am Morgen des 29. Juni in Kadows Wohnung gesprochen hatte. Haefker gab denn auch prompt zu, Kadow an diesem Morgen in dessen Wohnung aufgesucht zu haben, wollte allerdings nichts Verdächtiges bemerkt haben. Nur seiner Freundin hatte er nach Aussage einer Zeugin anvertraut, dass Kern und Fischer die Nacht vom 29. auf den 30. Juni bei ihm hatten verbringen wollen, dann aber zu plötzlicher Flucht gezwungen worden seien. Er selbst sei daraufhin mit einem Segelboot nach Dänemark gefahren, um ein Quartier für die Flüchtigen zu suchen. Doch habe das Vorhaben schließlich aufgegeben werden müssen, da eine »Überführung [...] wegen des heftigen Sturms nicht möglich« war.[6]

Die kürzeste Seeverbindung zwischen der Mecklenburger Bucht und Skandinavien führt vom Ostseehafen Warnemünde bei Rostock nach Gedser auf Lolland. Kern und Fischer mussten also trotz der einsetzenden Ermittlungen in der Nähe von Rostock bleiben, um auf besseres Wetter zu warten. Angehörige der örtlichen O.C.-Gruppe brachten die Gesuchten in ein zwischen Rostock und Wismar gelegenes Versteck auf dem Land, in dem sie darauf warten konnten, dass ihre Helfer ein seetüchtiges Segelboot bereitstellen und die nächsten Fluchtetappen vorbereiten würden. »An einem Walde dicht bei Warnemünde«, so schreibt Salomon, »sollte in einer Bucht das Motorboot warten, das die Geächteten bis zu einem Segler zu bringen bestimmt war, der auf hoher See kreuzte, um sie dort an Bord zu nehmen und nach Schweden zu tragen.«[7] Doch scheiterte das Vorhaben wohl nicht, weil Kern und Fischer, »gepackt vom Unbegreifen ihrer Flucht«, sich um einen Tag irrten und nach vergeblichem Warten im Stich gelassen fühlten, wie Salomon glauben machen wollte. Der Grund lag allein in der widrigen Witterung: In Kiel hatte bereits am 27. Juni ein Sturm mehrere zu Rathenaus Beisetzung gehisste Fahnen zerrissen und Fahnenmasten umgeknickt; auch in den nächsten Tagen meldete der Wetterbericht für die Küste frische nordwestliche Winde mit Regenschauern, so dass sich die geplante Flucht infolge des nicht nachlassenden Seegangs immer weiter hinauszögerte. Sei es, dass sie ihren zeitweiligen Aufenthalt in Rostock verraten wähnten, sei es, dass »sie infolge Unvorsichtigkeit sich erkannt glaubten«, wie in der Rostocker O.C. vermutet wurde[8], jedenfalls müssen Kern und Fischer nach einigen Tagen untätigen Ausharrens so nervös geworden sein, dass sie eines Nachts aus ihrem Versteck verschwanden, ohne ihre Helfer zu benachrichtigen.[9]

Bis zu diesem Zeitpunkt waren die Rathenaumörder auf ihrer Flucht also keineswegs ganz auf sich selbst gestellt, noch irrten sie gar hilflos durch das Land, sondern griffen vielmehr gezielt auf die örtliche Unterstützung durch Mitglieder und Verbindungsleute ihrer Geheimorganisation zurück. Wahrscheinlich in der Nacht vom 3. zum 4. Juli aus ihrem Versteck in einem Wäldchen nahe dem heutigen Bad Kühlungsborn aufgebrochen, trafen die Flüchtigen am Abend des 4. Juli oder am Morgen des 5. Juli zu Fuß in dem knapp sechzig Kilometer von Rostock entfernten Wismar ein. Der Kaufmann Rudolf Otto, bei dem sie sogleich anklopften, hatte über die frühere Crewkameradschaft hinaus im Rahmen einer Familien-

Die O.C. als Fluchthilfeunternehmen

freundschaft mit Kern seit Jahren in enger Verbindung gestanden. Gleichzeitig unterhielt er Beziehungen zur Rostocker O.C., die zwischenzeitlich ihre Leute aufgeboten und alle Verbindungen aktiviert hatte, um den abgerissenen Kontakt zu Kern und Fischer wiederherzustellen. Aus diesem Grund war auch bei Otto eine Nachricht für den Fall deponiert worden, dass die Flüchtigen sich bei ihm melden würden. Sie stammte von Carl Baur, nach eigener Angabe »Vertrauensmann« der sechsköpfigen O.C.-Gruppe[10] des 15 km südöstlich von Wismar gelegenen Neukloster, und besagte, dass er zur Verfügung stünde, wenn die Flüchtigen seine Hilfe benötigten. Nun erst musste die endgültige Entscheidung über den weiteren Fluchtweg fallen, denn Kern und Fischer hatten nicht zufällig den Kontakt zu Otto gesucht, der passionierter Segler war und über ein eigenes seetüchtiges Boot verfügte. Genauerer Aufschluss ist hier nicht mehr zu erzielen, da Otto sich in der polizeilichen Vernehmung nur entlocken ließ, dass Kern ihn gefragt habe, »ob ich ein Segelboot besitze«[11], und wenige Wochen später auf einem Segeltörn mit seinem eigenen Boot vor der dänischen Küste ertrank. Doch offenkundig schwankten Kern und Fischer bis zu diesem 5. Juli noch, ob sie die Flucht über See nach Skandinavien wagen könnten oder auf dem Landweg zu entkommen suchen sollten. Die Auskunft des segelerfahrenen Otto und das Anhalten der stürmischen Witterung mag dann die Entscheidung gegen das Wagnis einer Ostseeüberquerung herbeigeführt haben.

Damit waren die Attentäter allerdings trotz aller Anstrengungen mit dem Versuch gescheitert, aus eigener Kraft zu entkommen. Nun blieb ihnen tatsächlich nur noch die Möglichkeit, eine Verbindung zur O.C.-Zentrale herzustellen und entweder auf eintreffende Hilfe zu warten oder sich selbst nach München durchzuschlagen. Ihr Verhalten in den folgenden Tagen zeigte, dass sie beides versuchten. Zunächst entschlossen sie sich, auf das bei Otto vorgefundene Angebot Baurs in Neukloster einzugehen und bei ihm einen neuen Fluchtplan auszuarbeiten. Von Baurs Verlässlichkeit musste Kern überzeugt gewesen sein, denn er hatte ihn über ein Rostocker O.C.-Mitglied kennengelernt und im März 1922 selbst dazu bewogen, mit einem von ihm gegründeten Sturmtrupp in die O.C. überzutreten. Um Ostern hatten beide nach Baurs Schilderung in Rostock ihr gemeinsames politisches Credo erörtert, das in der

Ermordung Wirths, Rathenaus und Scheidemanns am »Tag des Aufstands aller Gutgesinnten« gipfeln sollte.[12] Kern und Fischer machten sich noch am Vormittag des 5. Juli zu Fuß auf nach Neukloster, wo Baur ein Lehrerseminar besuchte; Otto wurde beauftragt, ihn von der Ankunft der beiden Attentäter in Kenntnis zu setzen. Da Otto diese Mitteilung unterließ, warteten Kern und Fischer an der verabredeten Stelle bis zum Abend vergebens, um dann nach Neukloster weiterzugehen. Dort angekommen, fragten sie im Lehrerseminar nach Baur, mußten aber feststellen, dass der Seminarist nicht anwesend war.

Am nächsten Morgen, dem 6. Juli, wurde der in der Zwischenzeit zurückgekehrte Baur um sechs Uhr durch einen Seminarkollegen geweckt, bei dem sich Kern durch Zurufe bemerkbar gemacht hatte. Baur versorgte ihn mit Essen und schickte ihn zu einem früheren Marinekameraden Kerns im Ort namens Johannes Peters, da die Flüchtigen im Lehrerseminar nicht bleiben konnten, ohne Aufsehen zu erregen. Bei Peters, der im Haus seiner Eltern wohnte, schliefen Kern und der inzwischen aus seinem Versteck geholte Fischer bis zum Mittag: »Die beiden haben dann in unserer Familie Mittag gegessen, und dabei haben Kern und ich alte Marineerinnerungen aufgefrischt. Während Fischer sehr niedergeschlagen und still war (er hatte auch über die Tat eigentlich gar nicht mit mir gesprochen), war es mir unbegreiflich, wie fröhlich Kern bei Tisch sein konnte und seine Augen geradezu strahlend waren.«

Anschließend berieten die beiden mit Baur und Peters ihr weiteres Fortkommen, als dessen Ziel nun Bayern genannt wurde. Eine Flucht per Auto oder Bahn schied aus, »weil Fischer sächsischen Dialekt sprach und bei Autobenützung die Gefahr der Durchsuchung groß war«.[13] Man entschloss sich stattdessen, zwei Fahrräder zur weiteren Flucht zu beschaffen. Baur schlug vor, dass Peters die Flüchtigen bis zum 11. Juli bei sich beherberge, damit Baur sie dann mit Beginn seiner Ferien nach Süddeutschland begleiten und ihnen als Kurier dienen könne. Peters lehnte dies aber ab, da ein so langer Aufenthalt der beiden in seinem elterlichen Haus auffallen würde. Kern und Fischer hingegen kam es offenkundig darauf an, ein Versteck zu finden, in dem sie bleiben konnten, bis ihnen von der O.C.-Zentrale Hilfe in Form von Geld und gefälschten Ausweisen zukäme. Baur schlug daraufhin ein abseits gelegenes Gut bei Neu-

Kaliß an der Elbe 120 Kilometer südlich von Neukloster vor, das er aufgrund seiner Freundschaft mit dem Schwiegersohn des Gutsbesitzers, Gottfried Wiese, kannte. Kern erklärte sich einverstanden und erteilte seine Anweisungen: Baur sollte die Flüchtigen über Kurier in Neu-Kaliß bei seinem Freund anmelden und selbst »nach Süddeutschland fahren und von dort Ausweispapiere für das Ausland beschaffen«; Peters hingegen erhielt von Fischer Reisegeld und »die Adresse von zwei Herren [...], die scheinbar auch einer Organisation angehörten«, um zu ihnen nach Dresden und mit dort eingeworbenen Geldern weiter nach Neu-Kaliß zu fahren.[14]

Peters lieh Kern sein Fahrrad und einen mit Proviant gefüllten Rucksack, während Baur das Fischer zugedachte Rad für 7000 Mark, die ihm Kern gab, bei einem Kaufmann in Neukloster kaufte. Um zwei Uhr brachen alle vier von Neukloster auf. Baur fuhr auf dem neugekauften Fahrrad als Sicherung voraus, während Kern und Fischer zu Fuß gingen und Peters ihnen auf seinem Rad als Rückendeckung bis zu einer vereinharten Kreuzung im Walde folgte, wo die Räder übergeben wurden und die Attentäter ihre Flucht allein fortsetzten. Baur erhielt von Kern weiteres Geld, um sofort nach Wismar zu fahren und dort einen Kurier aufzutreiben, der Wiese in Neu-Kaliß von der Ankunft der flüchtigen Attentäter in Kenntnis setzen sollte. Falls ihm das nicht gelingen sollte, wollte Baur selbst nach Neu-Kaliß kommen, und Kern legte einen Treffpunkt für die Mittagszeit des kommenden Tages an einem Bahnübergang in Neu-Kaliß fest, um vor der Besprechung mit dem ihm nicht bekannten Wiese zu erfahren, wie sie dort aufgenommen würden.

Während Kern und Fischer die 120 Kilometer zwischen Neukloster und Neu-Kaliß in rascher Fahrt zurücklegten, brach Peters nach Dresden auf. Gleichzeitig fuhr Baur entsprechend dem ihm von Kern erteilten Auftrag mit einem bestellten Auto nach Wismar, um innerhalb der dortigen O.C.-Ortsgruppe einen Kurier zu suchen. Dies fiel schwerer als erwartet, bis sich zuletzt doch ein O.C.-Mann bereitfand, nach Neu-Kaliß zu fahren, um dort den Aufenthalt von Kern und Fischer vorzubereiten. Der Kurier versäumte jedoch den Abendzug über Schwerin und Ludwigslust nach Neu-Kaliß; als er am nächsten Mittag in dem kleinen Örtchen ankam, waren Fischer und Kern bereits weitergefahren. Auch Baur traf die

Flüchtigen nicht wieder, obwohl er am 8. Juli erst nach Neu-Kaliß und dann weiter nach Lenzen fuhr, um die beiden zu finden und ihnen gegebenenfalls weitere Hilfe zu leisten. Zwei Tage später wurde er wegen des Verdachts auf Begünstigung der Rathenaumörder festgenommen, nach einem umfassenden Geständnis fünf Tage später aber wieder freigelassen. Unmittelbar danach suchte er Kerns und Fischers Fluchthelfer in Rostock auf, um mit ihnen zu beraten, wie man neuen Kontakt zu den immer noch untergetauchten Attentätern aufnehmen könnte. Aber er wurde von den Rostocker O.C.-Funktionären abschlägig beschieden, »da wir nicht wüßten, wo Fischer und Kern steckten, und da im übrigen er, Baur, ja schon in die Untersuchung hineingezogen sei, also vermutlich scharf beobachtet würde.«[15] Die Skepsis der Rostocker O.C.-Gruppe war nur zu berechtigt. Tatsächlich teilte Baur auch sein Zusammentreffen mit Blome und Ritter alsbald der Polizei mit und belastete sie damit so erkennbar, dass vermutlich schon hier der Verdacht aufkam, Baur wolle seine Gesinnungsgenossen zielgerichtet denunzieren. Eine zwielichtige Rolle spielte hier der Chef der Schweriner Kriminalpolizei, der nach späteren Zeugnissen wegen seiner Homosexualität massiv von rechter Seite erpresst wurde und Belastungsmaterial gegen O.C.-Angehörige unterschlug, bis er schließlich aus dem Dienst entfernt wurde.[16] Es ist nicht auszuschließen, dass der Kripo-Chef, der eng mit einem der Angeklagten im Rathenaumord-Prozeß befreundet war und bei dessen Verhaftung in der Wohnung angetroffen wurde, selbst die Rostocker O.C.-Gruppe von Baur warnte und ihr den Inhalt der Aussagen Baurs übermittelte.[17] Baur, der sich später auch in München als Spitzel der Mecklenburgischen Landeskriminalpolizei betätigte, fiel im Februar 1923 in München einem nie geklärten Fememord zum Opfer.

Von der Verspätung des Kuriers und der Doppelrolle ihres Vertrauensmanns Baur ahnten Kern und Fischer nichts, als sie am nächsten Vormittag weit vor der mit Baur vereinbarten Zeit in Neu-Kaliß ankamen. Offenbar wollten sie auch nicht bis zwölf Uhr warten, um die vereinbarte Verabredung mit Baur oder dem von ihm geschickten Kurier einzuhalten. Denn bereits um zehn Uhr desselben Tages wurde Gottfried Wiese von einem Lehrling aus dem Kontor der nahe dem Bahnübergang gelegenen Papierfabrik herausgerufen, in der er arbeitete, weil ihn im Wartezimmer ein Herr zu sprechen wünschte, der von Wiese später als Fischer identifiziert wurde. Der Fremde behauptete, aus politischen Gründen auf der Flucht zu sein, und gab an, aus Wismar über Baur nach Neu-Kaliß an Wiese verwiesen worden zu sein. Seine Bitte, ihm und seinem Kameraden, der noch in der Nähe im Wald warte, für etwa vierzehn Tage Unterkunft in Neu-Kaliß zu verschaffen, schlug Wiese dennoch ab, da bei der großen, aber homogenen Arbeiterbevölkerung Fremde in Neu-Kaliß sofort auffallen würden. Fischer erklärte daraufhin, »er erwarte einen Kurier aus Süddeutschland mit Geld und Anweisung, wohin er und sein Begleiter sich wenden sollten. Er äußerte sich dahin, daß er voraussichtlich nach Bayern berufen werden würde.«[18] Wiese blieb zwar bei seiner ablehnenden Haltung, wollte andererseits aber den gehetzt wirkenden Flüchtling auch nicht im Stich lassen: »Er sah sehr mitgenommen aus und verhielt sich bei seinem Gespräch mit mir sehr zurückhaltend, war gedrückt und, wie ich aus seiner stotternden Sprache entnahm, mir gegenüber so verlegen, daß ich mit der Möglichkeit rechnete, daß er selbst mir mißtraute.« Da Fischer erklärte, »sie wollten ins Preußische, um dann nach Dresden und München zu kommen«, gab Wiese ihm die Adresse eines rechtsstehenden Freundes namens Paul Büsch in Lenzen, das in südlicher Richtung auf der von Fischer angegebenen Fluchtroute lag. Daraufhin verabschiedete sich Fischer, der sich nicht länger als eine Viertelstunde auf dem Fabrikgelände aufgehalten hatte, und fuhr mit dem Fahrrad davon, nachdem ihm Wiese noch den Weg über Alt-Kaliß nach Lenzen beschrieben hatte.

Am selben 7. Juli um sieben Uhr abends erschienen die Flüchtigen in der knapp zwanzig Kilometer südlich von Neu-Kaliß gelegenen Stadt Lenzen an der Elbe bei Büsch, stellten sich als »Funke« und »Köster« vor und überbrachten einen Gruß von Wiese. Auf Büschs Frage gaben sie sich als Rostocker Studenten und Brüder des Deutschbundes aus, dem sowohl Büsch wie Wiese angehörten. Sie gaben vor, in Rostock in eine unangenehme politische Sache verwickelt zu sein, so dass sie es vorgezogen hätten, eine Ferientour durch die Lüneburger Heide zu machen. Büsch lud die Fremden zum Abendessen ein und sorgte, da er selbst keinen Platz in seiner Wohnung hatte, für ihre Unterbringung im Lenzener Hotel »Zur

Sonne«, wo Kern und Fischer die Nacht vom 7. auf den 8. Juli 1922 verbrachten. Dass die gesuchten Rathenaumörder sich in Lenzen aufhielten, erfuhr die örtliche Polizei am nächsten Tag durch den von Baur nach Neu-Kaliß gesandten Kurier, der seine Reise offensichtlich nicht völlig umsonst gemacht haben wollte und durch seine Anzeige denn auch fast die Festnahme der Flüchtigen bewirkt hätte, wenn die sich nicht dank glücklicher Umstände noch einmal ihren Verfolgern zu entziehen vermocht hätten.

Damit endet die zweite Etappe der eigentlichen Flucht Kerns und Fischers. Sie ist geprägt durch eine deutlich zufälliger werdende Unterstützung durch Gesinnungsfreunde, die nicht mehr allein aus den Kreisen der O.C., sondern allgemein aus dem völkischen Milieu stammten und den Flüchtigen zumeist unbekannt waren. Parallel zu den immer loser werdenden Kontakten der Helfershelfer untereinander veränderte sich nun auch das Verhalten der Attentäter: Sie waren seit ihrer Beratung in Neukloster gezwungen, auch aufs Geratewohl gemachte Vorschläge zu akzeptieren, und offenbarten ihren Helfern auf den letzten zwei Stationen dieses Fluchtabschnittes weder mehr ihren Namen noch den Fluchtgrund; an Fischers gehetztem und unsicherem Auftreten besonders gegenüber Wiese war überdies deutlich ablesbar, dass die Flüchtigen sich nun ohne verlässlichen Rückhalt durch ihre eigenen Leute wussten.

Gänzlich anders wurde jetzt auch die Haltung von Kern und Fischer gegenüber der O.C.-Zentrale in München, zu der sie bisher jeden Kontakt vermieden hatten. Seitdem sie sich in Wismar entschlossen hatten, nicht über See nach Skandinavien zu fliehen, war ihre Fahrtroute konsequent nach Süden und offenbar auf München gerichtet, wie Fischer Wiese gegenüber selbst andeutete. Die Entsendung von Peters nach Dresden mochte noch einen Versuch darstellen, mit der O.C.-Leitung auf Umwegen Verbindung aufzunehmen. Aber die Erwartung, durch einen aus Süddeutschland kommenden Kurier neben Geld auch Anweisungen für ihr weiteres Verhalten mitgeteilt zu bekommen, möglichst sogar »nach Bayern berufen« zu werden, zeugt von der zunehmenden Ratlosigkeit der beiden Attentäter, die jetzt keine Aussicht mehr sahen, sich ohne die Hilfe der Münchener O.C.-Zentrale ins Ausland zu retten. Kerns Schwester erwähnte nach 1933 als weiteres Motiv Kerns Überlegung, dass angesichts der vielen Verhaftungen nicht mehr genügend Leute bereitstanden, »die weiteren Taten auszuführen, die Schlag auf Schlag folgen sollten, um zu wirken«.[19] Tatsächlich hatte sich am Ende der ersten Juliwoche die politische Erregung im Land schon wieder so weit gelegt, dass das mit der Ermordung Rathenaus verfolgte Bürgerkriegskonzept der O.C. als nicht aufgegangen gelten musste. In dieser Situation mochte es Kern geraten scheinen, doch unverzüglich direkt mit der Münchener O.C.-Leitung in Verbindung zu treten, um die terroristische Gesamtstrategie zu retten, selbst auf die Gefahr hin, dass dies die O.C.-Leitung in eine gefährliche Verknüpfung mit der Mordserie bringen könnte. Zumindest nachträglich billigte auch Ehrhardt selbst dieses Vorgehen seiner flüchtigen Attentäter, als er 1933 in einer Feierstunde an ihrem Grab erklärte: »Kern und Fischer wollten nach München, wo damals die Organisation Consul bestand, um das Vorhaben bis zuletzt durchzuführen.«[20]

Doch hatte ihr abenteuerliches Entkommen aus Lenzen am 8. Juli Kern und Fischer im Grunde gar keine Wahl mehr gelassen: Sie mussten sich nun aus eigener Kraft in einen Schlupfwinkel retten, um von dort aus über einen vertrauenswürdigen und von der Polizei nicht überwachten Mittelsmann die Verbindung zur O.C.-Leitung in München herzustellen, die sie ungeachtet der Republikschutzmaßnahmen und der über die O.C. hereingebrochenen Verhaftungswelle noch intakt hofften. Auf eine Unterstützung örtlicher O.C.-Gruppen im mitteldeutschen Raum konnten die Gesuchten allerdings nicht mehr rechnen, wollten sie ihren Verfolgern nicht ins Netz gehen. Denn infolge der Verhaftung von Tillessen und Plaas war die Frankfurter Leitung der O.C.-Aktivistengruppen ausgeschaltet und die Lage in den einzelnen Bezirksorganisationen zumindest undurchsichtig; auch musste davon ausgegangen werden, dass alle bekannten O.C.-Stützpunkte unter polizeilicher Beobachtung standen.

Kern und Fischer hatten richtig vermutet: Ungeachtet seiner eingeschränkten Arbeitsfähigkeit war Ehrhardts Münchener Stab keineswegs untätig gewesen, während die Gesuchten auf ihren Fahrrädern in angestrengten Nachtfahrten nach Süden zu kommen versuchten. Zur selben Zeit war Salomon von dem O.C.-Chef trotz dessen Verärgerung mit der Suche nach seinen flüchtigen Aktivisten beauftragt worden: »Ich lasse Euch natürlich nicht im Stich, Ihr dummen Bengels [...]. Der Adjutant wird Sie unterbringen, bis Sie in Marsch gesetzt werden können, Kern und Fischer zu suchen. Wenn Sie dabei erwischt werden, ist das Ihre Sache.«[21] Wo sich Kern und Fischer allerdings seit ihrer Abreise aus Berlin aufhielten, konnte auch Salomon nur vermuten. Sein Auftrag lautete, »ich sollte den Spuren nachgehen, die von der Polizei immer angegeben wurden.«[22] Versehen mit Geld und Pässen für Kern und Fischer, »die gefälscht und doch echt waren«[23], fuhr Salomon kreuz und quer durch Deutschland nach Holstein, Westfalen, Thüringen und auch Mecklenburg, hinterließ Nachrichten und mobilisierte Gesinnungsgenossen, sich an der Suche zu beteiligen. Doch nachdem sich alle Anstrengungen als umsonst erwiesen hatten, gab Salomon schließlich auf und kehrte nach München zurück. Erst als am 9. Juli 1922 die Meldung durch die Presse lief, dass Kern und Fischer in Lenzen gesichtet worden und vermutlich dem Harz zu geflohen seien, begab sich Salomon abermals auf die Suche. Von seinem Standquartier in Hannover aus unternahm er Fahrten in die Umgebung, um seine flüchtigen Kameraden dort aufzustöbern, und brach seine Suche diesmal wohl erst ab, als die Zeitungen den Tod der beiden meldeten. Während er noch im Hannoverschen nach ihnen Ausschau gehalten hatte, waren Kern und Fischer bereits an der letzten Station ihrer Flucht auf Burg Saaleck angelangt.

Ob sie nur zufällig auf die thüringische Saaleburg verfallen waren oder dort auf Helfer zu treffen glaubten, die sie vielleicht sogar nach München schleusen könnten, vermochte auch der Staatsgerichtshof in einem Strafverfahren gegen den Burgbewohner Dr. Hans-Wilhelm Stein und den mitangeklagten Erfurter Kaufmann Wolfgang Dietrich nicht herauszufinden. Dietrich, Kapitänleutnant a.D. und früherer Bordkamerad von Kern, war im Frühsommer 1921 aus der Marine ausgeschieden und lebte seitdem erst in Naumburg und dann in Erfurt. Er hatte angeblich am 15. Juli in Erfurt einen in Groß-Heringen oder Kösen abgestempelten Brief von Kern erhalten, in dem er gebeten wurde, zwei Anzüge zu besorgen und zur Burg zu bringen. Daraufhin sei er am folgenden Tag nach Naumburg gefahren und von dort zu Fuß nach Burg Saaleck gegangen. Doch habe er dort niemanden angetroffen und ein Paket mit zwei Anzügen im Abortraum des zweiten, unbewohnten Turms niedergelegt, um dann nach Hause zurückzukehren. Die naheliegende Frage, wie Kern die Adresse eines losen Bekannten aus der Marinezeit gewusst haben konnte, der erst jüngst nach Erfurt verzogen war, beantwortete die Anklageschrift mit der Feststellung, dass Dietrichs neue Anschrift kurz zuvor in den Marineoffiziers-Verbandsblättern veröffentlicht worden sei.

Das Gericht folgte dieser Darstellung ebenso wie der Steins, dem die Anklage vorwarf, seine Burg willentlich den Attentätern zur Verfügung gestellt zu haben. Stein aber beteuerte, infolge eigener Abwesenheit von deren Aufenthalt in seinen Räumen nicht das Geringste geahnt zu haben. Für ihn sprach nach Auffassung des Gerichts, er habe »angesichts der in seiner Wohnung befindlichen Leichen der beiden Rathenau-Mörder fortgesetzt eine so ehrliche Entrüstung an den Tag gelegt, daß sie unmöglich auf Heuchelei beruhen könne«.[24] Voruntersuchung und Beweisaufnahme ergaben keinen deutlichen Zusammenhang zwischen der am 13. Juli vormittags angetretenen Reise Steins nach München und der Ankunft Kerns und Fischers in Saaleck, die der Staatsgerichtshof auf »Mitte Juli« datierte.[25] Offenblieb daher vor allem, wie die Flüchtigen in den Wohnturm der Burg hatten eindringen können. Denn der Zugang war durch eine Gittertür gesichert, deren Schloss am 17. Juli nicht einmal ein von der Polizei beauftragter Schlossermeister zu öffnen imstande gewesen war. Also konnten Kern und Fischer nur über den außen am Turm in die Höhe führenden Blitzableiter auf die Zinne geklettert und von dort in das Turminnere gelangt sein. Gegen diese Möglichkeit sprach aber neben der mehr als 20 Meter messenden Höhe des Turms insbesondere, dass auch der Ausgang zur Zinne von einer Tür versperrt war. Sie wies nach außen einen vierkantigen Dorn auf, der ohne Drücker nicht zu drehen war. Auch ließ die streckenweise fehlende Verankerung des Blitzableiterdrahtes ebenso daran zweifeln, daß hier ein Mensch hätte emporklettern können, wie der Umstand, »dass irgendwelche Spuren eines Hinaufkletterns am Äußeren des Turms nicht wahrzunehmen gewesen sind, obwohl die Kalkquadern so weich sind, daß schon eine leichte Berührung deutliche Spuren hinterläßt«.[26] Das Gericht fand dagegen, dass Kern und Fischer als »gewandte[n] jugendliche [n] Turner [n]« das Erklimmen des Turmes über den Blitzableiter dennoch möglich gewesen sein müsse. Alsdann hätten sie »mit Leichtigkeit« in das Turminnere gelangen können, in dem hinter einer vielleicht unverschlossenen Eichentür ein Zweitschlüssel hing, der wiederum die Gittertür im Erdgeschoß öffnete.[27]

War schon dieser Argumentation schwer zu folgen, so wirkten Steins Erläuterungen zu seiner Reise nach München derart ungereimt, dass schlechterdings unbegreiflich bleibt, wie das Gericht ihnen Glauben schenken konnte: Der Burgmieter wollte sich urplötzlich in der Nacht zum 13. Juli trotz des ungünstigen Wetters und drückender Geldsorgen zu einer verspäteten Hochzeitsreise nach Berlin entschlossen haben, dann unterwegs anderen Sinnes geworden und nach München gefahren sein. Dort hatte Stein angeblich mit niemandem eine Zusammenkunft und keinen Menschen von seiner Ankunft benachrichtigt; dennoch aber stellte sich während seines Aufenthalts ein junger Mann in Steins Hotel »Germania« ein, der sich nach dem abwesenden Gast erkundigte und ihm eine Nachricht hinterließ. Bei ihrer Rückkehr am Abend des 17. Juli schließlich fuhren die Eheleute Stein seltsamerweise über ihr Reiseziel Bad Kösen hinaus bis nach Naumburg. Angeblich wollten sie dort einkaufen; die Läden waren zu dieser Zeit jedoch längst geschlossen. Bei strömendem Regen wanderten sie dann zu Fuß nach Saaleck zurück, wo sie um elf Uhr nachts eintrafen und von der Polizei empfangen wurden, die unterdes die Rathenau-Attentäter in der Burg gestellt hatte.

Das Gericht meinte Stein trotz dieser offensichtlichen Unstimmigkeiten nicht beweisen zu können, dass er nach München gereist war, um die Flucht der Rathenau-Attentäter zu begünstigen. Stattdessen akzeptierte es die Erklärung, »daß der Angeklagte ein sehr sprunghafter Charakter ist, der insbesondere Reisepläne plötzlich zu fassen und sofort in die Tat umzusetzen pflegt«.[28] Einzig der Unbekannte, der Stein im Hotel hatte sprechen wollen, ließ sich in diese Sichtweise nicht einpassen, doch hier hielt das Gericht für denkbar, »daß es sich in der Person des nach Dr. Stein Fragenden um einen Münchener Hoteldieb gehandelt hat«.[29] Schließlich wurde Stein aus Mangel an Beweisen freigesprochen und Dietrich – durch seine eigene Anschrift auf dem von ihm zur Burg gebrachten Paket überführt – zu einer geringen Bewährungsstrafe verurteilt.

Doch schon die Grundannahme des Urteils, dass Kern und Fischer erst nach Steins Abreise am 13. Juli in Saaleck eingetroffen seien, war falsch: Am selben Tag waren sie vormittags am Eingang der Rudelsburg gesehen worden und bereits tags zuvor auf der Durchfahrt im nahen Querfurt. Eine Verwechslung war ausgeschlossen, denn die Angaben des Zeugen über die Räder und die mitgeführten Rucksäcke entsprachen bis ins Detail der Ausrüstung, die Kern und Fischer von Baur und Peters in Neukloster empfangen hatten. Demzufolge hatten die Rathenau-Attentäter die Strecke von Lenzen bis Querfurt und Saaleck in knapp vier Tagen zurückgelegt und waren, wie vermutet, dem Fahndungsring der Polizei dank ihrer Schnelligkeit entschlüpft. Als sicheres Versteck, von dem aus der Kontakt mit der O.C. in München hergestellt werden konnte, bot sich die abgelegene Burg Saaleck förmlich an. Ihre Eignung zur Unterbringung Flüchtiger hatten Kern und Fischer zu Jahresanfang im Zuge der Dithmar-Befreiung selbst schon erprobt, und der rechtsstehende Burgbesitzer Stein war ein vertrauter Kollaborateur, aber kein Mitglied der O.C. – und er wurde folglich mit ziemlicher Sicherheit auch nicht von der Polizei überwacht. Die Flüchtigen hatten ihre Zuflucht so kühn wie überlegt gewählt: Noch die Anklageschrift gegen Stein und Dietrich wies die in der Presse verbreitete Behauptung, Saaleck sei Zufluchtsort des geflüchteten Marineoffiziers Dithmar gewesen, als durch die Voruntersuchung nicht bestätigtes Pressegerücht zurück; und nicht einmal Salomon hatte mit der Kühnheit gerechnet, dass seine Komplizen einen Ort aufsuchen würden, von dem allgemein bekannt war, dass sie ihn kaum ein halbes Jahr zuvor selbst für ein Fluchtunternehmen genutzt hatten.[30]

Als die beiden an der Saale ankamen, waren sie von den Strapazen ihrer Fahrt völlig erschöpft; Kern litt zudem noch unter den später im Obduktionsbericht vermerkten Schrotschussverletzungen an beiden Oberschenkeln, die ihm von einem Feldhüter zugefügt worden waren, als er auf einem Acker Rüben zu stehlen versucht hatte. Niemals hätten sie in dieser Verfassung über den Blitzableiter auf die Zinne des Wohnturms von Burg Saaleck klettern können, wie der Staatsgerichtshof zugunsten Steins angenommen hatte. Der Burgbesitzer selbst, der in der Voruntersuchung beteuert hatte, »so wahr ich hier als Mensch sitze, von dem Aufenthalt Kerns und Fischers in meiner Wohnung nichts gewußt« zu haben[31], strafte nach dem Ende der Republik die Gutgläubigkeit seiner Richter Lügen und bekannte nun, dass Kern und Fischer ihn einige Tage vor ihrer Entdeckung in der Burg aufgesucht und um Hilfe gebeten hatten.[32] Auf ihr Geheiß war er gleich am nächsten Morgen aufgebrochen, um der O.C.-Führung den Aufenthalt der beiden zu melden und ihre Rettung in die Wege zu leiten. In München angekommen, suchte Stein unverzüglich Ehrhardts Adjutanten auf und wurde von ihm mit dem zunächst eine Falle der Polizei fürchtenden Geheimbundchef zusammengebracht. Ehrhardt selbst erinnerte sich später: »Da kam ein fremder Mann zu mir und erklärte mit einfachen Worten: ›Sie sind bei mir. Wie können wir helfen?‹«[33]

Damit war erreicht, was Kern und Fischer seit der Aufgabe ihres Fluchtplans nach Dänemark angestrebt hatten: die unauffällige Benachrichtigung ihrer Organisation, die nun für ihr endgültiges Entkommen ins Ausland sorgen oder sie mit einem neuen Einsatz im Kampf gegen die Republik beauftragen würde. Kern und Fischer wiegten sich seit der Entsendung Steins nach München in solcher Sicherheit, dass sie ihre Räder in der Saale versenkten und sich in der Umgebung von Burg Saaleck sorglos bewegten. Sie konnten nun um so gelassener abwarten, als die Wiederherstellung der abgerissenen Verbindung zur O.C. nicht allein von Steins Reise abhing: Auch Dietrich war weit mehr als nur ein früherer Marinekamerad Kerns, sondern ein erprobtes Mitglied in der O.C. und hatte sich in der zurückliegenden Zeit gleich an mehreren Unternehmungen des Frankfurter Aktivistenkreises beteiligt. An ihn hatte sich der mit ihm befreundete Stein, wie er später erzählte, noch am Tage der Ankunft von Kern und Fischer gewandt, um gemeinsam die endgültige Rettung der gesuchten Rathenaumörder vor ihren Häschern in die Wege zu leiten.[34]

Doch gerade die Unbekümmertheit, die die Attentäter in der Gewissheit an den Tag legten, mit der Entsendung Steins und der Benachrichtigung Dietrichs alles Erforderliche für ihr Entkommen getan zu haben, sollte ihnen schließlich zum Verhängnis werden. Ihr wiederholter unvorsichtiger Lichtgebrauch auf der Burg führte an ebenjenem Tag zu ihrer Entdeckung, als die erwartete Hilfe aus München eintreffen sollte. Dazu war vorher ein präziser Fluchtplan ausgearbeitet worden, den Stein bereits in die Tat umzusetzen begonnen hatte: Von Ehrhardt und einem Mittelsmann mit zwei falschen Pässen, reichlich Geld und zwei Pistolen für seine Gäste versehen, hatte der Burgbesitzer neue Garderoben für Kern und Fischer gekauft und am 17. Juli den Zug nach Naumburg bestiegen, um aus Vorsichtsgründen von dort zu Fuß nach Saaleck zu gehen. Es war geplant, dass Kern und Fischer sich sofort umziehen und mit Stein noch in der Nacht vom 17. auf den 18. Juli in das etwa zwei Fußstunden entfernte Camburg marschieren sollten. »Von dort wollten wir zu dritt mit dem Personenzug bis Saalfeld fahren, wo uns am 18. Juli 1922 früh ein Kraftwagen des Kapitäns erwartete.«[35]

Dass die Flucht Kerns und Fischers letztlich scheiterte, war also durchaus nicht etwa auf das Versagen oder die fehlende Solidarität der Ehrhardt-Organisation zurückzuführen, sondern auf die eigene Unachtsamkeit der Flüchtigen. Dankbarkeit gegenüber dem Geheimbundführer erfüllte nicht nur Kern und Fischer, die in ihren letzten Lebensminuten ihre Verbundenheit mit Ehrhardt öffentlich bekundeten, sondern auch Kerns Mutter, die ihrem Sohn bei der Beerdigung das Ehrhardt-Lied mit Eichenlaub und Rosen auf die Brust legte. Ehrhardt selbst ließ es sich nicht nehmen, als letzten Gruß an seine toten Aktivisten persönlich den Spruch Ernst Moritz Arndts auf ihrem Grabstein auszusuchen: »Tu, was Du mußt. Sieg oder stirb und laß Gott die Entscheidung.«

Auch Salomon konnte auf Ehrhardts Hilfe nicht nur bei der Suche nach seinen flüchtigen Kameraden zählen. Wie er dem Frankfurter Untersuchungsrichter im August 1922 harmlos erklärte, hatte er kurz zuvor in München eine Stellung bei der Ungarischen Treuhandgesellschaft als Reisender angenommen und sich bei seiner Festnahme auf seiner ersten Geschäftsreise für sie befunden. An der Gründung der Ungarischen Treuhandgesellschaft aber war Ehrhardt maßgeblich beteiligt; neben wirtschaftlichen verfolgte sie auch undurchsichtige politische Zwecke und diente als Deckung für die Kontakte zwischen rechtsradikalen bayerischen Kreisen und der ungarischen Regierung. Mit der Unterbringung Salomons bei der Treuhandgesellschaft verband Ehrhardt nicht nur die Fürsorge für einen Aktivisten seiner Organisation; vielmehr diente Salomon, obschon selbst durch den Fortgang der Ermittlungen in der Mordsache Rathenau stark gefährdet, weiterhin als O.C.-Kurier. Als er am 10. August 1922 in Frankfurt verhaftet wurde, reiste er gerade im persönlichen Auftrag Ehrhardts durch Deutschland, um sämtliche im Reich verstreute Gruppen der O.C.

aufzusuchen und ihnen den Befehl zu überbringen, von allen weiteren Aktionen Abstand zu nehmen.[36]

Daß Ehrhardt solch ein Risiko einging, bestätigt einen Eindruck, der sich bereits angesichts der abenteuerlichen Flucht der Attentäter aufdrängt: Infolge der zahlreichen Verhaftungen nach dem 24. Juni hatten die Ortsgruppen der O.C. fast überall im Land an Schlagkraft verloren und waren zum Teil sogar vollständig ausgehoben worden. Die plötzliche Lähmung der O.C.-Arbeit lässt sich besonders gut an der O.C.-Ortsgruppe Breslau nachvollziehen, über deren Tätigkeit der Reichskommissar für Überwachung der öffentlichen Ordnung durch einen Mittelsmann auf dem Laufenden gehalten wurde. In den Wochen vor dem Anschlag auf Rathenau hatte die Breslauer O.C. in Abstimmung mit der Münchener Zentrale Pläne hinsichtlich einer Neustrukturierung der Gruppe entwickelt, für deren Führung der eben vom Vorwurf der Beihilfe zum Mord an Erzberger freigesprochene Killinger vorgesehen war. In den letzten Junitagen erhielt die Ortsgruppe von München eine finanzielle Beihilfe für einen militärischen Ausbildungskurs überwiesen. Bis zu diesem Zeitpunkt betrieb die Ortsgruppe ihre gewöhnliche Ausbildungs- und Werbungstätigkeit ungestört fort. Zwischen dem 27. und 29. Juni aber fuhr der noch nicht durch Killinger abgelöste Breslauer Ortsgruppenleiter »zu einer plötzlich einberufenen Besprechung nachmittags angeblich nach Dresden« und kam am 1. Juli mit der Botschaft zurück: »Laut Befehl von München ist vorläufig jegliche Tätigkeit solange einzustellen, bis Gegenbefehl kommt.« In diesen Tagen war mit den Namen Kerns und Fischers erneut auch die O.C. in Verbindung mit dem Rathenaumord in der Presse genannt worden, und die Leitung der Ehrhardt-Organisation hoffte nun offenbar, durch diesen taktischen Rückzug eine etwaige Verfolgung bis zu der kommenden Zuspitzung der innenpolitischen Lage am besten überstehen zu können. Doch wenige Tage später, als die offenkundig in Richtung München flüchtigen Attentäter in Lenzen an der Elbe aufgespürt worden waren und auch die gegen die organisierte Rechte gerichtete Verhaftungswelle nicht abebbte, wurde die Situation für die O.C. immer bedrohlicher. Am 13. Juli reiste der Breslauer O.C.-Leiter abermals nach München, um weitere Befehle zu erhalten. Am 18. Juli, dem Tag nach dem Ende der Attentäter auf Saaleck, erging dann der Befehl von München, dass jegliche Werbungen und Neueinstellungen untersagt seien und die Bezirksleitungen umformiert würden. Unterdessen waren in Breslau schon sieben Mitglieder der O.C.-Ortsgruppe verhaftet worden, und auch Ehrhardts Stab in der bayerischen Landeshauptstadt wurde nun mehr und mehr lahmgelegt: »In München ist fast alles verhaftet oder geflohen.«[37] Der Einzige, der nach dem Bericht desselben Mittelsmannes noch arbeite, sei Ehrhardts Adjutant selbst. In vielen Ortsgruppen war nach der Verhaftung ihrer Vertrauensleute der Kontakt zur Zentrale völlig abgerissen. Die Aufgabe, sie vom zeitweiligen Untertauchen der O.C. zu benachrichtigen, mussten die wenigen Gefolgsleute übernehmen, die Ehrhardts Adjutant noch in München zur Verfügung standen; einer von ihnen war bis zu seiner Verhaftung Salomon.

Die Hoffnung, durch eine Serie von aufeinanderfolgenden Terroranschlägen den Zusammenbruch der politischen Ordnung in Deutschland zu erzwingen, hatte unter dem Eindruck der über die O.C. hinwegrollenden Verhaftungswelle aufgegeben werden müssen. Nicht aufgegeben aber war das Ziel selbst. Im Gegenteil mussten die Massenbewegung nach dem Anschlag gegen Rathenau und der dramatisch beschleunigte Kursverfall der deutschen Mark sich in den Augen der O.C.-Putschisten zunächst als glänzende Bestätigung ihrer Erwartungen ausnehmen, dass »die Entwicklung sich selbst bis zu ihrem höchsten Grade weiterpeitschen« würde[38], auch ohne durch weitere Anschläge stimuliert zu werden. Die scharfen Auseinandersetzungen um das Republikschutzgesetz im Juli 1922, die zu einem zweiten landesweiten Proteststreik am 4. Juli, in Bayern aber auch zu entschiedenem Widerstand geführt hatten, waren in der Tat geeignet, solche Hoffnungen zu schüren. Es nimmt nicht wunder, dass Ehrhardt ungeachtet seiner prekär gewordenen Lage versuchte, aus dieser Situation Kapital zu schlagen. Am 6. und 7. Juli fanden sich in Bayern Vertreter der Wehrverbände Oberland, der Organisation Pittinger und der Regimentsvereine zu vertraulichen Besprechungen zusammen, in denen eine gemeinsame Haltung gegenüber dem in Berlin vorbereiteten Republikschutzgesetz angestrebt wurde. Man einigte sich auf einen Fahrplan zum Bürgerkrieg, der je nach Annahme oder Ablehnung des Gesetzes im Reichstag zwei unterschiedliche Marschrichtungen vorsah, die beide zum selben Ziel einer in den Aufstand getriebenen Arbeiterschaft führen sollten: Das »Aktivwerden des gesamten Selbstschutzes ist als Tatsache zu erwarten, sobald die Arbeiterschaft aktiv wird. Gleichzeitig soll auf dem Lande ein Lieferstreik einsetzen, um dadurch die Arbeiterschaft zum Kampfe zu drängen. Das Gleiche gilt, wenn die Verordnung über das Gesetz durchgeht und von der Reichsregierung Exekutivmaßnahmen durchgeführt [werden] oder auch nur die Durchführung von der bayerischen Regierung verlangt werde.«[39]

Diese auf Wunschdenken basierende Strategie scheiterte freilich kläglich. Zwar gelang es dem geheimen Leiter der bayerischen Wehrverbände, Pittinger, vom Bund »Bayern und Reich« bis hin zu Hitlers Nationalsozialisten fast die gesamte bayerische Rechte unter seine Führung zu bringen und zeitweilig auch den bayerischen Landeskommandanten Möhl zu sich herüberzuziehen. Seine Absicht war es, in einem imposanten Aufmarsch der Verbände am 18. August 1922 in München zur »bedingungslosen Ablehnung der Berliner Beschlüsse« aufzurufen[40] und so die Regierung Lerchenfeld zum Widerstand gegen Berlin oder zum Rücktritt zu zwingen. Aber Lerchenfeld taktierte – unterstützt von einer kompromissbereiten Reichsregierung – geschickt genug, um das Unterfangen der Rechtsputschisten zu durchkreuzen, über seinen Sturz den Sturm auf Berlin vorzubereiten.

Nachdem sich im März 1920 unter Kapp bereits die Strategie eines ausschließlich militärisch gestützten Putsches als unzulänglich erwiesen hatte, war Ehrhardt nun auch mit einem gegenrevolutionären Anlauf gescheitert, der Haltung und Handeln der breiten Volksmassen immerhin als einen entscheidenden politischen Faktor in Rechnung stellte – um ihn dann allerdings auf dem Weg zur Macht militärisch ausschalten zu wollen. Diese hoffnungslos wirklichkeitsfremde Konzeption, die die politische Machteroberung als rein militärische Aufgabe begriff und jede Massenbewegung als »unsauber« ablehnte[41], wies freilich in die unwiederholbare Vergangenheit einer vormodernen Diktatur. Die Zukunft auf der radikalen Rechten sollte den nationalsozialistischen Demagogen und Massenbewegungen gehören, nicht mehr den nationalrevolutionären Freikorpsführern und ihren elitären Geheimbünden.

8. Der nationale Schweigekonsens

So weit sich der Schleier über dem politischen Mordgeschäft der gegenrevolutionären Bewegung in der Weimarer Frühzeit auch heben lässt, so ungeklärt bleibt damit doch noch die Frage, warum Staatsanwaltschaften und Gerichte nicht energischer in die Geheimbundverschwörung gegen die Republik hineinzuleuchten versuchten, sondern sich nach dem Abschwellen der von Rathenaus Ermordung ausgelösten Volksbewegung mit der zunächst harten, dann zunehmend milderen Bestrafung der unmittelbaren Täter begnügte. Ein übergreifender Schweigekonsens verband besonders im O.C.-Prozess Richter und Angeklagte, Staatsanwälte und Verteidiger; er wirkte über die Justiz hinaus in Politik und die Öffentlichkeit bis hin in die Memoiren des Oberreichsanwaltes und die autobiographischen Schilderungen der von ihm Angeklagten.

Die Suche nach den Ursachen dieser Haltung trifft zunächst auf prozessuale Erwägungen, die besonders in den ersten Verfahren des neugegründeten Staatsgerichtshofs dominierten und zwischen dem juristischen Interesse an möglichst eindeutiger Klärung des Falls und dem politischen Interesse an möglichst baldiger Beruhigung der Öffentlichkeit zu vermitteln hatten. So fand sich der Oberreichsanwalt im Prozess gegen die Attentäter Scheidemanns vor der Alternative, »Anklage gegen Hustert und Oehlschläger schon jetzt zu erheben, oder eine Ergänzung der Voruntersuchung nach der Richtung zu beantragen, daß der Versuch gemacht wird, die tieferen Zusammenhänge der Tat nach Möglichkeit aufzuklären. [...] Ich möchte der ersteren Ansicht zuneigen in der Erwartung, daß eine möglichst rasche Aburteilung der beiden Attentäter durch den Staatsgerichtshof dem Ansehen der Rechtspflege nur förderlich sein kann«[1].

Besonders nach dem Abklingen der öffentlichen Erregung über die Ermordung Rathenaus prägte jedoch die konservative Grundhaltung der gesellschaftlichen Führungsgruppen im nachrevolutionären Deutschland die juristische Bewältigung der Attentate immer unverblümter. Sie fühlten sich in der Reichswehr wie in der Ministerialbürokratie oder in der Justiz nur zu oft einer vermeintlich unpolitischen, in Wahrheit konservativen, vordemokratischen Staatsidee verpflichtet und empfanden das Bekenntnis zur Weimarer Reichsverfassung als Parteinahme für Umsturz und Hochverrat. Auch in den nicht von vornherein zur Justizkomödie entarteten Attentatsprozessen vor dem Staatsgerichtshof konnte ein Zeuge wie Brüdigam leichter um seine Glaubwürdigkeit gebracht werden, weil er von einer linksstehenden Gruppierung Geld empfangen hatte, oder eine entscheidende Zeugenaussage unberücksichtigt bleiben, wenn der Anzeigende kommunistischer Auffassungen verdächtig erschien. So erging es dem Rostocker Studenten Hans Langenscheidt, der zufällig einem der Rathenaumörder in einer Rostocker Wohnung begegnet war. Seine Aussage wurde bereits dadurch in entscheidender Weise entwertet, dass zwei durch seine Anzeige in Verdacht geratene Vertreter der Rostocker O.C. die Behörden wissen ließen, Langenscheidt sei »geistig nicht ganz auf der Höhe«, weil er »einmal beim Autofahren einen Sonnenstich erlitten«[2] und »auch offen [erklärt habe], daß er Kommunist ist und sein müsse, weil sein reicher Vater ihm nicht genügend Geld zur Verfügung stelle«[3].

Nicht immer kam die Voreingenommenheit gegenüber den Angeklagten freilich auch in der Hauptverhandlung so stark zum Ausdruck wie im Gerichtsverfahren gegen die Angreifer Hardens oder gar im O.C.-Prozess, als Reichsanwalt Niethammer offen erklärte: »Ich sage hier nichts für und nichts gegen Ehrhardt. [...] Die Angeklagten sind ehemalige Offiziere und Ehrhardt war ihr Führer. Ein nicht leicht zu zerschneidendes Band. Das kann nur beurteilen, wer selber im Felde Kameradschaft empfunden hat. Ich verstehe das Verhalten der Angeklagten hier vollkommen.«[4] Niethammer war es auch, der in besonderer Klarheit hervorhob, was den vor Gericht stehenden Geheimbund mit seinen Richtern im Innersten verband – die gemeinsame Distanz zur Republik: Einer der Angeklagten »hat das Wort gefunden: ›Die Republik war für uns Offiziere, die wir durch die Revolution auf die Straße gesetzt wurden, ein Unglück‹. Das ist verständlich. Die Leute hier mußten damals so fühlen, und sie fanden den spontanen, unüberlegten, politisch unreifen Ausdruck dafür.«[5] Dass Niethammer mit dieser Ansicht nicht allein stand, lehrt das Nachspiel zu seiner Äußerung. In Reaktion auf eine von der Liga für Menschenrechte eingereichte Beschwerde gegen Niethammer erklärte Oberreichsanwalt Ebermayer gegenüber dem Reichsjustizminister, dass Niethammer sich in seinen »warmherzigen Ausführungen« durchaus nicht zum Verteidiger der O.C. hatte machen wollen und mithin seine Dienstpflichten auch nicht verletzt habe, auch wenn er »aus Vorsicht« zumindest die als Wendung gegen die Republik interpretierbaren Äußerungen besser unterlassen hätte.[6]

Ein weiterer Grund dafür, den O.C.-Komplex nicht in seiner ganzen Tiefe auszuleuchten, lag in den Beziehungen zwischen den Aktivistengruppen und staatlichen Stellen. Die Angeklagten im Rathenaumord-Prozess wussten, warum sie vor Gericht die immer wieder angeklungene Zusammenarbeit mit der Kasseler Dienststelle der Reichswehr tunlichst zu verschleiern hatten: Die Wahrheit hätte einen Skandal provoziert. Und sie wäre nie aktenkundig geworden, hätten nicht zwei der beteiligten O.C.-Angehörigen, Heinz und Plaas, unmittelbar nach ihrer Verhaftung im Juni 1922 ihre staatlichen Verbindungen in der Hoffnung offengelegt, sich so einen Schutz vor juristischer Verfolgung zu schaffen. Heinz gab gleich bei seiner ersten Vernehmung, zwei Tage nach dem Rathenaumord, zu verstehen: »In vaterländischem Interesse arbeite ich [...] mit Herrn von Bose bzw. Herrn Reinert in dessen Nachrichtenabteilung für den Überseedienst. Das Büro befindet sich in Kassel.« Reinert habe ihn um die Beschaffung von Nachrichten gebeten, »welche das vaterländische Interesse berührten, und hob besonders französische Handelsspionage und Nachrichten über Umsturzbewegungen von links hervor«.[7] Heinz behielt allerdings wohlweislich für sich, dass nicht nur die Ehrhardt-Leute als Nachrichtenlieferanten auftraten. Vielmehr entlohnte die Reichswehrstelle in Kassel ihre Partner in ebender gleichen Währung, wie wiederum Plaas nach seiner Festnahme zu Protokoll gab: »Tillessen erhielt von Hauptmann von Bose die laufenden Berichte über das feindliche Nachrichtenwesen und solche wirtschaftlicher Natur regelmäßig übersandt.«[8]

Schon diese Zusammenarbeit zwischen einer staatlichen Behörde und einem Geheimbund, der im Verdacht hochverräterischer Umtriebe und politischer Kapitalverbrechen stand, rechtfertigte die besonders in der linksstehenden Presse artikulierte Besorgnis, dass gegen die O.C. aus politischen Rücksichten nicht energisch genug vorgegangen werde. Doch selbst die misstrauischsten Kritiker konnten nicht ahnen, dass die im Rathenaumord-Prozeß beiläufig angesprochene Reichswehrstelle in Kassel im Juni 1922 die durch die Anzeige des Spitzels Brüdigam in Gang gesetzte Ermittlungsarbeit der Strafverfolgungsbehörden gegen die Mordverschwörer regelrecht behindert, ja geradezu hintertrieben hatte. Seinen Verbindungsoffizieren in Kassel hatte der von Brüdigam belastete und unmittelbar nach dem Rathenaumord festgenommene Friedrich Wilhelm Heinz es zu verdanken, dass er schon bei seiner ersten Vernehmung hinsichtlich der gegen ihn erhobenen Vorwürfe völlig im Bilde war: »Mit der Frühpost des 18. d. Mts. [Juni] erhielt ich von Herrn Reinert einen Privatbrief von etwa eineinhalb Seiten, in welchem mir Hauptmann Reinert mitteilte, daß ein gewisser Brüdigam aus Frankfurt a.M. [...] bei Gericht folgende Angaben gemacht hatte: Brüdigam stände im Dienste Tillessens und [von] mir, um Nachrichten über Linksverbände zu besorgen.«[9] Ebenso ließ Plaas seine Vernehmer wissen: »Mit dem Gegenstande meiner Vernehmung bin ich durch das Schreiben des Hauptmann Reinert aus Kassel vertraut.«[10]

Hinter diesen dürren Mitteilungen stand ein ungeheuerlicher Vorgang: Am 12. Juni 1922 hatte Brüdigam seine umfangreiche Anzeige zu Protokoll gegeben; sechs Tage darauf war ihr präzise zusammengefasster Inhalt nicht nur einer sachlich überhaupt nicht befassten Reichswehrstelle zur Kenntnis gebracht, sondern von dieser Behörde obendrein bereits an zwei der Hauptbeschuldigten weitergegeben worden! Bis Heinz und Plaas weitere acht Tage später verhaftet wurden, hatten sie genügend Zeit gehabt, um ihre Angelegenheiten zu ordnen und insbesondere alles beiseitezuschaffen, was über ihre politische Arbeit und die Kooperation mit der Reichswehr hätte Auskunft geben können. Mehr noch: Das kaum fassliche Zusammenspiel von Staat und Geheimbund in Hessen musste das Leben des ahnungslosen Zeugen akut gefährden, wenn die Frankfurter O.C. wahr machen würde, was der Femeparagraph ihrer Satzungen vorsah und der abgesprungene O.C.-Mann Wagner im Nauheimer Kurpark erst wenige Monate zuvor am eigenen Leib erfahren hatte.

Über das, was Ehrhardts Leute in den folgenden Tagen unternahmen oder planten, um dem Verräter in ihren Reihen den Mund zu stopfen, gibt keine Ermittlungsakte und kein Vernehmungsprotokoll Kunde. Doch was die Quellen verschweigen, offenbart Brüdigams eigenes Verhalten, das dem Kasseler Oberstaatsanwalt so unverständlich erschienen war: Am 10. Juni hatte Brüdigam Scheidemann gegenüber seine Aussagebereitschaft erklärt, aber gebeten, von einer amtlichen Vernehmung verschont zu werden. Am 12. Juni durchkreuzte Brüdigam seine vorgesehene Vorführung, indem er seine Aussagebereitschaft an die Bedingung knüpfte, auf dem Kasseler Rathaus in Gegenwart Scheidemanns durch einen eigens aus Berlin gerufenen Kriminalkommissar vernommen zu werden. Hatte er zu den amtlichen Stellen kein volles Vertrauen, weil er von ihrer unheiligen Allianz mit ebender Organisation ahnte, vor deren Machenschaften er warnen wollte? Der Oberstaatsanwalt fügte sich widerstrebend, wollte aber Brüdigam wenigstens nach der Vernehmung zugeführt wissen. Dies verhinderte allerdings nun Scheidemann mit Rücksicht auf Brüdigams seltsame Angst, der Kasseler Anklagebehörde Auskunft zu geben.[11]

Noch am selben Tag fuhr Brüdigam in seine Wohnung nach Frankfurt zurück. Am 14. Juni traf er sich noch einmal mit Plaas und Tillessen, die zu diesem Zeitpunkt vom Verrat ihres Spitzels noch nichts wissen konnten. Am selben Abend schickte der Kasseler Staatsanwalt einen Kriminalkommissar mit der Weisung nach Frankfurt, Brüdigam zur Vernehmung und zur Beeidigung dem Frankfurter Amtsgericht zuzuführen. Dies geschah am 16. Juni, und in der folgenden kurzen Vernehmung belastete Brüdigam Tillessen abermals schwer, bevor er aufgrund der Arbeitsüberlastung des Amtsrichters heimgeschickt und auf den 19. Juni wieder einbestellt wurde. Dass er an diesem Tag nicht mehr auf dem Gericht erschien, hatte einen stichhaltigen Grund: Am selben Morgen waren Heinz und Plaas von ihrer Verbindungsstelle bei der Reichswehr über die Doppelrolle ihres Spitzels orientiert worden und Brüdigam aus Angst vor der Rache seiner O.C.-Genossen schleunigst untergetaucht. Sein der Kasseler Staatsanwaltschaft so unverständliches Misstrauen war nur zu berechtigt gewesen und rettete am Ende sein Leben: Mit seiner ordnungsgemäßen Anzeige vor einem ordentlichen Gericht über ein Mordkomplott gegen den deutschen Außenminister und gegen den früheren deutschen Ministerpräsidenten hatte er sich leichtfertig in Todesgefahr begeben.

Wenn der untergetauchte Spitzel auch mit dem Leben davonkam, so blieb er von der Rache seiner einstigen Genossen nicht gänzlich verschont: Nach seinem Untertauchen als Mittäter eingestuft, saß Brüdigam, der sich im Juli 1922 selbst stellte, nicht weniger lang in Untersuchungshaft als die meisten der von ihm Belasteten. Im Rathenaumord-Prozess wurde er erst von der Verteidigung jeder Glaubwürdigkeit beraubt und schließlich als ehrloser Lockspitzel von allen Parteien gemieden. Auch nach Auffassung des Oberreichsanwalts litt die Darstellung des misstrauischen Doppelagenten »an innerer Unwahrscheinlichkeit, da nicht anzunehmen ist, daß, wie er behauptet, die von ihm bezichtigten Personen ihn, den Wildfremden, bei der ersten Begegnung in von ihnen gehegte Mordpläne eingeweiht haben sollten«[12]. Brüdigam half nicht, dass er sein Abtauchen schon am 29. 6. in einem Schreiben an den Kasseler Polizeipräsidenten mit der Angst motiviert hatte, von der Frankfurter Polizeibehörde trotz des Versprechens voller Rückendeckung nicht ausreichend geschützt zu werden. Ebenso wenig nützte ihm ein Polizeibericht, demzufolge der verängstigte Spitzel nach seiner Festnahme auf dem Rücktransport Anfang Juli 1922 immerfort wiederholt habe, »daß er fürchtet, daß ihm die Mitglieder der Organisation eine Kugel geben, da die Fehme strenge sei und er sie fürchte, da alle Verräter der Fehme verfallen«[13].

Schlimmer erging es freilich denen, die er durch seine Anzeige vor Unheil hatte beschützen wollen: Philipp Scheidemann und Walther Rathenau wurden Opfer einer Justiz, die die Täter durch Indiskretionen warnte, und einer Reichswehr, die sie durch Zusammenarbeit unterstützte. Hätte die Kasseler Justiz nicht zugelassen, dass die Beschuldigten gewarnt wurden, wäre Brüdigam nicht zum Untertauchen gezwungen worden. Hätte Brüdigam sich am 19. Juni 1922 ordnungsgemäß vernehmen lassen, wären die vorbereiteten Verhaftungen und Durchsuchungen bei den von ihm beschuldigten Köpfen der Mordverschwörung nicht unterblieben, die der Kasseler Oberstaatsanwalt bereits vorbereitet hatte, und hätte das Leben des deutschen Reichsaußenministers Walther Rathenau gerettet werden können.

Schließlich trugen auch unmittelbare politische Rücksichten dazu bei, dass die Hintergründe der Attentatsserie in der Öffentlichkeit nie vollständig bekannt wurden. Überdeutlich trat im O.C.-

Prozess mit der Geheimhaltung der Anklage und dem Ausschluss der Öffentlichkeit bei der Behandlung des Einsatzes der Ehrhardt-Formationen 1921 in Oberschlesien die Rücksichtnahme auf die außenpolitische Lage des Reiches hervor. Die Sorge vor Sanktionen der Siegermächte war in der Tat nicht von der Hand zu weisen, nachdem am 25. April 1924 der englische, der französische und der belgische Botschafter eine Kollektivnote der Besatzungsmächte übergeben hatten, in der die deutsche Regierung für die »feindseligen Machinationen« nicht unterdrückter Organisationen im Besatzungsgebiet verantwortlich gemacht und der »Wikingbund« an erster Stelle genannt wurde.[14]

Die äußere Lage der unter dem Diktat der alliierten Siegermächte stehenden Republik schlug sich in der Rechtsprechung als doppelte Grauzone legitimer Illegalität und illegitimer Legalität nieder. In ihr hatte sich mit anderen Wehrverbänden auch die O.C. einzurichten gewusst und die Grenze zwischen geheimer Landesverteidigung für die Regierung und konspirativem Hochverrat gegen sie gezielt verwischt. Entsprechend wertete die Anklageschrift im O.C.-Prozess das Urteil eines französischen Gerichts, das im März 1922 eine Reihe wegen gewalttätiger Sabotageakte angeklagter O.C.-Männer mit drakonischen Strafen belegt hatte, als gerichtliche Fortsetzung des Besatzungsterrors. Die Gründung einer O.C.-Gruppe im Besatzungsgebiet hingegen erschien in der Anklage der Reichsanwaltschaft 1924 als Teil der deutschen Verteidigungsmaßnahmen, die zu verurteilen Landesverrat bedeutet hätte.[15]

Der wachsende außenpolitische Druck und besonders die Ruhrbesetzung 1923 führten so zu einer Perspektivenverschiebung, in der die alliierten Siegermächte zu Tätern und der angeklagte Geheimbund zum Opfer wurde. Die Stellungnahme des Oberreichsanwalts zur Verurteilung eines als Bezirksleiter für Westfalen vorgesehenen O.C.-Funktionärs namens Andler, der während des Ruhrkampfes einen Aufstand gegen die Besatzungstruppen geplant hatte, illustriert diesen Rollenwechsel eindrucksvoll: »Ein französisches Kriegsgericht fällte gegen ihn einen als Urteil bezeichneten Spruch, daß er jenen Plan mit zehn Jahren Zuchthaus zu büßen habe. Den Franzosen war in der Person des Andler ein rechter deutscher Mann in die Hände gefallen, ein früherer Unterseebootkommandant, ein Soldat von der Art, die ihnen Furcht einflößte, solange sie eine Waffe führen konnte, ein Mann, der gezeigt hatte, daß er bereit war, für sein mißhandeltes Vaterland einzutreten, auch wenn er alles darüber preisgab, was ihm persönlich angelegen war, die Familie und die sichere Stellung. Dem entsprach das sogenannte Urteil und was zu seiner Vollstreckung geschah. Die französischen Beamten ließen der ihrem Volkscharakter eigentümlichen Lust, Wehrlose zu quälen, schrankenlosen Lauf. Sie legten den Andler in eine von Ungeziefer angefüllte Zelle, entzogen ihm die Mittel zur Reinigung und Pflege des Körpers, unterbanden die Aussprache mit seiner Ehefrau und fügten ihm auch sonst zu, was nur rohe Grausamkeit ersinnen kann. Schließlich wurde Andler auf die Insel Martin de Ré verbracht, dort mit schwarzen und weißen Franzosen, die wegen Verbrechen des Mordes und des Raubes verurteilt sind, zusammengesperrt und einer Behandlung unterworfen, die ihn in kurzer Frist zur Grunde richten sollte und mußte. Das Geschick des Andler bestätigt also die Jahrhunderte alte Lehre, was dem wehrlosen Deutschen von französischem Hasse widerfährt, und bot hiermit einen Anhalt für die Einschätzung des in der Gründung und Betätigung der Organisation C vorherrschenden Bestrebens, nicht in völlige Wehrlosigkeit zu versinken.«[16]

Endgültig im O.C.-Prozeß 1924 trat so das juristische Verfolgungsgebot in Widerspruch zum geltenden staatlichen Interesse. Die Verteidigung nutzte diesen Gegensatz, der sich in den vorausgegangenen Attentatsverfahren bereits abgezeichnet hatte, um mit Hilfe eines ausführlichen Strategiepapiers die »Notwendigkeit der sofortigen Einstellung des O.C.-Prozesses« zu begründen. Die Denkschrift warf die Frage auf, »ob die Fortsetzung der Untersuchung mit Rücksicht auf die augenblickliche politische Lage überhaupt möglich ist. [...] Es handelt sich darum, daß die Fortsetzung der Untersuchung das Augenmerk der Franzosen und der übrigen Ententemitglieder auf die Sache lenken könnte. Geschieht dies, so wird Frankreich aus dem Stande der Untersuchung den Schluß ziehen können [...], daß hier die deutsche Behörde eine militärische Geheimorganisation selbst aufgedeckt habe, die von den Regierungen geduldet, ja selbst geldlich unterstützt ist. [...] Frankreich wird dieses Ergebnis [...] benutzen, um die übrigen

Ententemitglieder dafür zu ködern, daß Deutschland in einem der wichtigsten Punkte den Versailler Vertrag mißachte. Damit wird Frankreich nicht nur die bisher vermißte legitimatio ad causam für die Ruhraktion gefunden, sondern gleichzeitig auch ein Druckmittel gegen die übrigen Ententemitglieder sich verschafft haben, um diese zur Billigung des Ruhrunternehmens zu bewegen.«[17]

Mochte die terroristische Provokationsstrategie der O.C. auch an den Verhältnissen gescheitert sein, so taugte die juristische Erpressungsstrategie anschließend doch immerhin dazu, ihren Rückzug zu decken und die in der Öffentlichkeit immer wieder angemahnte Härte der gerichtlichen Verfolgung zu mildern. Indem die Angeklagten durchblicken ließen, dass ihre Enthüllungen das Reich auf dem sensiblen Feld der illegalen Aufrüstung und der Schwarzen Reichswehr in schwere Bedrängnis bringen könnte, hatten sie eine Waffe in der Hand, die ihnen in allen Attentatsprozessen Einfluss auf den Verlauf der Verhandlung verschaffte, wenngleich sie erst im O.C.-Prozess ganz in Anschlag gebracht wurde: »[...] bislang ist es der Verteidigung gelungen, die Beschuldigten zum Stillschweigen über die Beziehungen der Organisation zu den Regierungen anzuhalten. Ob dies bei ca. 120 Angeschuldigten für die Dauer der Fortsetzung des Verfahrens und insbesondere für die Hauptverhandlung möglich sein wird, entzieht sich vor allem auch mit Rücksicht auf die temperamentvolle Jugend des größten Teiles der Angeklagten jeglicher Voraussehung. Die Einstellung des Verfahrens wegen Geheimbündelei ist aber rechtlich im Augenblick [!] durchaus angebracht, da die bisherigen [!] Ermittlungen keinerlei Unterlagen dafür gewährt haben, daß es sich hier um eine Verbindung handelt, deren Zweck vor der Staatsregierung geheimgehalten werden sollte.«[18]

Das Urteil folgte in seinem Strafmaß dem Plädoyer der Reichsanwaltschaft dennoch nicht bedingungslos. Es überraschte die liberale Öffentlichkeit wegen seiner Milde nicht weniger als die Angeklagten wegen seiner Härte. In einem einzigartigen Zusammenspiel machten daraufhin Reichsanwaltschaft und Verteidigung ihren gemeinsamen Einfluss geltend, um den Verurteilten die Verbüßung ihrer Strafe zu ersparen. Walter Luetgebrune konnte seinen Verteidigerkollegen bereits kurz nach der Urteilsverkündung berichten: »Am Sonntag den 26. Oktober 1924 habe ich im Auftrage der Leitung der Organisation mit dem Reichsanwalt über die weitere Gestaltung der Sache verhandelt. Wir sind dahin übereingekommen, daß in den nächsten 4-5 Wochen in der Sache nichts geschieht und die Angeklagten nicht zum Strafantritt geladen werden. Nach dieser Zeit soll von mir in einem mit dem Reichsanwalt zu vereinbarenden Zeitpunkt ein allgemeines Gesuch auf Umwandlung der Gefängnisstrafe in Festungshaft eingereicht werden. [...] Die Leitung der Organisation ist über diese Abmachung erfreut und bittet demgemäß zu verfahren.«[19]

Prompt befürwortete der Oberreichsanwalt in einer Stellungnahme vom 10. 2. 1925 die Umwandlung der verhängten Strafen in Festungshaft und deren Aussetzung auf Bewährung, weil bei der Besetzung des Staatsgerichtshofs rechtlich nicht einwandfrei verfahren worden sei. Gerade die Berufung von Richtern aus dem demokratischen Spektrum habe das Gericht in seiner Objektivität beeinträchtigt, weil dadurch »Angehörige der Parteien das Übergewicht erlangt haben, gegen die seitens der Organisation C angekämpft worden sei«. Auch hätten die »den demokratischen Parteien angehörenden Richter die von vornherein gefaßte Vorstellung, zur Aburteilung ›höchst staatsgefährlicher‹ Personen berufen zu sein, um so weniger [...] zurückdrängen [...] können, da die Zeitungen ihrer Parteien Jahre hindurch ungeheuerliche Nachrichten über die verderblichen Bestrebungen und Handlungen der Organisation C verbreitet haben«. Weiterhin beanstandete Ebermayer, dass das Gericht weder den Charakter der Angeklagten als »ehrenhafte, wahrheitsliebende und unerschrockene Männer« noch ihre vaterländischen Verdienste hinreichend gewürdigt habe.[20]

Dieser Versuch einer Urteilskorrektur per Gnadenerweis, der ausdrücklich auch darauf zielte, die durch das Urteil erbitterten Offizierskreise des alten Heeres und der alten Marine zu versöhnen – ein rechtlich durchaus bangloser Gesichtspunkt –, fügte sich in die allgemeine Linie der Reichsanwaltschaft bei der juristischen Erledigung des O.C.-Komplexes. Auch im Verfahren gegen die Hamburger O.C. wegen der im Juni 1922 verübten Sprengstoffattentate suchte Reichsanwalt Niethammer einen Ausweg und teilte Luetgebrune im Mai 1925 mit, dass die Voruntersuchung abgeschlossen sei: »Der Stand der Sache sei so, daß gegen Warnecke und Genossen Anklage wegen Verbrechens gegen das Sprengstoffgesetz erhoben werden müßte. Er befürchte, daß sämtliche Angeklagte für schuldig befunden werden müßten, das bedeute, daß jeder Angeklagte die Mindeststrafe von 5 Jahren Zuchthaus erhalten würde.«[21] Damit »der unangenehme Hamburger Fall aus der Welt geschafft« werden könne, schlug der Reichsanwalt selbst vor, eine passende Klausel in das von ihm bereits ausgearbeitete Amnestiegesetz aufzunehmen. Dieser Vorstoß Niethammers sollte allerdings scheitern. Mehr Aussichten versprach hingegen das Bemühen um eine Begnadigung der Geheimbündler; am 28. 11. 1924 reichte Luetgebrune ein Gesuch auf Strafaussetzung für alle Verurteilten ein, das sich auf dieselben Erwägungen stützte wie die Stellungnahme des Oberreichsanwalts. Die vereinigten Anstrengungen hatten Erfolg: Bis zu ihrer endgültigen Amnestierung im Dezember 1925 mußten die Verurteilten ihre Haftstrafen nicht antreten.

Mit dieser Entscheidung war die juristische Bewältigung des O.C.-Komplexes im Wesentlichen abgeschlossen. Bis zur bewussten Rechtsbeugung hatte eine konservative Justiz dem nationalen Konsens zugearbeitet, der die Verschwörung der Organisation Consul Hermann Ehrhardts gegen die Weimarer Republik mit einem schützenden Mantel des Schweigens bedeckte und so der Öffentlichkeit vorenthielt, was sich in Wirklichkeit hinter den politischen Attentaten des Sommers 1922 verborgen hatte: der geheime Auftakt zur deutschen Gegenrevolution.

Der Kopf des Komplotts
Nachwort zur Neuausgabe

Die vorliegende Untersuchung entstand vor nahezu drei Jahrzehnten. Sie geht, wie in der Einleitung beschrieben, zurück auf meine 1992 vorgelegte und 1994 in der Schriftenreihe der *Vierteljahrshefte für Zeitgeschichte* publizierte Dissertation »Der Rathenaumord«, die 1999 in gekürzter Form unter dem Titel »Die verdrängte Verschwörung« als Taschenbuch erschien. Die damalige Neuveröffentlichung konnte das zwischenzeitlich zugänglich gewordene Quellenmaterial des Moskauer Sonderarchivs zur Aufbewahrung kriegsverlagerten Archivguts einbeziehen und mit dessen Hilfe die Kernthese der Dissertation untermauern und präzisieren. Sie lautete, dass der Rathenaumord als Teil eines gegenrevolutionären Komplotts zum Sturz der Weimarer Republik aufzufassen sei, der gleichsam das *missing link* zwischen dem Kapp-Lüttwitz-Putsch vom März 1920 und dem Hitler-Ludendorff-Putsch vom November 1923 bildete.

Die abermalige Neuausgabe spiegelt einen bis heute nicht überholten Forschungsstand. In der Zwischenzeit erschienene Studien zur Frühgeschichte der ersten deutschen Demokratie haben die hier vorgetragene These einer weitreichenden und zugleich in ein anhaltendes Dunkel gehüllten Verschwörung gegen Weimar nicht in Frage gestellt, aber zugleich darauf verwiesen, dass einzelne Aspekte des Attentatsserie von 1921/22 und seiner mangelhaften Aufarbeitung nach wie vor eingehenderer Ausleuchtung bedürften.

Für nicht in alle Winkel erhellt gilt in der Forschung insbesondere immer noch, ob hinter dem Rathenaumord eine weitgreifende Verschwörung zum Sturz der Weimarer Republik stand. Damit verbindet sich die Frage, welche Rolle der Freikorpsführer und Rechtsputschist Hermann Ehrhardt selbst in der Attentatsfolge von 1921/22 spielte, die die zeitgenössische Öffentlichkeit so sehr in Atem hielt und dennoch nie befriedigend aufgeklärt wurde. Hatte er die Überfälle erst auf Matthias Erzberger, dann auf Philipp Scheidemann und Walther Rathenau und womöglich auch auf Maximilian Harden persönlich zu verantworten, war er selbst der eigentliche Drahtzieher und Auftraggeber dieser in der deutschen

Geschichte bis heute einzigartigen Folge von Attacken gegen herausragende Repräsentanten der jungen demokratischen Staatsordnung? Oder tolerierte er lediglich *nolens volens* im Nachhinein die entschlossene Handlungsweise seiner draufgängerischen Offiziere, die auf eigene Faust vermeintliche Landesverderber aus dem Weg räumten und so in stillschweigend vorausgesetzter Übereinstimmung eine schmutzige Aufgabe zu erledigen glaubten, die ihr Chef schon angesichts seiner öffentlichen Stellung nie hätte anordnen dürfen und wollen?

Über Ehrhardt liegt bis heute keine wissenschaftlichen Ansprüchen genügende Biographie vor, die genauere Auskunft erteilen könnte, und sein Nachlass befindet sich unzugänglich in privater Hand.[1] Wenn er selbst sprach, wahrte er sorgsam die Balance zwischen Distanz und Verständnis, ohne eine eigene Verwicklung preiszugeben. In diesem Sinne stellte er sich 1963 in der Illustrierten »Kristall« hinter seine einstigen O.C.-Männer, die »nicht nur im Kommunisten, sondern auch in den internationalen Persönlichkeiten, den Vaterlandslosen, Ehrgeizlingen, den Würdelosen und Verrätern sahen. Diese zu beseitigen, hielten sie für ihre vaterländische Pflicht. Sie bedurften hierzu keiner Mörderzentrale und keiner Befehle. Vielleicht traf es dabei auch mal einen Unrechten, zum Sieben war keine Zeit, und es lag auch diesen Freikorpsmännern nicht.«[2] Eingehender äußerte Ehrhardt sich bis zu seinem Tod nicht. Nur gelegentlich ließ er sich von Journalisten und Historikern überhaupt Auskunft über seine historische Rolle entlocken, und wenn er es tat, konzentrierte er sich auf seine Mitwirkung an der Niederschlagung der Rätebewegung 1919 und am Märzputsch 1920.

In jedem Fall sparten seine raren Auslassungen die der O.C. nachgesagten Kapitalverbrechen konsequent aus, wie das ein knappes Jahr vor seinem Tod entstandene Fernsehporträt des Journalisten Wolfgang Venohr illustriert. In ihm stellte Ehrhardt die O.C. als eine paramilitärische Ordnungsmacht hin, die sich zum Schutz des Staates im Fall von Unruhen binnen Stunden hätte mobilisieren lassen, während auf die Reichswehr kein Verlass gewesen sei und andere »vaterländische Verbände« wie der Stahlhelm oder die Organisation Escherich nicht genügend Kampfkraft besessen hätten.[3] Ehrhardt bewegte sich damit auf einer Argumentationslinie, der er bereits in der Weimarer Zeit gefolgt war, und beschränkte die Tätigkeit seines Wehrverbandes auf die verdeckte Unterstützung des durch den Versailler Vertrag geknebelten Weimarer Staates in der oben dargestellten Atmosphäre einer gleichsam »lizensierten Illegalität«. 1929 etwa stritt er öffentlich jegliche Verbindung seiner »Vertrauensleute« zu den im Rahmen der Landvolkbewegung in Schleswig-Holstein verübten Bombenanschlägen ab, und behauptete unter Verweis auf ein entsprechendes Urteil des Staatsgerichtshofs, dass eine O.C. »nie bestanden hat«.[4] Auch in der NS-Zeit vermied Ehrhardt ein unzweideutiges Bekenntnis zu der ihm vielfach zugeschriebenen Verantwortung als eigentlichem Auftraggeber des Rathenaumordes, wenngleich sich hier interessante Nuancierungen ergaben. Anlässlich der feierlichen Enthüllung einer Gedenktafel für die elf Jahre zuvor auf Burg Saaleck umgekommenen Rathenau-Attentäter Kern und Fischer bescheinigte der als Ehrengast begrüßte Ehrhardt im Juli 1933 am Grab seinen beiden Untergebenen an ihrem Grab: »Kern und Fischer, ihr wart getreu bis in den Tod, ihr tatet eure Pflicht im völkischen Geiste, männlich, kühn, verantwortungsfreudig.«[5]

Am selben Tag hatte er schon zuvor bei der feierlichen Enthüllung einer Gedenktafel an der Burg vor Heinrich Himmler und Tausenden von SA- und SS-Leuten seiner Befriedigung Ausdruck verliehen, jetzt »ein offenes Bekenntnis zu diesen Männern ablegen« zu können. Mehr noch, er verband dies mit dem unumwundenen Eingeständnis, dass hinter dem damaligen Anschlag auf Walther Rathenau ein Umsturzplan gestanden habe, der weit über die Beseitigung eines einzelnen Feindes hinausreichte und in eine hochverräterische Gesamtplanung jenseits der Handlungsebene der in Saaleck gestellten Mordschützen eingebettet war: »Der Sinn war der, daß auf diese Tat Schlag auf Schlag noch andere Köpfe beseitigt werden sollten, um zum nationalen Durchbruch zu kommen.«[6] Die Umstände hätten die weitere Umsetzung dieser Anschlagsstrategie unmöglich gemacht, aber sie hätten Ehrhardt nicht daran gehindert, bis zuletzt konsequent zu seinen Männern zu stehen und ihnen zur Hilfe zu eilen, sobald er von ihrem Aufenthaltsort erfuhr: »Kurzentschlossen wurde ein Plan gefaßt. In der Ausführung kamen wir zu spät.«[7]

Hinter dieser lapidaren Feststellung verbarg sich kein geringer Freundschaftsdienst, denn der wegen seiner Beteiligung am Kapp-

Lüttwitz-Putsch immer noch mit Haftbefehl gesuchte Ehrhardt befand sich in dieser Zeit selbst in einer prekären Lage und konnte sich in München nur dank der Deckung des dortigen Polizeipräsidenten Pöhner halten. Es liegt auf der Hand, dass er kaum zu einer solchen existenzbedrohenden Unterstützung in ganz Deutschland fieberhaft gesuchter Ministermörder bereit gewesen wäre, wenn seine Offiziere als disziplinlose Desperados eine eigenmächtige Mordstrategie verfolgt hätten, die gegen die eigenen Absichten des »Kapitäns« gerichtet gewesen wäre, wie Ernst von Salomon später im »Fragebogen« weismachen wollte.

Wie unmissverständlich Ehrhardt sich als Chef der O.C. die Entscheidung über die Verübung politischer Gewalttaten immer selbst vorbehielt, ohne seine diesbezüglichen Befehle aus dem innersten Kreis hinausgelangen zu lassen, schilderte 1927 ein abtrünniger O.C.-Mann, der vordem zum innersten Kreis des Geheimbundes gehört hatte: »Wir hielten den politischen Mord für erlaubt; ebenso jede Provokation, die Erschütterungen oder Unruhen herbeiführen könnten. Die grundsätzliche Einstellung Ehrhardts zur Anwendung aller erfolgreicher Mittel in diesem Sinne entnehme ich [...] auch der Stellungahme, welche Ehrhardt anlässlich der von seiten der Berliner O.C. und der Mecklenburger Abteilung der Schwarzen Reichswehr geplanten Anschläge gegen Ebert oder den Minister Severing bei einer Unterredung mit mir über diese Dinge einnahm. Die Unterredung fand statt am 16. Dezember 1923 in München im Hotel Nordischer Hof, Sitzungssaal. Ehrhardt verbat sich bei dieser Gelegenheit, dass von untergeordneten Organen derartige Pläne verbreitet würden, ohne Einverständnis mit der Zentrale«.[8] Folgerichtig hielt der O.C.-Chef an seiner Auffassung, dass seine »alte(n) Brigadeleute« niemals die von ihnen verlangte Disziplin missachtet oder gar befehlswidrig gehandelt hätten, zeitlebens so überzeugt fest, dass er die O.C noch kurz vor seinem Tod als einen Verband rühmte, von dem »ich wusste, auf den können wir uns hundertprozentig verlassen«.[9]

Umgekehrt wiederum vermied Ehrhardt jede nachträgliche Distanzierung von seinen der Mitwirkung an den Anschlägen beschuldigten Gefolgsleuten. Manfred von Killinger, den im Juni 1922 in einem Skandalurteil freigesprochenen Organisator des Erzbergermordes, charakterisierte er in seinen von Friedrich Freksa verfassten Memoiren 1924 als einen »meiner Offiziere, der eine Zeitlang Staatsunterkommen in dem badischen Gefängnis Offenburg gefunden hatte«.[10] In den nach 1945 geführten Prozessen gegen Heinrich Schulz und Heinrich Tillessen trat klar zutage, in welcher ausdauernden Intensität Ehrhardt die Mörder Erzbergers nicht nur unmittelbar nach der Tat, sondern auch späterhin und bis 1933 unterstützt hatte, indem er sie erst mit falschen Pässen außer Landes bringen ließ, dann für sie im Exil sorgte und den in Afrika erkrankten Schulz 1933 nach Deutschland zurückbeorderte, um ihn Himmlers Protektion zu empfehlen und bei der SS unterzubringen.

Auch nach dem Scheidemann-Attentat zeigte Ehrhardt keine erkennbare Reaktion gegenüber den zahlreichen im Rahmen der Ermittlungen aktenkundig gewordenen O.C.-Männern, obwohl mit Alfred Hoffmann, Karl Tillessen und Hartmut Plaas drei der engsten Unterführer seines Geheimbundes in die Tat verwickelt waren. Nach dem Rathenaumord schließlich sahen weder sie noch die übrigen der Mitwirkung überführten Gefolgsleute Ehrhardts sich von ihrem Chef verstoßen, sondern ganz im Gegenteil unter seinen besonderen Schutz gestellt: Ernst von Salomon, dem es anders als seinen Komplicen Kern und Fischer geglückt war, sich nach München durchzuschlagen, war von Ehrhardt zunächst mit der Suche nach seinen flüchtigen Komplicen beauftragt und dann vom weitgespannten Netzwerk der O.C. an verschiedenen Orten versteckt worden, bis er im August 1922 der Polizei ins Netz ging. Die der O.C. zuzurechnenden Angeklagten in den einzelnen vor dem Staatsgerichtshof zum Schutz der Republik verhandelten Attentatsverfahren wie im anschließenden O.C.-Prozess bekamen prominente rechte Staranwälte gestellt, die wiederum einer koordinierten Verteidigungsstrategie folgten. Ernst Werner Techow wie auch die Scheidemann-Attentäter erfuhren schließlich auch nach ihrer Verurteilung materielle und moralische Unterstützung durch Mittelsmänner Ehrhardts, und Hartmut Plaas avancierte nach seiner Haftverbüßung zu Ehrhardts zeitweiligem Stellvertreter und engstem Vertrauten in den Nachfolgeorganisationen der O.C.

In der Zusammenschau dieser Indizien tritt das Bild einer Serie politischer Gewalttaten zutage, die in ihrer Anlage der von Ehrhardt und anderen Köpfen der deutschen Gegenrevolution beharrlich verfolgten Strategie einer Destabilisierung und Zerschlagung der ersten deutschen Republik gehorchte, der buchstäblich jedes Mittel recht war. Die in viele Einzelaktionen aufgeteilte Umsetzung aber blieb unabhängig operierenden Terrorzellen überlassen, deren selbstständiges Handeln eine entscheidende Voraussetzung des Gesamtplans bildete, um Ehrhardt nicht zu kompromittieren und damit seinen politischen wie militärischen Handlungsraum zu verstellen – zum glaubhaften Retter aus dem Feuer taugte auch hier nicht, wer sich als Brandstifter zu erkennen gab. Beim Erzbergermord geschah dies durch die camouflierte Einschaltung eines völkischen Geheimordens, im Fall der Anschläge auf Scheidemann und Rathenau durch die fieberhafte Aktivität einer absichtsvoll nicht in Bayern, sondern in Hessen angesiedelten O.C.-Zelle unter Führung ihres Ehrhardt unmittelbar unterstellten Oberbezirksleiters. Bereits zuvor bei zwei spektakulären Befreiungsaktionen durch besondere Tatkraft hervorgetreten, fiel der Frankfurter Ortsgruppe der O.C. im ersten Halbjahr 1922 die von München angeordnete Aufgabe zu, mit Hilfe gezielter Terroranschläge die Weimarer Republik in den Bürgerkrieg zu stürzen.

Finanziell entsprechend ausgestattet, konnten sich die Aktivisten der Frankfurter O.C. auf das reichsweite Netzwerk von Ehrhardts Geheimbund stützen, und sie waren sich zugleich bewusst, dass sie vom Moment der unmittelbaren Anschlagsvorbereitung an jede Kontaktaufnahme mit der O.C.-Führung unter allen Umständen zu vermeiden hätten. Erst als in den Tagen nach dem Rathenaumord mit dem Ausbleiben der erwarteten inneren Unruhen und unter dem polizeilichen Verfolgungsdruck die mit den Anschlägen verfolgte Destabilisierungsstrategie vor dem Zusammenbruch stand, wurde dieser zunächst eisern befolgte Grundsatz aufgegeben. Auf den Zinnen von Burg Saaleck suchten die aufgespürten und eingekreisten Rathenaumörder mit Hochrufen auf Ehrhardt und hinabgeworfenen Botschaften ein zündendes Fanal zu setzen, um Ehrhardts Kampf gegen die Republik als Märtyrer der Gegenrevolution einen letzten Dienst zu erweisen.

Zur selben Zeit suchte der erprobte Kurier Ernst von Salomon in der Münchener O.C.-Zentrale in Erfahrung zu bringen, ob unter diesen Umständen noch an den geplanten Aktionen zu weiteren Destabilisierung der Republik festgehalten werden könne. »Es war nicht einfach, mit ihm in persönliche Verbindung zu treten«, erinnerte sich von Salomon in seinem »Fragebogen« des an einer Ecke des Münchner Marienplatzes vereinbarten Zusammentreffens mit Ehrhardt, der ohne Bart und Uniform keine erkennbare Ähnlichkeit mit seinem öffentlichen Bild mehr aufwies. »Er ›blies mich an‹, er ›stauchte mich zusammen‹, – ich stammelte immer nur ›Jawohl, Herr Kapitän‹ und bot ihm an mich zu erschießen«, schildert von Salomon den Zorn seines »Kapitäns«. Die glaubhaft geschilderte Empörung des O. C.-Chefs schrieb er in seinen romanhaft ausgeschmückten Memoiren »unserer Wahnsinnstat« zu. Sie erklärt sich aber viel plausibler aus der Erregung Ehrhardts über seine persönliche und politische Gefährdung durch dieses Zusammentreffen mit einem ihm bis dato womöglich unbekannten Mordkomplizen, der sich als Verbindungsmann zu den ohne Unterstützung durch Deutschland irrenden Attentätern ausgab und die sorgsam gewahrte Deckung des im Geheimen operierenden Drahtziehers bedrohte. »Der Kapitän werde uns fallen lassen müssen, sagte der Adjutant, oder ›er zertöppert seine eigenen Politik!‹«[11], fasste Salomon im »Fragebogen« die abwehrende Reaktion zusammen, auf die er in München traf.

Aber in glattem Gegensatz zu diesem angekündigten Bauernopfer ließ Ehrhardt seine auf der Flucht befindlichen Mordschergen durchaus nicht fallen, wie Salomon gleich darauf ausführt, und in der Tat hätte auch die nachdrücklichste Distanzierung von den Ministermördern in den eigenen Reihen Ehrhardt im Nachhinein schwerlich vom Verdacht der Urheberschaft an der ruchlosen Tat zu befreien vermocht. Die von Salomon überlieferte Äußerung bezog sich in Wahrheit gar nicht auf die Tat, sondern auf die Täter, denen gegenüber es den durchbrochenen Kontaktschutz wiederherzustellen galt, und so erklärt sich auch Ehrhardts bereits oben zitierte doppelbödige Reaktion, die Fluchthilfe mit Selbstschutz verband und dem Kurier sichere Unterbringung zusagte, bevor er die Suche nach Kern und Fischer wiederaufnehmen solle. Handeln müsse er allerdings, wie oben zitiert, auf eigene Rechnung: »Wenn Sie dabei erwischt werden, ist das Ihre Sache.«[12]

Als Ehrhardt ein knappes Jahrzehnt später dem Eigentümer der Saaleck-Burg öffentlich für die Unterstützung Kerns und Fischers auf deren abenteuerlicher Flucht dankte, bestätigte er nicht nur, dass die nunmehrigen »Freiheitshelden« ihre Tat keineswegs auf

Der Kopf des Komplotts 273

eigene Faust begangen, sondern als Ehrhardt-Leute im Dienst ihrer Organisation operiert hatten. Vielmehr räumte er nun auch ein, dass das Entsetzen der Welt über den feigen Mord am deutschen Außenminister auch in der Münchner Geheimbundzentrale genauso interpretiert worden war wie von Kern und Fischer selbst – nicht als Appell zum sofortigen Einhalt, sondern als bestätigende Aufforderung zur Fortsetzung ihrer das Land erschütternden Terrorstrategie: »Sie wollten nun nach München gelangen und von dort aus versuchen, das, was beschlossen und befohlen war, weiterhin auszuführen«.[13]

Nicht um sich selbst zu retten, suchten die flüchtigen Rathenaumörder im Juli 1922 auf kürzestem Wege mit ihren von Helfershelfern besorgten Fahrrädern vom pommerschen Norden in den bayerischen Süden durchzukommen, sondern um für einen nächsten Einsatz zur Verfügung zu stehen. In München war zwar angesichts des auf der O.C. lastenden Verfolgungsdrucks in der Zwischenzeit Ernüchterung eingekehrt und schon eine Woche vorher am 1. Juli verfügt worden, vorläufig von weiteren Aktionen abzusehen. Doch erst Kerns und Fischers Tod am 17. Juli auf Burg Saaleck gebot der zentralen Attentatsregie wirklichen Einheit, der der Überfall auf Walther Rathenau in der Berliner Koenigsallee am 24. Juni 1922 ebenso gefolgt war wie der Blausäureanschlag auf Philipp Scheidemann in Kassel-Wilhelmshöhe am 4. Juni desselben Jahres. Und auch der Ausfall ihrer vielleicht entschlossensten und rücksichtslosesten Kombattanten und die Auflösung seiner mörderischen Geheimbundzentrale in München hinderten Ehrhardt späterhin nicht gänzlich an einer Fortsetzung seiner terroristischen Politik, wie zuletzt der Mordanschlag auf den pfälzischen Separatistenführer Franz Joseph Heinz-Orbis im Februar 1924 zeigte, für den Ehrhardt Männer seines Verbandes zur Verfügung stellte.[14]

Die Zeitenwende von 1945 verschob den Rahmen des Sagbaren abermals, und mit dem Zusammenbruch des Hitlerreiches war dem offenherzigen Bekenntnis die Legitimationsgrundlage entzogen, auf der Ehrhardt nach 1933 die Verantwortung für die Anschlagsserie der O.C. als Auftakt eines neuerlichen Putsches gegen die Republik übernommen hatte. Mehr noch: Der neuerliche Regimewechsel verwandelte das in der Zeit der nationalsozialistischen

Machterringung mit Anerkennung aufgenommene Ruhmeszeugnis nunmehr in ein belastendes Geständnis, das unmittelbare Strafverfolgung nach sich ziehen konnte. Zu dieser Zeit hatten allerdings nicht wenige der einstigen Mordkomplizen bereits den Tod gefunden. Der nach 1933 in die Vorbereitungen zur Ausschaltung Hitlers involvierte Hartmut Plaas wurde kurz vor dem 20. Juli 1944 von der Gestapo umgebracht, der zum Karrierediplomaten avancierte Manfred von Killinger endete wenig später beim Einmarsch der Roten Armee in Bukarest durch Suizid, und der als Kriegsberichterstatter schwer verwundete Ernst-Werner Techow erlag nach der deutschen Kapitulation am 8. Mai 1945 als kriegsgefangener Volkssturmmann dem Angriff eines sowjetischen Soldaten, der ihm mit dem Spaten den Schädel einschlug.

Doch nicht wenige von Ehrhardts einstigen Gefolgsleuten überlebten den Zweiten Weltkrieg und sahen sich anschließend in unterschiedlicher Weise mit ihrer mörderischen Vergangenheit konfrontiert. Friedrich Wilhelm Heinz, Kopf der hessischen O.C., nutzte seine Weimarer Erfahrungen im Zusammenspiel von O.C. und »Schwarzer Reichswehr«, um nach 1945 einen eigenen Nachrichtendienst aufzubauen, der erst den Alliierten und dann dem Bundeskanzleramt zuarbeitete, bis er 1953 als Abwehrchef im Amt Blank über den Vorwurf einer falschen Angabe seines Wehrmachtsdienstgrades zu Fall kam. Karl Tillessen, der im Hintergrund die Fäden der Attentatsserie gezogen hatte, tauchte nach Kriegsende unter und schlug sich jahrelang unter falschem Namen durch, bevor er 1949 seine frühere Identität wieder annahm und in seine Heimatstadt Köln zurückkehrte. Der seinerzeit wie Karl Tillessen zu einer mehrjährigen Gefängnisstrafe verurteilte Günther Brandt durchlief nach der deutschen Kapitulation drei Jahre lang verschiedene amerikanische Internierungslager, bevor er 1948 wieder in den Medizinberuf zurückkehren konnte und sich in Bayreuth als Internist niederließ. Das Internierungsschicksal Günther Brandts teilte für ein Jahr der im Rathenaumordprozess zu fünf Jahren Zuchthaus verurteilte Ernst von Salomon, der die erfahrene Brutalität und Demütigung der Lagerhaft später im »Fragebogen« literarisch verarbeitete. Der Rostocker O.C.-Verbindungsmann Kurt Blome, der 1922 Kern und Fischer als Fluchthelfer gedient hatte und nach 1933 zu einem führenden NS-Mediziner aufgestiegen war, fand sich im Dezember 1946 im Nürnberger Ärzteprozess auf der Anklagebank wieder und verbrachte über zwei Jahre in Untersuchungshaft, bevor er nach seinem Freispruch im August 1947 nach Dortmund ging, um dort eine urologische Fachpraxis zu eröffnen. Während aber die Mörder Matthias Erzbergers, die sich 1921 durch Flucht ins Ausland der strafrechtlichen Verfolgung zu entziehen vermocht hatten, nach dem Zweiten Weltkrieg in alliierter Zusammenarbeit aufgespürt und nach einem skandalösen Tauziehen um die Anwendbarkeit der von der Hitler-Regierung 1933 verfügten Amnestie abgeurteilt wurden, blieb der Kopf der terroristischen Verschwörung gegen die Republik von Weimar bis an sein Lebensende von juristischer Verfolgung verschont. Stattdessen führte Hermann Ehrhardt im entlegenen Brunn am Wald im niederösterreichischen Waldviertel das Leben eines herrschaftlichen Großgrundbesitzers, der zusammen mit seiner aus Hohenlohischem Hochadel stammenden Ehefrau in einem weitläufigen Wasserschloss residierte und vereinzelten Kontakt zu früheren Gefolgsleuten und ihren Familien hielt, die er sommers und zu Geburtstagsfeiern nach Brunn am Wald einzuladen pflegte.

Dass der so rückhaltlos wie vor Hitler niemand sonst der Gewalt verpflichtete Kopf der deutschen Gegenrevolution nach dem Ende der NS-Herrschaft weder Gegenstand eines staatsanwaltschaftlichen Ermittlungsverfahrens noch Stein öffentlichen Anstoßes wurde, ist umso erstaunlicher, als seine Vergangenheitsbelastung in der Öffentlichkeit durchaus nicht unbekannt war. In seinem kurzen Nachruf schrieb der »Spiegel« 1971 lakonisch: »Der Freikorpsführer bekämpfte die schwarzrotgoldene Weimarer Republik, so lange es sie gab. [...] Nach dem Scheitern des ›Kapp-Putsches‹ tauchte er unter und gründete später den Geheimbund ›Organisation Consul‹, auf dessen Konto der Mord an Außenminister Rathenau (1922) und Finanzminister Erzberger (1921) geht.«[15] Auch im Machtapparat der DDR galt die Verantwortung Ehrhardts für die Mordtaten der O.C. für ausgemacht, wie ein MfS-Vermerk von 1970 unter der Rubrik »Belastungen« festhielt: »Bildung der Fememordorganisation ›OC‹«.[16]

Vor Gericht klang die Rolle des O.C.-Chefs in der seinerzeitigen Abfolge von Mordanschlägen allerdings nach 1945 nur ein einziges Mal an, als nämlich der wegen des Erzbergermordes angeklagte

Heinrich Schulz 1950 zur Sprache brachte, was sein Komplize Heinrich Tillessen in seiner eigenen früheren Verhandlung verschwiegen hatte. Nach seiner Verbindung zu Ehrhardt befragt, sagte Heinrich Schulz aus, dass er und Tillessen sich nach Erteilung des Mordbefehls durch Manfred von Killinger auch bei ihrem obersten Chef hatten verabschieden wollen, der unter einer anderen Adresse als sein Stellvertreter zu erreichen war. Statt sie dort zu empfangen, sei Ehrhardt ihnen aber eilig auf der Straße entgegengekommen, um augenscheinlich ein Zusammentreffen in seinem Büro zu vermeiden, und er habe in seinem ausweichenden Verhalten bei seinen beiden zur Tat bestimmten O.C.-Mitarbeitern zumindest den Eindruck der stillschweigenden Mitwisserschaft erweckt.[17] Wie Schulz weiter darlegte, seien Tillessen und er am Morgen nach dem Anschlag mit dem Nachtzug wieder in München eingetroffen und hätten mit Ehrhardt am selben Abend »in einem alten schönen Münchener Weinrestaurant zu Nacht gegessen«. Keine Vollzugsmeldung und keine Anspielung auf die rohe Kaltblütigkeit, mit der die beiden Mordschützen tags zuvor einem ahnungslosen Mitmenschen aufgelauert und dem in Todesangst Flüchtenden Kugel um Kugel in den Leib gejagt hatten, bis er am Fuß einer Schwarzwaldtanne verröchelte, trübte die behagliche Stimmung dieser Abendeinladung, die offenkundig vom Geist eines wortlosen Einverständnisses getragen war. »Gemeldet haben wir Ehrhardt nichts, wir merkten jedoch, dass er im Bilde war«, bekannte Schulz 1950 vor dem badischen Untersuchungsrichter und charakterisierte damit Ehrhardts Handlungsprinzip, im Hintergrund die Fäden zu ziehen, ohne sich durch offenes Bekenntnis angreifbar zu machen.[18]

Nimmt man hinzu, dass Schulz nach seiner Aussage vor Gericht auch im Exil immer wieder »die schützende Hand Ehrhardts« über sich erkannt hatte[19], deuteten diese den O.C.-Chef belastenden Aussagen auf ein Offizialdelikt hin, das von Amts wegen zu verfolgen war. Dennoch lösten sie ebenso wenig behördliche Ermittlungen gegen Ehrhardt aus wie das Gnadengesuch für Schulz und Tillessen, das Ehrhardt im März 1933 an Reichskanzler Hitler gerichtet hatte, obwohl die darin enthaltene Versicherung, dass die Ermordung Erzbergers »aus reinsten Motiven und innerster Überzeugung« geschehen sei und vom »hohen Opfer- und Einsatzwillen zweier deutscher Aktivisten« zeuge, den Antragsteller nach 1945 von Rechts wegen dem Verdacht der mittelbaren Täterschaft hätte aussetzen müssen.[20]

Einen wesentlichen Grund für die eigentümliche Zurückhaltung der Bonner Republik gegenüber den rechtsgerichteten Angriffen der Weimarer Jahre deutete schon der Nachruf des »Spiegel« auf Ehrhardt an: »Er starb – wie erst vergangene Woche bekannt wurde, vorletzten Montag im niederösterreichischen Brunn am Walde.«[21] Tatsächlich geriet Ehrhardt schon zu Lebzeiten so sehr in Vergessenheit, dass auch zumindest fernerstehende Tatkomplizen von einst über sein Nachkriegsschicksal nicht näher orientiert waren. Noch 1967 machte Hans-Gerd Techow, der jüngere Bruder des 1922 den Mordwagen lenkenden Ernst-Werner Techow, in einem Brief an Ernst von Salomon eigens auf den »Käpten« aufmerksam, »der übrigens noch lebt«.[22] Das Landgericht Offenburg hingegen war in seiner Verhandlung gegen Heinrich Tillessen 1946 im Gegenteil davon ausgegangen, dass der verschollene Ehrhardt den Zweiten Weltkrieg nicht überlebt habe.[23]

Auch wenn die badischen Behörden in dieser Zeit besser informiert gewesen wären, hätten sie freilich keinen unmittelbaren rechtlichen Zugriff auf den in Österreich ansässigen Ehrhardt gehabt. Der machte nach dem Krieg zwar vergeblich geltend, dass ihm 1935 »die steiermärkische Landes- und österreichische Bundesbürgerschaft« verliehen worden sei[24], wurde aber erst nach längerer Auseinandersetzung 1948 rechtskräftig in Österreich eingebürgert.[25] Damit genoss er spätestens seit diesem Zeitpunkt ungeachtet der in den beiden Alliierten Kontrollabkommen von 1945 und 1946 niedergelegten Vorbehaltsrechten der vier Besatzungsmächte in Österreich einen relativen Schutz vor Auslieferung und profitierte zugleich von der prononcierten Integrationsbereitschaft, die dem Nachkriegsverständnis der Alpenrepublik als »erstem Opfer des Dritten Reichs« entsprach.

Unabhängig von der seit 1946 in den Prozessen gegen die Erzbergermörder verhandelten Frage, ob das nationalsozialistische Amnestiegesetz von 1933 rechtswirksam oder im Sinne der Radbruchschen Formel als »gesetzliches Unrecht« nichtig sei, schützte Ehrhardt überdies die bis 1969 geltende Verjährungsfrist von zwanzig Jahren für mit lebenslanger Freiheitsstrafe bedrohte Verbrechen. In deren

Deckung bewegte sich etwa der im Januar 1919 mit der Niederschlagung der revolutionären Unruhen in Berlin beauftragte und wie Ehrhardt gegenrevolutionär eingestellte Hauptmann Waldemar Pabst, als er in einem »Spiegel«-Interview 1962 etwas verklausuliert die Verantwortung für die Morde an Rosa Luxemburg und Karl Liebknecht übernahm.[26] Auch unter Anrechnung der besatzungsrechtlichen Vorgaben in den westlichen Besatzungszonen, welche die Verfolgungsverjährung für die Zeit vom 30. Januar 1933 bis zum 8. Mai 1945 ruhend gestellt hatten, war ebenso Ehrhardt seit Mitte der fünfziger Jahre vor einer strafrechtlichen Aufarbeitung der mit seinem Namen verbundenen Verschwörung gegen die Republik von Weimar zuverlässig geschützt.

Doch war es nicht allein der Rückzug in ein der Öffentlichkeit weithin verborgenes Leben in Verbindung mit der eingetretenen Verjährung, die es Ehrhardt nach 1945 ersparten, sich für seinen Anteil an der Zerstörung der Weimarer Republik verantworten zu müssen. Eine nicht geringer zu veranschlagende Rolle spielte seine nach dem Ende der von 1919 bis 1923 reichenden Putschzeit erkennbare Abkehr von der Idee eines bewaffneten Umsturzes und die zunehmende Dissoziierung im rechten Lager. Das elitäre Wehrbundkonzept und das von ihm getragene Ideal eines starken Staates jenseits des Parteiengezänks standen der republikanischen Verfassung ebenso fern wie der Strategie der Massenmobilisierung seines zeitweiligen Bundesgenossen und später siegreichen Konkurrenten Hitler, dessen dilettantisch geplantem und inszeniertem Putschversuch Ehrhardt im November 1923 die Unterstützung versagte. Indem er sich weigerte, seine bei Coburg an der bayerisch-thüringischen Grenze für den erwarteten Marsch auf Berlin zusammengezogenen Truppen zu Hitlers Unterstützung nach München zu beordern, machte er den sich rasch vertiefenden Riss sichtbar, der fortan die putschistische von der populistischen Strömung auf seiten der radikalen Rechten trennen sollte. Schon wenige Tage später wurde Ehrhardts Werbung um einen Ausgleich der unterschiedlichen Standpunkte in der Münchener Ludwig-Maximilians-Universität von einer »bis zur Siedehitze erregten Masse völkischer Studenten [...] niedergebrüllt«, wie ein Zeitzeuge berichtete.[27]

Unter Hitler-Anhängern galt Ehrhardt fortan als Verräter. Dass sich diese Entfremdung nicht nur als Gezänk zweier rivalisierender

Warlords des rechtsextremen Flügels des deutschen Illiberalismus abtun lässt, sondern einem auf Dauer nicht überbrückbaren weltanschaulichen Gegensatz entstammte, ist im Schrifttum zum schillernden Begriff oder besser Mythos der »Konservativen Revolution«[28] ebenso wie in der Literatur zum aktionistischen und gewaltverherrlichenden Politikansatz der sogenannten »Nationalrevolutionäre« und ihres »soldatischen Nationalismus« immer wieder dargestellt worden.[29] Ehrhardt selbst, der Hitler einst gegenüber seinem Oberbezirksleiter Karl Tillessen als »widerlichen Volkstribunen« etikettiert hatte[30], fasste sich kürzer, als ihn Wolfgang Venohr 1971 nach seinem Verhältnis zum agitatorischen Plebejertum der NS-Bewegung befragte: »Es ging gegen mein Herrengefühl.«[31]

Im weiteren Verlauf der Weimarer Republik entfernte sich Ehrhardts rechte Sammlungsbewegung immer weiter vom nationalsozialistischen Konzept zur Machteroberung. Er selbst, der im November 1922 in München verhaftet, aber im Juli 1923 aus der Leipziger Untersuchungshaft befreit worden war und sich anschließend ins Ausland abgesetzt hatte, um erst im Herbst 1923 kurzzeitig aus Österreich nach Deutschland zurückzukehren, konnte seinen in der Nachfolge der O.C. gegründeten Bund »Wiking« zunächst nur aus dem Untergrund leiten. Nach seiner Amnestierung 1926 näherte er sich in der späten Weimarer Republik der zunehmend rechtsorientierten Reichspolitik an, ohne sich von seinem Ziel einer gewaltsamen Aufhebung der Weimarer Verfassung gänzlich loszusagen. Durch seine zweite Heirat 1928 vermögend geworden, zog er von München in die Nähe Berlins und erwarb 1932 das überschuldete Gut Kleßen in der Mark Brandenburg, das jahrhundertelang im Besitz der von Bredows gewesen war. Mit Hilfe von Spenden aus Unternehmerkreisen finanzierte er im September 1931 die Gründung des in Opposition zur NSDAP stehenden Bunds »Schwarze Front« seines Vertrauten Otto Straßer (1897-1974) und gründete selbst an der Jahreswende 1931/32 einen neuerlichen Wehrbund unter dem Namen »Die Gefolgschaft«, der sich für »bewußt staatsbejahend« erklärte und zugleich seinen »Anspruch auf die Staatsführung« anmeldete. In diesen Jahren rückte Ehrhardt allmählich in die Position eines wertkonservativen Realpolitikers, der zu zahlreichen Tagesfragen Stellung nahm und sich auch nicht scheute, etwa mit

Blick auf die eigene Herkunft die Werte des Christentums hochzuhalten und das evangelische Pfarrhaus als eine Stätte zu rühmen, »die bescheidene, arbeitsame, an Einfachheit und Selbstzucht gewohnte nationale Menschen hervorbrachte«.[32]

Bemerkenswert viele Gefolgsleute Ehrhardts teilten diese politische Entwicklung und namentlich die elitäre Abgrenzung innerhalb der gegenrevolutionären Rechten über 1933 hinaus. In einem Brief an seine Mutter konnte Ernst von Salomon Ende 1933 »verdammt nur einen Unterschied der Form erblicken zwischen der parlamentarischen und der diktatorischen Form der Demokratie. Ich bin nicht für Herrschaft des Volkes, auf keinem Gebiet, und habe es immer abgelehnt, das Volk zu poussieren. Das war die Haltung der wirklichen Nationalrevolutionäre; darum haben die auch nischt [sic] mehr zu melden heute.«[33] Nur wenige von Ehrhardts Gefolgsleuten wechselten so entschieden die Seite wie der von Klaus Theweleit als Repräsentant des weißen Terrors charakterisierte Manfred von Killinger, der 1929 zum NSDAP-Reichstagabgeordneten und 1933 zum sächsischen Ministerpräsidenten aufstieg, bevor er im Juni 1934 im Zuge der Röhmaffäre entmachtet und kurzzeitig ins KZ verschleppt wurde, um nach seiner Rehabilitierung verschiedene Funktionen im Auswärtigen Dienst unter anderem als Botschafter in der Slowakei und Rumänien auszuüben. Ehrhardts nächststehender Mitarbeiter Hartmut Plaas hingegen bezahlte seine Gegnerschaft zu Hitler mit dem Leben, nachdem er als leitender Mitarbeiter in Hermann Görings Forschungsamt führende Köpfe des deutschen Widerstands von der gegen sie verhängten Telefonüberwachung unterrichtet hatte. Der umtriebige Friedrich Wilhelm Heinz, der seine vordem unbekannt gebliebene Mitwirkung an der Attentatserie der Weimarer Anfangsjahre nach 1933 selbst öffentlich gemacht hatte, paktierte zeitweilig mit dem Nationalsozialismus, bevor er sich zu einem dezidierten Regimekritiker entwickelte und über das Netzwerk der Militäropposition am Rande in das Geschehen des 20. Juli 1944 involviert war.

Während Heinz die Folgezeit bis zum Ende des Dritten Reiches im Untergrund überstand, sollte die Repressionswelle nach dem missglückten Stauffenberg-Attentat auf Hitler am 20. Juli 1944 auch Ehrhardt erfassen, der seine eigene Distanz zur Hitler-Bewegung nach der nationalsozialistischen Machtübernahme zunächst aufgegeben hatte und sich im Zuge der Auflösung aller paramilitärischen Gruppierungen, die nicht der NS-Bewegung entstammten, im Juni 1933 »mit seinem nun wieder als Brigade Ehrhardt firmierenden Wehrverband, dem Reichsführer der SS unterstellt« hatte.[34] Anlässlich der Ehrung der Rathenaumörder auf Burg Saaleck hatte Ehrhardt wenige Wochen später öffentlich das Knie vor »dem Reichskanzler Adolf Hitler, der dem völkischen Gedanken zum Siege verholfen hat«, gebeugt und ihm in einer von Salomon allerdings als provokant doppelbödig empfundenen Rede dafür gedankt, »daß wir heute eine solche Feier begehen können«.[35] Der NSDAP jedoch war Ehrhardt entgegen anderslautenden Meldungen offenbar nicht beigetreten, und seine im November 1933 vorbereitete Beförderung zum SS-Gruppenführer war nicht mehr rechtswirksam geworden, nachdem Himmler von einem in der alten Brigade kultivierten besonderen »Ehrhardt-Geist« in der SS Kenntnis erhalten und daraufhin nicht gezögert hatte, Ehrhardts Verband im Februar 1934 kurzerhand aufzulösen und ihren entmachteten Führer dauerhaft kaltzustellen.

Von diesem Moment an sah sich Hitlers früherer Bundesgenosse und späterer Rivale Ehrhardt vom Subjekt zum Objekt des politischen Geschehens degradiert. Hitlers gleichzeitige Abrechnung mit der SA und dem Hindenburg-Papen-Flügel, der im Sommer 1934 mehrere seiner früheren Gefolgs- und Vertrauensleute zum Opfer fielen, brachte auch Ehrhardt in Gefahr. Vom Landrat des Kreises Westhavelland am 1. Juli 1934 unter Hausarrest auf Ehrenwort gestellt, entging er kurze Zeit später der Verhaftung durch ein nach Gut Kleßen entsandtes SS-Kommando nur durch hastige Flucht in die brandenburgischen Wälder. Ehrhardt schlug sich zunächst »in Nachtmärschen zu Fuß nach Dänemark durch oder setzte sich auf direktem Wege nach Baden in seinen Heimatort ab, um von dort in die Schweiz und später nach Österreich zu gelangen. Exakt rekonstruieren lässt sich der Vorgang nicht mehr, aber für die zweite Version sprechen neben der inneren Wahrscheinlichkeit Erhardts eigenen, wenngleich vielfach unzuverlässigen Angaben in einer eidesstattlichen Erklärung gegenüber dem österreichischen Bund der politisch Verfolgten 1946, in der es heißt: »1934 knapp Ermordung [durch die] SS entkommen [und] über Schweiz nach Oesterreich geflüchtet.«[36]

Nachdem ihm wiederum nach eigenem Bekunden in Verhandlungen mit der Reichsregierung eine »Rückkehrerlaubnis gegen Gelöbnis« erteilt worden war, kehrte Ehrhardt auf sein Gut bei Neuruppin in der Mark Brandenburg zurück[37], siedelte aber kurze Zeit später nach Brunn am Wald in Niederösterreich über, um dort ein Familiengut zu bewirtschaften und sich fortan als »Landwirt« zu bezeichnen. Bereits im Zuge des Anschlusses Österreichs 1938 »vorübergehend verhaftet«[38], wurde Ehrhardt nach dem fehlgeschlagenen Hitler-Attentat des 20. Juli 1944 von der Gestapo Wien festgenommen und von dort erst nach Berlin in das Gestapo-Hausgefängnis in der Prinz-Albrecht-Straße und dann nach Fürstenberg an der Havel verbracht und in demselben Polizeigefängnis inhaftiert, in dem kurz zuvor auch sein früherer Adjutant Hartmut Plaas festgehalten und gefoltert worden war.

Während jedoch Plaas durch die Repression der Gestapo unter nie aufgeklärten Umständen das Leben verlor, überstand Ehrhardt die Haftzeit körperlich unbeschadet und wurde im November 1944 wieder auf freien Fuß gesetzt. Er erlebte den Untergang des NS-Staates in Brunn am Wald, das mit der besatzungsrechtlichen Aufteilung der wiederbegründeten Republik Österreich nach dem Ende des Zweiten Weltkriegs der sowjetischen Zone zuteil. Wohl Anfang Juli 1945 wurde er von der sowjetischen Besatzungsmacht verhaftet und in das Gefängnis in Krems verbracht, was zu einer Intervention des österreichischen Marine-Verbandes bei der neugebildeten österreichischen Regierung führte. In seiner Begründung bildete der Verbandsvorsitzende die Argumentation aus, die den »bekannte(n) Weltkriegs-, spätere(n) Baltikumkämpfer und Freikorpsführer Korvettenkapitän a.D. der Deutschen Kriegsmarine Hermann Ehrhardt« von einem rechten Wegbereiter in einen Widersacher verwandelte und ihm attestierte, »ein erbitterter Gegner« und »leidenschaftlicher Bekämpfer des Nationalsozialismus« zu sein.

Die Angelegenheit schien in Wien wichtig genug, um sie dem sozialdemokratischen Regierungschef Karl Renner persönlich vorzutragen. Aber der in der NS-Zeit unter Hausarrest gestellte und im April 1945 von Stalin mit der Bildung einer Provisorischen Regierung Österreichs beauftragte Renner reagierte abwehrend: »Dem St[aats]kanzler kurz berichtet, der über das, gelinde gesagt, naive Vorbringen den Kopf schüttelte«, hielt ein handschriftlicher Vermerk auf der Eingabe des Marine-Verbandes fest:[39] Bevor sie allerdings einen entsprechenden Bescheid erteilte, suchte sich die Staatskanzlei ihrer Reserviertheit gegenüber Ehrhardts Ansinnen bei allen drei Parteien der von Kommunisten, Sozialisten und Bürgerlichen getragenen Staatsregierung zu vergewissern. Erst als weitere Stellungnahmen Renners Meinung bestätigten, dass eine »Intervention bei den Russen zu Gunsten eines deutschen Baltikumkämpfers [...] doch wohl nicht in Frage (kommt)«, entwarf die Staatskanzlei eine diplomatisch gehaltene Antwort, der nicht zu entnehmen war, ob die ablehnende Haltung der bislang nur in der sowjetischen Besatzungszone handlungsmächtigen Staatsregierung sich mehr auf die Person Ehrhardts oder auf ihre eigene Ohnmacht gegenüber den Besatzern bezog: »In Beantwortung Ihrer Zuschrift [...] bedauert die Staatskanzlei, Amt für die Ausw[ärtigen] Angel[egenheiten], bekannt geben zu müssen, dass sie sich aus naheliegenden Gründen nicht in der Lage sieht, bei den russischen Besatzungsbehörden zu Gunsten des Korvettenkapitäns a. D. der Deutschen Kriegsmarine Hermann Ehrhardt zu intervenieren.«[40]

Ihres diplomatischen Lavierens wurde die österreichische Regierung allerdings bereits kurz darauf enthoben, als der Marine-Verband in einem neuerlichen Schreiben mitteilte, dass Ehrhardt in der Zwischenzeit aus der sowjetischen Haft entlassen und nach Brunn am Wald zurückgekehrt sei. Ehrhardt hingegen blieb der zu seiner Befreiung entwickelten Lesart seiner Biographie als der eines Regimegegners treu, der »nach dem Röhm-Putsch vor den Verfolgungen der Himmler'schen Schergen nach Schweden«[41] hatte fliehen müssen und bis zum Ende des Dritten Reichs Repressalien ausgesetzt blieb. 1946 oder 1947 beantragte er mit einer eidesstattlichen Erklärung die Aufnahme in den österreichischen Bund der politisch Verfolgten. Dieser kommunistisch dominierte und kurzerhand als »KZ-Verband« firmierende Zusammenschluss verschiedener NS-Opfer-Organisationen achtete sorgfältig darauf, dass in seine Reihen nur aufgenommen wurde, »wer den politischen Hintergrund eindeutig nachweisen kann«, um der in Nachkriegsösterreich grassierenden Diffamierung von Regimegegnern als kriminell oder nur rassisch motiviert entgegenzuwirken. Dazu installierte der Verband ein mehrfaches Prüfungsverfahren, um zu sichern, »dass wirklich nur politische KZler und Häftlinge Mitglieder des Bundes sein können«, die obendrein »ein entsprechendes tadelloses Verhalten während der Haftzeit« nachzuweisen hatten.⁴²

Der einstige Brigadeführer vermochte diese strengen Kriterien offenbar zu erfüllen: »Die Angaben Ehrhardts wurden genau überprüft und als richtig befunden«, notierte ein Bearbeiter auf dem Erklärungsformular, in dem der Antragsteller unter »Haftgrund« seine »langjährige Gegnerschaft zur NSDAP« und »Weigerung, der Partei beizutreten« sowie »Freundschaft mit Männern, die 1944 hingerichtet wurden«, vermerkt hatte. Sie »waren hier öfters zu Besuch«, hatte Ehrhardt mit Bezug auf seinen Wohnsitz in Brunn am Wald erläuternd hinzugefügt und dabei zumindest nicht die Unwahrheit gesagt. Wie von Hartmut Plaas in seinem Tagebuch festgehalten, hatte der in Görings Forschungsamt zum Regierungsrat aufgestiegene Ehrhardt-Vertraute auch während des Krieges seine Gewohnheit beibehalten, alle Jahre zu einem mehrwöchigen Jagdausflug von Berlin nach Brunn zu reisen. Inwieweit bei dieser Gelegenheit auch Politisches verhandelt wurde, muss offenbleiben, da Plaas, der das heimliche Mithören zu seinem Beruf gemacht hatte, seinem Diarium nur überaus harmlose Einträge anvertraut und seine Eindrücke vom Zusammensein mit dem als »mordsnett, wie immer« charakterisierten Ehrhardt auf gemeinsame Skat- und Kaffeestunden oder die Erwähnung eines Reitunfalls des »Chefs« beschränkt hatte.⁴³

Nachweislich zutreffend waren auch die Angaben Ehrhardts über seine vierzehneinhalb Wochen andauernde Gestapohaft in Wien, Berlin und Fürstenberg im Sommer und Herbst 1944, während die zwei von ihm angeführten Bürgen über sein »Verhalten in der Haft« auf eine weniger eindeutige Frontstellung zum NS-Regime schließen lassen, als sein Aufnahmeantrag in den KZ-Verband vorgab: Sie waren beide Angehörige der Gestapo und Mitglieder einer nach dem Attentat auf Hitler gebildeten »Sonderkommission 20. Juli« – Ehrhardt hatte seine eigenen Vernehmer als Leumundszeugen für seine Gegnerschaft zum Nationalsozialismus benannt. Im Fall des Kriminalsekretärs Karl Heller, der langjährige Erfahrung als Untersuchungsführer gegen inhaftierte Regimegegner in der Abteilung II A 1 des Geheimen Staatspolizeiamt Berlin vorweisen konnte, wäre eine Nachfrage durch den KZ-Verband allerdings schon 1945 ins Leere gegangen; Heller war kurz nach Kriegsende vom einem Sowjetischen Militärtribunals wegen Waffenbesitzes zum Tode verurteilt und hingerichtet worden.

Über ihm hatte rangmäßig Ehrhardts anderer Zeuge Willy Litzenberg gestanden, der in den mehr als zehn Jahren seiner Dienstzeit in der Gestapo zum Oberregierungsrat aufgestiegen war und als Leiter des Referats »Reaktion und Rechtsopposition« infolge seiner langjährigen Zuständigkeit für Wehrverbände und »österreichische Angelegenheiten« beste Voraussetzungen für die Bearbeitung des Falls Ehrhardt mitbrachte. Ihm war zumindest nominell die in Fürstenberg an der Havel untergebrachte Sonderkommission unterstellt, die sich seit Frühjahr 1944 mit der wachsenden konservativen Opposition gegen Hitler befasste und im Juli Hartmut Plaas zu Tode brachte, und er bekleidete auch in einer weiteren nach dem Stauffenberg-Attentat gebildeten Sonderkommission eine führende Stellung. Unklar bleibt allerdings, wie ausgerechnet ein hochrangiger Gestapomann, der sich von der völligen Unschuld seines Opfers überzeugt hatte, dass er aus den Klauen der nationalsozialistischen Verfolgungsmaschinerie hatte entkommen lassen, nun unter den geänderten Verhältnissen glaubhaft für dessen Gegnerschaft zu Hitler hätte bürgen sollen. Als Ehrhardt gegenüber dem KZ-Verband diesen Gewährsmann namhaft machte, befand Litzenberg, NSDAP-Mitglied seit 1933 und SS-Obersturmbannführer, sich jedenfalls wegen seiner Tätigkeit im innersten Zentrum der nationalsozialistischen Unterdrückungsmaschinerie immer noch in einem amerikanischen Internierungslager.

Als antifaschistischer Leumundszeuge taugte Litzenberg kaum. Wohl aber war er vermutlich es tatsächlich gewesen, der Ehrhardt vor Schlimmerem bewahrt hatte, denn den Vernehmer verband mit seinem Gefangenen eine gemeinsame Vergangenheit: Auch Litzenberg hatte sich nach dem Ersten Weltkrieg einem Freikorps angeschlossen und als Angehöriger der Garde-Kavallerie-Schützendivision den Kapp-Lüttwitz-Putsch mitgemacht, bevor er 1925 in den Polizeidienst eintrat. Dass er seinen Dienst in der Gestapo nicht als Folterknecht, sondern als besonnener Kriminalist und ohne ideologischen Hass versehen habe, stellte die Spruchkammer Regensburg 1948 fest, und dieses Urteil bestätigten nach dem Krieg zahlreiche frühere Gestapo-Häftlinge. Unter ihnen war der spätere Generalinspekteur der Bundeswehr Adolf Heusinger, der als hochrangiger Generalstäbler am 20. Juli 1944 in der Wolfsschanze schwer verletzt und anschließend wegen des Verdachts der Mitwisserschaft von der Gestapo verhaftet, aber wie Ehrhardt nach zwei Monaten wieder freigelassen worden war. Heusinger schrieb später: »Litzenberg hat seinerzeit auch mich bei der Gestapo vernommen. Er hat sich bei dieser Vernehmung [...] ausgesprochen vernünftig benommen und hat in meinem Fall zweifellos wesentlich dazu beigetragen, dass ich aus den Fängen der Gestapo wieder herauskam.« Seine Verschonung vor härterer Behandlung verdankte Heusinger allerdings nicht seiner Unbeugsamkeit gegenüber der Gestapo, sondern vielmehr umgekehrt seiner Bereitschaft zur Kooperation mit der Gestapo. In Absprache mit Litzenberg verfasste er in der Haft ein mehrseitiges Memorandum zur Reorganisierung der Wehrmachtsführung, das über den Dienstweg der Gestapo und der SS ins Führerhauptquartier gelangte und Hitler bei einer Heusinger gewährten Abschiedsaudienz zu ausdrücklichem Dank veranlasste. Heusingers sogenannte Denkschrift wurde vor Kriegsende vernichtet, und auch über die gegen Ehrhardt geführte Untersuchung der Gestapo hat sich kein Aktenniederschlag erhalten. Gleichwohl drängt sich der Schluss auf, dass auch die Freilassung Ehrhardts im selben Untersuchungsverfahren nicht auf dessen nachweisliche Gegnerschaft zum NS-Regime zurückzuführen ist. Vielmehr verdankte sie sich lange zurückreichenden Loyalitätsbindungen aus der Freikorpszeit, die dem Verfolgungsfuror des nationalsozialistischen Repressionsapparates entgegenstanden; und sie verdankte sich eben so sehr der Fähigkeit des »Kapitäns«, alle gegen ihn ins Feld geführten Verdachtsmomente einer noch so vagen Mitwisserschaft oder gar Mitwirkung an gegen Hitlers Herrschaft gerichteten Plänen glaubhaft zerstreuen zu können.

Es bleibt festzuhalten, dass Ehrhardt seine Mitgliedschaft im österreichischen Bund der politisch Verfolgten mit Hilfe biographischer Angaben erreichte, die einer näheren Nachprüfung nicht standgehalten hätten. Aber sie halfen ihm unter der Voraussetzung eines zurückgezogenen Lebens außerhalb der deutschen Grenzen, sich überraschend erfolgreich in den zweiten Aufbau einer demokratischen Gesellschaftsordnung zu integrieren. Anders als etwa

Waldemar Pabst brüstete Ehrhardt sich zu keiner Zeit mit seiner einstigen Republikfeindschaft, sondern beschränkte sein politisches Engagement auf die Mitgliedschaft am 1945 neubegründeten Österreichischen Bauernbund und damit auf die Nähe zur Österreichischen Volkspartei.

Mit sehr zwiespältigen Empfindungen mag Ehrhardt zur Kenntnis genommen haben, dass Ernst von Salomon die bereits 1930 in den »Geächteten« geschilderte Attentatsserie von 1921/22 nach dem Zweiten Weltkrieg noch einmal aufnahm und in ein autobiographisches Epos einwob, das wegen seiner aufreizend zynischen Werterelativierung von der literarischen Kritik ebenso verrissen wie vom Publikum begeistert aufgenommen wurde. Der redselige Salomon stellte für seinen schweigsamen »Kapitän« wohl schon vor 1933 eine *persona non grata* dar und blieb es trotz einzelner im »Fragebogen« geschilderter Begegnungen auch danach. Zu Ehrhardts runden Geburtstagen wurde er nicht eingeladen, und Kontakt zu ihm unterhielt lediglich ein im Weingeschäft tätiger Sohn Ehrhardts. Gleichwohl entlastete Salomons anekdotengefütterter Jahrhundertroman, der das Schweigen der Nachkriegszeit durchbrach, ohne Anklage zu erheben, auch Ehrhardt nach Kräften. Er verwandelte dessen Verantwortung für den putschistischen Angriff seines paramilitärischen Verbandes auf die frühe Weimarer Republik in die ohnmächtige Empörung eines von den eigenen Leuten überspielten Brigadeführers und die Organisation Consul wahlweise in einen überaus losen Zusammenschluss verstreuter Ehrhardt-Anhänger oder in einen Teil der unter den Bedingungen des Versailler Vertrags klandestin neugebildeten Abwehr.

Ehrhardt selbst hingegen widerstand unter Berufung auf die Vernichtung vieler Unterlagen im Gefolge der sowjetischen Besetzung seines Hauses 1945 und sein altersbedingtes Unbehagen, »irgendwie in Erscheinung zu treten«, allen Verlockungen, dem von Salomon gezeichneten Bild eigene Züge hinzuzufügen. Eine briefliche Anfrage des Zeithistorikers Johannes Erger zu seiner Rolle im Kapp-Lüttwitz-Putsch allerdings beantwortete er 1958 mit Einlassungen, die seine gänzlich ungebrochene Verbundenheit mit einem auf Gewalt und Terror setzenden Politikstil zum Ausdruck brachten. Die Monarchie sei für ihn in dem Moment erledigt gewesen, in dem Kaiser und Kronprinz 1918 davor zurückgeschreckt waren, »mit ein paar Garderegimentern nach Berlin zu reiten und das rote Pack niederzuschlagen«, schrieb Ehrhardt auch nach vierzig Jahren und zwei historischen Umbrüchen nicht weniger unbeirrt wie ehedem; er persönlich jedenfalls »wäre durchaus bereit gewesen, an dem Aufbau einer geordneten und starken Republik mitzuarbeiten«. Welche Stärke diese Republik hätte besitzen sollen und auf welchen Fundamenten sie gegründet worden wäre, illustrierte Ehrhardt an seiner Haltung zu dem von ihm mitgetragenen Märzputsch 1920. Dessen schmählichen Ausgang führte er auf die ihm unverständliche Weigerung von Ludendorff und Lüttwitz zurück, »die ganze Gesellschaft zu verhaften und nötigenfalls die Rädelsführer zu erschießen«, als sich unter den Putschisten Zweifel und Mutlosigkeit ausbreiteten.[44] »Das Unternehmen ist nur politisch gescheitert. Militärisch hatte ich Berlin fest in der Hand«, bilanzierte der 1920 im Selbstverständnis nur vom Unvermögen dilettierender Zivilisten aufgehaltene Putschist, der auch den Generalstreik, der Kapps Unternehmen rasch zusammenbrechen ließ, als nachrangig abtat: »Die Truppen und die Polizei hatten genug zu essen, Lebensmittel waren sehr knapp und die alte Regierung mit den Gewerkschaften, die den Streik veranlaßten, hätten bald gehungert und den Streik abgeblasen. Aber auch da hatte man nicht die erforderliche Härte.«[45]

Gewalt als Essenz des Politischen, so lautete die Einstellung von Ehrhardts Truppen im Kampf gegen die Weimarer Republik, und das rücksichtslose Kalkül mit Tod und Terror blieb auch in den Folgejahren ihr wichtigstes Kapital. »Man kann keine Revolution machen und dabei die gefährlichsten Gegner am Leben lassen, wenn man sie nicht anderweitig kalt stellen [sic!] kann.«[46] Mit dieser Maxime umriss der 76-jährige Putschpolitiker Hermann Ehrhardt im Rückblick das politische Credo eines zeitweilig geschichtsmächtigen Flügels des rechtsgerichteten Kampfes gegen die erste deutsche Demokratie, der infolge der ihn nach 1923 rasch überflügelnden NS-Bewegung und dank seiner erfolgreichen späteren Selbstverharmlosung zu Unrecht aus dem Blick der Geschichte geschwunden ist.

Zur Erklärung der mit dem Weimarer Rechtsputschismus verbundenen Gewaltkultur sind unterschiedliche Deutungen in Betracht gezogen worden. Eine nicht zu unterschätzende Bedeutung kommt sicherlich der gesamtgesellschaftlichen Erfahrung von vier Jahren Krieg und Bedrohung zu. Sie hatte den Wert des menschlichen Lebens in einer Weise herabgemindert und zu einer Verrohung des gesellschaftlichen Umgangs geführt, wie sie in der Welt vor 1914 schlechterdings nicht vorstellbar war. Es wäre gleichwohl kurzschlüssig, die vier Jahre währende Alltagspräsenz von Tod und Zerstörung unmittelbar als entscheidenden Motor der Nachkriegsgewalt zu deuten. Dagegen spricht schon die andersartige Entwicklung in den Siegerländern, die nach 1918 wie in Frankreich, England und in den USA zu einem zivilen Zusammenleben zurückfanden. Auch verlief die deutsche Novemberrevolution dezidiert friedlich; die Frontsoldaten sammelten sich in den Tagen des Umsturzes unter dem Aufruf »Brüder! Nicht schießen!«, und sie suchten in ihrer großen Mehrheit alles andere als die Fortsetzung ihrer oft traumatischen Gewalterfahrung. Sehr viel stärker als die Frontgeneration sollte sich in der Zwischenkriegszeit die Kriegsjugendgeneration für die Faszination der Gewalt empfänglich zeigen – schon beim Rathenaumord bildeten Gymnasiasten und Lehrlinge das Reservoir der begeisterten Helfershelfer hinter den Haupttätern und Weltkriegsoffizieren Kern und Fischer.

Einen zusätzlichen Gewaltbeschleuniger bildeten die Nachkriegskämpfe. Wenn »am Anfang die Gewalt war«, um einen jüngeren Interpretationsansatz aufzunehmen[47], bezieht sich dies auf die ungeheure Brutalität, mit der von beiden Seiten für oder gegen die neue Ordnung von Weimar gekämpft wurde. In diesen Kämpfen bildete sich mit den Freikorps, Einwohnerwehren und Wehrverbänden ein besonderes Milieu der sozialen Militarisierung deklassierter und entwurzelter Bürgersöhne heraus, das einen förmlichen Gewaltkult ausprägte, wie Klaus Theweleit in plastischer Eindrücklichkeit geschildert hat.[48] Man muss seinem sozialpsychologischen Deutungskonzept der emotionalen Verstümmelung einer fragilen Männlichkeit im soldatischen Körperpanzer nicht folgen, um eine förmliche Anbetung der Gewalt nicht nur in den sadistischen Freikorpsmoritaten Manfred von Killingers[49], sondern auch in der auf den Einsatz umstürzender Gewalt fokussierten Putschpolitik Hermann Ehrhardts zu erkennen.

Dass diese Gewaltbereitschaft sich mit der »Welle von rechts«, die Ernst Troeltsch schon im Dezember 1919 diagnostizierte[50], so rasch und vehement ausbreiten konnte, stand zudem in unmittelbarer Verbindung mit dem von den Deutschen als Katastrophe empfundenen militärischen Zusammenbruch im Oktober 1918, der das geschrumpfte Verliererland um seinen weltpolitischen Rang gebracht, die wirtschaftliche Lage des Mittelstandes durch die erst schleichende und dann galoppierende Inflation drastisch verschlechtert und die vierjährige Hingabe von Leib und Leben an den Krieg zu einer sinnlosen Fehlinvestition gemacht hatte. Der abrupte Sturz von der Siegesgewissheit in eine unverstandene und nachhaltige Niederlage schürte die unheilvolle gesellschaftliche Disposition zu Nationalismus, Rassismus und Antisemitismus immer weiter, die bereits während des Krieges parallel zu den schwindenden Siegesaussichten gewachsen war. Sündenbocksuche und Bolschewistenfurcht, Verschwörungsmythen und Judenhass bildeten auch in der Attentatsserie von 1921/22 für die Gewaltakteure wie für Teile der Öffentlichkeit ein plausibles Framing, und sie flossen in einer aggressiven Republikfeindlichkeit zusammen, die die Bekämpfung liberaler wie sozialistischer und kommunistischer Bestrebungen als Eintreten für das eigentliche Staatswohl zu lesen erlaubte.

100 Jahre später und namentlich befeuert durch die Ermordung des Kasseler Regierungspräsidenten Walter Lübcke 2019 und die Mordserie des »Nationalsozialistischen Untergrunds«, der zwischen 2000 und 2007 zehn Menschen zum Opfer fielen und in der weitere 43 verletzt wurden, stellt sich die Frage nach der Kontinuität der rechtsterroristischen Gewaltgeschichte über die Zäsur von 1945 hinweg bis in die Gegenwart mit neuer Nachdrücklichkeit. Tatsächlich zieht sich eine markante Terrorspur durch die Geschichte der Bundesrepublik. Sie reicht von den Werwolf-Kommandos des untergehenden NS-Staates über die Wiking-Jugend und verschiedene Wehrsportgruppen der Nachkriegszeit bis zu den Einzeltätern, die 1968 den Anschlag auf Rudi Dutschke verübten, 1980 das 13 Menschen tötende Oktoberfest-Attentat begingen und im selben Jahr den jüdischen Verleger Shlomo Lewin umbrachten. Rechtsradikale schossen auf der Suche nach dem linksstehenden Politiker Gregor Gysi 1997 einen Buchhändler nieder und löschten 2003 eine ganze Rechtsanwaltsfamilie aus, bevor noch die Angriffe auf die Kölner Oberbürgermeisterin Henriette Reker 2015, auf das Olympia-Einkaufszentrum in München 2016 sowie die Anschläge

von Hanau 2019 und Halle 2020 grell beleuchteten, dass die Serie rechtsterroristischer Gewalttaten auch in der Bundesrepublik nie abgerissen ist.

Die Übereinstimmungen sind offenkundig: Alle genannten Terrorakte richteten sich gegen verhasste Minderheiten und entsprangen rassistischen und rechtsextremen Weltbildern. Hinter ihnen standen in vielen Fällen im Untergrund arbeitende Netzwerke, die im Falle der Wehrsportgruppe Hoffmann und anderer Terrorzellen umfassende Waffen- und Munitionsdepots angelegt hatten. Und die Anschläge wurzelten regelmäßig in einem politischen Tatumfeld, das durch rechtsradikale Parteien wie die NPD und durch die Geltungskraft tatmotivierender Verschwörungsideologeme geprägt war.

Zugleich sind aber auch die Differenzen nicht zu übersehen, und sie drängen dazu, äußere Kontinuität nicht mit innerer Bruchlosigkeit zu verwechseln. Die angegriffenen oder überhaupt erst ausgespähten Opfer der Attentatsserie von 1921/22 waren als Minister, Reichskanzler und Reichspräsident ausschließlich führende Repräsentanten der Weimarer Republik. Die rechtsextremen Anschläge der Bonner wie der Berliner Republik dagegen betrafen überwiegend soziale und kulturelle Randgruppen oder richteten sich gegen eine unbestimmte Menschenmenge, wenngleich die Angriffe auf Dutschke, Reker und Lübcke, aber auch auf Wolfgang Schäuble und Oskar Lafontaine bedeutsame Ausnahmen bilden. Deutlicher noch unterscheiden sich die Täterprofile. Anders als die Gewaltakteure nach 1945 entstammten die Attentäter der O.C. überwiegend gutbürgerlichen Milieus. Ihre Väter waren Kunstmaler, Museumsdirektoren, Professoren und Kriminalbeamte; Ehrhardt selbst wuchs in einem evangelischen Pfarrhaus auf. Seine Mitverschwörer machten in späteren Jahren nicht nur wie Manfred von Killinger als Ministerpräsident und Botschafter im NS-Staat Karriere, sondern stiegen mit Ernst von Salomon, Friedrich Wilhelm Heinz oder Franz Maria Liedig zum Erfolgsautor, Nachrichtendienstchef und CSU-Mitgründer auf. Freilich bleibt auch hier eine differenzierende Betrachtung geboten: Für die beiden Mörder Erzbergers trifft dieses biographische Karrieremuster nicht zu; sie blieben auch nach ihrer Rückkehr aus dem Exil sowohl im Dritten Reich Außenseiter wie auch nach ihrer Amnestierung in der Bundesrepublik.

Dramatisch unterschiedlich präsentiert sich in jedem Fall aber der kulturelle und politische Kontext. Der Rechtsterror in der Bundesrepublik legte fortbestehende Dispositive der Ausgrenzung bloß, aber er spaltete die Gesellschaft nicht. Der Rathenaumord hingegen drängte den grassierenden Antisemitismus nur vordergründig und kurzzeitig zurück, und nach dem Erzbergermord applaudierte ein beträchtlicher Teil der Zeitgenossen vom nationalkonservativen Milieu bis in die Mitte der Gesellschaft sogar in ungenierter Schadenfreude. Heute undenkbare Zwiespältigkeit prägt auch die politische und juristische Aufarbeitung der verbrecherischen Anschläge: Die illegale Aufrüstung des Weimarer 100.000-Mann-Heeres mit Hilfe der Schwarzen Reichswehr brachte es mit sich, dass die O. C. mit ihren Waffenschiebungen und mit der Wahrnehmung nachrichtendienstlicher Aufgaben in einer Grauzone zwischen öffentlicher Distanzierung und heimlicher Billigung operierte, ja sich dem Zeugnis Salomons zufolge als Teil der im Versailler Vertrag verbotenen Abwehr verstand. Dies führte zu der grotesken Situation, dass die vor dem Staatsgerichtshof Angeklagten sich erfolgreich als Interessenwahrer des Reichs inszenieren konnten und fallweise unwidersprochen den Ausschluss der Öffentlichkeit beantragten, sobald sie vorgaben, dass ihre Aussagen außenpolitische Probleme nach sich ziehen könnten. Indem sie durchblicken ließen, dass ihre Enthüllungen das Reich auf dem sensiblen Feld der illegalen Aufrüstung und der Schwarzen Reichswehr in schwere Bedrängnis bringen könnten, hatten sie eine Waffe in der Hand, die ihnen in allen Attentatsprozessen die Regie über das Verfahren verschaffte. Schon im Zuge der Ermittlungen in der Mordsache Erzberger hatte Ehrhardts Stellvertreter Alfred Hoffmann nach seiner Verhaftung eine Entlastungsstragegie verfolgt, die brisanter nicht hätte sein können: Da die Reichsregierung zum Schutz Oberschlesiens »die Verpflegung und Besoldung des Selbstschutzes übernommen hatte und sie doch auch eine beträchtliche Summe in dieser Beziehung für unsere Gruppen ausgegeben hatte, muss ich daraus schliessen, dass sie auf diesem Wege Kenntnis von dem Vorhandensein unserer Organisation hatte und sie auch anerkannte.«[51]

Hoffmanns Vorbringen war nicht aus der Luft gegriffen, wie sich in der weiteren Untersuchung rasch herausstellte. Ein um Aufklärung ersuchter Vertreter des Auswärtigen Amts räumte gewunden ein, dass die Reichsregierung tatsächlich verdeckte Verbindungen zu paramilitärischen Organisationen im Lande und darunter auch zu »ehem[aligen] Angehörigen der ehemaligen Marinebrigade« geknüpft habe: »Auch die Reichsregierung hatte keine Veranlassung, ihrerseits diese Bereitwilligkeit weiter Kreise[,] dem bedrängten Oberschlesien zu Hilfe zu kommen, zu unterdrücken.« Auf die Frage, ob das Reich solche Bestrebungen auch selbst unterstützt hatte, erwiderte der einvernommen Legationsrat knapp: »Hierüber bin ich aus dienstlichen Gründen nicht in der Lage, Angaben zu machen.«[52]

Dessen bedurfte es allerdings auch gar nicht mehr, um die Offenburger Staatsanwaltschaft darüber aufzuklären, wieviel außenpolitischer Sprengstoff mit der Enttarnung der O.C. verbunden war – es ging um nicht weniger als um die Gefahr, dass das Deutsche Reich eines Bruchs der Versailler Vertragsbestimmungen überführt werden und damit namentlich Frankreich willkommenen Anlass zu einem militärischen Eingreifen bieten würde. Bereits im Oktober 1921 hatte Reichskanzler Wirth bei einer Besprechung in der Reichskanzlei ausgeführt, dass die Reichsregierung alles Interesse an einer restlosen Aufklärung der Angelegenheit (!) habe. Es bestehe jedoch aus außenpolitischen Rücksichten der Wunsch, »dass Aufzeichnungen über die Verwendung von Geldern für den Selbstschutz in den Akten nicht erscheinen sollten«.[53] Der Karlsruher Generalstaatsanwalt wurde daraufhin vom badischen Staatspräsidenten beauftragt, »dem Herrn Reichskanzler zu berichten, wenn die Untersuchung Umstände ergibt, die für die Aussenpolitik des Reiches von Bedeutung sein können[,] und ihm Abschriften von in dieser Richtung wichtigen Aussagen vorzulegen«.[54] Die auf diese Weise zutage getretene geheime Aufrüstung des Reichs mit Hilfe paramilitärischer Wehrverbände, die die deutsche Führung außen- wie innenpolitisch angreifbar machte, bietet nicht nur eine Erklärung für die skandalös verschleppte Aufarbeitung der O.C. und ihrer Verbrechen, sondern markiert auch einen eklatanten Unterschied zum Umgang mit dem Rechtsterrorismus nach 1945, dem die Bundesrepublik sehr viel entschiedener als ihre Weimarer Vorgängerin und frei von jedem Verstrickungsverdacht entgegentreten konnte.

Gegen eine Überdehnung der Kontinuitätsthese spricht schließlich, dass das Gewaltverständnis der Weimarer Rechtsputschisten keineswegs bruchlos in das Dritte Reich führte. Vergleichsweise wenige von ihnen schlossen sich vor oder nach 1933 der NS-Bewegung an, und diejenigen, die es taten, wurden teils bereits im Zuge der mit dem Namen Röhm verbundenen Säuberungswelle 1934 ausgeschaltet oder verharrten im NS-Staat in innerer Distanz. Vereinzelt schlossen sie sich sogar dem Widerstand an und passten sich im Überlebensfall angesichts ihrer brandmarkenden Vergangenheit nach 1945 überraschend vorbehaltlos in die neue Ordnung ein. Dass den Mördern Erzbergers diese Integration nicht gelang, spricht nicht gegen diese Argumentation. Im Gegenteil: Sie blieben Außenseiter, weil sie mit der Bürde ihrer Schuld nicht fertigwurden und zumindest im Falle Heinrich Tillessens wohl auch nicht fertigwerden wollten. Und selbst Ernst von Salomon bekannte wenige Wochen vor seinem Tod, dass ihn der Gedanke an das von ihm verübte Verbrechen keinen einzigen Tag seines Lebens mehr losgelassen hatte, und dieses Empfinden prägte seine beiden autobiographischen Bücher »Die Geächteten« und »Der Fragebogen«, die nicht Erzberger, wohl aber Rathenau zu einer Gestalt fast mythischer Größe erheben: »Dieser Mann ist Hoffnung«, lässt Salomon den späteren Mordschützen vor dem Anschlag sagten. »In seine Hand ist mehr gelegt, als je in eine Hand seit dem November 18. [...] Aber wenn dieser Mann dem Volke noch einmal einen Glauben schenkte, [...] das ertrüge ich nicht.«[55]

So schwülstig Salomon hier aus dem Munde Erwin Kerns einen Politiker rühmt, den die O.C. zu töten sich anschickte, so kühl stand der eigentliche Kopf der Weimarer Mordserie zu der Gewalt, die die Essenz seiner kurzzeitigen Machtstellung in der frühen Weimarer Republik war. Zumindest sein Gewaltverständnis war nicht exzessiv, sondern funktional begründet und reichte hinter die Weimarer Republik zurück. Der 1899 in die Marine eingetretene und 1902 zum Leutnant zur See beförderte Ehrhardt hatte sich im Januar 1904 zum Marine-Expeditionskorps gemeldet, das die deutsche Kolonialmacht im Kampf gegen den Herero-Aufstand in Deutsch-Südwestafrika unterstützen sollte. Er nahm an der Schlacht am Waterberg im August 1904 ebenso teil wie am Nachstoß in die Wüste Omaheke, der die Hereros von allen Wasserquellen abschnitt und zu einem qualvollen Dursttod verurteilte. Dieses barbarische Geschehen beschrieb Ehrhardt im Nachhinein in einer Mischung aus Mitgefühl und Härte, die keinen ausgeprägten Rassismus erkennen ließ, sondern im Gegenteil der Kampfkraft und Tapferkeit des Gegners ausdrücklichen Respekt zollte. Aber sie duldete zugleich keinen Zweifel an der Legitimität des eigenen Tuns und erlaubte Ehrhardt noch fast siebzig Jahre später, auf die Frage nach dem Schicksal der gefangengenommenen Herero ungerührt zu konstatieren, dass sie »normalerweise [...] erschossen oder aufgehängt« wurden.[56]

Mehr noch als der spätere Seekrieg gegen England hatte der Kolonialkrieg in Afrika den Erfahrungshorizont modelliert, aus dem heraus sich Ehrhardts späteres Handeln als Freikorpsführer ableitete. Es war bestimmt von Durchhaltevermögen und Bedürfnislosigkeit bei operativer Selbstständigkeit auf der Grundlage einer charismatischen Bindung von Offizier und Mannschaft, und es war ebenso bestimmt vom Glauben an die Überlegenheit entschlossenen Führerverhaltens und die Durchschlagskraft rücksichtsloser Gewaltausübung. Im Vernichtungskrieg gegen die Herero hatte Ehrhardt die Effektivität der entgrenzten Gewalt zum politischen Programm zu erheben gelernt, ohne sie jedoch zum rauschhaft erlebten und ideologisch verstärkten Selbstzweck zu machen. Der gegenrevolutionäre Terror der O.C. und ihres lenkenden Kopfes Hermann Ehrhardt, dem am 26. August 1921 Matthias Erzberger und am 24. Juni 1922 Walther Rathenau zum Opfer fielen, war weniger von flammendem Hass als von kalter Gleichgültigkeit gegenüber dem menschlichen Leben getragen. So ergibt sich am Ende ein ambivalentes Fazit: Die vom Weimarer Rechtsputschismus gelegte Spur der Gewalt reichte weit über 1921/22 hinaus, aber in einer ungebrochenen Kontinuitätslinie zum Rechtsterrorismus nach 1945 steht sie nicht.

Anhang

Abkürzungen

AA	Auswärtiges Amt
ADAP	Akten zur deutschen auswärtigen Politik
AdR	Akten der Reichskanzlei
ASD	Archiv der sozialen Demokratie, Bonn
BArch	Bundesarchiv Koblenz/Berlin
BayHStA	Bayerisches Hauptstaatsarchiv
BayStA	Bayerisches Staatsarchiv
BDC	Berlin Document Center
CV	Centralverein deutscher Staatsbürger jüdischen Glaubens
DLitM	Deutsches Literaturarchiv Marbach
DÖW	Dokumentationsarchiv des Österreichischen Widerstandes
DVSTB	Deutschvölkischer Schutz- und Trutzbund
HStA	Hauptstaatsarchiv
IfZ	Institut für Zeitgeschichte, München
LAB	Landesarchiv Berlin
LG	Landgericht
MdI	Ministerium des Innern
NL	Nachlass
NSU	Nationalsozialistischer Untergrund
ORA	Oberreichsanwalt
PA/AA	Politisches Archiv des Auswärtigen Amtes, Bonn
PA/AA, Rathenau-Prozess	PA/AA, Presse-Abteilung, Deutschland 9, Rathenau-Prozess, Bd. 2
RA	Rechtsanwalt
RKO	Reichskommissar für Überwachung der öffentlichen Ordnung
RMI	Reichsminister des Innern
RMJ	Reichsminister der Justiz
StAF	Staatsarchiv Freiburg
StaL	Sächsisches Staatsarchiv Leipzig
VfZ	Vierteljahrshefte für Zeitgeschichte
ZASM	Zentrum für die Aufbewahrung historisch-dokumentarischer Sammlungen Moskau

Zitatnachweise

ADAP
Akten zur deutschen auswärtigen Politik 1918-1945, Serie A: 1918-1925, Bd. 6, 1. März bis 31. Dezember 1922, Göttingen 1988
AdR, Die Kabinette Wirth I und II
Akten der Reichskanzlei, Weimarer Republik, hg. für die Historische Kommission bei der Bayerischen Akademie der Wissenschaften von Karl Dietrich Erdmann: Die Kabinette Wirth I und II, 10. Mai 1921 bis 26. Oktober 1921, 26. Oktober 1921 bis 22. November 1922, Band 1 u. 2, bearbeitet von Ingrid Schulze-Bidlingmaier, Boppard 1973
Ahrens, Erinnerung an Walther Rathenau
Georg Ahrens, Erinnerung an Walther Rathenau. Vortragsmanuskript, 30. 6. 1947
Anonymus, Genua. III
Anonymus, Genua. III., in: Der Wiking, 2. Jg., Nr. 8, 1. 6. 1922
Anonymus, Minister Rathenau
Anonymus, Minister Rathenau, in: Der Wiking, 2. Jg., Nr. 1, 15. 2. 1922
Bailer, Der KZ-Verband
Brigitte Bailer, Der KZ-Verband. Informationen zu einer wesentlichen Quelle des Projektes der Namentlichen Erfassung der Opfer der politischen Verfolgung, in: Dokumentationsarchiv des österreichischen Widerstandes (Hg.), Jahrbuch 2007, S. 36-39
Blome, Arzt im Kampf
Kurt Blome, Arzt im Kampf, Leipzig 1942
Brammer, Das politische Ergebnis
Karl Brammer, Das politische Ergebnis des Rathenau-Prozesses, Berlin 1924
Breuer, Die »Konservative Revolution«
Stefan Breuer, Die »Konservative Revolution« – Kritik eines Mythos, in: Politische Vierteljahresschrift, 31, 1990, Heft 4, S. 585-607
Breuer, Die radikale Rechte
Stefan Breuer, Die radikale Rechte in Deutschland 1871-1945, Stuttgart 2010
Brigade Ehrhardt
Brigade Ehrhardt in der NSDAP, in: Vossische Zeitung, 28.6.1933
Brod, Kafka
Max Brod, Franz Kafka. Eine Freundschaft, hg. v. Malcolm Pasley, Frankfurt a. M. 1989

Ebermayer, Fünfzig Jahre Dienst am Recht
  Ludwig Ebermayer, Fünfzig Jahre Dienst am Recht. Erinnerungen eines Juristen, Leipzig/Zürich 1930
Eggebrecht, Der halbe Weg
  Axel Eggebrecht, Der halbe Weg, Reinbek bei Hamburg 1981
Ehrhardt, Zum Sieben war keine Zeit
  Hermann Ehrhardt, Zum Sieben war keine Zeit, in: Kristall Nr. 5, Januar 1963
Epstein, Matthias Erzberger
  Klaus Epstein, Matthias Erzberger und das Dilemma der deutschen Demokratie, Frankfurt a. M./Berlin 1962
Federn-Kohlhaas, Walther Rathenau
  Etta Federn-Kohlhaas, Walther Rathenau. Sein Leben und Wirken, Dresden 1927
Frank, »Höre Israel!«
  Walter Frank, »Höre Israel!«. Studien zur modernen Judenfrage, Hamburg ²1942
Freksa, Ehrhardt
  Freksa, Friedrich (Hg.), Kapitän Ehrhardt. Abenteuer und Schicksale. Nacherzählt von xxx, Berlin 1924
Fröhlich, Soldat ohne Befehl
  Gregor Fröhlich, Soldat ohne Befehl. Ernst von Salomon und der Soldatische Nationalismus, Paderborn 2008.
Gedenken an Kern und Fischer
  Gedenken an Kern und Fischer. Aufmarsch von 4200 SS-Leuten in Saaleck, in: Naumburger Tageblatt, 17.7.1933, 1. Beilage
Gebhardt, Der Fall
  Cord Gebhardt, Der Fall des Erzberger-Mörders Heinrich Tillessen, Tübingen 1995.
Gegen den politischen Mord!
  Reichstagssitzung vom 25. Juni 1922, Berlin 1922
Gerlach, Von rechts nach links
  Hellmut von Gerlach, Von rechts nach links, Zürich 1937
Gestorben – Hermann Ehrhardt
  Gestorben – Hermann Ehrhardt (89), in: Der Spiegel 43/1971, S. 212
Goldschmidt, Der alte und der junge Rathenau
  Alfons Goldschmidt, Der alte und der junge Rathenau, in: Zeit im Bild, 27.8.1912
Goldschmidt, Retter Rathenau
  Alfons Goldschmidt, Retter Rathenau, in: Die Weltbühne vom 17.10.1918, S. 732 ff.

Großmann, Hardenprozeß
Stefan Großmann, Hardenprozeß, in: Das Tage-Buch, 16. 12. 1922, S. 1726 f.
Hartung, Freikorps-Kapitän Ehrhardt
Hugo Hartung, Freikorps-Kapitän Ehrhardt. Leserbrief, in: Frankfurter Allgemeine Zeitung, 4.2.1972
Heinz, Die Nation greift an
Friedrich Wilhelm Heinz, Die Nation greift an. Geschichte und Kritik des soldatischen Nationalismus, Berlin 1933
Heinz, Politische Attentate in Deutschland
Friedrich Wilhelm Heinz, Politische Attentate in Deutschland, in: Deutscher Aufstand. Die Revolution des Nachkriegs, hg. von Curt Hotzel, Stuttgart 1934, S. 190-210
Heinz, Sprengstoff
Friedrich Wilhelm Heinz, Sprengstoff, Berlin 1930
Helfferich, Deutschlands Not
Karl Helfferich, Deutschlands Not. Reichstagsrede, gehalten am 23. Juni 1922, Berlin 1922
Heydeloff, Staranwalt der Rechtsextremisten
Rudolf Heydeloff, Staranwalt der Rechtsextremisten. Walter Luetgebrune in der Weimarer Republik, in: VfZ, 32. Jg. 1984, S. 373-421
Hoegner, Die verratene Republik
Wilhelm Hoegner, Die verratene Republik. Deutsche Geschichte 1919-1933, Neuausgabe München 1979
Horkenbach, Das Deutsche Reich
Cuno Horkenbach (Hg.), Das Deutsche Reich von 1918 bis heute, Berlin 1930
Hottenrott, Offener Brief
Hans Hottenrott, Offener Brief an Herrn Dr. Walter Rathenau, in: Mitteldeutsche Presse, 1. 3. 1922
»Ich ließ Rosa Luxemburg richten«,
»Ich ließ Rosa Luxemburg richten«, in: Der Spiegel 16/1962, 17.4.1962
Jasper, Schutz der Republik
Gotthard Jasper, Der Schutz der Republik. Studien zur staatlichen Sicherung der Weimarer Republik 1922-1930, Tübingen 1963
Jones, Am Anfang war Gewalt
Mark Jones, Am Anfang war Gewalt. Die deutsche Revolution von 1918/19 und der Beginn der Weimarer Republik, Berlin/München 2017
Kerr, Erinnerungen
Alfred Kerr, Walther Rathenau. Erinnerungen eines Freundes, Amsterdam 1935

Kerr, Walther Rathenau
   Alfred Kerr, Walther Rathenau, in: Pan, 19. 9. 1912
Kessler, Tagebücher
   Wolfgang Pfeiffer-Belli (Hg.), Harry Graf Kessler. Tagebücher 1918-1937, Frankfurt a.M. 1961
Kessler, Walther Rathenau
   Harry Graf Kessler, Walther Rathenau. Sein Leben und sein Werk. Mit einem Kommentar von Hans Fürstenberg, Neuausgabe hg. von Cornelia Blasberg und Gerhard Schuster, Frankfurt a.M. 1988
Knauß, Der Gießener Fememordprozeß
   Erwin Knauß, Der Gießener Fememordprozeß von 1927, in: Archiv für hessische Geschichte und Altertumskunde, Neue Folge, 32. Bd., Darmstadt 1974, S. 111-158
Koster, Hermann Ehrhardt
   John Koster, Hermann Ehrhardt. The Man Hitler Wasn't, Portland/Oregon 2018
Krüger, Die Brigade Ehrhardt
   Gabriele Krüger, Die Brigade Ehrhardt, Hamburg 1971
Lambach, Diktator Rathenau
   Walther Lambach, Diktator Rathenau, Hamburg/Leipzig ²1918
Lemmer, Manches war doch anders
   Ernst Lemmer, Manches war doch anders, Frankfurt a.M. 1968
Mann, Von Deutscher Republik
   Thomas Mann, Von Deutscher Republik. Rede, gehalten am 15.10.1922 in Berlin, in: ders., Politische Schriften und Reden, hg. v. Hans Bürgin, Bd. 2, Frankfurt a.M./Hamburg 1968, S. 100-130
Meinecke, Der Geist der akademischen Jugend
   Friedrich Meinecke, Der Geist der akademischen Jugend in Deutschland. Zur Erklärung der psychologischen Ursachen des Rathenau-Mordes, in: ders., Politische Schriften und Reden, hg. u. eingel. v. Georg Kotowski, Darmstadt ⁴1979, S. 338-343
Meinl, Nationalsozialisten
   Susanne Meinl, Nationalsozialisten gegen Hitler. Die nationalrevolutionäre Opposition um Friedrich Wilhelm Heinz, Berlin 2000
NL Plaas
   Nachlass Hartmut Plaas, Memmingen
NL Salomon
   Nachlass Ernst von Salomon, Stöckte über Winsen a.d. Luhe
Rathenau, Apologie
   Walther Rathenau, Kritik der dreifachen Revolution. Apologie, Berlin 1919
Rathenau, Briefe
   Walther Rathenau, Briefe, Zwei Bände, Dresden 1927

Rathenau, Der Kaiser
    Walther Rathenau, Der Kaiser, in: ders., Schriften aus Kriegs- und Nachkriegszeit, Berlin 1929, S. 283-338
Rathenau, Ein dunkler Tag
    Walther Rathenau, Ein dunkler Tag, in: Vossische Zeitung, 7. 10. 1918
Rathenau, Hauptwerke und Gespräche
    Walther Rathenau, Hauptwerke und Gespräche, hg. von Ernst Schulin, (Walther-Rathenau-Gesamtausgabe, Bd. II) München/Heidelberg 1977
Rathenau, Höre, Israel!
    Walther Rathenau, Höre, Israel!, Leipzig ^{4}1902
Rathenau, Politische Briefe
    Walther Rathenau, Politische Briefe, Dresden 1929
Rathenau, »Schicksalsspiel«
    Walther Rathenau, »Schicksalsspiel«, in: ders., Schriften aus Kriegs- und Nachkriegszeit, Berlin 1929, S. 459-469
Rathenau, Staat und Judentum
    Walther Rathenau, Staat und Judentum. Eine Polemik, in: ders., Gesammelte Schriften, Bd. 1, S. 183-207
Rathenau, Tagebuch
    Hartmut Pogge-v. Strandmann (Hg.), Walther Rathenau. Tagebuch 1907-1922, Düsseldorf 1967
Rathenau, Unser Nachwuchs
    Walther Rathenau, Unser Nachwuchs, in: Neue Freie Presse, Wien, 25. 12. 1909
Rathenau, Zwei Tischreden
    Walther Rathenau, Zwei Tischreden zur Feier des 50. Geburtstages, in: Ders., Gesammelte Reden, Berlin 1924, S. 9-26.
Roddie, Peace Patrol
    Stewart Roddie, Peace Patrol, in: Rathenau, Hauptwerke und Gespräche, S. 840f.
Roth, Berliner Saisonbericht
    Joseph Roth, Berliner Saisonbericht. Unbekannte Reportagen und journalistische Arbeiten 1920-39, hg. u. mit einem Vorwort v. Klaus Westermann, Köln 1984
Roth, Rathenau
    Alfred Roth, Rathenau. »Der Kandidat des Auslandes«, Hamburg 1922
Sabrow, Der Rathenaumord
    Martin Sabrow, Der Rathenaumord. Rekonstruktion einer Verschwörung gegen die Republik von Weimar, München 1994
Salomon, Der Fragebogen
    Ernst von Salomon, Der Fragebogen, Hamburg 1951

Salomon, Die Geächteten
Ernst von Salomon, Die Geächteten, Berlin 1931
Schulin, Rathenau
Ernst Schulin, Walther Rathenau. Repräsentant, Kritiker und Opfer seiner Zeit, Göttingen/Zürich/Frankfurt a.M. 1979
Schütte, Die Röhmrevolte
Hans Schütte, Die Röhmrevolte im Havelland – ein Zeitzeuge berichtet (Fortsetzung), in: Rathenower Heimatkalender 2010, S. 78-87
Simon, Aus Walther Rathenaus Leben
Hugo-Ferdinand Simon, Aus Walther Rathenaus Leben, Dresden 1927
Sontheimer, Antidemokratisches Denken
Kurt Sontheimer, Antidemokratisches Denken in der Weimarer Republik, München 1962
Stein, Burg Saaleck
Hans Wilhelm Stein, Burg Saaleck. Die Türme des Schweigens, Eckartsberga/Thür. o.J.
Stern, Political Crime
Howard Stern, Political Crime and Justice in the Weimar Republic, Dissertation Johns Hopkins University Baltimore, Maryland 1966
H.G. Techow, Minister Rathenaus Ende
Hans-Gerd Techow, Minister Rathenaus Ende, in: Der Angriff, 22.10., 29.10., 5.11., 12.11., 19.11., 26.11., 3.12.1928
Thoß, Der Ludendorff-Kreis
Bruno Thoß, Der Ludendorff-Kreis 1919-1923. München als Zentrum der mitteleuropäischen Gegenrevolution zwischen Revolution und Hitler-Putsch, München 1978
Troeltsch, Die Welle von rechts
Ernst Troeltsch, Die Welle von rechts, 19.12.1919, in: Gangolf Hübinger in Zusammenarbeit mit Nikolai Wehrs (Hg.), Spectator-Briefe und Berliner Briefe (1919-1922), Berlin 2018, S. 318-328
Tucholsky, Der Schnellmaler
Kurt Tucholsky, Der Schnellmaler, in: Die Weltbühne, 15. Jg., 1. Halbjahr, Nr. 23, 29.5.1919, S. 616-619
Tucholsky, Prozeß Harden
Kurt Tucholsky, Prozeß Harden, in: Die Weltbühne, 18. Jg., 2. Halbjahr, Nr. 51, 21.12.1922, S. 638-645
Tucholsky, Was wäre, wenn ...?
Kurt Tucholsky, Was wäre, wenn ...?, in: Die Weltbühne, 18. Jg., 1. Halbjahr, Nr. 25, 22.6.1922, S. 615-620
Ursachen und Folgen
Herbert Michaelis/Ernst Schraepler/Günter Schulz (Hg.), Ursachen und Folgen. Vom deutschen Zusammenbruch 1918 und 1945 bis zur

staatlichen Neuordnung Deutschlands in der Gegenwart. Eine Urkunden- und Dokumentensammlung zur Zeitgeschichte, 2 Bde., Berlin 1958 ff.

Venohr, Kapitän Ehrhardt
Wolfgang Venohr, Kapitän Ehrhardt. Ein Portrait, WDR/Stern TV 1971

Verhandlungen des Deutschen Reichstages
Verhandlungen des Deutschen Reichstages, 1. Wahlperiode. Stenographische Berichte und Anlagen, Bde. 346-359, Berlin 1920 ff.

Warburg, Aus meinen Aufzeichnungen
Max M. Warburg, Aus meinen Aufzeichnungen, Privatdruck New York 1952

Werthauer, Das Blausäure-Attentat auf Scheidemann
Johannes Werthauer, Das Blausäure-Attentat auf Scheidemann. Aktenmäßige Darstellung auf Grund der Verhandlung vor dem Staatsgerichtshof, Berlin 1923

Wilde, Rathenau
Harry Wilde, Walther Rathenau in Selbstzeugnissen und Dokumenten, Reinbek bei Hamburg 1971

Wirth, Walther Rathenau vor seinem Tode
Joseph Wirth, Walther Rathenau vor seinem Tode, in: Deutsche Republik, 13.7.1928, S. 1305-1308

Literaturhinweise

Max Alsberg, Der Rathenau-Prozeß. Ein juristischer Epilog, in: Deutsche Juristen-Zeitung 1922, H. 21/22, SP. 663-666
Friedrich Battenberg, Das Europäische Zeitalter der Juden – Zur Entwicklung einer Minderheit in der nichtjüdischen Umwelt Europas, 2 Teilbände, Darmstadt 1990
Wolfgang Benz, Süddeutschland in der Weimarer Republik. Ein Beitrag zur deutschen Innenpolitik 1918-1923, Berlin 1970
Helmut Berding, Moderner Antisemitismus in Deutschland, Frankfurt a.M. 1988
Wolfgang Brenner, Walther Rathenau. Deutscher und Jude, München 2005
Stefan Breuer, Anatomie der Konservativen Revolution, Darmstadt ²1995
Tilmann Buddensieg u.a., Ein Mann vieler Eigenschaften. Walther Rathenau und die Kultur der Moderne, Berlin 1990
Francis L. Carsten, Reichswehr und Politik 1918-1933, Köln/Berlin 1964
Alexander Demandt (Hg.), Das Attentat in der Geschichte, Köln/Weimar/Wien 1996
James M. Diehl, Paramilitary Politics in Weimar Germany, Bloomington/London 1977
Carl Diez, Die Lebensgeschichte eines Menschen, Konstanz 1929
Christopher Dowe, Matthias Erzberger. Ein Leben für die Demokratie, Stuttgart 2011
Benjamin Dürr, Erzberger. Der gehasste Versöhner. Biografie eines Weimarer Politikers, Berlin 2021
Gerald D. Feldman, Der unschlüssige Staatsmann. Rathenaus letzter Tag und die Krise der Weimarer Republik, in: Buddensieg u.a., Ein Mann vieler Eigenschaften, Berlin 1990, S. 84-98
Hans Fenske, Konservativismus und Rechtsradikalismus in Bayern nach 1918, Bad Homburg 1969
Kurt Finker, Bund Wiking (BW) 1923-1928, in: Fricke u.a. (Hg.), Lexikon zur Parteiengeschichte, Leipzig 1983, S. 368-373
Ders., Die militärischen Wehrverbände in der Weimarer Republik. Ein Beitrag zur Strategie und Taktik der deutschen Großbourgeoisie, in: Zeitschrift für Geschichtswissenschaft, 14. Jg. 1966, S. 357-377
Georg Franz-Willing, Die Hitlerbewegung. Der Ursprung 1919-1922, Hamburg/Berlin 1962
Dieter Fricke u.a. (Hg.), Lexikon zur Parteiengeschichte. Die bürgerlichen und kleinbürgerlichen Parteien und Verbände in Deutschland (1789-1945), 4 Bde, Leipzig 1983

Lothar Gall, Walther Rathenau. Portrait einer Epoche, München 2009
Robert Gerwarth, Die Besiegten. Das blutige Erbe des Ersten Weltkriegs, Berlin 2016
Klaus Gietinger, Der Konterrevolutionär. Waldemar Pabst – eine deutsche Karriere, Hamburg 2008
Klaus Gietinger/Norbert Kozicki, Freikorps und Faschismus, Stuttgart 2022
Goldscheider, G., Heinrich Tillessen und seine Welt, in: Frankfurter Hefte 1947, S. 349-357
Emil Julius Gumbel, »Verräter verfallen der Feme«. Opfer, Mörder, Richter 1919-1929, Berlin 1929
Ders., Verschwörer. Zur Geschichte und Soziologie der deutschen nationalistischen Geheimbünde 1918-1924, Neuausgabe Frankfurt am Main 1984
Ders., Vier Jahre politischer Mord, Berlin 1922
Heinrich Hannover/Elisabeth Hannover-Drück, Politische Justiz 1918-1933, Neuausgabe, Bornheim-Merten 1987
Haus der Geschichte Baden-Württemberg, Matthias Erzberger. Ein Wegbereiter der deutschen Demokratie, Stuttgart 2011
Rudolf Heydeloff, The Political-Judicial Career of Dr. iur. Walter Luetgebrune and the Crisis of Weimar and Early National Socialist Germany: 1918 to 1934, phil. Diss. Waterloo/Ontario 1976
Wilhelm Hoegner, Der politische Radikalismus in Deutschland 1919-1933, München 1963
Ulrike Hörster-Philipps, Joseph Wirth 1879-1956. Eine politische Biographie, Paderborn u. a. 1998
Florian Huber, Rache der Verlierer. Die Erfindung des Rechtsterrorismus in Deutschland, Berlin 2020
Thomas Hüetlin, Berlin, 24. Juni 1922. Der Rathenaumord und der Beginn des rechten Terrors in Deutschland, Köln 2022
Gotthard Jasper, Aus den Akten der Prozesse gegen die Erzberger-Mörder, in: Vierteljahrshefte für Zeitgeschichte, 10. Jg. 1962, S. 430-453
Ders., Justiz und Politik in der Weimarer Republik, in: Vierteljahrshefte für Zeitgeschichte, 30. Jg. 1982, S. 167-205
Markus Josef Klein, Ernst von Salomon. Revolutionär ohne Utopie, Limburg an der Lahn 1994
Hannsjoachim W. Koch, Der deutsche Bürgerkrieg. Eine Geschichte der deutschen und österreichischen Freikorps 1918-1923, Berlin/Frankfurt am Main 1978
Michael Krausnick/Günter Randecker, Konkursverwalter des Kaiserreichs und Wegbereiter der Demokratie. Ein Porträt, Neckargemünd 2005
Albert Krebs, Tendenzen und Gestalten der NSDAP. Erinnerungen an die

Frühzeit der Partei, Stuttgart 1959 Gabriele Krüger, Die Brigade Ehrhardt, Hamburg 1971
Hans Langemann, Das Attentat. Eine kriminalwissenschaftliche Studie zum politischen Kapitalverbrechen, Hamburg 1956
Uwe Lohalm, Völkischer Radikalismus. Die Geschichte des Deutschvölkischen Schutz- und Trutzbundes 1919-1923, Hamburg 1970
Werner Maser, Der Sturm auf die Republik. Frühgeschichte der NSDAP, Frankfurt a.M./Berlin/Wien 1980
Hans-Joachim Mauch, Nationalistische Wehrorganisationen in der Weimarer Republik. Zur Entwicklung und Ideologie des »Paramilitarismus«, Frankfurt a.M./Bern 1982
Susanne Meinl, Ein konservativer Revolutionär in der Weimarer Republik und im Dritten Reich – eine politisch-biographische Skizze des F.W. Heinz 1918-1945, Magisterarbeit Universität Gießen 1990 (MS.)
Dies., Brigade Ehrhardt, Organisation Consul und Bund Wiking: Das Spinnennetz rechtsradikaler Verbände in Mittelhessen 1920-1925, in: Mitteilungen des Wetzlarer Geschichtsvereins 36 (1993), S. 55-101.
Dies., Krüger, Dieter, Der politische Weg von Friedrich Wilhelm Heinz. Vom Freikorpskämpfer zum Leiter des Nachrichtendienstes im Bundeskanzleramt, in: Vierteljahrshefte für Zeitgeschichte, 42. Jg. 1994, H. 1, 39-69
Armin Mohler, Die konservative Revolution in Deutschland 1918-1932, 2 Bde., 3. Aufl. Darmstadt 1989
Horst Möller, Weimar. Die unvollendete Demokratie, München 1985
Hans Mommsen, Die verspielte Freiheit. Der Weg der Republik von Weimar in den Untergang 1918 bis 1933 (Propyläen Geschichte Deutschlands, Bd. 8), Berlin 1989
Irmela Nagel, Fememorde und Fememordprozesse in der Weimarer Republik, phil. Diss. Köln 1991
Detlev J.K. Peukert, Die Weimarer Republik. Krisenjahre der Klassischen Moderne, Frankfurt a.M. 1987
A. Ch. Pfeiffer, Das Welt-Echo des Rathenau-Mordes. Stimmen und Urteile des Auslandes über Deutschland aus Anlaß der Ermordung Rathenaus, Berlin 1922
Wolfgang Plat, Attentate. Eine Sozialgeschichte des politischen Mordes, Düsseldorf/Wien 1982
Martin Sabrow, Die Macht der Mythen. Walther Rathenau im öffentlichen Gedächtnis. Sechs Essays, Berlin 1998
Ders., Märtyrer der Republik. Zu den Hintergründen des Mordanschlags vom 24. Juni 1922, in: Walther Rathenau 1867-1922. Die Extreme berühren sich, Berlin 1993, S. 221-236.
Ders., Organisation Consul (O.C.), 1920-1922, in: Historisches Lexikon

Bayerns, URL: <http://www.historisches-lexikon-bayerns.de/Lexikon/Organisation_Consul_(O.C.),_1920-1922> (31.01.2022)
Ders., Terroristische Geheimbündelei versus demokratisches Gewaltmonopol. Die rechtsradikale Anschlagserie gegen die Weimarer Republik 1921/22, in: Andreas Braune/Michael Dreyer/Sebastian Elsbach (Hg,), Vom drohenden Bürgerkrieg zum demokratischen Gewaltmonopol (1918-1924), Stuttgart 2021, S. 67-83
Ders., Walther Rathenau, in: Etienne François/Hagen Schulze (Hg.), Deutsche Erinnerungsorte, Bd. 2, München 2001, S. 601-619
Philipp Scheidemann, Die rechtsradikalen Verschwörer, Berlin 1923
Christian Schölzel, Walther Rathenau. Industrieller, Schriftsteller, Politiker, Berlin 2003
Otto-Ernst Schüddekopf, Das Heer und die Republik, Hannover u. Frankfurt a. M. 1955
Paul Schweder, Der Erzberger-Mord-Prozeß. Vorgeschichte, Anklageschrift und ausführlicher Verhandlungsbericht, Rudolstadt/Thüringen o. J. (1921)
Ernst Schulin, Walther Rathenau. Repräsentant, Kritiker und Opfer seiner Zeit, Göttingen/Zürich/Frankfurt a. M. 1979
Gerhard Schulz (Hg.), Weimarer Republik, Freiburg/Würzburg 1987
Ders., Zwischen Demokratie und Diktatur. Verfassungspolitik und Reichsreform in der Weimarer Republik, Bd. 1: Die Periode der Konsolidierung und der Revision des Bismarckschen Reichsaufbaus 1919-1930, Berlin/New York ²1987
Hagen Schulze, Freikorps und Republik 1918-1920, Boppard am Rhein 1969.
Ders., Weimar. Deutschland 1917-1933, Berlin 1982
Karl Schwend, Bayern zwischen Monarchie und Diktatur. Beiträge zur bayerischen Frage in der Zeit von 1918 bis 1933, München 1954
Kurt Sontheimer, Antidemokratisches Denken in der Weimarer Republik. Die politischen Ideen des deutschen Nationalismus zwischen 1918 und 1933, München 1962
Matthias Sprenger, Landsknechte auf dem Weg ins Dritte Reich? Zur Genese und Wandel des Freikorpsmythos, Paderborn 2008
Howard N. Stern, Political Crime and Justice in the Weimar Republic, phil. Diss. Baltimore 1966
Ders., The Organisation Consul, in: Journal of Modern History, 35. Jg. 1963, S. 20-32
Bruno Thoß, Nationale Rechte, militärische Führung und Diktaturfrage in Deutschland 1913-1923, in: Militärgeschichtliche Mitteilungen 1987, Heft 2, S. 27-76
Klaus Theweleit, Männerphantasien, Berlin 2019
Albrecht Tyrell (Hg.), Führer befiehl ... Selbstzeugnisse aus der Kampfzeit der NSDAP. Dokumentation und Analyse, Düsseldorf 1969

Dominique Venner, Söldner ohne Sold. Die deutschen Freikorps 1918-1923, dt. Ausgabe Wien o. J. (1974)
Thilo Vogelsang, Reichswehr, Staat und NSDAP, Stuttgart 1962
Shulamit Volkov, Überlegungen zur Ermordung Rathenaus als symbolischem Akt, in: Buddensieg u. a., Ein Mann vieler Eigenschaften, S. 99-105
Ders., Walther Rathenau. Ein jüdisches Leben in Deutschland 1867-1922, München 2012
Robert G. L. Waite, Vanguard of Nazism. The Free Corps Movement in Postwar Germany 1918-1923, Cambridge/Mass. 1952
Bernhard Weiß, Polizei und Politik, Berlin 1928
B. Uwe Weller, Maximilian Harden und die »Zukunft«, Bremen 1970
Harry Wilde, Der politische Mord, Bayreuth 1962
Hans Wilderotter (Hg), Die Extreme berühren sich. Walther Rathenau 1867-1922, Berlin 1993
Heinrich August Winkler, Von der Revolution zur Stabilisierung. Arbeiter und Arbeiterbewegung in der Weimarer Republik 1918 bis 1924, Berlin/Bonn ²1985
Ders., Weimar 1918-1933. Die Geschichte der ersten deutschen Demokratie, München 1993
Harry F. Young, Maximilian Harden. Censor Germaniae. Ein Publizist im Widerstreit von 1892 bis 1927, Münster 1971

Abbildungsnachweis

S. 25	Bundesarchiv (SAPMO), Bild Y 1-545-649-72
S. 36	DHM, Plakatsammlung, P 87/221
S. 47	Bundesarchiv, Bild 146-1971-037-42
S. 49	Staatsarchiv Freiburg, F 179/4 Nr. 108/006
S. 60/61	Staatsarchiv Freiburg, F 179/4 Nr. 108/032 und 033
S. 75	Staatsarchiv Freiburg, 233 Nr. 28379
S. 89	ullstein bild, Nr. 01086831
S. 93	Aus: Weiss, Polizei und Politik, S. 80
S. 95	Aus: Weiss, Polizei und Politik, S. 117
S. 100	ullstein bild, Nr. 01083526
S. 103	bpk, Nr. 30041555
S. 105	Bundesarchiv, Plak 002-009-025
S. 121	Staatsbibliothek zu Berlin, Zeitungsarchiv
S. 137	Bundesarchiv, Plak 002-009-026
S. 139	Aus: Weiss, Polizei und Politik, S. 141
S. 145	Staatsbibliothek zu Berlin, Zeitungsarchiv

Anmerkungen

Einleitung

1 Sabrow, Der Rathenaumord. (Die Auflösung der Zitatangaben befindet sich auf S. 299 ff. unter: Zitatnachweise)

I. Die Attentatsserie

1. Walther Rathenaus Weg in die Öffentlichkeit

1 Rathenau, Staat und Judentum, S. 188f.
2 Ebd., S. 189f.
3 Simon, Aus Walther Rathenaus Leben, S. 7f.
4 Rathenau, Höre, Israel!, S. 10.
5 Rathenau, Zwei Tischreden, S. 18.
6 Rathenau, Staat und Judentum, S. 206.
7 Kerr, Walter Rathenau.
8 Alfons Goldschmidt, Der alte und der junge Rathenau, in: Zeit im Bild, 27.8.1912.
9 Stefan Zweig, Walter Rathenaus »Kritik der Zeit«, zit. n. Rathenau, Hauptwerke und Gespräche, S. 509.
10 Rathenau, Tagebuch, S. 189.
11 W. Rathenau an E. Ludwig, 17.5.1916, in: ders., Briefe, Bd. 1, S. 212.
12 W. Rathenau an G. Hauptmann, 21.8.1916, zit. n. Rathenau, Hauptwerke und Gespräche, S. 562, Anm. 159.
13 Rathenau, »Schicksalsspiel«, S. 460.
14 Rathenau, Der Kaiser, S. 305.
15 Rathenau, Ein dunkler Tag, S. 258.
16 Ursachen und Folgen, Bd. 2, Dok. 406, S. 387.
17 Goldschmidt, Retter Rathenau, S. 373.
18 W. Rathenau an M. Frommer, 21.2.1918, in: Rathenau, Politische Briefe, S. 224f.
19 Die Republik, 19.12.1918.
20 W. Rathenau an F. Ebert, in: Rathenau, Briefe, Bd. 2, S. 88f.
21 Rathenau, Apologie, S. 107.
22 Tucholsky, Der Schnellmaler, S. 619.
23 Rathenau, Apologie, S. 82.
24 Alfred Roth, Das Gerichtsvollzieheramt der Entente, 23.6.1921, zit. n. dems., Rathenau, S. 9. u. 11.

25 Zit. n. Kessler, Walther Rathenau, S. 322.
26 Zit. n. Schulin, Rathenau, S. 109.
27 Helfferich, Deutschlands Not, S. 9 ff.
28 Rathenau, Politische Briefe, S. 343.

2. Die missachteten Warnsignale

1 Lemmer, Manches war doch anders, S. 96.
2 Stewart Roddie, Peace Patrol, S. 852 f.
3 Interview mit Bernhard Weiß, in: Berliner Tageblatt, 19.7.1922.
4 O. Gräff an W. Schwaner, 8.8.1916, zit. n. Wilde, Rathenau, S. 91.
5 Zit. n. Kessler, Walther Rathenau, S. 256.
6 Rathenau, Unser Nachwuchs.
7 BArch, R 43 I/903, C. V.-Zeitung, 11.5.1922.
8 Hottenrott, Offener Brief.
9 PA/AA, Deutschland 9, Akten Reichsminister Dr. Rathenau, Bd. 1, Der CV an W. Rathenau, 9.3.1922.
10 Ebd.
11 Alfred Roth, Deutschlands Bolschewisierung, 13.2.1922, in ders., Rathenau, S. 32.
12 Tucholsky, Was wäre, wenn ...?, S. 615 ff.
13 Warburg, Aus meinen Aufzeichnungen, S. 107.
14 Mitteilung Gabriele Erzbergers an den Verfasser, 9.4.1989.
15 Kerr, Erinnerungen, S. 8.
16 Roddie, Peace Patrol, S. 853.
17 Lemmer, Manches war doch anders, S. 96.
18 Gerlach, Von rechts nach links, S. 259.
19 BArch, 15. 07-658, RKO an Oberstleutnant Simon, 22.3.1922.
20 Wirth, Walter Rathenau vor seinem Tode, S. 1306.
21 Ebd.
22 Kessler, Tagebücher, S. 555.
23 BArch, 30.01-5055, Anklageschrift gegen Hustert und Oehlschläger, S. 2.
24 Ebd., Urteil gegen Hustert und Oehlschläger, S. 3.
25 Deutsche Tageszeitung, 6.6.1922.
26 Hamburger Nachrichten, 9.6.1922, zit. n. Werthauer, Blausäure-Attentat, S. 44.
27 Schlesische Tagespost, 6.6.1922, zit. n. Werthauer, Das Blausäure-Attentat, S. 45.
28 ZASM, 567-1-2647, Bericht Oberstaatsanwalt Noetzel, 22.6.1922.
29 Ebd., Theodor Brüdigam, Aussage vom 12.6.1922.
30 PA/AA, Rathenau-Prozeß, 7. Verhandlungstag, Theodor Brüdigam, S. 115 f.
31 ZASM, 567-1-2647, Theodor Brüdigam, Aussage vom 12.6.1922.
32 Ebd., Bericht Oberstaatsanwalt Dr. Noetzel an den RMJ, 22.6.1922.
33 Ebd.
34 Ebd.

35 BArch, 30.01-5055, Oberstaatsanwalt Dr. Noetzel an den aufsichtsführenden Richter beim Amtsgericht Frankfurt a.M., 20.6.1922 (Hervorhebung im Original).
36 ZASM, 567-1-2647, Bericht Oberstaatsanwalt Dr. Noetzel an den RMJ, 22.6.1922.
37 Ebd. (Hervorhebung im Original).
38 ASD, NL Severing, Mappe 89, der CV, Landesverband Hessen-Nassau und Hessen, an Dr. Holländer, 15.6.1922.
39 Ebd.

3. Die Geheimorganisation »Consul« (O.C.)

1 StAF, F 179/4, Nr. 147, Anklageschrift gegen Alfred Hoffmann u. Gen., S. 17.
2 NL Plaas, Tagebuch Hartmut Plaas, Eintrag vom 2.1.1921.
3 BArch, NL 150, 110, Paul Werber, Tätigkeitsbericht vom 9.5.1921.
4 Ebd., Paul Werber, Tätigkeitsbericht vom 12.11.1920.
5 Der Kampf, 5.1.1921.
6 StAF, F 179/4, Nr. 149, Befehl der Zentrale, 19.7.1921.
7 Ebd., Nr. 105, Karl Böckel, Aussage o.D.
8 Ebd., Nr. 149, Alfred Hoffmann, Aussage vom 2.11.1921.
9 Ebd., Nr. 105, Diensteinteilung der Abteilung – B –, 1.8.1921.
10 BArch, NL 150, 113, Richtlinien zur Verteidigung, S. 9.
11 Ebd., Satzungen.
12 Krüger, Die Brigade Ehrhardt, S. 76.
13 StAF, F 179/4, Nr. 178, »Ludwig« [Paul Werber], Tätigkeitsbericht vom 11.8.1921.
14 BArch, 30. 03, 12 J 190/22, Bd. 9, H. Ehrhardt an den Reg.Präs. von Regensburg, 26.11.1921.
15 Ebd., 15. 07-340, Bericht des RKO vom 16.9.1922.
16 Bayerische Staatszeitung, 1.3.1921.
17 StAF, F 179/4, Nr. 179, Entwurf der Geheimbündelei-Anklage, S. 58.
18 Bericht des Staatskommissars für Überwachung der öffentlichen Ordnung vom 1.7.1921, zit. n. StAF, Nr. 179, Entwurf der Geheimbündelei-Anklage, S. 59.
19 Ebd., S. 53ff.; ebd., Nr. 173, Georg v. Queis, Aussage vom 14.11.1921.
20 BArch, 15. 07-339, Besprechung betreffend Geheimorganisationen, 22.11.1921.
21 StAF F 179/4, Nr. 105, Alfred Hoffmann, Aussage vom 24.9.1921.
22 Ebd., Nr. 149, Befehl der Zentrale, 29.8.1921.
23 Ebd.
24 Ebd., Befehl der Zentrale, 7.7.1921.
25 Ebd., Befehl der Zentrale, 29.7.1921.
26 Ebd., Nr. 178, Paul Werber, Tätigkeitsbericht vom 27.4.1921.
27 NL Plaas, Tagebuch Hartmut Plaas, Eintrag vom 6.2.1921.
28 StAF, F 179/4, Nr. 175, Alfred Hoffmann, Aussage vom 31.10.1921.
29 NL Plaas, Tagebuch Hartmut Plaas, Eintrag vom 13.1.1921.

30 Bericht des preußischen Staatskommissars für Überwachung der öffentlichen Ordnung, 1.7.1921, zit. n. StAF, F 179/4, Nr. 179, Entwurf der Geheimbündelei-Anklage, S. 60..
31 BArch, NL 150, 114, Albert Krebs, Aussage vom 7.11.1921.
32 StAF, F 179/4, Nr. 168, Herbert Lauch, Aussage vom 1.10.1921.
33 Ebd., Nr. 105, Alfred Hoffmann, Aussage vom 24.9.1921.
34 Ebd.
35 Ebd., Nr. 168, Herbert Lauch, Aussage vom 1.10.1921.
36 Ebd., Die militärische Organisation, 17.4.1921.
37 Ebd.
38 Ebd.
39 NL Plaas, Tagebuch Hartmut Plaas, Eintrag vom 18.4.1921.
40 StAF, F 179/4, Nr. 149, Befehl der Zentrale, 31.5.1921.
41 Ebd., Zur Lage, 2.6.1921.
42 Ebd., Rundschreiben vom 18.5.1921.
43 NL Plaas, Tagebuch Hartmut Plaas, Eintrag vom 27.5.1921.
44 StAF, F 179/4, Nr. 149, Zur Lage, 2.6.1921.

4. Das erste Mordopfer: Matthias Erzberger

1 Hoegner, Die verratene Republik, S. 100.
2 Zit. n. ebd., S. 62.
3 Epstein, Matthias Erzberger, S. 431.
4 Ebd., S. 401.
5 LAB, Rep. 58, Generalstaatsanwalt 1919-1933/45, Urteil gegen Oltwig von Hirschfeld, 21.2.1920.
6 Ebd., Gnadengesuch vom 9.11.1920 an den Beauftragten für Gnadensachen beim LG I in Berlin.
7 StAF, F 179/4, Nr. 15, Anklageentwurf gegen Manfred v. Killinger wegen Beihilfe zum Erzbergermord, S. 11.
8 Verhandlungen des Deutschen Reichstages, S. 8330.
9 Neue Preußische Zeitung-Kreuzzeitung, 28.8.1921.
10 Zit. n. Jasper, Schutz der Republik, S. 36.
11 Horkenbach, Das Deutsche Reich, S. 133.
12 Deutsche Zeitung, 13.9.1921.
13 AdR, Die Kabinette Wirth I und II, Bd. 1, Nr. 76, Ministerratssitzung vom 29. August 1921, S. 217, Anm. 5.
14 Auf den Namen »Tillessen« führte dabei ein ungewöhnlicher Zufall, wie die Offenburger Staatsanwaltschaft in ihrer Anklage ausführte:»Auf dem weißen Schnitzel war nur das Wortende ›lessen‹ erhalten. Als die für die Münchener Maximilianstraße zuständigen Briefträger darüber gehört wurden, ob ihnen dort eine Person bekannt sei, deren Namen mit ›lessen‹ endige, entsann sich einer von ihnen aus seiner Mannheimer Dienstzeit an den dort mehrfach vertretenen Namen ›Tillessen‹. Auf Erwähnung dieses Namens wiederum meldeten sich vier andere Briefträger, die mehrfach Post an einen Herrn Til-

lessen als Untermieter in der Maximilianstraße abgegeben hätten.« StAF, F 179/4, Nr. 15, Anklageentwurf gegen Manfred von Killinger, S. 50.
15 Bayerischer Kurier, 14.9.1921.
16 StAF, F 179/4, Nr. 147, Anklageschrift gegen Alfred Hoffmann u. Gen., 16.5.1924, S. 37 f.
17 Ebd., Nr. 88, Manfred v. Killinger, Aussage vom 5.12.1921.
18 Ebd., Nr. 105, Alfred Hoffmann, Aussage vom 1.12.1921.
19 Ebd., Nr. 88, Manfred v. Killinger, Aussage vom 5.12.1921.
20 Ebd., Nr. 105, Alfred Hoffmann, Aussage vom 1.12.1921.
21 Augsburger Postzeitung, 8.3.1922.
22 StAF, F 179/4, Nr. 168/, Polizeipräsident Nortz an den badischen Oberstaatsanwalt Burger, 16.3.1922.
23 Ebd., Nr. 13, Vermerk vom 29.11.1921.
24 Ebd., Nr. 167, Anklageschrift gegen v. Killinger, S. 27.
25 Ebd., Nr. 7, Aussage Heinrich Schulz, 2.3.1950.
26 Ebd., Nr. 3, Urteil gegen Heinrich Tillessen, 28.2.1947, S. 6.
27 Ebd., Nr. 7, Aussage Heinrich Schulz, 26.1.1950.
28 Ebd., N. 10, Urteil gegen Heinrich Schulz, 19.7.1950, S. 15.

5. Der Anschlag auf Walther Rathenau

1 Vossische Zeitung, 25.6.1922.
2 ZASM, 567-1-2590, Heinrich Pradelt, Aussage vom 25.6.1922.
3 Ebd., Otto Schneider, Aussage vom 25.6.1922.
4 Vossische Zeitung, 25.6.1922.
5 ZASM, 567-1-2590, Josef Prozeller, Aussage vom 30.6.1922.
6 Ebd., Josef Prozeller, Aussage vom 25.6.1922.
7 Ebd., Helene Kaiser, Aussage vom 26.6.1922.
8 Ebd.
9 Ahrens, Erinnerung an Walther Rathenau, S. 5.
10 DLitM, NL Sudermann, Tagebuch Hermann Sudermann, Eintrag vom 24.6.1922.
11 Vossische Zeitung, 25.6.1922.
12 Hannoverscher Anzeiger, 27.6.1922.
13 ZASM, 567-1-2646, Vermerk ORA Ebermayer, 26.6.1922.
14 Berliner Tageblatt, 27.6.1922, Morgen-Ausgabe.
15 Vossische Zeitung, 29.6.1922, Morgen-Ausgabe.
16 BArch, 15.07-698, Oberstaatsanwalt Dr. Noetzel an den RKO, 24.6.1922.
17 Berliner Lokalanzeiger, 26.6.1922, Sonder-Ausgabe.

6. Das Echo auf die Attentate in der Öffentlichkeit

1 M. Brod an F. Kafka, 27.6.1922, in: Max Brod, S. 371.
2 Kessler, Tagebücher, S. 322.
3 Eggebrecht, Der halbe Weg, S. 137.

4   Meinecke, Der Geist der akademischen Jugend, S. 338 u. 340.
5   Mann, Von Deutscher Republik, S. 130.
6   Kessler, Tagebücher, S. 324.
7   BayHStA München, MA 103160, Niederschrift des Telefonats des bayerischen Gesandten von Preger, 11.7.1922.
8   Vorwärts, 26.6.1922.
9   Berliner Tageblatt, 26.6.1922, Abend-Ausgabe.
10 Zit. n. Berliner Tageblatt, 29.6.1922, Morgen-Ausgabe.
11 Erklärung des Bezirksvorstandes der SPD Schleswig-Holsteins, zit. n. Schleswig-Holsteinische Volkszeitung, 26.6.1922.
12 Vossische Zeitung, 26.6.1922, Abend-Ausgabe (Hervorhebung im Original).
13 AdR, Die Kabinette Wirth I und II, Bd. 2, Nr. 304, Besprechung mit den Ministerpräsidenten der Länder, 29.6.1922, S. 916.
14 Zit. n. Gegen den politischen Mord!, S. 25.
15 Berliner Tageblatt, 26.6.1922, Abend-Ausgabe.
16 Ebd., 29.6.1922, Abend-Ausgabe.
17 Schleswig-Holsteinische Volkszeitung, 27. und 28.6.1922.
18 Vossische Zeitung, Abend-Ausgabe, Beilage.
19 Berliner Morgenpost, 25.6.1922.
20 Vorwärts, 27.6.1922, Beilage.
21 Freiheit, 27.6.1922.
22 Frankfurter Zeitung, 28.6.1922.
23 Zit. n. Schleswig-Holsteinische Volkszeitung, 3.7.1922.
24 AdR, Die Kabinette Wirth I und II, Bd. 2, Nr. 307, Besprechung mit Vertretern der Parteien und Gewerkschaften, 1.7.1922, S. 928f.
25 ADAP, Nr. 140, Runderlaß des Staatssekretärs im AA Haniel von Haimhausen, S. 289.
26 BArch Koblenz, R 43 I/1867, Bericht des RKO, 4.8.1922.
27 Universitätsarchiv Heidelberg, B 8910, Eingabe an den Senat der Universität Heidelberg, o. D.
28 BayHStA München, MInn 71712, Bericht der Polizeidirektion an das Staatsministerium des Innern, 7.7.1922.
29 Frankfurter Zeitung, 25.6.1922, Zweites Morgenblatt.
30 Miesbacher Anzeiger, 22.7.1922.
31 BayHStA München, MInn 66304, Bericht vom 9.7.1922.
32 BayHSta Würzburg, LG Würzburg, Staatsanwaltschaft, 118, Anklageschrift gegen Andrea Ellendt, 28.7.1923, u. ebd., 119, Urteil gegen Andrea Ellendt, 31.8.1923.
33 Frankfurter Zeitung, 25.6.1922, Zweites Morgenblatt.

7. Die Ermittlung der Täter

1   ZASM, 567-1–2570, Willi Günther, Aussage vom 29./30.6.1922.
2   Schleswig-Holsteinische Volkszeitung, 29.6.1922.
3   Brandt konnte erst fast zwei Jahre später nahe München verhaftet werden,

Anmerkungen zu S. 120-140   319

während der nach Österreich geflohene Küchenmeister, dessen Auslieferung die dortigen Behörden abgelehnt hatten, im Dezember 1924 freiwillig nach Deutschland zurückkehrte.
4 ZASM, 567-1-2593, Ernst Werner Techow, Aussage vom 30.6.1922.
5 Ebd., 567-1-2621, Karl Tillessen, Aussagen vom 2. u. 5.8.1922; ebd., 567-1-2588, Hartmut Plaas, Aussage vom 3.8.1922.
6 Ebd., 567-1-2585, Bericht Zentralpolizeistelle Hamburg, 24.6.1922.
7 Ebd., Waldemar Niedrig, Aussage vom 19.7.1922.
8 Ebd., Bericht Zentralpolizeistelle Hamburg, 24.6.1922.
9 Ebd., Vernehmungsprotokoll Kaufmann Winzer vom 16.7.1922.
10 Ebd., 567-1-2592, H.-G. Techow, Aussagen vom 27. und 30.6.1922.
11 Berliner Tageblatt, 29.6.1922, Morgen-Ausgabe.
12 Schleswig-Holsteinische Volkszeitung, 30.6.1922.

8. Der Überfall auf Maximilian Harden

1 Die Zukunft, 22.4.1916.
2 Die Zukunft, 1.7.1922, S. 1ff.
3 BArch, NL 62, 127, Stenogr. Prozeßbericht zum Harden-Attentat, S. 87.
4 Ebd., S. 43.
5 Ebd., S. 8.
6 Ebd., S. 9.
7 Ebd., S. 10.
8 Ebd., S. 11.
9 Ebd., Anklageschrift gegen Weichardt und Grenz, Bl. 41.
10 Ebd., Bl. 45.
11 Ebd., stenogr. Prozeßbericht zum Harden-Attentat, S. 19.
12 Ebd., Ermittlungsakten wegen des Attentats auf Maximilian Harden, Paul Ankermann, Aussage vom 15.9.1923, Bl. 369.
13 Ebd., Bl. 371f.
14 Vossische Zeitung, 13.12.1922.

9. Die Jagd nach den Rathenaumördern

1 BArch, 30-03-12 J 83/22, Bd. 1, Mitteilung des Berliner Polizeipräsidiums, 25.7.1922.
2 Berliner Tageblatt, 14.7.1922, Morgen-Ausgabe.
3 Berliner Tageblatt, 13.7.1922, Morgen-Ausgabe.
4 Sächsisches Staatsarchiv Leipzig, Min. d. Inn., 11106a, Teil 2.
5 Vorwärts, 16.7.1922, 1. Beilage.
6 Mecklenburger Nachrichten, 15.7.1922.
7 ZASM, 567-1-2632, Bericht Polizeiwachtmeister Zabel, Saaleck, 17.7.1922.
8 BArch, NS 26/1236, Gisela Kern, Lebenslauf Erwin Kern.

II. Die verdrängte Verschwörung

1. Die Attentate vor dem Leipziger Staatsgerichtshof

1 Bericht vom 4.10.1922, zit. n. Joseph Roth, Berliner Saisonbericht, S. 51.
2 BArch, NL, 150, 11, Schreiben Justizrat Dr. Hahn an Rechtsanwalt Luetgebrune, 28.9.1922.
3 Der Tag, 15.10.1922.
4 ZASM, 567-1-2585, Waldemar Niedrig, Aussagen vom 26. u. 28./29.6.1922.
5 Ebd., 567-1-2593, Ernst Werner Techow, Aussage vom 2.7.1922.
6 Ebd., 567-1-2570, Willi Günther, Aussage vom 26.7.1922.
7 Ebd., Willi Günther, Aussage vom 27.7.1922.
8 Ebd., 567-1-2593, Ernst Werner Techow, Aussage vom 2.7.1922.
9 Ebd.
10 Ebd., 567-1-2570, Willi Günther, Aussage vom 29./30.6.1922.
11 Zit. n. Brammer, Das politische Ergebnis, S. 36.
12 Zit. n. Berliner Tageblatt, 4.10.1922, Abend-Ausgabe, und 5.10.1922, Morgen-Ausgabe.
13 ZASM 772-2-194, Rathenau-Prozeß, 4. Verhandlungstag, S. 48.
14 Ebd., S. 50.
15 Berliner Tageblatt, 11.10.1922, Morgen-Ausgabe.
16 PA AA/Rathenau-Prozeß, 8. Verhandlungstag, S. 168.
17 Ebd., S. 15.
18 Berliner Tageblatt, 7.10.1922, Abend-Ausgabe.
19 Oberhessische Volkszeitung, 25.3.1927.
20 Heinz, Sprengstoff, S. 154ff.
21 NL Salomon, W. Günther an E.v. Salomon, 18.1.1954.
22 Zit. n. Berliner Tageblatt, 12.10.1922, Morgen-Ausgabe.
23 PA/AA, Rathenau-Prozeß, 11. Verhandlungstag, S. 4.
24 Ebd., 10. Verhandlungstag, S. 94f.
25 Deutsche Zeitung, 17.10.1922.
26 Deutsche Zeitung, 18.10.1922.
27 Frankfurter Zeitung, 13.10.1922.
28 Ebermayer, Fünfzig Jahre Dienst am Recht, S. 175.
29 BArch, 15.07-340, Rudolf Hänel, Aussage vom 7.11.1922.
30 Ebd., 30.01-5055, Anklageschrift gegen Hustert und Oehlschläger, S. 14.
31 BArch, 30.01-5053/1, Anklageschrift gegen Brandt und Küchenmeister, S. 11.
32 Ebd., S. 24 – »G.B.« steht für »Günther Brandt«.
33 Zit. n. Heydeloff, Staranwalt der Rechtsextremisten, S. 387.
34 Johannes Küchenmeister, Brief vom 30.6.1922, zit. n. BArch, 30.01-5053/1, Anklageschrift gegen Brandt und Küchenmeister, S. 27.
35 BArch, 30.03-12J482/24, Bd. 1, Urteil gegen Brandt und Küchenmeister, S. 14.
36 Ebd., S. 13.
37 Deutsche Zeitung, 27.6.1925.

Anmerkungen zu S. 162-175   321

38 Berliner Tageblatt, 27.6.1925, Abend-Ausgabe.
39 Frankfurter Zeitung, 28.6.1925.

2. Der Prozess gegen die Harden-Attentäter

1   BArch, NL 62, 127, Herbert Weichardt, Aussage vom 7.7.1922.
2   Ebd., Albert Wilhelm Grenz, Aussage vom 6. 6. [richtig: 6. 7.] 1922.
3   Ebd., Stenogr. Prozeßbericht zum Harden-Attentat, S. 21.
4   Ebd., S. 110.
5   Vossische Zeitung, 15.12.1922, Abend-Ausgabe.
6   Berliner Tageblatt, 16.12.1922, Morgen-Ausgabe.
7   Großmann, Hardenprozeß, S. 1726.
8   8-Uhr-Abendblatt, 12.12.1922.
9   BZ am Mittag, 13.12.1922.
10 Tucholsky, Prozeß Harden, S. 638 ff.
11 Zit n. Berliner Tageblatt, 15.12.1922, Morgen-Ausgabe.
12 BArch, NL 62, 127, Ermittlungsakten wegen des Attentats auf Maximilian Harden, Paul Ankermann, Aussage vom 15.9.1923, Bl. 365.
13 Ebd., Stenogr. Prozeßbericht zum Harden-Attentat, S. 19.
14 Ebd., S. 29.
15 Zit. n. Vossische Zeitung, 13.12.1922.
16 Zit. n. Harden, Zum Schutz der Republik, S. 52 f.
17 Die Zukunft, 16.7.1921, S. 71 f.
18 BArch, NL 62, 127, Ermittlungsakten wegen des Attentats auf Maximilian Harden, Wilhelm Grenz, Aussage o. D., Bl. 387.
19 Ebd., Stenogr. Prozeßbericht zum Harden-Attentat, S. 15.
20 Ebd., S. 74 (Hervorhebung im Original).
21 Ebd., S. 7.
22 Ebd., Ermittlungsakten wegen des Attentats auf Harden, Bl. 329.
23 Sammlung Prescher, Frankfurt a. M., Schreiben A. Grenz an Dr. H. Prescher, 24.9.1973.

3. Das Gerichtsverfahren gegen die O.C.

1   BArch, NL 150, 113, Beschluß des Staatsgerichtshofs zum Schutz der Republik, 10.10.1924.
2   StAF, F 179/4, Nr. 147, Anklageschrift des ORA gegen Hoffmann u. Gen., S. 51 ff.
3   Ebd., S. 69.
4   Ebd., S. 49.
5   Ebd., S. 80.
6   Ebd.
7   Ebd., S. 81 f.
8   Ebd., S. 40.
9   Ebd., S. 33.

10 Ebd., S. 109.
11 München-Augsburger Abendzeitung, 1.11.1924.
12 BArch, NL 150, 113.
13 IfZ, MA 731, Eberhard Kautter an Adolf Hitler, 15.9.1923.
14 BArch, NL 150, 113, Schreiben Marietta Schilchen an RA Luetgebrune, 4.5.1924.
15 Ebd., Schreiben Eberhard Kautter an RA Luetgebrune, 21.7.1924.
16 Deutsche Zeitung, 22.10.1924.
17 Zit. n. Berliner Tageblatt, 22.10.1924, Abend-Ausgabe.
18 Ebd.
19 Aussage Alfred Hoffmann, zit. n. Berliner Tageblatt, 23.10.1924, Morgen-Ausgabe.
20 Berliner Tageblatt, 23.10.1924, Abend-Ausgabe.
21 Zit. n. Frankfurter Zeitung, 25.10.1924, Zweites Morgenblatt.
22 BArch, 30. 03-12J190/22, Urteil gegen Hoffmann u. Gen., S. 54.
23 Münchener Post, 28.10.1924.
24 Vossische Zeitung, 26.10.1924.
25 Berliner Tageblatt, 24.10.1924, Abend-Ausgabe.
26 Zit. n. Frankfurter Zeitung, 26.10.1924, Zweites Morgenblatt.
27 IfZ, Fa 163/1, Der Vorsitzende des Staatsgerichtshofs Niedner an ORA Ebermayer, 27.10.1924.
28 Vossische Zeitung, 26.10.1924.
29 Berliner Tageblatt, 25.10.1924, Abend-Ausgabe.

4. Die Legende vom aufgelösten Geheimbund

1 BArch, NL 150, 113, Der ORA an den RMJ, 10.2.1925.
2 Deutsche Allgemeine Zeitung, 4.10.1921, Abend-Ausgabe.
3 NL Plaas, Tagebuch Hartmut Plaas, Eintrag vom 5.10.1921.
4 Münchener Neueste Nachrichten, 31.10.1921.
5 NL Plaas, Tagebuch Hartmut Plaas, Eintrag vom 31.10.1921.
6 BArch, NL 150, 113, Satzungen des Neudeutschen Bundes.
7 ZASM, 567-1-2588, Hartmut Plaas, Aussage vom 8.7.1922.
8 Münchener Post, 4.7.1923.
9 BArch, NL 150, 113, Der »Neudeutsche Bund« (Richtlinien).
10 ZASM, 567-2-17788, H. Ehrhardt an Untersuchungsrichter Alken, 12.8.1922.
11 Ebd., 567-1-2657, Theodor Brüdigam, Aussage vom 12.6.1922.
12 Ebd., 772-2-194, Rathenau-Prozeß, 4. Tag, Aussage Karl Tillessen, S. 180f.
13 NL Plaas, Tagebuch Hartmut Plaas, Eintrag vom 31.10.1921.
14 Ebd., Eintrag vom 1.1.1922.
15 Heinz, Sprengstoff, S. 87ff.
16 Heinz, Politische Attentate in Deutschland, S. 207.
17 StAF, F 179/4, Nr. 83, K. Tillessen an H. Tillessen, 17.7.1921.
18 StAL, MdI, 11106a, Johannes Wegelin, Aussage vom 5.10.1921.
19 Heinz, Sprengstoff, S. 86.
20 Salomon, Der Fragebogen, S. 144.

21 So gab Salomon in der Verhandlung die Argumentation Kerns wieder (Gießener Anzeiger, 22.3.1927).
22 Salomon, Die Geächteten, S. 284ff.
23 Zit. n. der Wiedergabe bei Knauß, Der Gießener Fememordprozeß, S. 139.
24 Frankfurter Zeitung, 29.3.1927.
25 BArch, NS 26/1349, Bericht des Polizeipräsidenten Hannover, 14.9.1929.
26 Heinz, Sprengstoff, S. 92.
27 So äußerte Salomon sich später selbst: »Wagner [...] versuchte uns zu erpressen, und da er damit die ganzen Attentatsvorbereitungen zu lähmen drohte, wurde sein Tod beschlossen«. Salomon, Der Fragebogen, S. 141.
28 BDC, Personalakte Karl Tillessen.

5. Die zentrale Attentatsregie

1 BArch, 30.01-5053/1, Urteil gegen Ernst Werner Techow u. Gen., S. 11.
2 Ebd.
3 Anonymus, Minister Rathenau, in: Der Wiking, 15.2.1922.
4 Anonymus, Genua. III., in: Der Wiking, 1.6.1922.
5 Salomon, Der Fragebogen, S. 129.
6 Ebd., S. 131.
7 Heinz, Die Nation greift an, S. 138.
8 H.-G. Techow, Minister Rathenaus Ende (22.10.1928).
9 Salomon, Der Fragebogen, S. 129.
10 Ebd., S. 133.
11 Zit. n. Berliner Tageblatt, 12.10.1922, Morgen-Ausgabe.
12 Salomon, Der Fragebogen, S. 130.
13 Heinz, Sprengstoff, S. 76.
14 Heinz, Die Nation greift an, S. 139.
15 Salomon, Der Fragebogen, S. 132.
16 ZASM, 567-1-2593, E.W. Techow an G. Techow, 5.7.1922.
17 Ebd., 567-1-2642, Richard Schütt, Aussage vom 3.7.1922
18 BArch, NL 150, 10, Beiakten, H. 18, Karl Tillessen, Aussage vom 2.8.1922.
19 PA/AA, Rathenau-Prozeß, 7. Verhandlungstag, Aussage Theodor Brüdigam, S. 112.
20 Ebd., Aussage Theodor Brüdigam, S. 115f.
21 ZASM, 567-1-2621, Theodor Brüdigam, Aussage vom 5.7.1922.
22 BArch, 30.03-5053/1, Anklageschrift gegen Ernst Werner Techow u. Gen., S. 6f.
23 Vorwärts, 6.12.1922.
24 BArch, 30.01-5055, Anklageschrift gegen Hustert und Oehlschläger, S. 14.
25 Zit. n. Vorwärts, 6.12.1922.
26 Ebd.
27 Werthauer, Das Blausäure-Attentat auf Scheidemann, S. 22f.
28 BArch, 30.01-5055, Anklageschrift gegen Hustert und Oehlschläger, S. 6.
29 Vorwärts, 6.12.1922.

30 BArch, 30.01-5055, Anklageschrift gegen Hustert und Oehlschläger, S. 4.
31 Zit. n. Werthauer, Das Blausäure-Attentat auf Scheidemann, S. 28.
32 StAF, F 179/4, Nr. 149, Befehl der Zentrale, 24.8.1921.
33 BArch, 15.07-340, Rudolf Hänel, Aussage vom 7.11.1922.
34 Ebd.
35 Werthauer, Das Blausäure-Attentat auf Scheidemann, S. 18.
36 BArch, 15.07-698, Der RKO an den Oberstaatsanwalt in Kassel, 22.10.1922.
37 Ebd., Abschrift des RKO aus dem Lagebericht des Pol. Präs. Berlin vom April 1928.
38 Ebermayer, Fünfzig Jahre Dienst am Recht, S. 185.
39 ZASM, 567-1-2593, Ernst Werner Techow, Aussage vom 22.7.1922.
40 BDC, Personalakte Hans-Gerd Techow, Lebenslauf Hans-Gerd Techow, 23.9.1935.
41 Ebd., Bescheinigung vom 13.9.1933.
42 BArch, 30.01-5053/1, Urteil gegen Ernst Werner Techow u. Gen., S. 10.
43 BArch, 15.07-341, »Ludwig« [Paul Werber] an Alfred Hoffmann, 25.5.1921.
44 StAF, F 179/4, Nr. 83, K. Tillessen an H. Tillessen, 17.7.1921.
45 Salomon, Die Geächteten, S. 304 ff.; Heinz, Politische Attentate in Deutschland, S. 206 f.
46 BArch, NS 26/1236, Gisela Kern, Lebenslauf Erwin Kern.
47 Salomon, Die Geächteten, S. 280 u. 304.
48 Ebd.
49 PA/AA, Rathenau-Prozeß, 8. Verhandlungstag, S. 167.
50 ZASM, 567-1-2580, Alfred Hoffmann, Aussage vom 26.6.1922.
51 NL Salomon, W. Breucker an E. v. Salomon, 28.6.1951.
52 ZASM, 567-1-2594, Ernst von Salomon, Aussage vom 16.8.1922.
53 Ebd., 567-1-2588, Hartmut Plaas, Aussage vom 3.8.1922.
54 BArch, 30.01-5053/1, Anklageschrift gegen Brandt und Küchenmeister, S. 16.
55 ZASM, 567-1-2644, Vermerk des Berliner Polizeipräsidiums, 29.6.1922; ebd., Wilhelm Ehrentraut, Aussage vom 8.8.1922.
56 Ebd., 567-1-2593, E. W. Techow an G. Techow, 5.7.1922.
57 Welt am Montag, 27.12.1921.
58 PA/AA, Rathenau-Prozeß, 6. Verhandlungstag, Aussage Karl Tillessen, S. 126.
59 ZASM, 772-2-194, Rathenau-Prozeß, 2. Verhandlungstag, Aussage Ernst Werner Techow, S. 19.

6. Das verwehte Putschfanal

1 StAF, F 179/4, Nr. 168, Herbert Lauch, Aussage vom 1.10.1921.
2 NL Salomon, Jean José Marchand, Interview mit Ernst von Salomon, 1./2.7.1972.
3 Salomon, Die Geächteten, S. 304.
4 BArch, NS 26/531, Otto Schroeder, Meine Kampferlebnisse, 15.2.1937.
5 BDC, Personalakte Hans-Gerd Techow, Lebenslauf Hans-Gerd Techow, 23.9.1935.

Anmerkungen zu S. 223-238

6   BArch, NL 150, Strafsache Techow u. Gen., Beiakten, H. 2, Ernst Werner Techow, Aussage vom 30.6.1922.
7   NL Salomon, Der Fragebogen, Manuskript, S. 203.
8   Aussage Ernst Werner Techow, zit. n. Berliner Tageblatt, 5.10.1922, Morgen-Ausgabe.
9   ZASM 772-2-194, Rathenau-Prozeß, 2. Verhandlungstag, Aussage E.W. Techow, S. 101.
10 BArch, NS 26/1236, Gisela Kern, Lebenslauf Erwin Kern.
11 Salomon, Der Fragebogen, S. 397.
12 Ebd., S. 395.
13 NL Salomon, Jean José Marchand, Interview mit Ernst von Salomon, 1./2.7.1972.
14 BDC, Personalakte Hans-Gerd Techow, Gauleiter Stürtz an die Kanzlei des Führers der NSDAP, 13.7.1938.
15 StAF, F 179/4, Nr. 168, Herbert Lauch, Aussage vom 1.10.1921.
16 Ebd., Nr. 32, Vermerk des ORA, 19.11.1926.
17 BArch, 15.07-340, Aussage Rudolf Hänel, Aussage vom 7.11.1922.
18 Heinz, Sprengstoff, S. 76.
19 ZASM, 567-1-2585, Waldemar Niedrig, Aussage vom 26.6.1922.
20 Ebd., 567-1-2564, Friedrich Warnecke, Aussage vom 1.7.1922.
21 Salomon, Der Fragebogen, S. 130 u. 135.
22 ZASM, 567-1-2585, Waldemar Niedrig, Aussage vom 26.6.1922.
23 BArch, 15.07-339, Der sächsische Innenminister an den RMI, 30.6.1922.
24 Salomon, Die Geächteten, S. 305.
25 Oberhessische Volkszeitung, 25.3.1927, Beilage.
26 BArch, NS 26/1349, Helmut Klotz, Aussage vom 5.10.1928.
27 Ebd., 15.07-698, Aktenvermerk des RKO, o. D., Abschrift.
28 StAF, F 179/4, Nr. 32, Untersuchungsrichter Eggler an ORA, 2.12.1926.
29 Ebd, Vermerk des ORA, 19.11.1926.
30 Ebd., RKO an Untersuchungsrichter Eggler, 23.12.1926.
31 Zit. n. Der Nationalsozialist, 17.7.1933.
32 BArch, 15.07-339, Bericht der Zwickauer Kriminalpolizei an den sächsischen Innenminister, 6.6.1922.

7. Die O.C. als Fluchthilfeunternehmen

1   PA/AA, Rathenau-Prozeß, 9. Verhandlungstag, S. 85.
2   BArch, 30.03-12J917/22, Friedrich Ritter, Aussage vom 21.9.1922.
3   Ebd., Hans Langenscheidt, Aussage vom 14.11.1922. Eine gleichlautende Aussage Langenscheidts vom 29.6.1922 war nicht aufgenommen worden.
4   Blome, Arzt im Kampf, S. 132.
5   BArch, 30.03-12J917/22, Bd. 1, Walter Haefker, Aussage vom 8.8.1922.
6   Ebd., Wilma Fischer, Aussage vom 9.8.1922.
7   Salomon, Die Geächteten, S. 318.
8   Blome, Arzt im Kampf, S. 135.

9 Ebd.
10 BArch, 30.03-12J383/22, Bd. 1, Carl Baur, Aussage vom 5.2.1923.
11 Ebd., Rudolf Otto, Aussage vom 11.7.1922.
12 Ebd., Carl Baur, Aussage vom 5.2.1923.
13 Ebd., Johannes Peters, Aussage vom 9.1.1923.
14 Ebd.
15 Ebd., 30.03-12J917/22, Bd. 1, Friedrich Ritter, Aussage vom 14.11.1922.
16 BDC, Personalakte Erich Bade, F. Hildebrandt an das Oberste Parteigericht der NSDAP, 20.9.1934; Staatsarchiv München, Pol.Dir. 8103, Bericht Franz v. Puttkamer, 12.1923.
17 ZASM, 567-1-2577, Bericht Kriminalkommissar Fluth, 30.6.1922.
18 BArch, 30.03-12J383, Bd. 1, Gottfried Wiese, Aussage vom 11.1.1923.
19 Ebd., NS 26/1236, Gisela Kern, Lebenslauf Erwin Kern.
20 Zit. n. Der Nationalsozialist, 17.7.1933.
21 Salomon, Der Fragebogen, S. 397.
22 NL Salomon, Jean José Marchand, Interview mit Ernst von Salomon, 1./2.7.1972.
23 Salomon, Die Geächteten, S. 321.
24 BArch, 30-01-5053/9, Urteil des Staatsgerichtshofs gegen Stein und Dietrich, 24.10.1922, S. 6.
25 Ebd., S. 2.
26 Ebd., Anklageschrift des ORA gegen Stein, S. 9.
27 Ebd., Urteil des Staatsgerichtshofs Stein und Dietrich, S. 5.
28 Ebd., S. 6.
29 Ebd.
30 NL Salomon, Der Fragebogen, Manuskript, S. 554.
31 BArch, NL 150, Akten Stein-Dietrich, Bd. 3, Bl. 13.
32 Stein, Burg Saaleck, S. 15ff.
33 Zit. n. Der Nationalsozialist, 17.7.1933.
34 Stein, Burg Saaleck, S. 16.
35 Ebd., S. 20.
36 Salomon, Der Fragebogen, S. 407.
37 BArch, 15.07-339, Anonymus, Lage Mitte Juni 1922, o. D.
38 Salomon, Die Geächteten, S. 307.
39 BArch, 15.07-340, Mitteilung »H« vom 7.7.1922, Auszug.
40 Zit. n. Thoß, Der Ludendorff-Kreis, S. 229.
41 Salomon, Der Fragebogen, S. 402.

8. Der nationale Schweigekonsens

1 BArch, 30.01-5055, Der ORA an den RMJ, 27.9.1922.
2 Ebd., 30.03-12J917/22, Bd. 1, Paul Kadow, Aussage vom 15.11.1922.
3 Ebd., Kurt Blome, Aussage vom 15.11.1922.
4 Anklagerede des Reichsanwalts, zit. n. Frankfurter Zeitung, 25.10.1924, Zweites Morgenblatt.

5 Zit. n. ebd.
6 IfZ, Fa 163/1, Bericht des ORA an den RMJ, 30.11.1924.
7 ZASM, 567-1-2647, Friedrich Wilhelm Heinz, Aussage vom 26.6.1922.
8 Ebd., Hartmut Plaas, Aussage vom 26.6.1922.
9 Ebd., Friedrich Wilhelm Heinz, Aussage vom 26.6.1922.
10 Ebd., Hartmut Plaas, Aussage vom 26.6.1922.
11 Ebd., Bericht Oberstaatsanwalt Noetzel an den RMJ, 22.6.1922.
12 BArch, 30.01-5055, Antrag des ORA an den Staatsgerichtshof zum Schutze der Republik, 11.6.1923.
13 ZASM, 567-1-2621, Bericht Kriminalsekretär Edelmann, 4.7.1922.
14 BArch, R 43 I/2732, Vermerk des Staatssekretärs im Reichskanzleramt, April 1924.
15 »Die verbrecherischen Gewalttaten der Besatzungstruppen hatten zur Folge, daß vaterländisch gesinnte und im Krieg bewährte Männer sich um so fester zusammenschlossen. Unter diesen Umständen bildete sich auch in Düsseldorf trotz der Besetzung eine kleine Ortsgruppe der O.C.« StAF, F 179/4, Nr. 147, Anklageschrift gegen Hoffmann u. Gen., S. 43.
16 Ebd., S. 148f.
17 BArch, NL 113, Walter Luetgebrune, Notwendigkeit der sofortigen Einstellung des O.C.-Prozesses.
18 Ebd.
19 Ebd., Schreiben RA Luetgebrune an die Rechtsanwälte Dr. Hahn, Bloch und Dr. Sack, 30.1.1924.
20 Ebd., Der ORA an den RMJ, 10.2.1925.
21 Ebd., Walter Luetgebrune, Gesprächsnotiz, 5.5.1925.

Der Kopf des Komplotts
Nachwort zur Neuausgabe

1 Bis heute bietet die präziseste Auskunft Krüger, Brigade Ehrhardt. Der biographische Abriss von Koster, Hermann Ehrhardt fußt unkritisch auf der hagiographischen Selbstdarstellung Friedrich Freksas, den Ehrhardt durch persönliche Auskünfte unterstützt hatte: Freksa, Kapitän Ehrhardt.
2 Ehrhardt, Zum Sieben war keine Zeit.
3 Venohr, Kapitän Ehrhardt.
4 Schreiben Hermann Ehrhardt an das Polizeipräsidium Berlin, 12.9.1929, zit.n. Ehrhardt ohne Verbindung zu den Anschlägen, in: Hamburgischer Correspondent, 13.9.1929.
5 Zit. n. Gedenken an Kern und Fischer. Aufmarsch von 4200 SS-Leuten in Saaleck, in: Naumburger Tageblatt, 17.7.1933, 1. Beilage.
6 Ebd.
7 Ebd.
8 StaF F 179/4, Nr. 32, Karl Schmidt, Aussage, 5.1.1927.

9 Äußerung Hermann Ehrhardt, in: Wolfgang Venohr, Kapitän Ehrhardt.
10 Kapitän Ehrhardt. Abenteuer und Schicksale, S. 10.
11 Ernst von Salomon, Der Fragebogen, Hamburg 1951, S. 395.
12 Ebd., S. 397.
13 Ebd.
14 Meinl, Nationalsozialisten gegen Hitler, S. 84.
15 Gestorben – Hermann Ehrhardt (89), in: Der Spiegel 43/1971.
16 BArch, MfS, HA IX/11, Vorgangskarteikarte zu Hermann Ehrhardt.
17 StAF F 179/4, Nr. 7, Aussage Heinrich Schulz, 10.3.1950..
18 Ebd., Nr. 7, Aussage Heinrich Schulz, 11.5.1950.
19 Ebd., Aussage Heinrich Schulz, 2.3.1950.
20 Bundesarchiv, R 43 II/1547, Hermann Ehrhardt an Adolf Hitler, 21.3.1933.
21 Ebd.
22 DLitM, Hans-Gerd Techow an Ernst von Salomon 26.10.1967.
23 Stern, Political Crime, S. 258.
24 Steiermärkisches Landesarchiv, LReg-11-Ea-3-1948, Amt der niederösterreichischen Landesregierung an das Amt der steiermärkischen Landesregierung, 17.2.1948; ebd., das Amt der steiermärkischen Landesregierung an das Amt der niederösterreichischen Landesregierung, 21.4.1948.
25 Niederösterreichisches Landesarchiv, Bezirkshauptmannschaft Krems, II- 85-1948, Staatsbürgerschaftsnachweis Hermann Ehrhardt.
26 Pabst, »Ich ließ Rosa Luxemburg richten«.
27 Hartung, Freikorps-Kapitän Ehrhardt.
28 Sontheimer, Antidemokratisches Denken, Breuer, Die »Konservative Revolution«, S. 606 f.; ders., Die radikale Rechte.
29 So zuletzt Fröhlich, Soldat ohne Befehl.
30 Mitteilung Ulrich Tillessen an den Verf., 12.10.2019.
31 Venohr, Kapitän Ehrhardt.
32 Evangelisches Pfarrhausarchiv Eisenach, 00766/12.2.7, Selbstauskunft Hermann Ehrhardt für das Pfarrhausarchiv, o. D. Ich danke Bodo Baumunk, Berlin, für den Hinweis auf dieses Schreiben.
33 DLitM, NL v. Salomon, Ernst von Salomon an Annette v. Salomon, 20.11.1933.
34 Brigade Ehrhardt.
35 Gedenken an Kern und Fischer..
36 DÖW, KZ-Verbands-Akten, Bund der politisch Verfolgten, Eidesstattliche Erklärung Hermann Ehrhardt, o. D.
37 Ebd., Bruno Dittrich an die Staatskanzlei Wien, 16.7.1945.
38 Ebd.
39 Ebd., Vermerk vom 25.7.1945 auf dem am 21.7.1945 in der Staatskanzlei eingegangenen Schreiben.
40 Ebd., Staatskanzlei an Linienschiffskapitän a. D. Bruno Dittrich, undatierter Entwurf (Juli 1945)
41 Ebd., Bruno Dittrich an die Staatskanzlei Wien, 16.7.1945.
42 Fritz Bock, Erläuterung zum Privilegierungsgesetz, September 1947, zit. n. Bailer, Der KZ-Verband, , S. 44.

43 Hartmut Plaas, Tagebucheinträge Juni 1940 bis 1943 (Privatbesitz). Ich danke Frau Theda Plaas, Berlin, für die gewährte Einsichtnahme.
44 Ebd. Hervorhebung i.O.
45 Privatarchiv Hildegard Erger, Aachen, Hermann Ehrhardt an Johannes Erger, 19.6.1958. Ich danke Frau Erger für die gewährte Einsichtnahme.
46 Ebd.
47 Jones, Am Anfang war Gewalt.
48 Theweleit, Männerphantasien.
49 v. Killinger, Ernstes und Heiteres.
50 Troeltsch, Die Welle von rechts.
51 StAF 179/4, Nr. 105, Aussage Alfred Hoffmann, 24.9.1921.
52 StAF 179/4, Nr. 173, Aussage Friedrich von Kessler, 17.11.1921.
53 Ebd., 173, Bericht des Staatskommissars für Überwachung der öffentlichen Ordnung, 5.10.1921, zit. n. Der Badische Generalstaatsanwalt an die Staatsanwaltschaft Offenburg, 18.10.1921.
54 Ebd., Der Badische Generalstaatsanwalt an die Staatsanwaltschaft Offenburg, 10.11.1921.
55 v. Salomon, Die Geächteten, 301f.
56 Venohr, Kapitän Ehrhardt.

Personenregister

Abernon, Edgar Viscount d' 62, 102
Alken (Untersuchungsrichter) 322
Alsberg, Max 144
Andler, Rudolf 261f.
Ankermann, Paul 128, 130, 162, 165f., 167-170, 319, 321
Arndt, Ernst Moritz 251

Bade, Erich 326
Baur, Carl 239-244, 249, 326
Behrens, Erwin 119
Bismarck und Schönhausen, Otto von 126
Bloch, Paul 159, 164, 176, 327
Blome, Kurt 242, 274, 325f.
Böckel, Karl 315
Boldt, Friedrich 190f., 211
Bose, Herbert von 257
Brandt, Günther 119f., 147, 158-161, 210-212, 214-216, 220f., 274, 318-320
Braun, Otto 74
Breucker, Wilhelm 214f., 324
Briand, Aristide 23
Brüdigam, Theodor 38-43, 87, 94, 96, 120, 152f., 187, 203f., 213f., 231, 256, 258f., 260, 314, 322f.
Bülow, Bernhard von 16, 18
Burger, Alfred 84, 317
Büsch, Paul 133, 243

Cohn, Oskar 202, 228

Deutsch, Lili 34
Diestel, Franz 119, 148, 155, 209
Dietrich, Wolfgang 191, 246f., 249f., 299, 326
Diez, Karl 73f.

Dithmar, Kurt 190f., 193, 196, 211f., 249
Dittrich, Bruno 328

Ebermayer, Ludwig 92, 143, 146, 175, 177, 200, 209, 257, 264, 320, 324
Ebert, Friedrich 35, 202, 227f., 269, 313
Edelmann, Wilhelm 327
Eggebrecht, Axel 98, 317
Ehrentraut, Wilhelm 217, 222, 324
Ehrhardt, Hermann 7, 44-59, 62-71, 76, 79f., 80, 83, 85f., 96, 113f., 119, 123, 140, 143, 146f., 151, 160, 167f., 172-177, 180, 183-188, 191, 195, 198f., 202f., 206-211, 213-215, 217-219, 222f., 226f., 229-232, 237, 245, 250-254, 256-258, 261, 265-289, 291f., 294f., 315, 322, 327-329
Ehrler, Fritz 40
Ellendt, Andrea 114f., 318
Erger, Johannes 287, 329
Erzberger, Gabriele 314
Erzberger, Matthias 7, 32, 38f., 71-87, 92f., 98f., 117, 166, 170, 172, 179f., 183f., 189, 197, 200, 204, 206, 208, 211, 218, 220, 222, 226, 231, 252, 266, 269-271, 275-277, 291-195, 316
Escherich, Georg 63, 69, 267

Fehrenbach, Konstantin 23
Fischer, Hermann (alias Frisch, alias Prescher) 118-120, 122-126, 132-134, 146, 138-140, 143, 146-151, 158f., 161, 191, 199, 201, 203, 209f., 212-125, 217, 220-226, 234-247, 249-252, 268, 270, 272-274, 289, 327
Fischer, Wilma 325
Fluth (Kriminalkommissar) 326

Personenregister 331

Freksa, Friedrich: 269, 327
Frommer, Marie 313

Gareis, Karl 74
Gerlach, Hellmut von 33, 203
Goldschmidt, Alfons 313
Göring, Hermann 280, 284
Grenz, Albert Wilhelm 128-130, 162-170, 319, 321
Großmann, Stefan 164
Grünspach, Fritz 168
Günther, Willi 117f., 120, 122, 124, 144, 147-149, 153, 155, 201, 209, 222, 320

Haefker, Walter 237, 325
Hagens, Alfred 114, 153
Hahn, Willy 144, 320
Hänel, Rudolf 320, 324f.
Haniel von Haimhausen, Edgar 44, 90, 318
Harden, Maximilian 7, 14, 126-132, 162-171, 256, 319, 321
Hauptmann, Gerhart 313
Hegel, Georg Wilhelm Friedrich 32
Heinrich Friedrich Karl, Prinz von Preußen 108
Heinz, Friedrich Wilhelm 41f., 92, 154, 187, 189-196, 199, 202, 212f., 228-231, 257-259, 273f., 280, 291, 320-324, 327
Heinz-Orbis, Franz Joseph 273
Helfferich, Karl 17, 26, 71f., 75, 98, 314
Heller, Karl 284f.
Hellpach, Willy 112
Henkel, Alfred 175
Hergt, Oskar 75
Heusinger, Adolf 286
Hildebrandt, Friedrich 326
Himmer, Heinrich: 268, 270, 281, 283
Hindenburg, Paul von Beneckendorf und 18, 113, 281
Hirschfeld, Oltwig von 72f., 316

Hitler, Adolf 68, 177, 254, 266, 273-276, 278-282, 284-286, 322, 328
Hoffmann, Alfred 39-41, 46, 48f., 52, 57, 63, 65, 78-80, 94, 96, 174, 177, 184f., 187, 190, 203, 211, 213-215, 270, 290, 292, 315-317, 321f., 324, 327, 329
Hohenzollern, Heinrich Prinz von 108
Hoppe, Karl 92
Houghton, Alanson 26
Hustert, Hans 156-158, 206-209, 255, 314, 320, 323f.

Ilsemann, Christian 119, 123-125, 147, 155, 209, 229

Kadow, Paul 235-237, 326
Kahr, Gustav Ritter von 69f., 76, 82
Kaiser, Helene 317
Kapp, Wolfgang 22, 45, 47, 65f., 76, 172, 183, 187, 209, 227, 254, 266, 268, 275, 285, 287f.
Kautter, Eberhard 177, 322
Kern (Mutter) 251
Kern, Erwin (alias Knauer, alias Körner) 119f., 122-126, 132-134, 136, 148-140, 143, 146-152, 158-161, 189-193, 195f., 198-203, 209-226, 228, 230f., 234-242, 244-252, 268, 270, 272-274, 289, 294, 319, 324-328
Kern, Gisela 319, 324-326
Kerr, Alfred 32, 313f.
Kessler, Friedrich von 329
Kessler, Harry Graf 98, 101, 218, 314, 318
Killinger, Manfred von 46, 50-52, 57, 69, 77-81, 84f., 172, 176, 206f., 252, 269, 274, 276, 280, 289, 291, 316f., 329
Klotz, Helmut 325
Köster, Adolf 57
Krebs, Alfred 316
Krischbin, Walter 87f.

Personenregister

Krull, Ernst 80, 83
Küchenmeister, Fritz 159
Küchenmeister, Johannes 119f.,
    158-160, 213, 221, 319-320, 324

Lampe, Heinrich 219, 224
Langenscheidt, Hans 235-237, 256, 325
Lauch, Herbert 227, 316, 324
Lemmer, Ernst 33, 314
Lenard, Philipp 112f.
Lerchenfeld, Hugo Maximilian Graf
    von und zu 76, 254
Liebermann, Max 13
Liebknecht, Karl 127, 278
Lipinski, Richard 202, 227-229
Litzenberg, Willy 285f.
Lloyd George, David 24
Löbe, Paul 98, 136
Loucheur, Louis 23
Ludendorff, Erich 18f., 22, 29f., 56, 76,
    214f., 233, 288, 326
Ludwig, Emil 313
Luise, Königin von Preußen
Luetgebrune, Walter 159, 176, 185,
    263-265, 320, 322, 327
Lüttwitz, Walther Freiherr von 22, 45,
    65, 266, 269, 285, 288
Luxemburg, Rosa 127, 278, 328

Mamroth, Paul 118, 147
Mann, Thomas 99
Max von Baden, Prinz 19
Meinecke, Friedrich 99, 318
Mierendorff, Carlo 112
Möhl, Arnold Ritter von 254
Müller, Adolf 82
Musil, Robert 16

Nernst, Walter 112
Niedner, Alexander 177-179, 181, 322
Niedrig, Waldemar 122, 126, 146f., 151,
    155, 201, 209, 213, 221-223, 228f.,
    319f., 325

Niethammer, Emil 177, 182, 256f., 264f.
Noetzel, Theodor 41, 314f., 317, 327
Nortz, Eduard 82, 317

Oehlschläger, Karl 156-158, 205-209,
    255, 314, 320, 323f.
Ossietzky, Karl von 98
Otto, Rudolf 238, 326

Pabst, Waldemar 278, 287, 328
Parvus-Helphand, Alexander 229
Papen, Franz von 281
Peters, Johannes 240f., 244, 249, 326
Pittinger, Otto 70, 82, 253f.
Plaas, Hartmut 43, 46, 63f., 94, 120,
    150, 155, 159, 183f., 189f., 196,
    199f., 206, 209f., 212f., 215-217,
    227, 231, 245, 257-270, 274, 280,
    282, 284f., 315f., 319, 321, 322, 324,
    329
Pöhner, Ernst 56, 76, 269
Poincaré, Raymond 24
Pradelt, Heinrich 317
Prozeller, Josef 11, 88, 90, 317
Puttkamer, Franz von 326

Queis, Georg von 315

Radbruch, Gustav 107, 146, 150, 277
Radek, Karl 198
Rathenau, Emil 12, 14f.
Rathenau, Erich 15
Rathenau, Mathilde 12, 155
Reinert (Hauptmann) 257f.
Reinhardt, Walther 195
Renner, Karl 282f.
Richter, Wilhelm 92
Ritter, Friedrich 224, 271, 325
Röhm, Ernst 280, 283, 294
Roth, Alfred 32, 314
Roth, Christian 76
Roth, Joseph 144, 320
Ruge, Arnold 33

Personenregister

Sack, Alfons 327
Salomon, Ernst von (alias Schneider, alias Pfeiffer) 59, 122f., 146f., 150, 155, 187, 189f., 192-196, 199-202, 209f., 212-214, 216, 220-224, 226-231, 238, 245f., 249, 251, 253, 269-272, 274, 277, 280f., 287, 291f., 294, 320, 322-326, 328f.
Scheidemann, Philipp 7, 35f., 37-42, 75, 87, 92f., 96, 106, 117, 122, 131, 152, 156f., 166, 181, 183, 185, 196, 198, 202, 204-208, 218, 221, 223, 226-228, 230-233, 240, 244, 259f., 260, 266, 270, 273, 323
Schiff, Erich 164
Schilchen, Marietta 322
Schmidt (Senatspräsident) 157
Schmidt, Karl (Schmidt-Halbschuh) 192, 227, 229-232, 327
Schneider, Otto 317
Schoch, Karl Ritter von 99
Schroeder, Otto 324
Schücking, Walther 229
Schulz, Heinrich 77-85, 180, 206f., 270, 276, 317, 328
Schütt, Richard 147, 149, 323
Schwaner, Wilm 314
Schwing, Ernst 192f.
Seeckt, Hans von 66
Severing, Carl 102, 269, 315
Simon, Hugo-Ferdinand 313f.
Stauffenberg, Claus Schenk Graf von 280
Stein, Hans Wilhelm 138, 191, 246-251, 326
Stein (Ehefrau) 248
Steinbeck, Gustav 209f.
Stinnes, Hugo 22, 26, 44, 101
Straßer, Otto 279
Stubenrauch, Heinz 117-119, 147, 150, 222
Stürtz, Emil 325
Sudermann, Hermann 90, 317

Techow, Ernst Werner 96, 118-120, 123f., 143, 146-152, 155, 159, 198-203, 209f., 217-219, 222-225, 227, 235, 270, 274, 277, 319f., 323-325
Techow, Gertrud 323f.
Techow, Hans-Gerd 118, 120, 123f., 147, 155, 199, 209f., 217, 277, 319, 323-325, 328
Thälmann, Ernst 121
Thormayer (Amtsrichter) 41
Tillessen, Heinrich 38, 77-79, 81-85, 180, 190, 206f., 209, 270, 276f., 294, 316f., 324
Tillessen, Karl 38-43, 48, 94, 96, 120, 150, 153-155, 158-160, 184, 187-197, 199, 201, 203f., 206f., 209-217, 220, 223, 227f., 230f., 245, 257-270, 274, 279, 319, 322-324
Troeltsch, Ernst 289, 329
Trotzki, Leo 32
Tucholsky, Kurt 165, 313f. 321

Venohr, Wolfgang: 267, 279, 328f.
Voß, Werner 209

Wagner, Eduard
Wagner, Erwin 190, 192-196, 220, 229f., 258, 323
Warburg, Max 32, 227-229, 232, 314
Warnecke, Friedrich 121-123, 209, 229f., 264, 325
Wassermann, Oskar 229
Wegelin, Johannes 176, 190, 322
Weichardt, Herbert 128, 130f., 162f., 166-170, 319, 321
Weismann, Robert 56, 64, 76
Weiß, Bernhard 28, 92, 94, 97, 119, 124, 134, 314
Wels, Otto 96
Wende, Kurt 211, 221
Werber, Paul 48, 59, 62, 206, 315, 324
Werthauer, Johannes 205, 314, 323f.

Wiese, Gottfried 241-244, 325
Wilhelm I., König von Preußen und Deutscher Kaiser 108
Wilhelm II., Deutscher Kaiser und König von Preußen 21, 126
Winzer, Lothar 319
Wirth, Joseph 22-24, 34, 69, 74, 106, 110f., 179, 199, 219, 228-240, 293, 313, 315, 317

Wissell, Rudolf 111
Wolff, Theodor 227-229, 232

Zabel (Polizeiwachtmeister) 319
Zeigner, Erich 202, 228
Zweig, Stefan 16, 313f., 316, 318